東海大学付属相模高等学校

〈収録内容〉

便利なDLコンテンツは右のQRコードから

解答用紙　過去年度　リスニング ⇒

※データのダウンロードは2025年3月末日まで。
※データへのアクセスには、右記のパスワードの入力が必要となります。 ⇒ 548358

〈合格最低点〉

※学校からの合格最低点の発表はありません。

本書の特長

実戦力がつく入試過去問題集

- ▶ 問題 …………… 実際の入試問題を見やすく再編集。
- ▶ 解答用紙 …… 実戦対応仕様で収録。
- ▶ 解答解説 …… 詳しくわかりやすい解説には、難易度の目安がわかる「基本・重要・やや難」の分類マーク つき（下記参照）。各科末尾には合格へと導く「ワンポイントアドバイス」を配置。採点に便利な配点つき。

入試に役立つ分類マーク

基本 確実な得点源！
受験生の 90%以上が正解できるような基礎的、かつ平易な問題。
何度もくり返して学習し、ケアレスミスも防げるようにしておこう。

重要 受験生なら何としても正解したい！
入試では典型的な問題で、長年にわたり、多くの学校でよく出題される問題。
各単元の内容理解を深めるのにも役立てよう。

やや難 これが解ければ合格に近づく！
受験生にとっては、かなり手ごたえのある問題。
合格者の正解率が低い場合もあるので、あきらめずにじっくりと取り組んでみよう。

合格への対策、実力錬成のための内容が充実

- ▶ 各科目の出題傾向の分析、合否を分けた問題の確認で、入試対策を強化！
- ▶ その他、学校紹介、過去問の効果的な使い方など、学習意欲を高める要素が満載！

解答用紙ダウンロード	解答用紙はプリントアウトしてご利用いただけます。弊社ＨＰの商品詳細ページよりダウンロードしてください。トビラのＱＲコードからアクセス可。
リスニング音声ダウンロード	英語のリスニング問題については、弊社オリジナル作成により音声を再現。弊社ＨＰの商品詳細ページで配信対応しております。トビラのＱＲコードからアクセス可。
UD FONT	見やすく読みまちがえにくいユニバーサルデザインフォントを採用しています。

東海大学付属相模高等学校

普通科
生徒数　1654名
〒252-0395
神奈川県相模原市南区相南3-33-1
☎042-742-1251
小田急小田原線小田急相模原駅
徒歩8分

「現代文明論」を核に ゆとりのある教育を展開 学習とクラブ活動を両立

URL	https://www.sagami.tokai.ed.jp/

プロフィール

強い使命感と豊かな人間性を育む

東海大学は創立者松前重義が開設した「望星学塾」を原点として、全国に多くの付属の高校、中学校、小学校、幼稚園を持つ。高校は1963年に、中学は1980年に創立。「若き日に汝の思想を培え、若き日に汝の体躯を養え、若き日に汝の智能を磨け、若き日に汝の希望を星につなげ」を建学の精神に、明日の歴史を担う強い使命感と豊かな人間性を持った人材を育てることを目指す。

環境

学ぶ側の立場で考慮された環境

教室はすべて冷暖房、プロジェクター・WiFi完備で、快適な学習環境が整えられている。また、全面人工芝のグラウンド、バレーボールコートが4面とれる体育館、総合グラウンド、ソフトテニスコート、野球場、雨天練習場、洋弓場など、スポーツ施設も充実している。2018年度、食堂をリニューアル。

団結力で勝利を勝ち取る体育祭

カリキュラム

教科書だけでは学べない教育を

東海大学の付属校である特徴を充分に活かし、大学受験のわずらわしさにとらわれないことにより学校週５日制・２学期制を導入。生徒の個性を大切にし、特定の教科（文・理系）に偏ることのない学習カリキュラムのもとで基礎学力の定着と充実を図る。また、外国人講師による英会話や、ICTを活用した学習、英語資格試験の受験など積極的に行われている。また、必修の「高校現代文明論」は、すべての学習の基礎に位置付けられ、環境・生命・人権・倫理など幅広い視野に立った物事の見方や考え方を身につけ、学ぶことの根底をなす思想を培うことを目的としている。

学校生活

文武両道教育の成果はクラブ活動にも

クラブ活動が盛んで、生徒会の下に30以上のクラブ・同好会がある。特に2021年春の全国高校野球選手権大会優勝の野球部をはじめ、柔道、ソフトテニス、洋弓、陸上の各部も全国制覇の実績を持つ。文化部でも、吹奏楽、美術、化学などが数々の賞を取っている。そのほか、バレー、ラグビー、サッカー、バスケット、登山（クライミング含む）、軽音楽、英会話などがあり、同好会も、華道、箏曲と実に多彩だ。それぞれ夏休みの合宿や自由研究などに打ち込み、活発に活動している。

学校行事には、錬成旅行、修学旅行をはじめ、球技大会、芸術（造形・音楽）・英語・数学・理科・国語・知的財産・ディベートの学園オリンピック、建学祭、体育祭、芸術鑑賞などがある。

学園オリンピック「ディベート部門」

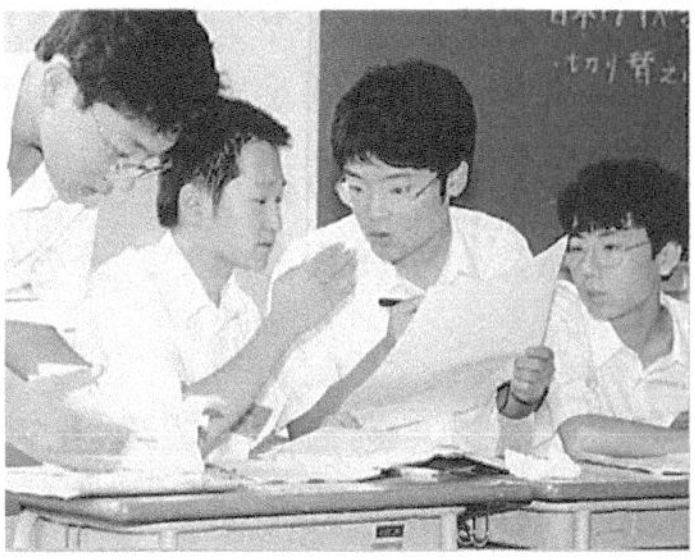

進路

進学は併設大学への優先入学が主体

併設の東海大学へは例年約80％が進学する。ハワイ東海インターナショナルカレッジ（HTIC）などへも推薦入学しており、大半が内部進学である。推薦は、高校３年間の成績、学園統一の学力試験などの総合評価で決定する。

国際化

国際的に飛躍する卒業生たち

東海大学は、海外との学術交流が盛んなことで知られている。ハワイ・ニュージーランド中期留学などで培った国際的な視野と行動力をもとに大学へ進んだ卒業生は、社会に出てジャーナリスト、プロスポーツ、官庁、商社、宇宙開発関連の企業など、様々な分野で活躍している。

2024年度入試要項

試験日　1/22（推薦）
　　　　2/10（一般）
試験科目　面接（推薦）
　　　　　国・数・英＋面接（一般）

2024年度	募集定員	受験者数	合格者数	競争率
推薦	200	181	181	1.0
一般	240	294	276	1.1

過去問の効果的な使い方

① **はじめに**　入学試験対策に的を絞った学習をする場合に効果的に活用したいのが「過去問」です。なぜならば，志望校別の出題傾向や出題構成，出題数などを知ることによって学習計画が立てやすくなるからです。入学試験に合格するという目的を達成するためには，各教科ともに「何を」「いつまでに」やるかを決めて計画的に学習することが必要です。目標を定めて効率よく学習を進めるために過去問を大いに活用してください。また，塾に通われていたり，家庭教師のもとで学習されていたりする場合は，それぞれのカリキュラムによって，どの段階で，どのように過去問を活用するのかが異なるので，その先生方の指示にしたがって「過去問」を活用してください。

② **目的**　過去問学習の目的は，言うまでもなく，志望校に合格することです。どのような分野の問題が出題されているか，どのレベルか，出題の数は多めか，といった概要をまず把握し，それを基に学習計画を立ててください。また，近年の出題傾向を把握することによって，入学試験に対する自分なりの感触をつかむこともできます。

過去問に取り組むことで，実際の試験をイメージすることもできます。制限時間内にどの程度までできるか，今の段階でどのくらいの得点を得られるかということも確かめられます。それによって必要な学習量も見えてきますし，過去問に取り組む体験は試験当日の緊張を和らげることにも役立つでしょう。

③ **開始時期**　過去問への取り組みは，全分野の学習に目安のつく時期，つまり，9月以降に始めるのが一般的です。しかし，全体的な傾向をつかみたい場合や，学習進度が早くて，夏前におおよその学習を終えている場合には，7月，8月頃から始めてもかまいません。もちろん，受験間際に模擬テストのつもりでやってみるのもよいでしょう。ただ，どの時期に行うにせよ，取り組むときには，集中的に徹底して取り組むようにしましょう。

④ **活用法**　各年度の入試問題を全問マスターしようと思う必要はありません。できる限り多くの問題にあたって自信をつけることは必要ですが，重要なのは，志望校に合格するためには，どの問題が解けなければいけないのかを知ることです。問題を制限時間内にやってみる。解答で答え合わせをしてみる。間違えたりできなかったりしたところについては，解説をじっくり読んでみる。そうすることによって，本校の入試問題に取り組むことが今の自分にとって適当かどうかが，はっきりします。出題傾向を研究し，合否のポイントとなる重要な部分を見極めて，入学試験に必要な力を効率よく身につけてください。

数学

各都道府県の公立高校の入学試験問題は，中学数学のすべての分野から幅広く出題されます。内容的にも，基本的・典型的なものから思考力・応用力を必要とするものまでバランスよく構成されています。私立・国立高校では，中学数学のすべての分野から出題されることには変わりはありませんが，出題形式，難易度などに差があり，また，年度によっての出題分野の偏りもあります。公立高校を含め，ほとんどの学校で，前半は広い範囲からの基本的な小問群，後半はあるテーマに沿っての数問の小問を集めた大問という形での出題となっています。

まずは，単年度の問題を制限時間内にやってみてください。その後で，解答の答え合わせ，解説での研究に時間をかけて取り組んでください。前半の小問群，後半の大問の一部を合わせて50%以上の正解が得られそうなら多年度のものにも順次挑戦してみるとよいでしょう。

英語

英語の志望校対策としては，まず志望校の出題形式をしっかり把握しておくことが重要です。英語の問題は，大きく分けて，リスニング，発音・アクセント，文法，読解，英作文の5種類に分けられます。リスニング問題の有無(出題されるならば，どのような形式で出題されるか)，発音・アクセント問題の形式，文法問題の形式(語句補充，語句整序，正誤問題など)，英作文の有無(出題されるならば，和文英訳か，条件作文か，自由作文か）など，細かく具体的につかみましょう。読解問題では，物語文，エッセイ，論理的な文章，会話文などのジャンルのほかに，文章の長さも知っておきましょう。また，読解問題でも，文法を問う問題が多いか，内容を問う問題が多く出題されるか，といった傾向をおさえておくことも重要です。志望校で出題される問題の形式に慣れておけば，本番ですんなり問題に対応することができますし，読解問題で出題される文章の内容や量をつかんでおけば，読解問題対策の勉強として，どのような読解問題を多くこなせばよいかの指針になります。

最後に，英語の入試問題では，なんと言っても読解問題でどれだけ得点できるかが最大のポイントとなります。初めて見る長い文章をすらすらと読み解くのはたいへんなことですが，そのような力を身につけるには，リスニングも含めて，総合的に英語に慣れていくことが必要です。「急がば回れ」ということわざの通り，志望校対策を進める一方で，英語という言語の基本的な学習を地道に続けることも忘れないでください。

国語

国語は，出題文の種類，解答形式をまず確認しましょう。論理的な文章と文学的な文章のどちらが中心となっているか，あるいは，どちらも同じ比重で出題されているか，韻文(和歌・短歌・俳句・詩・漢詩)は出題されているか，独立問題として古文の出題はあるか，といった，文章の種類を確認し，学習の方向性を決めましょう。また，解答形式は，記号選択のみか，記述解答はどの程度あるか，記述は書き抜き程度か，要約や説明はあるか，といった点を確認し，記述力重視の傾向にある場合は，文章力に磨きをかけることを意識するとよいでしょう。さらに，知識問題はどの程度出題されているか，語句(ことわざ・慣用句など)，文法，文学史など，特に出題頻度の高い分野はないか，といったことを確認しましょう。出題頻度の高い分野については，集中的に学習することが必要です。読解問題の出題傾向については，脱語補充問題が多い，書き抜きで解答する言い換えの問題が多い，自分の言葉で説明する問題が多い，選択肢がよく練られている，といった傾向を把握したうえで，これらを意識して取り組むと解答力を高めることができます。「漢字」「語句・文法」「文学史」「現代文の読解問題」「古文」「韻文」と，出題ジャンルを分類して取り組むとよいでしょう。毎年出題されているジャンルがあるとわかった場合は，必ず正解できる力をつけられるよう意識して取り組み，得点力を高めましょう。

数学

出題傾向の分析と合格への対策

●出題傾向と内容

本年度の出題数は，大問4題，小問数にして22題と若干増えた。

出題内容は，[1]が正負の数，平方根，式の計算，因数分解，連立方程式，二次方程式，場合の数，空間図形，データの活用など10問の小問群，[2]が図形と関数・グラフの融合問題，[3]が平面図形の計量問題，[4]が規則性の問題であった。

標準レベルの基本的・典型的な問題が多く，いわゆる難問はないが，応用力，思考力を要するものも適当量まじっている。中学数学のほぼ全領域から出題されているので，解けるものから着実に仕上げていくようにしよう。

学習のポイント

図形の定理や公式は正しく理解し，使いこなせるようにしておこう。いろいろなタイプの問題を研究しておこう。

●2025年度の予想と対策

来年度も問題の量・質に大きな変化はないだろう。毎年広範囲からの出題であるので，まずは教科書を中心として，中学数学全域にわたる基本事項をしっかりとおさえよう。1題の中にいろいろな要素が盛り込まれており，総合的な学力を問う内容となっているので，かたよった分野の難問に挑戦するのではなく，各分野の標準的な応用問題，融合問題を確実に解くという姿勢で練習を重ねていきたい。

例年，平面図形の計量問題，図形と関数・グラフの融合問題，規則性が出題されているので，過去問などでしっかり練習しておこう。

▼年度別出題内容分類表 ……

出題内容			2020年	2021年	2022年	2023年	2024年
数と式		数の性質		○			○
		数・式の計算	○	○	○	○	○
		因数分解	○	○	○	○	○
		平方根	○	○	○	○	○
方程式・不等式		一次方程式	○			○	○
		二次方程式	○	○	○	○	○
		不等式					
		方程式・不等式の応用					
関数		一次関数	○	○	○	○	○
		二乗に比例する関数	○	○	○	○	○
		比例関数					
		関数とグラフ	○	○	○	○	○
		グラフの作成					
図形	平面図形	角度	○	○	○		
		合同・相似	○	○		○	○
		三平方の定理			○	○	○
		円の性質	○	○	○		○
	空間図形	合同・相似					
		三平方の定理			○		
		切断					
	計量	長さ	○	○		○	○
		面積		○	○	○	○
		体積				○	○
	証明						
	作図						
	動点		○				
統計		場合の数				○	○
		確率	○	○	○		
		統計・標本調査				○	○
融合問題		図形と関数・グラフ	○	○	○	○	○
		図形と確率					
		関数・グラフと確率					
		その他					
その他			○		○	○	○

東海大学付属相模高等学校

英語

出題傾向の分析と合格への対策

●出題傾向と内容

本年度はリスニング問題2題，会話文問題2題，語句補充問題，語句整序問題，長文読解問題3題の計9題が出題された。

ここ数年，出題形式に大きな変化は見られない。資料の読解を含む長文の内容吟味問題の割合が高くなっている。文法問題は広範囲にわたる項目から出題され量もやや多めである。いくつかの文法事項を組み合わせて考える問題も多く，力量が試されている。長文読解問題は内容理解に関する出題であった。文章の流れをつかみながら丁寧に読む力が要求されている。

✔学習のポイント

文法問題，長文読解問題ともに，基本をしっかり身につけた上で，すばやく，正確に問題を解く練習をしよう。

●2025年度の予想と対策

来年度も，出題傾向にほとんど変化はないと思われる。

文法問題の対策としては，不定詞，分詞，動名詞，比較，受動態，現在完了，関係代名詞，代名詞，名詞など，頻出の事項を十分に理解しておくことが大切である。慣用表現や重要構文なども必ずおさえておこう。

長文読解問題は，標準的なレベルの問題集を使って，特に内容吟味の力を強化するよう努めよう。全体の量も考えて，速読力も身につけておく必要がある。リスニング問題は，テレビ，ラジオ，CDなどを利用して，英会話の流れをつかめるよう，対策をたてておこう。

▼年度別出題内容分類表 ……

	出題内容	2020年	2021年	2022年	2023年	2024年
話し方・聞き方	単語の発音					
	アクセント					
	くぎり・強勢・抑揚					
	聞き取り・書き取り	○	○	○	○	○
語い	単語・熟語・慣用句	○	○	○	○	○
	同意語・反意語					
	同音異義語	○				
読解	英文和訳(記述・選択)					
	内容吟味	○	○	○	○	○
	要旨把握				○	○
	語句解釈					
	語句補充・選択	○	○	○	○	○
	段落・文整序					
	指示語	○				
	会話文	○	○	○	○	○
文法・作文	和文英訳					
	語句補充・選択		○	○	○	○
	語句整序		○	○	○	○
	正誤問題					
	言い換え・書き換え					
	英問英答					
	自由・条件英作文					
文法事項	間接疑問文	○				○
	進行形			○		○
	助動詞	○	○	○	○	○
	付加疑問文					
	感嘆文					
	不定詞	○	○	○	○	○
	分詞・動名詞	○	○	○	○	○
	比較	○	○	○		○
	受動態		○	○		○
	現在完了	○	○	○	○	○
	前置詞	○	○			
	接続詞		○		○	
	関係代名詞			○	○	○

東海大学付属相模高等学校

国語

出題傾向の分析と 合格への対策

●出題傾向と内容

本年度も，現代文の読解問題が2題，古文の読解問題が1題，国語の知識問題が1題の計4題が出題された。

現代文は，小説と論説文からの出題であった。

小説では，心情や情景の丁寧な読み取りが要求されている。問題数が多いので，時間配分には気をつけたい。論説文では，内容吟味や文脈把握，さらに筆者の考えを的確につかむことが問われている。語句の意味も大問に含まれる形で出題されている。

古文は『十訓抄』からの出題で，口語訳や大意をとらえる設問が中心となっている。

知識問題は，漢字の読み書き，慣用句，故事成語など幅広い分野から出題されている。

解答形式は本年もすべてマークシート方式となっている。

✔学習のポイント

幅広い内容が問われるので，苦手分野がないように練習を積もう。その際には，基本的な知識の確認もおこたらないこと！

●2025年度の予想と対策

来年度も，現代文と古文の読解問題を中心に，漢字・語句・文法・文学史などの国語の基礎知識に関する出題が予想される。

現代文は，論理的文章，文学的文章ともにおさえておきたい。指示語や接続語に注意して各段落の要点をおさえながら読み進めるといった基礎的な読解力を，数多くの問題にあたることによって身につけておきたい。

古文は，各時代の代表的な作品にふれ，古文独特の表現や基本的な語句の意味，文法の知識などを身につけておきたい。

漢字や語句，文法，文学史についても，問題集などで幅広い知識を確認することが大切だ。

▼年度別出題内容分類表……

		出題内容	2020年	2021年	2022年	2023年	2024年
内容の分類	読解	主題・表題	○	○	○	○	○
		大意・要旨	○	○	○	○	○
		情景・心情	○	○	○	○	○
		内容吟味	○	○	○	○	○
		文脈把握	○	○	○	○	○
		段落・文章構成					
		指示語の問題	○	○	○	○	○
		接続語の問題		○	○	○	○
		脱文・脱語補充	○	○	○	○	○
	漢字・語句	漢字の読み書き	○	○	○	○	○
		筆順・画数・部首					
		語句の意味	○	○	○	○	○
		同義語・対義語					
		熟語	○	○		○	○
		ことわざ・慣用句	○	○	○	○	○
	表現	短文作成					
		作文(自由・課題)					
		その他					
	文法	文と文節	○			○	○
		品詞・用法	○				
		仮名遣い					
		敬語・その他	○	○	○	○	○
	古文の口語訳		○	○	○	○	○
	表現技法				○		
	文学史		○	○		○	○
問題文の種類	散文	論説文・説明文	○	○	○	○	○
		記録文・報告文					
		小説・物語・伝記	○	○	○	○	○
		随筆・紀行・日記					
	韻文	詩					
		和歌(短歌)					
		俳句・川柳					
	古文		○	○	○	○	○
	漢文・漢詩						

東海大学付属相模高等学校

2024年度 合否の鍵はこの問題だ!!

数学 1 (9)，2 (3)，3 (4)，4 (2)

1 (9)　円錐の側面積は$\pi \times$(母線の長さ)$\times$(底面の半径)で求められることを覚えておきたい。

2 (3)　別解として，直線ℓとx軸との交点をEとすると，$y=-\frac{3}{2}x+2$に$y=0$を代入して，$0=-\frac{3}{2}x+2$　$x=\frac{4}{3}$　　よって，$E\left(\frac{4}{3},\ 0\right)$　　四角形OABCの面積は，△BCEと△OEAの面積の差に等しいから，$\frac{1}{2}\times\left(\frac{4}{3}+4\right)\times 8-\frac{1}{2}\times\frac{4}{3}\times\frac{1}{2}=21$

3 (4)　相似比と三平方の定理から方程式をつくるところがやや難しかった。

4 (2)　フィボナッチ数列と呼ばれる数列である。

◎特別な難問もないので，基礎をしっかりと固めたら，過去の出題例も研究しておこう。

英語 6

6は語句整序問題である。中学で学習する重要文法事項が幅広く出題されている。日本語が与えられていないので，対話の内容と与えられている語句から意味を推測し，英文を作っていくので難易度が上がる。またこの問題の後に5題の読解問題が控えているので，この問題をいかに早く正確に解けるか否かが合否を分ける。

語句整序問題では，必ず重要文法事項や重要構文，重要表現が含まれているので素早くそれを見つけ出そう。

1　Could you tell me where it is?　これは間接疑問文である。間接疑問文は，疑問文そのものが動詞の目的語となり，〈疑問詞＋主語＋動詞〉の語順となるのがポイント。疑問詞を使った疑問文の語順とは異なるため，語句整序問題として出題されることが多い。where is it としないよう注意。
〈tell ＋A(＝人)＋B(ものごと)〉「AにBを教える[伝える]」 AとBの位置にも注意が必要。

2　My parents want me to be a doctor.　〈want ＋人＋ to …〉「人に…してもらいたい」という意味の需要構文。

3　The camera which my father bought for me was easy to use.　関係代名詞を使った文。The camera から me までがこの文の主語になることに注意。関係代名詞を使い which my father bought for me「私の父が私に買ってくれた」が The camera を修飾する形を作る。

4　Who was the last one to leave?　the last one to leave の形が作れるかがポイント。to leave は the last one を修飾する形容詞用法の不定詞として使われている。

5　Well, it was longer than I thought and …　～ than I thought 「思ったよりも～」という表現は口語でよく使われる。it その映画の長さと I thought 私が思った映画の長さを比較する構成の文。

語句整序問題ではすべての語句を使ったかどうかの確認も忘れずに行おう。

国語 一 問十七

★ 合否を分けるポイント

人物像をとらえるためには，その人物の会話や行動に注目することが基本だが，その人物に対する他の人の言葉にも注目したい。本問も，珠紀の言動だけでなく珠紀に対する愛衣の言葉や思いに注目することがポイントだ。珠紀が登場する後半部分に着目しよう。

★ こう答えると「合格」できない！

それぞれの選択肢を見ると，2の「学校の規則を破ることをそそのかす」や3の「自分だけの世界観をもち」など本文から読み取れる内容が含まれるものがある。また，珠紀の様子から，3の「いつも一人で物事に取り組む」，4の「学校でも家庭でも孤立しがち」「漫画を読むことで気持ちを前向きに切り替えられる」などと勝手に想像してしまうと，正答を選びきれず「合格」できない。根拠となる言動を見極めることを心がけよう。

★ これで「合格」！

主人公の愛衣は，親友であった仁美と香奈恵と疎遠になり孤独を感じていたが，いっしょにウサギ当番をしている珠紀の考えを知り目が覚めるような思いでいる。愛衣が「この子ともっと仲良くなりたい」と思ったのはなぜか，珠紀の人物像を探ることで読み取っていこう。珠紀が登場する後半部分で，愛衣は自分の考えをしっかりと語る珠紀に対して「格好いいよね」と呟き，自分も珠紀と同じように自分の心を偽って嘘をつきたくないと考えている。この内容を言い換えている1を選べば，「合格」だ！愛衣に「辻さんって，格好いいよね」と言われて「小さな耳を赤くした」様子や，「私が好きになる漫画って，だいたいあんまり有名じゃないから」と思いながらも愛衣に漫画を貸したこと，さらに愛衣が休みの日に二人きりで出かけることを了承した場面での嬉しそうな様子から，珠紀も愛衣と仲良くなりたいと思っていることにも気づきたい。

2024年度

★★★★★★★★★★★★★★★★★★★★★★★★

入　試　問　題

2024年度

東海大学付属相模高等学校入試問題

【数　学】（50分）〈満点：100点〉

【注意】 1. 分数の形で解答する場合，それ以上約分できない形で答えなさい。
2. 根号を含む形で解答する場合，根号の中に現れる自然数が最小となる形で答えなさい。
また，根号を含む分数の形で解答する場合，分母に根号を含まない形で答えなさい。

1 次の各問いに答えよ。

（1） $60-6\div(-3)^2\times\{4-(-8)\}-7^2$ を計算せよ。

（2） $\left(\frac{8}{21}+\frac{3}{14}-\frac{1}{6}\right)\times(-3.5)\div\left(\frac{3}{2}\right)^2$ を計算せよ。

（3） $(x-2)^2-2(x+1)(x-3)$ を計算せよ。

（4） $3ax^3-3ax$ を因数分解せよ。

（5） $\sqrt{2}(\sqrt{3}+\sqrt{2})(\sqrt{6}-2)$ を計算せよ。

（6） 2次方程式 $x^2-7x+5=0$ を解け。

（7） 5個の数字1，2，3，4，5のうちの異なる3個を並べて，3桁の整数を作るとき，小さい方から数えて44番目の整数を求めよ。

（8） 連立方程式 $4x+y=3x-2y-3=10$ を解け。

（9） 右の図の立体は，半径3cmの円で球の半分と円錐が重なっている。円錐の母線の長さが6cmであるとき，この立体の表面積を求めよ。ただし，円周率は π とする。

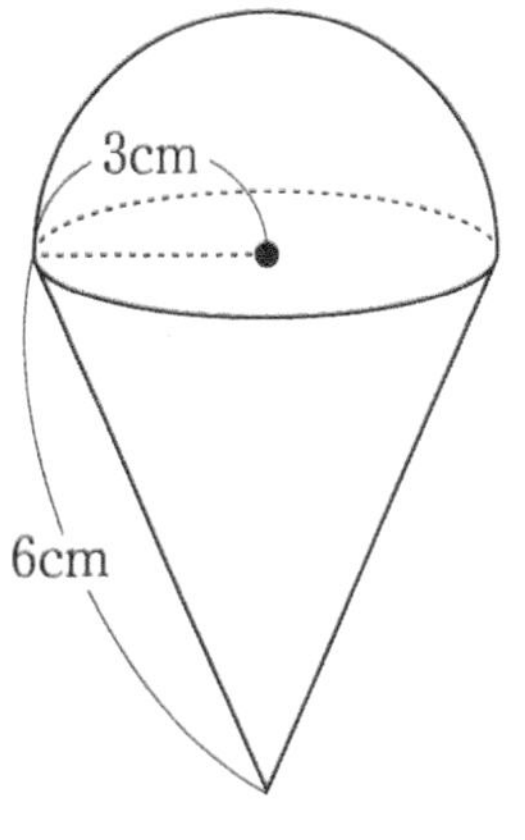

（10） 次のデータは10人の小テストの点数である。このデータについて第1四分位数，第2四分位数，第3四分位数をそれぞれ求めよ。

7，9，5，3，8，10，4，7，2，6（点）

2 下の図のように，2点A，Bは放物線$y=\dfrac{1}{2}x^2$と直線ℓの交点で，x座標はそれぞれ1，-4である。このとき，次の各問いに答えよ。

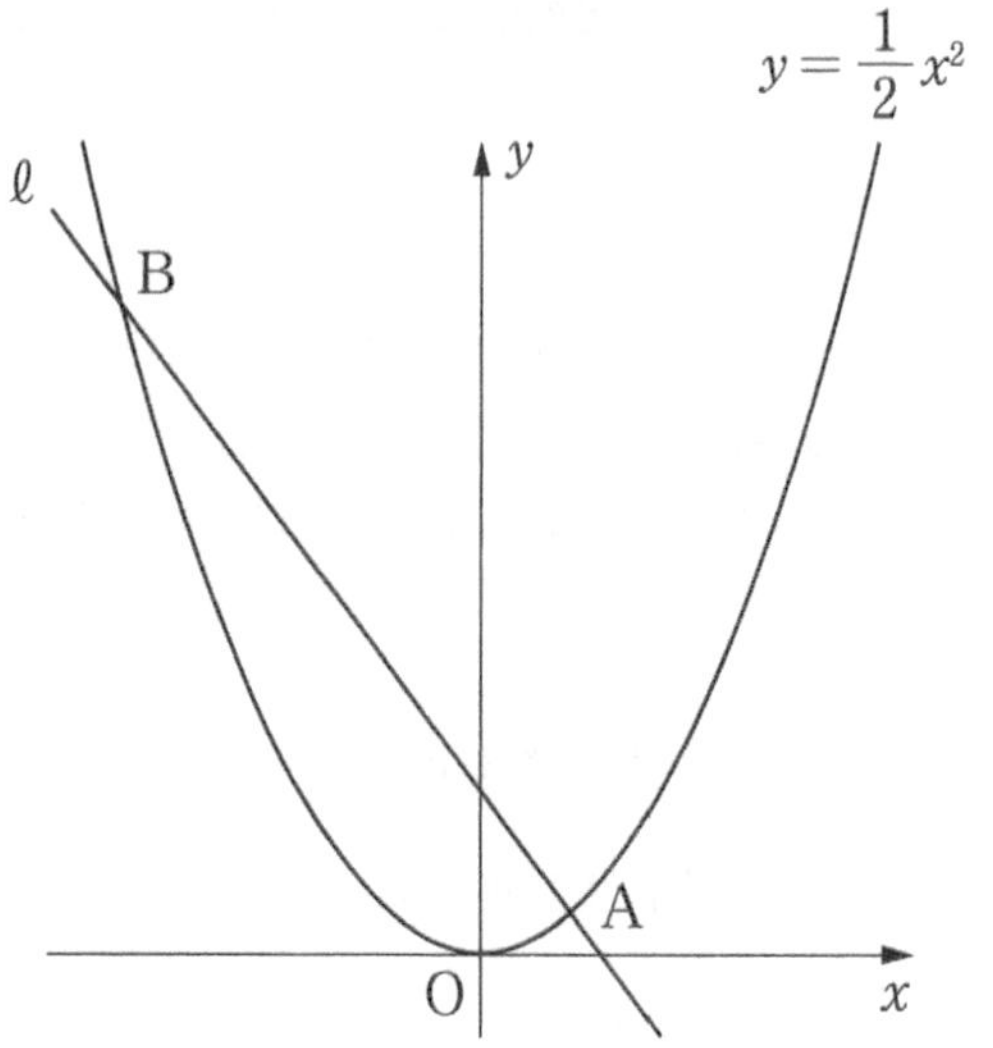

（1） 点Bの座標を求めよ。

（2） 直線ℓの式を求めよ。

（3） 点Bからx軸へ下ろした垂線と，x軸との交点をCとする。このとき，四角形OABCの面積を求めよ。

（4） 直線ℓとy軸との交点をDとする。線分ODを軸として，△OADを1回転させてできる立体の体積を求めよ。ただし，円周率はπとする。

3 下の図のように，円Oの周上に3点A，B，Cがあり，BCは円Oの直径，AB＝8，AC＝6である。また，BC上に点Dをとり，線分ADの延長と円Oの交点をEとする。ただし，点Dは2点B，Cと重ならないものとする。このとき，次の各問いに答えよ。

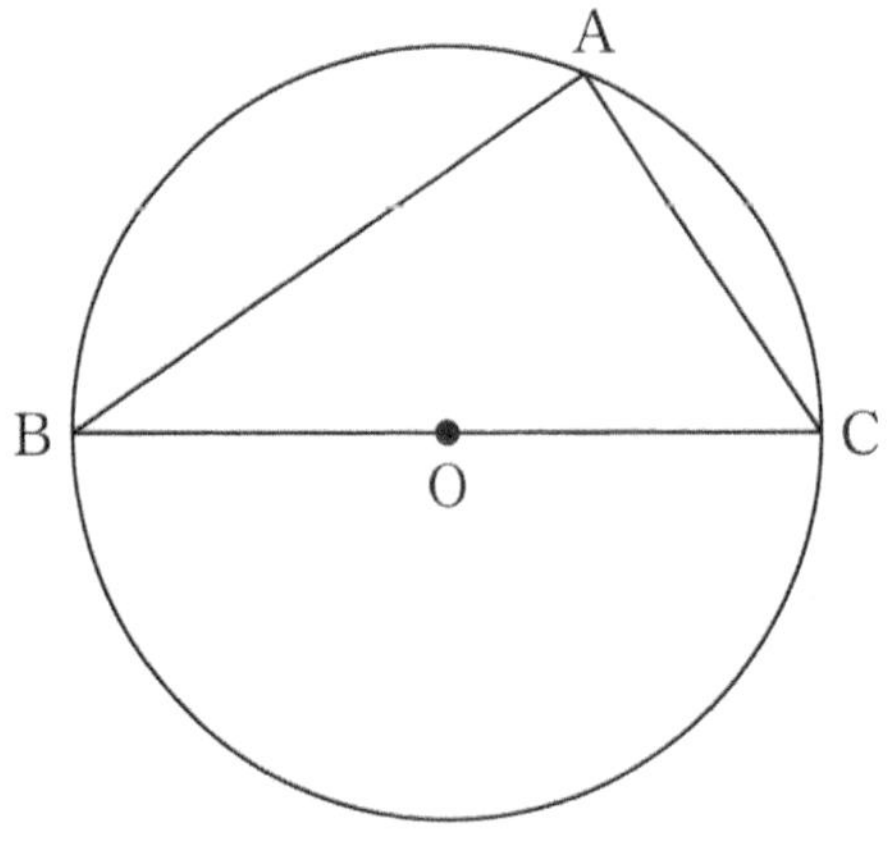

（1） △ABCの面積を求めよ。

（2） 円Oの半径を求めよ。

（3） ∠BAD＝60°となるように点Dをとるとき，線分BEの長さを求めよ。

（4） AD＝ACとなるように点Dをとるとき，線分BEの長さを求めよ。

4 以下の規則①，②にしたがって数を並べていくとき，次の各問いに答えよ。

～規則～

① 1番目と2番目の数を決める。

② 3番目以降の数は，2つ前の数と1つ前の数の和とする。

例：1番目の数が1，2番目の数が2のとき，

3番目の数＝1＋2＝3

4番目の数＝2＋3＝5

5番目の数＝3＋5＝8

⋮

（1） 1番目の数が−3，2番目の数が1のとき，7番目の数を求めよ。

（2） 1番目の数が1，2番目の数が1のとき，16個の数を並べる。これらの数のうち，3の倍数は全部で何個あるか。

（3） 1番目の数がx，2番目の数がyのとき，4番目の数をx，yを用いて表せ。

（4） 4番目の数が9，10番目の数が141のとき，1番目の数と2番目の数をそれぞれ求めよ。

【英　語】（50分）〈満点：100点〉　　※リスニングテストの音声は弊社HPにアクセスの上，
音声データをダウンロードしてご利用ください。

1 （リスニング問題）放送を聞き，質問に対する応答として最も適切なものを選び，番号で答えなさい。質問は，問題用紙には印刷されていません。放送は**2回**流れます。

例題）When is your birthday?

① It's rainy today.
② I'll buy a cake for you.
③ You're welcome.
④ It's April 10th.

正解は，④です。

（１）① In the evenings.
② The big park near the school.
③ Every night.
④ Twice a day.

（２）① I think classical music is good.
② I listen to music every day.
③ The music is too loud.
④ Music is my favorite subject.

（３）① At the convenience store.
② I do my homework.
③ About 6 o'clock.
④ Almost every day.

（４）① Yes, she was.
② Yes, it is.
③ No, I haven't.
④ No, I didn't.

（５）① I made it at school.
② My mother made it.
③ It is made of plastic.
④ I didn't make it.

2 （リスニング問題）会話を聞き，質問に対する解答として最も適切なものを選び，番号で答えなさい。放送は**1回だけ**流れます。

（６）What are the man and woman going to give Susan for her birthday?
① a bag
② a book
③ a card
④ a cake

(7) When is the next tournament?

① next Saturday
② next Sunday
③ next week
④ after the test

(8) Where is the woman going to visit?

① Tokyo
② Kyoto
③ Tokyo and Kyoto
④ Kyoto and Nara

(9) Who will help the boy with his homework?

① his friend
② his teacher
③ his brother
④ the girl's brother

(10) How many tickets does the girl have for the music festival?

① She has one ticket.
② She has two tickets.
③ She has three tickets.
④ She has four tickets.

3 次の会話の流れに沿って，空所に入る文として最も適切なものを選び，番号で答えなさい。各選択肢は，一度しか使うことができません。

Manami is a junior high school student. She is talking with Emma, an international student from Norway.

Manami : We're going camping this weekend. Would you like to go with us?
Emma : Oh, can I? Where are you going?
Manami : We're going to a place in Saitama. (11)
It is about an hour's drive and my father is willing to take us.
Emma : Sounds good. Do you often go camping?
Manami : Not really. Actually, this is only my second time to go camping. (12)
Emma : I've spent many weekends camping with my family. There are some places to enjoy the outdoors near my house in Norway.
I miss spending time in nature, so I'm glad you have invited me to go camping. (13)
Manami : Well, we'll only stay there for one night, so we don't need many things. We have a tent and an extra sleeping bag for you, so just bring your clothes, a towel, and boots.
Emma : (14)

Do I need to bring something to cook?

Manami：Just bring some bread for the next morning, a water bottle and mug. We'll use a barbecue set for dinner, and the food and fuel are included.

Emma ：Can I bring some crackers and marshmallows to cook?

Manami：(　15　) I'm getting excited about the trip. I can't wait!

① Oh, yes please!
② How about you?
③ Who will go with us?
④ What will we eat there?
⑤ It's not very far from our place.
⑥ What do we need to take?

4 次の各文の空所に入れる語として最も適切なものを選び，番号で答えなさい。

(16) A：John, you should not have (　　) with your brother.
B：Sorry, mom. He always changes the channel while I'm watching TV.
① advantages　② arguments　③ achievements　④ adventures

(17) A：What are you going to do in the future?
B：I made the (　　) to study in Canada after high school.
① behavior　② direction　③ decision　④ mind

(18) A：You need to make a lot of (　　) to win the next game.
B：OK. We'll practice much harder from today.
① effort　② environment　③ experiment　④ explanation

(19) A：You look confused. What happened?
B：Well! I had a math class today, and I couldn't (　　) out what my teacher was saying at all.
① check　② take　③ hang　④ figure

(20) A：I'd like to (　　) my idea for the school festival.
B：Sure. What is your idea?
① save　② suggest　③ solve　④ survive

5 次の各文の空所に入れる語(句)として最も適切なものを選び，番号で答えなさい。

(21) It (　　) when we arrived in Hawaii.
① rains　② is raining　③ was raining　④ has been raining

(22) The music (　　) by Mozart when he was only six years old.
① writes　② wrote　③ has writing　④ was written

(23) Shelly and I (　　) each other for over 10 years.
① know　② have known　③ am knowing　④ have been knowing

(24) You (　　) go to school tomorrow because it's a national holiday.
① don't have to　② must　③ should　④ would

(25) The chef ( ) at the restaurant is well known for his Italian cuisine.

① works ② working ③ is working ④ has worked

6 ①～⑤の語(句)を並び替えて対話文を完成させるとき，(26)～(35)に入る語(句)として最も適切なものを選び，番号で答えなさい。文頭に来る語(句)も小文字になっています。

1. You: I'm looking for some pasta sauce. Could you ( )( )(26)( )(27)?
   Shop keeper: Sure, come this way, please.
   [① is ② it ③ me ④ tell ⑤ where]
2. Friend: You're going to medical school, right?
   You: Yes. My parents ( )(28)( )(29)( ).
   [① be ② a doctor ③ me ④ to ⑤ want]
3. You: The camera ( )( )(30)( )(31) was easy to use.
   Friend: That's good!
   [① bought ② my father ③ me ④ for ⑤ which]
4. Mother: Hey, the TV was on when I came back. ( )(32)( )(33)( )?
   You: I'm really sorry. It's my fault. I was in a big hurry.
   [① home ② to leave ③ the last one ④ was ⑤ who]
5. Friend: How was the movie?
   You: Well, it ( )(34)( )(35)( ) and the story was very boring.
   [① I ② longer ③ than ④ thought ⑤ was]

7

A

次のページの新聞広告を読み，質問に対する解答として最も適切なものを番号で答えなさい。

(36) What do you have to do to participate in the Music Contest?

① Buy a CD that bands made last year

② Call the Events Committee

③ Hand in an application form to the committee

④ Arrive 10 minutes before the contest

(37) If you join this Music Contest, on which day can you submit your CD?

① May 23rd

② May 25th

③ June 3rd

④ June 23rd

(38) If you perform at 10:00 am, by what time should you arrive at Sagami Hall?

① 9:00 am ② 9:20 am ③ 9:40 am ④ 9:55 am

Sagami High School Music Contest

June 23rd, 9am – 3pm
at Sagami Hall

This is your big chance to show everyone your best music skills.

Event Rules

- Applications -

All bands must complete an application and give it to the Events Committee by 6:00 pm on May 23rd.

- Music for the Contest -

Each band must create a CD with a recording of the two songs that they want to perform.

Give the CD to the Events Committee sometime between May 24th and May 31st.

On June 3rd, the committee will tell bands if they can perform their songs or not.

- Performances at the Contest -

Band members must arrive 40 minutes before their performance.

Each band will have 10 minutes to perform. There will be a 5-minute break between each band's performance.

- First Prize -

The best band will receive free tickets for the Winter Concert at Sagami Hall.

*All participating band members will get a free T-shirt as a souvenir.

(39) What will you receive if you don't win the contest?

① free tickets for the Summer Concert
② free tickets for the Winter Concert
③ a free CD
④ a free souvenir T-shirt

B

次のページの水族館のパンフレットを読み，質問に対する解答として最も適切なものを番号で答えなさい。

(40) If you visit Sagami Aquarium as a member of a school group on a Tuesday, how much do you need to pay to enter?

① $25
② $30
③ $35
④ $40

(41) If one adult (age 60) and two children (age 7 and 11) visit this aquarium, how much do they have to pay to enter?

① $95
② $110
③ $115
④ $125

(42) If you watch the sea lion show on Saturday morning, what time does it end?

① 10:15 am
② 10:30 am
③ 10:40 am
④ 11:00 am

(43) What do you need to do if your children want to try feeding the sea lions?

① Go to the main pool.
② Visit the tour desk before 9:30 am.
③ Go to the tour desk around noon.
④ Buy a ticket at the vending machine.

SAGAMI AQUARIUM

Our aquarium has something special for you. We invite you to see our shows and participate in our special events.

Tickets

Type	Child (ages 6 to 15)	Adult	Senior (age 65 and older)
Individual	$40	$45	$30
School group	$35*		

* Discount for school groups: $10 off each student ticket on Tuesdays.

- Open 365 days a year.
- Hours: 9:00 am – 5:30 pm (You cannot enter after 5:00 pm.)

Sea Lion Show

Meet our sea lions at the Main Pool.
Learn about different types of sea lions.
Discover how they live together and what kind of food they eat.

Show Times (All shows last 40 minutes.)

Mondays - Fridays	Saturdays, Sundays & National Holidays
11:00 am 1:00 pm 3:00 pm	10:00 am 2:00 pm 4:00 pm

NOTE: You must arrive at least 15 minutes before the start of the show.

Photographing the Animals

You may take photos but please don't use flash photography.

Feeding the Animals

Children can feed the sea lions after each show.
Feeding must be booked in advance so come to the tour desk before 9:30 am.

8

A

イルカに関する記事を読み，その内容に合うよう，空所に入る最も適切なものを番号で答えなさい。

Dolphins are social animals that make sounds to talk to each other. They use these sounds to share information or express feelings. One of the most important sounds that dolphins make is called a signature whistle. This sound is unique for each dolphin and they use this sound to call other dolphins. Dolphins are not born with this sound, but they learn it when they are young by listening to other dolphins.

An American scientist studied how dolphins learn their signature whistles. She has been watching dolphins in Florida for 30 years. She recorded the sounds of dolphin mothers and babies. She found out that dolphin mothers talk to their babies in a special way. They make their high sounds higher and their low sounds lower. They do this to catch their babies' attention and to help them to learn how to make sounds. This is similar to how human mothers talk to their babies. The result of her study was published in a scientific journal. Her study shows that dolphins have a strong bond between mothers and their babies.

(44) Dolphins use sound to (　　).

① learn new tricks for dolphin shows
② tell other dolphins how they feel
③ find their food quickly
④ teach their babies where to stay at night

(45) Dolphins can call other dolphins by making sounds because (　　).

① every dolphin has its own sound
② dolphins can make sounds just after they are born
③ the sound is very high
④ humans can't hear the sounds

(46) A scientist found that dolphin mothers talk to their babies in a special way to (　　).

① record their sounds
② catch food for their babies
③ teach their babies how to swim well
④ attract their babies' attention

B

ある団体による取り組みに関する記事を読み，空所に入る最も適切なものを選択肢から選び，番号で答えなさい。

"The Shoe That Grows" is an organization that provides sandals for children in developing countries. The sandals can be adjusted to five sizes, and children can use one pair for at least five years. The organization was started by Kenton Lee in 2007. According to a survey, there are about 300 million children in the world who live without shoes because of poverty. Shoes are important for children because they protect their feet from injury and disease. The organization provides sandals that can adjust to children's feet as they grow. The shoes can be adjusted 5 sizes in 7 places: the heel strap, the top strap, side straps, and the hook-and-loop toe piece. The small size fits children aged 5 to 9 and the large size fits children aged 10 to 14. The organization has partnered with NPOs in India, Cambodia, Malawi, and Mexico to deliver shoes to children in need. They accept donations on the Internet and have collected more than sixty thousand dollars so far. We can also help this project by purchasing sandals for our children on their website.

Main Points

The organization, "The Shoe That Grows"

- started in 2007.
- gives sandals to children who don't have shoes.
- works with NPOs in (47) countries.

The sandals

- can be used for a long time. -> How long? For (48) or more years.
- keep children's feet safe from (49).
- can be bought if you visit the (50) of the organization.

① 3	② 4	③ 5	④ 7
⑤ injury	⑥ website	⑦ factory	⑧ donations

9 以下の論題についてディベートをするために原稿を書いています。空所に入る最も適切な語句を選び，番号で答えなさい。

Online lessons are better than lessons in the classroom.

I believe that online lessons are better than lessons in the classroom.

First, students can learn at their own pace during online lessons. The speed of understanding is different from student to student. In online lessons, if students feel the lesson is (51), they can watch the lecture video many times.

In addition, students don't need to (52) their homes for online lessons. Therefore, they can (53) time and money on transportation.

Of course, lessons in the classroom have some advantages. For example, students can work easily (54). It's important to learn teamwork by communicating with other people. If technology advances, people will be able to work with other people even online, just like (55).

For these reasons, I believe online lessons are better than lessons in the classroom. They allow students to receive a better education.

(51) ① long ② slow ③ easy ④ difficult

(52) ① own ② look for ③ leave ④ live in

(53) ① increase ② save ③ create ④ get

(54) ① for their families ② with computers
③ in groups ④ by themselves

(55) ① on the Internet ② in the classroom
③ in their rooms ④ at their houses

・□苦□苦（たいへん苦労すること）

1　15　　2　17　　3　19　　4　21

問五　次の作品と同じ時代に成立した作品を後から一つ選び、番号をマークしなさい。　解答番号47

『平家物語』

1　方丈記　　2　枕草子
3　源氏物語　　4　万葉集

問六　次の中から旧暦六月の異名として適切なものを一つ選び、番号をマークしなさい。　解答番号48

1　水無月　　2　葉月　　3　卯月　　4　文月

問七　次の文を文節で区切った場合、いくつに分けられるか。後から一つ選び、番号をマークしなさい。　解答番号49

その山ではたくさんの花が咲いていた。

1　4つ　　2　5つ　　3　6つ　　4　7つ

3 博雅三位のように、その笛を立派に吹きこなせる名人がいなかったということ。

4 笛の上達には、笛の演奏が同程度に熟練している相手が必要だということ。

問七 二重傍線部「われもものをもいはず、かれもいふことなし」の理由として適切なものを次の中から一つ選び、番号をマークしなさい。 解答番号41

1 お互いに笛を吹くことに集中しており、言葉をかわす余裕がなかったため。

2 言葉に出さなくても、笛の音によってお互いを理解することができたため。

3 お互いに相手の名前もどういう身分かも分からず、警戒し合っていたため。

4 言葉をかわしてしまうと、お互いの立場が周りに知られて都合が悪くなるため。

四 次のそれぞれの設問に答えなさい。（解答はすべて解答用紙にマークしなさい）

問一 次のA・Bの傍線部のカタカナを漢字に直した場合、同じ漢字になるものを、それぞれ後から選び、番号をマークしなさい。

A 問題の解決策を検トウする。 解答番号42

1 心の内を見スかすような視線。

2 税金をオサめる義務がある。

3 作戦が相手チームにツツ抜けだった。

4 主君のかたきをウつ。

B すばらしい出来栄えに驚タンする。 解答番号43

1 日々心身をタン錬する。

2 悲しい結果にタン息をもらす。

3 周囲はひどく落タンした。

4 タン白な味のする食べ物を好む。

問二 次の中から敬語が正しく使われているものをすべて選び、番号をマークしなさい。 解答番号44

1 担任の先生が夏休みの宿題を熱心に拝見している。

2 先生、次の授業参観には母が参ります。

3 お口に合わないかもしれませんが、どうぞたくさん頂いてください。

4 先月お貸しした本は、もうごらんになりましたか。

問三 次のことわざの中から意味が異なるものを一つ選び、番号をマークしなさい。 解答番号45

1 石橋をたたいて渡る　2 石の上にも三年

3 転ばぬ先のつえ　4 念には念を入れよ

問四 次の三つの四字熟語の空欄□に当てはまる数字をすべて足すとその合計はいくつになるか。後から一つ選び、番号をマークしなさい。 解答番号46

・□喜□憂（少しのことで喜んだり悲しんだりする）

・朝□暮□（目先の違いにこだわり、結果が同じことに気づかないさま）

もいはざりければ、⑤ながくかへてやみにけり。三位失《う》せてのち、帝《みかど》、この笛を召して、時の笛吹《ふき》どもに吹かせらるれど、⑥その音を吹きあらはす人なかりけり。

（『十訓抄』より）

＊博雅三位＝源　博雅《みなもとのひろまさ》。平安時代の貴族で音楽に優れていた。
＊直衣＝貴族の平常服。
＊朱雀門＝大内裏の南の正門。
＊返し取らむ＝返してほしい。

問一　傍線部①「笛吹きければ」の現代語訳として適切なものを次の中から一つ選び、番号をマークしなさい。　解答番号35

1　笛を吹いていたので　　2　もし笛を吹けば
3　笛を吹こうと思って　　4　笛を吹かないでいると

問二　傍線部②「近寄りて見けれ」の理由として適切なものを次の中から一つ選び、番号をマークしなさい。　解答番号36

1　夜も遅い時に自分以外に笛を吹いている人がいることを不審に思ったため。
2　自分と同じような服装をして笛を吹いている人の顔を確認したいと思ったため。
3　この世で聞いたこともないような見事な笛の音を聞いて不思議に思ったため。
4　この世で初めて聞くような音色を聞かせてくれたことに感謝したいと思ったため。

問三　傍線部③「かの人」とは誰のことか。次の中から一つ選び、番号をマークしなさい。　解答番号37

1　博雅三位　　2　博雅三位が出会った男
3　帝　　4　時の笛吹たち

問四　傍線部④「世になきほどの笛」とはどのような笛か。適切なものを次の中から一つ選び、番号をマークしなさい。　解答番号38

1　以前に失くした笛　　2　だれも見たことのない形の笛
3　たいそう優れた笛　　4　この世に存在しないはずの笛

問五　傍線部⑤「ながくかへてやみにけり」の現代語訳として適切なものを次の中から一つ選び、番号をマークしなさい。　解答番号39

1　長い時間が経過した後に返却された
2　長い間探し続けてようやく見つけた
3　しばらくしてから再び取り替えた
4　いつまでも取り替えたままで終わった

問六　傍線部⑥「その音を吹きあらはす人なかりけり」とあるが、これはどのようなことを表しているか。適切なものを次の中から一つ選び、番号をマークしなさい。　解答番号40

1　帝の前で笛を吹くことは、極度の緊張を強いるものであったということ。
2　博雅三位が吹いた笛は、実際には存在しない伝説上の笛であるということ。

3 周囲から嫌われないようにするには、反対する人が出ないように自分の意見を述べて相手を説得しなければならないから。

4 周囲の人たちの意見に同調し続けていると他人から誘われる機会が多くなって、自分の時間が少なくなってしまうから。

問十二 傍線部⑩「こうした感覚」とはどういう感覚か。適切なものを次の中から一つ選び、番号をマークしなさい。 解答番号32

1 誰かの意見に対して素直に「いいね！」と思える感覚。

2 自分自身に対して嘘をつくことが最善なのだという感覚。

3 無理に周囲に合わせて自分の心を裏切っているという感覚。

4 自分が述べた意見が他の人から否定されているという感覚。

問十三 傍線部⑪「小さな誇り」はどのようにして生まれるのか。適切なものを次の中から一つ選び、番号をマークしなさい。 解答番号33

1 自分が述べた意見が周囲の人に認められて多くの賛成を得られたことで生まれる。

2 他人の意見が正しいと思っても簡単には「いいね！」と反応しないことで生まれる。

3 むやみに他者に同調することなく自分の感覚にしたがって行動することで生まれる。

4 周囲の多くの人が賛成している意見に対して自分だけが反対することで生まれる。

問十四 次の中から本文の内容と一致するものを一つ選び、番号をマークしなさい。 解答番号34

1 現代では大多数の側にいて協調性を重視する傾向にあるため、意見の違いから起こる問題や争いごとは少なくなっている。

2 日本では、無気力、無関心な人が増えたことにより、叩かれる人をただ傍観するだけの人が多くなってきている。

3 日本では、海外とは異なってバッシングされる側に味方をする人もバッシングされてしまう傾向がある。

4 周囲とトラブルを起こさないために、自分の本心とは異なる意見にも同調して和を乱さないようにすることが大切である。

三 次の文章を読んで、後の設問に答えなさい。（解答はすべて解答用紙にマークしなさい）

*博雅三位《はくがのさんみ》、月の明《あか》かりける夜、*直衣《なほし》にて、*朱雀門《すざくもん》の前に遊びて、よもすがら、笛を吹かれけるに、同じさまに、直衣着たる男の、①笛吹きければ、「たれならむ」と思ふほどに、その笛の音、この世にたぐひなくめでたく聞《きこ》えければ、あやしくて、②近寄りて見ければ、いまだ見ぬ人なりけり。われもものをもいはず、かれもいふことなし。かくのごとく、月の夜ごとに行きあひて、吹くこと、夜ごろになりぬ。

③かの人の笛の音、ことにめでたかりければ、こころみに、かれを取りかへて吹きければ、④世になきほどの笛なり。そののち、なほなほ月ごろになれば、行きあひて吹きけれど、「もとの笛を返*し取らむ」と

される構造が存在すること。

4　日本には、マジョリティの側が正義であるという考え方が存在し、争いごとを傍観する者も最終的にはマジョリティの側に味方をしてしまう構造が存在すること。

問七　傍線部⑤「自分が正義の味方だと思っている」とあるが、この文章において、「自分」は「正義の味方だと思う」とはどういうことか。適切なものを次の中から一つ選び、番号をマークしなさい。　解答番号27

1　バッシングを受けている人をＳＮＳ上で助けようとしている自分は正しいと思いこむこと。

2　誹謗中傷に苦しむ人の存在をＳＮＳ上で明らかにしている自分は正しいと思いこむこと。

3　他の人たちを非難している人をＳＮＳ上で攻撃している自分は正しいと思いこむこと。

4　一般的でないふるまいをする人をＳＮＳ上で非難している自分は正しいと思いこむこと。

問八　傍線部⑥「忖度」のここでの意味として適切なものを次の中から一つ選び、番号をマークしなさい。　解答番号28

1　察して考えを合わせる

2　尊重し何よりも重んじる

3　深く理解して真似する

4　探って細部まで確認する

問九　傍線部⑦「こうしたＳＮＳも同調圧力のツールになっています」とはどういうことか。適切なものを次の中から一つ選び、番号をマークしなさい。　解答番号29

1　ＳＮＳには利用者に様々なグループに参加することを強制する要素があるということ。

2　ＳＮＳが利用者にマジョリティの側にいなければという強迫観念を与えているということ。

3　ＳＮＳを利用することで生活のあらゆる面で他人とのつながりを意識できるということ。

4　ＳＮＳには利用者が常に最新の情報に触れることを強制する仕組みがあるということ。

問十　傍線部⑧「そうした浅い付き合い」とはどのようにしていることか。適切なものを次の中から一つ選び、番号をマークしなさい。　解答番号30

1　同じ趣味をもつ者同士で少ない人数に限定している。

2　お互いの本心を理解し、短い言葉だけで会話をしている。

3　本心を出さずにお互いがみんなに合わせようとしている。

4　自分の存在を隠しながら短い言葉で他人を攻撃し合っている。

問十一　傍線部⑨「周囲の人たちに合わせる生き方をしていると、なぜ疲れるのでしょうか」とあるが、筆者はなぜだと述べているか。適切なものを次の中から一つ選び、番号をマークしなさい。　解答番号31

1　周囲の人たちから疎外されないために、自分とは異なる意見に対し自身の本心に反して同調せざるをえなくなるから。

2　他の人が意見を述べるたびに、周囲の人たちの目を気にしながら賛成か反対かの反応をしなければならないから。

れるでしょう。

それはごく小さな誇りかもしれませんが、とても大事なものです。

自分の感覚を信じて行動するというのは、本当はとても誇らしいことなのです。

（和田秀樹『みんなに好かれなくていい』小学館より。一部表記を改めている）

問一　空欄［Ⅰ］・［Ⅱ］に当てはまる語句として適切なものを次の中からそれぞれ一つ選び、番号をマークしなさい。

Ⅰ…解答番号19　Ⅱ…解答番号20

1　そこで　2　つまり　3　しかし　4　たとえば

問二　傍線部①「同調圧力が強くなりました」とはどういうことか。適切なものを次の中から一つ選び、番号をマークしなさい。　解答番号21

1　社会的に立場の弱い人を支えなければならないと思うようになったということ。

2　周りの人の意見や行動に合わせることがより求められるようになったということ。

3　一般的でない人のことは非難しなければならないと考えるようになったということ。

4　大多数のマジョリティの側にいることに安心感を持つ人が増えてきたということ。

問三　傍線部②「そんなこと」とはどういうことか。適切なものを次の中から一つ選び、番号をマークしなさい。　解答番号22

1　感染予防に関係のないことを考えてはいけないということ。

2　多数意見は無視して少数意見を尊重しなければならないということ。

3　コロナから命を守ることを考えなければならないということ。

4　感染予防以外のことにも配慮する必要があるということ。

問四　空欄（　A　）・（　B　）に当てはまる語句として適切なものを次の中からそれぞれ一つ選び、番号をマークしなさい。

A…解答番号23　B…解答番号24

1　表面的　2　空間的　3　本質的　4　具体的

問五　傍線部③「後ろ指を指さ」とあるが、「後ろ指を指す」の意味として適切なものを次の中から一つ選び、番号をマークしなさい。　解答番号25

1　大声で非難する　2　陰で悪口を言う

3　具体的に指摘する　4　過ちを正す

問六　傍線部④「プロレスラーの女性」とあるが、この例を通してどのようなことを言おうとしているのか。適切なものを次の中から一つ選び、番号をマークしなさい。　解答番号26

1　日本では、叩かれる人の味方をする人もまた同じように叩かれてしまうので、争いごとにかかわらないようにすることが正義とみなされる構造が存在していること。

2　日本では、マジョリティの側にいる人から攻撃されている人に味方する人が少なく、マジョリティの側に立つ人による攻撃から身を守る手段が存在していないこと。

3　日本には、マジョリティのふるまいからはずれた言動をすると攻撃されてしまうような風潮があり、マジョリティが正義とみなタクたちの心強い味方でした。インターネットのコミュニティを通じて、同じ趣味の人や同好の士とつながり合うことができたのです。

でも、SNSがマジョリティになってからは、インターネットは同じ考えや趣味の人たちがつながり合うツールという側面よりも、「つながっていなくてはならない」という同調圧力のツールという側面が強くなってしまった気がしています。

ただし、SNSのやりとりというのは、ほとんどが2語や3語程度の短い文章です。真剣な話題も出てこない、（　B　）なやりとりです。

でも、その短いやりとりのほうがみんなに合わせやすいし、本心を出さなくて済むので安心できると思う人も多いそうです。

みんなのなかに紛れてしまえば、とりあえず嫌われることもありませんし、仲間からはずされる心配もないからでしょう。

では、⑧そうした浅い付き合いだけで、本当に満足することができるのでしょうか。

みんなと同じ意見を持っていて、SNSでもたくさんの友だちとつながり合ってさえいれば、安心できるのでしょうか。

いえ、いつもたくさんの友だちに囲まれているのに苦しい、と訴える人は少なくありません。

むしろ、周囲の人に合わせてばかりいることで疲れ果てている人が多い、というのが精神科医としての実感です。

⑨周囲の人たちに合わせる生き方をしていると、なぜ疲れるのでしょうか。

多くの人は、自分が周囲から「変わり者」と思われることを嫌います。なるべく周りの人たちと合わせて「同じ」であろうとします。そうしないと、みんなとうまくやっていけないと考える人が多いからです。

確かに、周囲と合わせていれば、とりあえず仲間はずれにされることもないかもしれませんし、いろいろな機会に誘ってもらいやすくなるかもしれません。

その代わり、周囲に合わせていれば、自分が思ったことをはっきり口にすることはできませんし、誰かの意見に反論したいと思っても、その思いは飲み込むほかないということになります。

でも、「何か違うのではないかな」と感じたことでも「そうだね」と合わせてしまうとしたら、それは自分の心を裏切るということでしょう。「間違っているような気がする」と思ったことでも、とりあえず「いいね！」と応じてしまうとしたら、それは自分に嘘《うそ》をつくということです。

⑩こうした感覚から目をそらし続けていれば、そのうち自分の感覚を信じることすらできなくなってしまうでしょう。

もしも「嫌だな」と感じたなら、「嫌だな」と言っていいのです。「そういう考えもあるかもしれないけど、こういう見方もあるんじゃないかな」と言ってもいいのです。

言い出せないなら、自分に嘘をついて「いいね！」などせず、せめて無言でいればいい。

たったそれだけのことでも、自分の感覚を信じて行動したことで、つまり嘘をつかなかったことで、あなたのなかには⑪小さな誇りが生ますが、家のなかに引きこもることによる運動機能の低下や、人との交流の少ない生活や楽しみのない生活によって精神的な疾患が増えることや、免疫機能が低下することなどもひどく心配です。

　もちろん感染予防は大切ですが、コロナ禍以降に自殺者数増加など大きな問題が起きていることを考えると、精神科医としては「コロナに感染しなければ、何でもいいのか」と言いたくなります。

「コロナから命を守るのか、コロナ対策から心を守るのか」と考える視点が欠如しているのです。

　でも、②そんなことを指摘すれば、たちまちバッシングされてしまいます。実際に私もそうした発言をして非難を浴びましたが、「今、本当に大切なことは何か」という（　Ａ　）な問題よりも、「多くの人とはずれたことをして③後ろ指を指されないこと」が必要以上に大事な社会になってしまっているのではないでしょうか。

　２０２０年5月のコロナウィルス自粛要請中には、④プロレスラーの女性がＳＮＳでの誹謗《ひぼう》中傷に苦しめられ、自殺に追い込まれました。

　テレビの「リアリティショー」での言動が一般的なふるまいからはずれているという理由から、壮絶なバッシングが行われたのです。

　⑤自分が正義の味方だと思っている匿名の人たちが、自分と同意見の人が多いことで自分は強い軍団に属しているかのように感じたのでしょう。自分とは異質の者をコテンパンに叩《たた》くことで自分の行為を正当化したのです。

　海外では、叩かれる人がいたら、必ずそちら側にも味方する人が出てきますが、日本では、叩かれる人の味方をする人もまた同じように叩かれてしまいます。

　そのため、多くの人が傍観者になります。

　その構造は、大人のバッシングも子どものいじめも同じです。みんなと同じ意見、マジョリティの意見であることが正義というわけです。

　今の日本では、「他の人と同じように考え生きなければいけない」「他人の気持ちを⑥忖度《そんたく》しなければならない」という強迫観念が、かつてないほどに強くなっているのではないでしょうか。

　さらに、こうした強迫観念や不安を可視化しているのがＳＮＳです。Facebook やＬＩＮＥなどのＳＮＳが人々の間に浸透したのはここ十数年のことですが、日本では⑦こうしたＳＮＳも同調圧力のツールになっています。

　［　Ⅱ　］、クラスや部活のグループＬＩＮＥは「仲よしの証」であって、そこからはずれることは孤独を意味します。

　しかも学校にいる間だけではなく、自宅にいるときも、まさに24時間縛られ続けるわけです。

　友だちとのつながりが途切れたり、仲間はずれにされたり、無視されたりすることを恐れている人は、とにかくみんなの意見に合わせ、みんなが喜びそうな返信をすぐに送らなければいけないと考えます。

　ＳＮＳでつながり合ってはいるけれど、すぐに返事をしなければ仲間はずれにされる関係。さらに、気に入らなければ、すぐにグループから排除される関係。

　そうした関係の中にいては、安心して過ごしていられないはずです。ＳＮＳの輪からはじかれないよう、いつも注意深く生活しなければいけないという状態では、精神的な負担も大きくなってしまうでしょう。

　そもそもインターネットというのは、その初期の頃は、いわゆるオ

3　家族と一緒にモアに行くと、自分が楽しみたいことを満足に楽しむことはできない。

4　珠紀がこちらの予定も聞かずに話を進めていくので、モアに行くのは気が進まない。

問十六　傍線部⑭「頷く」とあるが、このときの愛衣について説明したものとして適切なものを次の中から一つ選び、番号をマークしなさい。　解答番号17

1　学校から禁止されていることをすることにとまどいを感じるが、ばれてしまってしかられても大丈夫だろうと思っている。

2　日曜日に雨が降ると自転車で行けなくなるので天気が心配だが、珠紀の誘いを断ることで二人の関係が壊れることを恐れている。

3　仁美や香奈恵との友情は壊れるかもしれないと思いながらも、新たに珠紀と真の友人になれる可能性を信じようとしている。

4　珠紀を友人と思ってよいのかという不安を感じていたので、この機会に珠紀との仲をさらに深めたいと思っている。

問十七　本文において、珠紀はどういう人物として描かれているか。適切なものを次の中から一つ選び、番号をマークしなさい。　解答番号18

1　確立された自分の考えをしっかりと持っており、その考えを明確に語ることができる人物。

2　学校の規則を破ることをそそのかすなど、周囲の大人に反抗することを楽しんでいる人物。

3　自分だけの世界観をもち、決して他人に頼ることなくいつも一人で物事に取り組む人物。

4　学校でも家庭でも孤立しがちだが、漫画を読むことで気持ちを前向きに切り替えられる人物。

二　次の文章を読んで、後の設問に答えなさい。（解答はすべて解答用紙にマークしなさい）

以前、こんな話を聞いたことがあります。

日本では選挙の際には事前に候補者の支持率を発表しませんが、昔はメディアが「どの候補者が優勢か」という予測記事を書くと、劣勢に立つ候補者の支持が増えました。しかし最近では、予測記事を書くと、優勢に立つ候補者の支持が増えるようになっています。

Ⅰ、昔は立場の弱い者、あるいは劣勢にある者を応援する「判官《ほうがん》びいき」が多かったけれど、今は有利な側・強い側について勝ち馬に乗りたい人が増えているというのです。もしかしたら、それが長く続いた安倍政権の背景にもあったかもしれませんが、自分が「大多数のマジョリティの側にいること」に安心感を持つ人が増えているということでしょう。

特にコロナ禍ではその傾向が顕著になり、見えない①同調圧力が強くなりました。

法律で禁じられているわけではないのに、一般的なふるまいから少しでもはずれる人がいれば非難され、異論を唱えるとバッシングされます。

コロナ禍では「感染しないこと」だけがクローズアップされていま

一つ選び、番号をマークしなさい。　解答番号12

1　珠紀に借りた漫画の続きが気になりつつもまだ途中までしか読めておらず、急に感想を聞かれてどのように答えていいか分からずとまどっている。

2　堂々と自分の意見を述べる姿に感動したことを珠紀に伝えて珠紀との友情をさらに深めようとしたのに、漫画の内容に話をそらされてがっかりしている。

3　珠紀が出した漫画の話題からラジオで聞いたドラマの主題歌を連想し、仁美と香奈恵が二人だけで会っていたことを思い出して悲しい気分になっている。

4　珠紀に嘘をつくのは気が進まず、かといって面白くないと感想を述べることもできず珠紀の問いにあいまいな答えしか返せない自分に後ろめたさを感じている。

問十二　傍線部⑩「愛衣は思わず叫んでいた」とあるが、愛衣はなぜ叫んだのか。適切なものを次の中から一つ選び、番号をマークしなさい。　解答番号13

1　自転車でモアまで行くと言い出した珠紀に、自転車でモアまで行くことは不可能であることを理解してほしかったから。

2　雨が降らなければモアまで自転車で行くという珠紀の発言が、モアは車で行くものと考えていた愛衣の意表を突くものだったから。

3　あまり人気のない漫画を買うためだけに、わざわざ長い時間をかけて自転車でモアまで行くという珠紀の発言にあきれたから。

4　自転車でモアまで行こうとする珠紀に、自転車よりも車の方が安全で快適に行くことができることをわかってもらいたかったから。

問十三　傍線部⑪「投げやりに」の意味として適切なものを次の中から一つ選び、番号をマークしなさい。　解答番号14

1　さりげなく　　2　悲しそうに

3　思いつめたように　　4　いいかげんに

問十四　傍線部⑫「大変だね、と愛衣は曖昧に頷いた」とあるが、このときの愛衣について説明したものとして適切なものを次の中から一つ選び、番号をマークしなさい。　解答番号15

1　自分に隠しごとをした仁美と香奈恵のことが頭から離れず、珠紀の話の内容に集中できずに適当に反応している。

2　両親のことを話すとき何かに腹を立てているような態度を示す珠紀に、腹を立てている原因を聞き出そうかどうか迷っている。

3　珠紀が何かに腹を立てていることは気になるが、珠紀の個人的な家庭の事情にふみこむことを避けようとしている。

4　隠しごとをしようとしない珠紀を尊敬する気持ちを抱きつつ、珠紀の個人的な事情を聞こうとしたことを反省している。

問十五　傍線部⑬「愛衣は黙って考えを巡らせた」とあるが、愛衣が考えた内容として適切でないものを次の中から一つ選び、番号をマークしなさい。　解答番号16

1　学校と親からは、大人と一緒でなければモアに行ってはいけないと言われている。

2　大人の付き添いなしにモアに行っても、門限を守れば誰かに知られることはない。

2　仁美が自分に嘘をついていたことに加えて、香奈恵が仁美から連絡を受けるまで自分に謝らなかったことで、仁美に抱いていたよりも大きな不信感を香奈恵に対して抱くようになったから。

3　仁美から香奈恵と二人だけで遊んだことを謝られて孤独感を感じていたときに、仁美から連絡を受けた香奈恵からも謝られたことで、二人の親密さに対して自分の孤独をもっと感じたから。

4　仁美と香奈恵が自分と話してくれないことに加えて、仁美と香奈恵が電話で連絡を取り合っていたことを知ったことで、仁美や香奈恵との友人関係が本当に壊れてしまったと感じたから。

問七　傍線部⑥「愛衣は下唇を噛む」とあるが、このときの愛衣の様子について説明したものとして適切なものを次の中から一つ選び、番号をマークしなさい。　解答番号8

1　友人を追い詰めてしまった過去を悔いていたにもかかわらず、今回も友人を苦しめる結果になったことを悔しく思っている様子。

2　これまでの経験から友情について気をつけていたにもかかわらず、また友人関係がこじれてしまったことが無念である様子。

3　自分の勘違いが原因で何度もトラブルを引き起こしてきたにもかかわらず、再び問題を引き起こしたことを悔しく思っている様子。

4　自分の勘の良さを気味悪がられた経験があるにもかかわらず、今回も自分の勘の良さを不快に思われたことが無念である様子。

問八　傍線部⑦「珠紀はしかめ面で」とあるが、このときの珠紀について説明したものとして適切なものを次の中から一つ選び、番号をマークしなさい。　解答番号9

1　ウサギは寂しいと死ぬというドラマの主題歌の歌詞に納得がいかずに不愉快になっている。

2　ドラマの主題歌の話題に反応したのに、自分の話を聞いていない愛衣に怒りを感じている。

3　寂しいウサギは死ぬというのは嘘なのに、それを分からず信じている愛衣を見下している。

4　ドラマの主題歌の歌詞の内容に疑問を感じようとしない愛衣の無神経さにあきれている。

問九　傍線部⑧「来た道を引き返していった」とあるが、女の子たちはなぜ引き返していったのか。適切なものを次の中から一つ選び、番号をマークしなさい。　解答番号10

1　愛衣と珠紀が自分たちの代わりにウサギの世話をしていると思ったから。

2　興奮している様子の上級生の珠紀に近寄るのはこわいと思ったから。

3　飼育係ではない愛衣と珠紀がウサギ小屋にいることを不審に思ったから。

4　愛衣と珠紀が激しく言い争っている様子を恐ろしく思ったから。

問十　空欄［Ⅲ］に当てはまる語句として適切なものを次の中から一つ選び、番号をマークしなさい。　解答番号11

1　手をこまねく　　2　顔がつぶれる

3　息がつまる　　4　目の覚める

問十一　傍線部⑨「珠紀の目を見ずに愛衣は答えた」とあるが、このときの愛衣について説明したものとして適切なものを次の中から

＊ウサギが寂しいと死んじゃう＝ドラマの主題歌にも用いられている流行歌の歌詞をふまえた表現。
＊あの漫画＝珠紀が愛衣に貸した漫画。

問一　傍線部①「重い指でページをめくった」とあるが、このときの愛衣について説明したものとして適切なものを次の中から一つ選び、番号をマークしなさい。　解答番号1

1　仁美と香奈恵が二人だけで遊んでいたということがどうしても許せず、漫画を読む気が失せてしまっている。
2　降り続く雨と台所から聞こえてくる不快な雑音から気をまぎらわすために、無理に漫画を読もうとしている。
3　いつものように宿題のことで母親から小言を言われたことにうんざりして、漫画を読む気が失せてしまっている。
4　仁美と香奈恵が自分に隠しごとをしていたことから気をそらそうとして、無理に漫画を読もうとしている。

問二　傍線部②「億劫」の意味として適切なものを次の中から一つ選び、番号をマークしなさい。　解答番号2

1　面倒くさい気持ち　　2　残念な気持ち
3　悲しみの気持ち　　4　腹立たしい気持ち

問三　傍線部③「もはや自然に身体は動いた」とあるが、このときの愛衣と珠紀の様子を説明したものとして適切なものを次の中から一つ選び、番号をマークしなさい。　解答番号3

1　愛衣と珠紀の友情が十分に深まっている様子。
2　人間関係の悩みから完全に解き放たれた様子。
3　ウサギ小屋での一連の動作に慣れている様子。
4　ウサギの世話に心が込められていない様子。

問四　傍線部④「名前を呼び、草の先を小さく揺らす」とあるが、愛衣はなぜこのようにしたのか。適切なものを次の中から一つ選び、番号をマークしなさい。　解答番号4

1　ミルクの名前を呼んでかまってあげることで、孤独を感じると死んでしまう弱いウサギを守ってあげるため。
2　水滴を拭った草をミルクに食べさせることで、ウサギは水が苦手という珠紀の話を確かめたいと思ったため。
3　ミルクの注意をひいて草を食べてもらうことで、生き物の世話をしたいという希望をかなえるため。
4　ミルクの好物の草を示すことで、お腹がすいているはずのミルクに草を食べてもらいたいと思ったため。

問五　空欄 Ⅰ ・ Ⅱ に当てはまる語句として適切なものを次の中からそれぞれ一つ選び、番号をマークしなさい。　Ⅰ…解答番号5　Ⅱ…解答番号6

1　そろそろ　　2　さっさと
3　はっきりと　　4　ふいっと

問六　傍線部⑤「さらに暗い気持ちになった」とあるが、愛衣はなぜこのような気持ちになったのか。適切なものを次の中から一つ選び、番号をマークしなさい。　解答番号7

1　仁美が香奈恵と二人だけで遊んでいたことを知ってショックを受けていたときに、香奈恵が仁美から連絡を受けて謝ってきたことで、仁美のせいで香奈恵との仲も悪くなったと感じたから。

「雨が降ったら自転車で行けないもん。歩いて行くのはさすがに無理だよ」

⑩「えっ、自転車でモアまで行くの？　車じゃなくて？」

愛衣は思わず叫んでいた。ウサギたちが一斉にその場で跳ね、小屋の中を走り回る。キナコの後ろ脚がトレイに当たり、草が飛び散った。ウサギは臆病な動物だと言われている。驚かせてしまったことが申し訳なく、愛衣は草をトレイに戻しながら声を潜めた。

「お母さんかお父さんに頼んで、車で連れて行ってもらったら？」

「無理だよ。うちの親、日曜日も仕事だから」

「へえ、忙しいんだね」

「たぶんそうなんだろうね」

珠紀が⑪投げやりに呟く。なにかに腹を立てているようだ。隠しごとの匂いはしないから、質問すれば答えてくれたかもしれない。だが、他人の不機嫌に深入りするのは気が引けた。⑫大変だね、と愛衣は曖昧に頷いた。

「ねえ、大島さん」

「なあに？」

「大島さんも一緒に行かない？」

「えっ」

顔を上げると、珠紀はいつもの生気に溢《あふ》れた黒目で愛衣を見ていた。

「私と辻さんと、二人でモアに行くっていうこと？」

「そう。大島さんの門限って何時？　それまでに帰れば、絶対にばれないよ」

⑬愛衣は黙って考えを巡らせた。大人の付き添いなしにモアに行ってはいけないと学校や親からは指導されているが、確かに門限さえ守れば、外にいるあいだに愛衣がどこでなにをしていようが、人に知られることはない。それに、家族でモアに出かけると、せっかちな父親に急《せ》かされるため、ソレイユをじっくり見ることができなかった。珠紀と二人ならば、存分に楽しめるだろう。

「モアには一人で何回も行ってるから、道は私が分かる。心配しなくても大丈夫だよ。バドミントンクラブの直子《なおこ》ちゃんとも一緒に行ったけど、ばれなかったし」

「そう、⑭だよね」

こわごわ頷く。珠紀と学校の外で会ったことは、まだない。だから友だちだと思っていいのか、いまいち自信が持てなかった。その珠紀から誘われたのだ。しかも、休みの日に二人きりで、ちょっと遠くまで。行きたい。この子ともっと仲良くなりたい。

「行こうかな」

「やったあ。何時に待ち合わせようか？　お昼ご飯を家で食べてからのほうがいいよね？　一時に学校の正門前はどうかな」

それでいいよ、と愛衣は頷いた。珠紀が嬉《うれ》しそうにゴマを抱き上げる。珠紀は、この大人しい色合いのウサギを一番可愛がっていた。灰色の毛を撫《な》でる珠紀の眼差《まなざ》しは優しい。教室ではあまり見られない表情だと、ふと思う。

ゴマは気持ちよさそうに目を閉じた。

（奥田亜希子『クレイジー・フォー・ラビット』朝日新聞出版より）

＊アウトロ＝楽曲の終わりの部分。

＊パーソナリティ＝番組の司会進行を行う者。

ころには、花瓶を倒したことを隠そうとしていた友だちを臭いと騒ぎ立て、奇異な視線を集めた。小学校二年生のときには、学校を休んで家族と遊園地へ出かけた友だちに、なにか隠していることがあるだろうとしつこく詰め寄り、最後には泣かせた。向こうから絶交を宣告されたり、愛衣のほうから距離を置いたり。勘がよすぎると気味悪がられたことも、一度や二度ではない。

　だから気をつけていたのに。⑥愛衣は下唇を噛《か》む。私たちって親友だよね、と頻繁に確かめ合い、仁美と香奈恵からあの匂いが漂ってきたときも、生理が来たとか忘れものをしたとか、そういう理由に違いないと自分に言い聞かせていた。でもだめだった。この変な鼻のせいだ。全部、すべて、なにもかも。

「そうかなあ。おかしな歌じゃない？」

　珠紀の声で我に返った。彼女を見上げて、

「どうして？」

　と尋ねる。⑦珠紀はしかめ面で、

「寂しくて死ぬって、どういうこと？　寂しいって感じたら、心臓や息が止まるの？　それってどういう体の仕組み？　病気でも怪我《けが》でもないのに、おかしくない？」

　珍しく興奮しているようだ。四年生くらいの女子が二人、校庭のほうから小走りでやって来て、小屋の数メートル手前で足を止める。どちらも怯《おび》えたような目で珠紀を見ていた。だが、珠紀は気がつかない。寂しさで死ぬ生きものなんていない、そんなに弱い生物は、もっと小さなショックで［Ⅱ］命を落としているはずだと、ますます熱のこもった口調で言い立てた。

　女の子たちは短く囁《ささや》き合ったのち、⑧来た道を引き返していった。

「辻さんって、格好いいよね」

　愛衣は呟いた。ほかのクラスメイトとは全然違う。珠紀の確立された考えに触れると、いつだって［Ⅲ］ような思いがした。愛衣の言葉に照れたのか、珠紀は小さな耳を赤くした。それから、話題を変えるように、

「そういえば、あの漫画*、読んだ？」

「あ……うん」

「どうだった？」

⑨「まだ途中なんだよね」

　珠紀の目を見ずに愛衣は答えた。途中までしか読んでいないのは本当で、これから面白くなるかもしれないと、懸命に思い込む。常に本音で生きている珠紀に、嘘は吐《つ》きたくなかった。

「そうなんだ。明後日《あさって》、一年ぶりに新刊が出るんだ。だから、日曜日はモアに行くつもり」

「わざわざモアの本屋さんで買うの？　ホシノ書店なら近いのに」

　ショッピングセンターモアまでは、道が空《す》いているときでも車で十五分はかかる。一方のホシノ書店は、小学校のすぐ近くに店を構えていた。ごく自然に頭に浮かんだ愛衣の問いに、珠紀は吐息交じりに笑った。

「ホシノみたいな小さい店には売ってないよ。私が好きになる漫画って、だいたいあんまり有名じゃないから、大きい本屋に行かないと買えないんだよね。あー、日曜日、雨が降らないといいなあ」

「晴れたほうがいいの？」

②億劫《おっくう》だったが、母親が歌の終わりまで待ってくれたことも分かっていた。はーい、と手元の漫画を閉じ、愛衣は身体を起こした。

　朝から降っていた雨は、三時間目の理科が終わったときにはやんでいた。とはいえ太陽は雲に隠れたままで、足元はぬかるんでいる。愛衣は一本摘むたびに手首を振り、草と自分の手から水滴を払った。濡《ぬ》れた肌が痒《かゆ》い。

「大島さん、もういいんじゃない？」

「そうだね」

　珠紀の左手も草の束を握っていた。愛衣のぶんと合わせれば、充分な量になるだろう。二人は校庭の端から校舎裏に回り、ウサギ小屋の戸を開けた。ミルクとゴマが鼻をうごめかして近寄ってくる。残っていたドライフードをゴミ箱に捨て、空のトレイに草を入れた。小屋の脇の水道で飲み水も入れ替え、散らばっていた糞《ふん》は竹箒《たけぼうき》で片づける。③もはや自然に身体は動いた。

「雨の滴《しずく》がついてるからかな。あんまり食べないね」

　愛衣は首を傾《かし》げた。四羽とも、今日は草にあまり興味を示さない。トレイを囲んだ状態で耳を動かしている。珠紀は竹箒の柄に顎《あご》を軽く載せて、

「そういえばウサギって、水が嫌いらしいよ。だからかな」

「濡れるのが嫌ってこと？」

「たぶん。テレビで観たことある」

「へえ、そうなんだ」

　愛衣は草の山から一本抜き取り、Tシャツの裾で水を拭った。それをミルクの前に突き出す。だが、やはり食べようとしない。ドライフードで腹が膨れているのだろうか。ウサギにはウサギの事情があると頭では理解しながらも、生きものの世話を焼きたいという願望は、餌を与えたときにこそ叶《かな》えられる。愛衣は諦められずにその場にしゃがんだ。

④「食べてよ、ミルクー。せっかく摘んできたんだから」

　名前を呼び、草の先を小さく揺らす。狙いどおりにミルクはしばらくそれを見つめていたが、やがて顔を［Ⅰ］背けると、小屋の隅に駆け出した。はあ、と深く息を吐き、愛衣は草をトレイに戻した。

＊「ウサギが寂しいと死んじゃうって、本当なのかな」

　気がつくとそんな疑問を口にしていた。仁美と香奈恵が二人きりで遊んでいたことが発覚してから、今日で五日が経つ。翌朝は顔を合わせるなり香奈恵に謝られ、ああ、仁美から電話があったのだと、⑤さらに暗い気持ちになった。愛衣が謝罪を受け入れたことで、表面上は穏やかな時間が流れている。だが、あれから二人が妙に自分に気を遣っているように思えてならなかった。

「その歌、流行《はや》ってるよね。なにかのドラマの主題歌なんでしょう？」

　テレビ番組や芸能人の話はほとんどしない珠紀も、さすがに知っていたようだ。この歌のCDはそれほどまでに売れている。愛衣は頷《うなず》き、一番のサビを小声で口ずさんだ。

「いい歌だよね」

　涙ぐみそうになる。

　友情が、どうしても長く続かない。

　友人関係がこじれるのは、これが初めてではなかった。幼稚園児の

【国　語】（五〇分）〈満点：一〇〇点〉

一　次の文章を読んで、後の設問に答えなさい。（解答はすべて解答用紙にマークしなさい）

　小学六年生の大島愛衣《おおしまあい》は、同じクラスの辻珠紀《つじたまき》と一緒に毎日昼休みにウサギ小屋を訪れている。ウサギ小屋は四年生の飼育係が当番制で世話をしているが、飼育係にあこがれをもっている愛衣は飼育係とは別にウサギの世話をしている。ウサギ小屋には四羽のウサギがおり、愛衣と珠紀は四羽のウサギにキナコ・ココア・ゴマ・ミルクという名前を付けている。愛衣には四年生のときに親友になった仁美《ひとみ》と香奈恵《かなえ》という友人もいるが、六年生になって二人は愛衣と違うクラスになり、愛衣とは疎遠になっていった。ある日、愛衣は仁美から香奈恵と二人だけで遊んでいたことを打ち明けられるが、愛衣も呼ぼうとしたと言い訳する仁美の発言に嘘《うそ》があることを愛衣は「匂い」で感じ取り、泣きたいくらいの孤独感を抱く。


「愛衣、宿題は？」

「ご飯食べてからやる」

「今やっておけばあとが楽なのに」

　インゲン豆のザルを抱え、母親が暖簾《のれん》をくぐる。数秒後、台所からざらついた音声が聞こえてきた。母親には料理中にラジオを聴く習慣がある。空が曇っているからか、今日は雑音が多いようだ。昨日も雨で、明日も雨。梅雨らしい天気が続いている。
　①重い指でページをめくった。内容は頭に入ってこない。だが、なにかに集中していないと、気持ちが塞《ふさ》ぎそうだ。仁美と香奈恵が二人で会っていた。そのことを秘密にしようと相談していた。愛衣は臀部《でんぶ》をずるずると下に滑らせて、座面を枕に寝転んだ。
　隠しごとには、匂いがある。

　声には出さずに呟《つぶや》き、寝返りを打った。愛衣の鼻は嘘や秘密を敏感に、文字通りに嗅ぎ取ってしまう。物心ついたころからそうだった。だから愛衣には、サンタクロースの存在を素直に信じていた時期がない。なんとなく怪しいと、ずっと思っていた。隠しごとの内容までは察知できないが、知られたくないという焦りと匂いの強さは比例するらしく、相手が必死になればなるほど、匂いは凝縮したように濃くなった。

　ラジオが音楽を流している。母親が水でなにかを洗っている音の裏側に、愛衣の聴覚は聞き覚えのあるメロディを拾った。耳をそばだてているうちにはっとして、

「お母さん、ボリュームを上げて」

と叫んだ。思ったとおり、それは仁美と香奈恵が熱心に視聴しているドラマの主題歌だった。一ヶ月前に発売されたＣＤは売れに売れて、愛衣もテレビや街角でたびたび耳にしていた。静かでほの暗い曲調に、透明感のある歌声が重なる。愛衣は軽く目を閉じた。やがて、*アウトロに被《かぶ》せるように、*パーソナリティが喋《しゃべ》り始める。母親は心得たようにボリュームを戻して、

「愛衣、ちょっと手伝って。このへんの野菜を切ってほしいんだけど」

MEMO

大切なことはメモしておこうネ！

2024年度

解　答　と　解　説

《2024年度の配点は解答欄に掲載してあります。》

＜数学解答＞ 《学校からの正答の発表はありません。》

[1]　(1)　3　　(2)　$-\frac{2}{3}$　　(3)　$-x^2+10$　　(4)　$3ax(x+1)(x-1)$　　(5)　2

(6)　$x=\frac{7\pm\sqrt{29}}{2}$　　(7)　432　　(8)　$x=3$，$y=-2$　　(9)　$36\pi\text{cm}^2$

(10)　第1四分位数　4点，第2四分位数　6.5点，第3四分位数　8点

[2]　(1)　B$(-4,\ 8)$　　(2)　$y=-\frac{3}{2}x+2$　　(3)　21　　(4)　$\frac{2}{3}\pi$

[3]　(1)　24　　(2)　5　　(3)　$5\sqrt{3}$　　(4)　$\frac{14}{5}$

[4]　(1)　-7　　(2)　4個　　(3)　$x+2y$　　(4)　1番目の数　-3，2番目の数　6

○推定配点○

[1]　各4点×10　　[2]～[4]　各5点×12　　計100点

＜数学解説＞

基本 [1]　（正負の数，式の計算，因数分解，平方根，二次方程式，場合の数，連立方程式，空間図形，データの整理）

(1)　$60-6\div(-3)^2\times\{4-(-8)\}-7^2=60-6\div9\times12-49=60-8-49=3$

(2)　$\left(\frac{8}{21}+\frac{3}{14}-\frac{1}{6}\right)\times(-3.5)\div\left(\frac{3}{2}\right)^2=\frac{16+9-7}{42}\times\left(-\frac{7}{2}\right)\times\frac{4}{9}=-\frac{2}{3}$

(3)　$(x-2)^2-2(x+1)(x-3)=x^2-4x+4-2(x^2-2x-3)=x^2-4x+4-2x^2+4x+6=-x^2+10$

(4)　$3ax^3-3ax=3ax(x^2-1)=3ax(x+1)(x-1)$

(5)　$\sqrt{2}(\sqrt{3}+\sqrt{2})(\sqrt{6}-2)=(\sqrt{6}+2)(\sqrt{6}-2)=6-4=2$

(6)　$x^2-7x+5=0$　　解の公式を用いて，$x=\frac{-(-7)\pm\sqrt{(-7)^2-4\times1\times5}}{2\times1}=\frac{7\pm\sqrt{29}}{2}$

(7)　百の位の数字が1，2，3，4の3桁の整数はそれぞれ$4\times3=12$(個)ずつあるから，百の位の数字が4の3桁の数のうちの最大の数453は，小さい方から数えて，$12\times4=48$(番目)　　よって，452，451，435，432，…と前の数を見ていくと，44番目の数は，432

(8)　$4x+y=10$…①，$3x-2y-3=10$より，$3x-2y=13$…②　　①×2＋②より，$11x=33$　　$x=3$　これを①に代入して，$12+y=10$　　$y=-2$

重要 (9)　半球部分の表面積は，$4\pi\times3^2\times\frac{1}{2}=18\pi$　　円錐部分の側面積は，$\pi\times6\times3=18\pi$　　よって，この立体の表面積は，$18\pi+18\pi=36\pi(\text{cm}^2)$

(10)　得点の低い順に並べると，2，3，4，5，6，7，7，8，9，10(点)だから，第1四分位数は4点，第2四分位数は，$\frac{6+7}{2}=6.5$(点)，第3四分位数は8点である。

2 (図形と関数・グラフの融合問題)

基本 (1) $y=\frac{1}{2}x^2$に$x=-4$を代入して，$y=\frac{1}{2}\times(-4)^2=8$　よって，B$(-4,\ 8)$

基本 (2) $y=\frac{1}{2}x^2$に$x=1$を代入して，$y=\frac{1}{2}\times1^2=\frac{1}{2}$　よって，A$\left(1,\ \frac{1}{2}\right)$　直線ℓの式を$y=ax+b$とすると，2点A，Bを通るから，$\frac{1}{2}=a+b$，$8=-4a+b$　この連立方程式を解いて，$a=-\frac{3}{2}$，$b=2$　よって，$y=-\frac{3}{2}x+2$

基本 (3) C$(-4,\ 0)$，D$(0,\ 2)$とすると，四角形OABCの面積は，△OADと台形ODBCの面積の和に等しいから，$\frac{1}{2}\times2\times1+\frac{1}{2}\times(2+8)\times4=21$

重要 (4) AからODにひいた垂線をAHとすると，求める立体の体積は，△OAHと△DAHを1回転させてできる円錐の体積の和に等しいから，$\frac{1}{3}\pi\times\mathrm{AH}^2\times\mathrm{OH}+\frac{1}{3}\pi\times\mathrm{AH}^2\times\mathrm{HD}=\frac{1}{3}\pi\times\mathrm{AH}^2\times(\mathrm{OH}+\mathrm{HD})=\frac{1}{3}\pi\times1^2\times2=\frac{2}{3}\pi$

3 (平面図形の計量)

基本 (1) BCは直径だから，∠BAC＝90°　よって，$\triangle\mathrm{ABC}=\frac{1}{2}\times\mathrm{AB}\times\mathrm{AC}=\frac{1}{2}\times8\times6=24$

基本 (2) $\mathrm{BC}=\sqrt{\mathrm{AB}^2+\mathrm{AC}^2}=\sqrt{8^2+6^2}=10$　よって，円Oの半径は，$\frac{1}{2}\mathrm{BC}=5$

基本 (3) 弧ECの円周角だから，∠EBC＝∠EAC＝90°－60°＝30°　△BECは内角が30°，60°，90°の直角三角形だから，BE：BC＝$\sqrt{3}$：2　よって，$\mathrm{BE}=\frac{\sqrt{3}}{2}\mathrm{BC}=\frac{\sqrt{3}}{2}\times10=5\sqrt{3}$

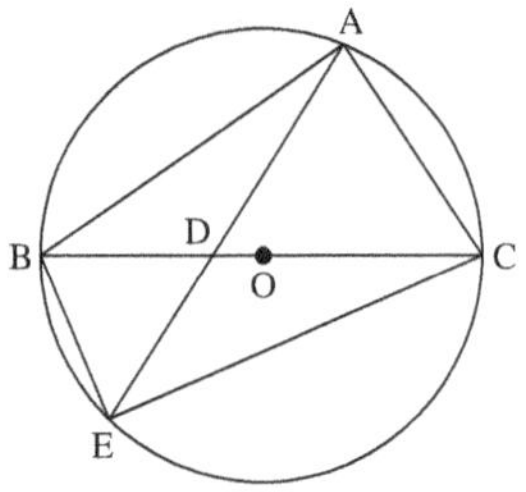

重要 (4) AD＝AC＝6より，∠ACD＝∠ADC　弧ABの円周角だから，∠ACD＝∠BED　対頂角だから，∠ADC＝∠BDE　よって，∠BED＝∠BDEより，BE＝BD　BE＝BD＝xとすると，CD＝$10-x$　また，CE＝yとする。ここで，2組の角がそれぞれ等しいから，△ABD∽△CED　AB：CE＝AD：CD　8：y＝6：$(10-x)$　$y=\frac{4}{3}(10-x)$…①　△BECに三平方の定理を用いて，$x^2+y^2=10^2$…②　①を②に代入して，$x^2+\frac{16}{9}(10-x)^2=10^2$　$9x^2+16(100-20x+x^2)=900$　$5x^2-64x+140=0$　解の公式を用いて，$x=\frac{-(-64)\pm\sqrt{(-64)^2-4\times5\times140}}{2\times5}=\frac{64\pm\sqrt{1296}}{10}=\frac{64\pm36}{10}=10,\ \frac{14}{5}$　$x<10$より，$x=\frac{14}{5}$

基本 4 (規則性)

(1) 3番目の数＝$-3+1=-2$，4番目の数＝$1+(-2)=-1$，5番目の数＝$-2+(-1)=-3$，6番目の数＝$-1+(-3)=-4$　よって，7番目の数＝$-3+(-4)=-7$

(2) 3番目の数＝$1+1=2$，4番目の数＝$1+2=\underline{3}$，以下，5，8，13，$\underline{21}$，34，55，89，$\underline{144}$，233，377，610，$\underline{987}$となる。よって，3の倍数は，下線の4個ある。

(3) 3番目の数＝$x+y$より，4番目の数＝$y+(x+y)=x+2y$

(4) (3)より，$x+2y=9$…①　5番目の数＝$(x+y)+(x+2y)=2x+3y$，以下，6番目の数＝$3x+5y$，7番目の数＝$5x+8y$，8番目の数＝$8x+13y$，9番目の数＝$13x+21y$，10番目の数＝$21x+34y$よ

り，$21x+34y=141$…②　①×21－②より，$8y=48$　$y=6$　これを①に代入して，$x+12=9$　$x=-3$

★ワンポイントアドバイス★

大問1の独立小問が2問増えたが，関数，平面図形，規則性の大問4題構成は変わらず，取り組みやすい内容の出題である。ミスのないように解いていこう。

＜英語解答＞ 《学校からの正答の発表はありません。》

1　(1) ②　(2) ①　(3) ④　(4) ③　(5) ③

2　(6) ③　(7) ①　(8) ④　(9) ④　(10) ③

3　(11) ⑤　(12) ②　(13) ⑥　(14) ④　(15) ①

4　(16) ②　(17) ③　(18) ①　(19) ④　(20) ②

5　(21) ③　(22) ④　(23) ②　(24) ①　(25) ②

6　1 (26) ⑤　(27) ①　2 (28) ③　(29) ①　3 (30) ①　(31) ③
4 (32) ④　(33) ②　5 (34) ②　(35) ①

7　A (36) ③　(37) ②　(38) ②　(39) ④　B (40) ①　(41) ④
(42) ③　(43) ②

8　A (44) ②　(45) ①　(46) ④　B (47) ②　(48) ③　(49) ⑤
(50) ⑥

9　(51) ④　(52) ③　(53) ② (54) ③　(55) ②

○推定配点○

各2点×50(6各完答)　計100点

＜英語解説＞

1 （リスニング問題）

(1)　Where do you usually take your dog for a walk?

(2)　What is the best music for relaxing?

(3)　How often do you eat snacks after school?

(4)　Have you been playing the piano for a long time?

(5)　That's a nice pencil case. What is it made of?

(1)　「あなたは普段散歩で犬をどこに連れていきますか？」 ①「夕方に」 ②「学校の近くの大きな公園」 ③「毎晩」 ④「1日に2回」

(2)　「リラックスするために最高な音楽は何ですか？」 ①「クラシック音楽が良いと思う」 ②「私は毎日音楽を聴く」 ③「音楽が大きすぎる」 ④「音楽が一番好きな科目だ」

(3)　「どのくらいの頻度で放課後にお菓子を食べますか？」 ①「コンビニで」 ②「私は宿題をする」 ③「だいたい6時」 ④「ほとんど毎日」

(4)　「もう長い期間ピアノを弾いていますか？」 ①「はい，彼女はそうです」 ②「はい，そうです」 ③「いいえ，弾いていません」 ④「いいえ，していなかったです」

(5)　「素敵な筆箱ですね。何でできているのですか？」 ①「私はそれを学校で作った」 ②「母がそれを作った」 ③「プラスチックでできている」 ④「私はそれを作らなかった」

2 （リスニング問題）

Q6） A：Woman B：Man

A：Hi. Next week is Susan's birthday. Should we buy her a new bag?

B：I think it is too expensive. How about making her a nice card?

A：That's a good idea. We can ask our friends to write a message to her in it?

B：Let's do that! Do you think she wants a cake?

A：I don't think so. She is always trying to lose weight.

B：True.

Q.6 What are the man and woman going to give Susan for her birthday?

Q7） A：Woman B：Man

A：How was the sports tournament last Sunday?

B：It was amazing. Our school team practiced hard every day and played really well.

A：That's great. When is the next tournament?

B：I think it is next Saturday, before the tests! I can't wait!

A：Me too. I hope they win again!

Q.7 When is the next tournament?

Q8） A：Woman B：Man

A：Could you recommend some nice places to visit in Japan?

B：Well, there are so many. What do you like to do?

A：I like visiting historical buildings such as shrines and temples.

B：You are in luck. Kyoto and Nara have plenty of both.

A：Are they near to Tokyo?

B：It takes a few hours by bullet train to get there, but Nara is near Kyoto.

A：Great, I will visit them both.

Q.8 Where is the woman going to visit?

Q9） A：Girl B：Boy

A：Hi. What's wrong? You look really worried.

B：Well… I didn't do my chemistry homework and my teacher is very strict.

A：How about asking your friend to help you?

B：He is kind but not so good at chemistry!

A：My older brother is good at chemistry. He is always happy to help people.

B：That would be great.

Q.9 Who will help the boy with his homework?

Q10） A：Girl B：Boy

A：Good news! I'm going to a music festival! I am so excited to see my favorite bands.

B：Wow! That's great. Who are you going with?

A：My friend and I are going, but I have one extra ticket. Would you like to come too?

B：That would be amazing. I'd love to. Thank you so much!

Q.10 How many tickets does the girl have for the music festival?

（6） A：女性 B：男性

A：こんにちは。来週はスーザンのお誕生日。彼女に新しいバッグを買わない？

B：それは高すぎると思う。彼女に素敵なカードを作るのはどう？

A：それはいい考えね。友人たちに彼女へのメッセージを書くのをお願いできるわよね？

B：そうしよう。彼女はケーキが欲しいと思う？

A：そうは思わない。いつも体重を減らそうとしている。

B：たしかに。

Q 「男性と女性はスーザンの誕生日に何をあげるつもりですか？」 ①「バッグ」 ②「本」 ③「カード」 ④「ケーキ」

(7) A：女性 B：男性

A：この間の日曜日のスポーツ大会はどうだった？

B：すごかったよ。僕たちの学校のチームは毎日一生懸命練習して大健闘した。

A：素晴らしいわ。次の大会はいつ？

B：テスト前の次の土曜日だと思う。待ちきれないよ！

A：私も。また勝つといいわね。

Q 「次の大会はいつですか？」 ①「次の土曜日」 ②「次の日曜日」 ③「来週」 ④「テストの後」

(8) A：女性 B：男性

A：日本で訪れるべき素敵な場所をいくつかおすすめしてくれる？

B：えぇと，すごくたくさんあるよ。何をするのが好き？

A：神社やお寺のような歴史的建造物を訪れるのが好き。

B：君は運がいいね。京都と奈良の両方にたくさんあるよ。

A：東京からは近いの？

B：そこに行くには新幹線で数時間かかるけど，奈良は京都に近い。

A：すごいわ，両方訪れるつもり。

Q 「女性はどこを訪れるつもりですか？」 ①「東京」 ②「京都」 ③「東京と京都」 ④「京都と奈良」

(9) A：女の子 B：男の子

A：こんにちは。どうしたの？ 心配しているようだけど。

B：えぇと… 化学の宿題をやっていなくて，先生はとても厳しいんだ。

A：あなたの友達に助けてもらえるようお願いしてみたら？

B：彼は親切だけど化学はあまり得意じゃないんだ！

A：私の兄は化学が得意よ。いつでも喜んで人の手伝いをしてくれる。

B：そうしてもらえるとありがたい。

Q 「誰が男の子の宿題を手伝うのでしょう？」 ①「彼の友人」 ②「彼の先生」 ③「彼の兄」 ④「女の子の兄」

(10) A：女の子 B：男の子

A：良いお知らせよ！ 音楽祭に行くの。私の大好きなバンドを見るのがとても楽しみ。

B：わぁ。それはすごい。誰と行くの？

A：友達と私だけど，1枚チケットが余分にある。あなたも行きたい？

B：それはすごいな。ぜひ。どうもありがとう！

Q 「その女の子は音楽祭のチケットを何枚持っていますか？」 ①「彼女は1枚チケットを持っている」 ②「彼女は2枚チケットを持っている」 ③「彼女は3枚チケットを持っている」 ④「彼女は4枚チケットを持っている」

基本 3 （会話文：適文選択補充）

（全訳） ミナミは中学生である。彼女はノルウェーからの海外留学生であるエマと話している。

ミナミ：今週末，私たちはキャンプに行く予定なの。私たちと一緒に来る？

エマ　：わぁ，いいの？　どこに行く予定なの？

ミナミ：埼玉にある場所に行く予定。(11)⑤私たちのいる場所からそれほど遠くない。
車でだいたい一時間くらいで私の父が連れて行ってくれる。

エマ　：楽しそうね。キャンプにはよく行くの？

ミナミ：そうでもないの。実はキャンプに行くのはこれが2回目。(12)②あなたはどう？

エマ　：私は家族で週末をキャンプして過ごすことが何度もあった。ノルウェーの私の家の近くにはアウトドアを楽しめる場所がいくつかあるの。
自然の中で時間を過ごすのが恋しくなっているので，キャンプに誘ってくれて嬉しい。
(13)⑥何を持っていけばいい？」

ミナミ：えぇと，1泊だけなので，たくさんの物を持っていく必要はないの。テントとあなた用の余っている寝袋があるので，着替えとタオルと長靴だけ持ってきて。

エマ　：(14)④そこで何を食べるの？
何か調理するものを持っていく必要はある？

ミナミ：翌朝のパン，水筒とマグカップだけ持ってきて。夕食はバーベキューセットを利用する予定で食材と燃料は含まれているの。

エマ　：調理するクラッカーとマシュマロを持って行ってもいい？

ミナミ：(15)①わぁ，ぜひ！　旅行が楽しみになってきた。待ちきれないわ！

問　全訳参照。前後の会話文の内容から流れに合う文を選ぶ。

①「わぁ，ぜひ！」 ②「あなたは？」 ③「誰が私たちと一緒に行くの？」 ④「そこで何を食べるの？」 ⑤「私たちのいる場所からそれほど遠くない」 ⑥「何を持っていけばいい？」

重要 4 （対話文完成：語句選択補充）

(16) A：ジョン，お兄さんと言い争いをしてはダメよ。／B：ママ，ごめんなさい。僕がテレビを見ている時にいつもチャンネルを変えるんだ。　② arguments を入れる。have arguments で「言い争いをする[口論をする]」という意味。① have advantages「優位に立つ」 ③ have achievements「達成する」 ④ have adventures「冒険をする」

(17) A：将来は何をするつもり？／B：高校を卒業したらカナダで勉強することに決めた。make a decision で「決める」という意味なので③ decision を入れる。　① behavior「態度」 ② direction「方向」 ④ mind「気持ち」 make up one's mind とすると「決心する」という意味になるがここでは不適。

(18) A：次の試合に勝つためにはたくさん努力をする必要がある。／B：わかった。今日から私たちはより一層厳しい練習をする。　① make an effort で「努力をする」。make a lot of effort で「たくさん努力をする」という意味。　② environment「環境」 ③ experiment「実験」 ④ explanation「説明」

(19) A：混乱しているようだね。何があったの？／B：えぇと！　今日数学の授業があって，先生が何を言っているのかまったくわからなかった。　④ figure out で「理解する[把握する]」 can't figure out at all で「まったくわからない」という意味。　① check out「調べる[点検する，出発する]」 ② take out「取り出す[持ち出す]」 ③ hang out「遊ぶ」

(20) A：文化祭のための私のアイディアを提案したい。／B：もちろん。どんなアイディア？ ② suggest an idea で「アイディアを提案する」という意味。I'd like to は I would like to の短縮形で「～したい」という意味の丁寧表現。 ① save「守る[節約する]」 ③ solve「解決する」 ④ survive「生き残る」

5 （適語選択補充問題：進行形，受動態，現在完了形，助動詞，分詞）

(21) 「私たちがハワイに到着した時，雨が降っていた」 ハワイに着いた時という過去のある時点で進行中だった動作なので It was raining と過去進行形にする。

(22) 「その音楽はモーツアルトがたった6歳の時に書かれたものだ」 the music は Mozart によって書かれたと言う関係なので was written と受動態にする。

(23) 「シェリーと私は10年以上もの間ずっとお互いのことを知っている」「10年間ずっと知っている」ので have known と現在完了形にする。

(24) 「明日は祝日なので学校には行く必要がない」 ① don't have to ～ で「～する必要がない」。national holiday「祝日」 ② must ～「～しなくてはいけない」 ③ should ～「～するべきだ」 ④ would ～「～するだろう」

(25) 「そのレストランで働いているシェフはイタリア料理でよく知られている」 working at the restaurant は The chef を後置修飾する分詞。working は動詞ではないことに注意。The chef から restaurant までがこの文の主語になり動詞は is になる。

6 （語句整序問題：間接疑問文，不定詞，関係代名詞，比較）

重要 1 Could you tell me where it is? 「あなた：パスタソースを探しています。どこにあるか教えてくれませんか？／店員：もちろんです。こちらへどうぞ。」 Could you ～?「～してもらえませんか？」丁寧な依頼表現。〈tell ＋A(＝人)＋B〉「AにBを教える」 ここではBにあたる部分が間接疑問文なので where it is と〈疑問詞＋主語＋動詞〉の語順にする。

基本 2 My parents want me to be a doctor. 「友人：君は医科大学に行く予定だよね？／あなた：はい。両親は私に医者になってもらいたい。」〈want ＋人＋to不定詞〉「人に～してもらいたい」に当てはめる。be a doctor「医者になる」

重要 3 The camera which my father bought for me was easy to use. 「あなた：父が私に買ってくれたカメラは使いやすかった。／友人：それはいいね！」 The camera を関係代名詞節で修飾する。The camera which my father bought for me「父が私に買ってくれたカメラ」の部分がひとまとまりでこの文の主語。was が動詞。

やや難 4 Who was the last one to leave home? 「母：ねぇ，家に帰ってきたらテレビがついていた。誰が最後に家を出たの？／あなた:本当にごめんなさい。私のせい。すごく急いでいたの。」「誰が～？」という意味にしたいので疑問詞 who で始め，動詞 was を続ける。the last one「最後の人」を to leave home「家を出る」で修飾する。この to leave は形容詞用法の不定詞で直前の名詞を修飾している。直訳すると「家を出た最後の人は誰だった？」。

重要 5 Well, it was longer than I thought and the story was very boring. 「友人：映画はどうだった？／B：えぇと，思ったより長くて物語は退屈だった。」 it was longer than I thought で「それは私が思ったよりも長かった」という意味。

7 （読解問題・資料読解：内容把握）

重要 A 相模高等学校 音楽コンテスト 6月23日 9:00 am ～ 3:00pm 相模ホールにて

あなたの最高の音楽スキルを皆に見せる絶好の機会。

大会のルール

－申し込み－

すべてのバンドは申込用紙を全て記入し大会委員会に5月23日6:00pmまでに提出。

－コンテストの曲－

各バンドは演奏したい2曲を録音したCDを作成しなければならない。
そのCDを大会委員会に5月24日から5月31日の間に提出する。
6月3日に曲が演奏可能か否かを委員会からバンドにお知らせします。
－コンテストでの演奏－
バンドメンバーは自分の演奏の40分前に到着しなければならない。
各バンドの演奏時間は10分。各バンド演奏の合間には5分間の休憩あり。
－優勝－
最優秀バンドは相模ホールでの冬コンサートの無料券がもらえる。
※参加バンド全員にお土産として無料Tシャツがもらえる。

(36) 「音楽コンテストに参加するためにしなければならないことは何ですか？」 ①「バンドが昨年作成したCDを買う」そのような記述はない。 ②「大会委員会を呼ぶ」そのような記述はない。③「申し込み用紙を委員会に提出する」(○) -Application- の欄の内容に一致。hand in「提出する」 ④「コンテストの10分前に到着する」 -Performance at the Contest- の欄参照。40分前とあるので不一致。

(37) 「もしあなたが音楽コンテストに参加するなら，あなたのCDをどの日に提出できますか？」 ②「5月25日」(○) -Music for the Contest- の欄2つ目の段落参照。5月24日から31日の間なので②が正解。 ①「5月23日」 ③「6月3日」 ④「6月23日」

(38) 「もしあなたが10:00amに演奏するなら，何時までに相模ホールに到着するべきですか？」 -Performances at the Contest- の欄1つ目の段落参照。40分前までにとあるので，②9:20が正解。

(39) 「もし大会で優勝しなかったら，あなたは何を受け取ることになりますか？」 ①「夏のコンサートの無料券」そのような記述はない。 ②「冬のコンサートの無料券」 -First Prize- の欄参照。これは最優秀バンドが受け取る物なので不一致。 ③「無料CD」そのような記述はない。④「無料のお土産Tシャツ」(○) -First Prize- の欄最終文に一致。

基本 B 相模水族館 あなたに特別なものをご用意。ショー観覧，特別なイベント参加にあなたをご招待。

チケット

タイプ	子供(6歳～15歳)	大人	シニア(65歳以上)
個人	$40	$45	$30
学校団体	$35※		

※学校団体割引：火曜日は生徒チケット1枚あたり$10割引
－年間365日オープン
－時間：9:00am～5:30pm(5:00pm以降は入園不可)

アシカショー
メインプールでアシカに会おう。様々なタイプのアシカについて学ぼう。どのように一緒に暮らしどんなものを食べるかを発見しよう。
ショー時間(すべてのショーの所要時間は40分)

月曜日-金曜日	土曜，日曜，祝日
11:00am 1:00pm 3:00pm	10:00am 2:00pm 4:00pm
注意：ショー開始時間15分前までにお越しください	

動物撮影：撮影可能だがフラッシュ使用不可。　動物の餌付け：各ショーの後，子どもたちはアシカ餌付け可能。餌付けは事前予約が必要なため，9:30以前にツアーデスクまでお越しください。

(40)「もし学校団体の1人として火曜日に相模水族館を訪れたら，入園にいくら支払えばよいですか？」　チケットの欄参照。学校団体料金は$35ドル。火曜日は$10割引きになるので，①$25が正解。

(41)「もし大人(60歳)1人，子ども2人(7歳と11歳)で水族館を訪れた場合，入園にいくら支払えばよいですか？」　チケットの欄参照。60歳大人は$45，子どもは$40×2。合計は④$125。

(42)「もし土曜日の朝にアシカショーを見るとしたら，何時に終わりますか？」　アシカショーの欄参照。土曜日のアシカショーは10時から。所要時間は40分なので終了は③10:40。

(43)「もしあなたの子どもがアシカの餌付けに挑戦したかったら，何をする必要がありますか？」　動物の餌付けの欄参照。②「ツアーデスクに9:30以前に行く」に一致。　①「メインプールに行く」　③「正午頃にツアーデスクに行く」　④「自動販売機でチケットを買う」

8　**(長文読解問題・説明文，論説文：内容把握，語句選択補充)**

重要　A　(全訳)　イルカは互いに会話をするために音を出す社会的動物である。情報を共有したり感情を表現したりするためにこれらの音を使う。イルカが出す最も重要な音の1つはシグネチャーホイッスルと呼ばれる。この音は個々のイルカ特有のもので，他のイルカを呼ぶときにこの音を使う。イルカは生まれた時にはこの音を持っていないが，若いころに他のイルカたちの音を聞くことで習得する。

あるアメリカ人科学者がイルカがどうやってシグネチャーホイッスルを習得するかを研究した。彼女はフロリダで30年間イルカたちを観察してきた。彼女はイルカの母親と赤ちゃんの音を録音した。彼女は母イルカが自分の赤ちゃんに特別な方法で話しかけていることを発見した。高い音はより高く，低い音はより低く出すのである。自分の赤ちゃんの注意を引き付け，音の出し方を習得させる手助けをするためにこれを行う。これは人間の母親が自分の赤ちゃんに話しかける方法に似ている。彼女の研究結果は科学雑誌で発表された。彼女の研究で，イルカの母親と赤ちゃんの間には強い絆があることが示された。

(44)「イルカは…するために音を使う」　②「他のイルカたちに感情を伝える」(○)　第1段落第2文に一致。　①「イルカショーで新しい技を習得する」　③「食べ物を早く見つける」　④「夜どこに留まるかを自分の赤ちゃんに教える」①③④の内容に関する記述はない。

(45)「音を出すことにより他のイルカたちを呼ぶことができる，なぜなら…」　①「個々のイルカが自分特有の音を持つから」(○)　第1段落第4文に一致。unique「特有の」　②「イルカは生まれた直後に音を出すことができるから」第1段落最終文参照。生まれた時には出せないとあるので不一致。　③「その音はとても高いから」　④「人間にはその音は聞こえないから」③④の内容に関する記述はない。

(46)「ある科学者が…するために母イルカが自分の赤ちゃんに特別な方法で話しかけることを発見した」　④「赤ちゃんの注意を引く」(○)　第2段落第6文に一致。　①「彼らの音を録音するため」　②「自分の赤ちゃんのためにエサを獲るため」　③「自分の赤ちゃんに上手に泳ぐ方法を教えるため」　①②③の内容に関する記述はない。

基本　B　(全訳)　「成長する靴」は発展途上国の子どもたちにサンダルを提供する団体である。そのサンダルは5つのサイズに調節でき，子供たちは1つの靴を最低でも5年間履くことができる。この団体は2007年にケントン・リーによって立ち上げられた。調査によると，貧困で靴のない生活を送る世界の子どもたちはおよそ3億人いる。怪我や感染症から足を保護するために子どもたちにとって靴は大切である。この団体は子供たちの足の成長に合わせて調節できる靴を提供している。その靴は7か所で5つのサイズに調節できる：かかとのストラップ，横のストラップ，つま先はマジックテープになっている。小さいサイズは5歳から9歳の子どもに合い，大きいサイズは10歳から14歳の子どもに合うようになっている。必要としている子供たちに配れるようにこの団体はインド，カンボジア，マラウィ，メキシコのNPO法人と提携している。インターネットでの寄付を受け付けており，これまでに6万ドル以上を集めた。私たちはウェブサイトで自分たちの子どもにサンダルを購入することでこの企画に協力することができる。

主要なポイント

「成長する靴」団体

−2007年に立ち上げ／−靴を持っていない子供たちにサンダルを提供する／−(47)②4か国のNPO法人と連携している

サンダル

−長い間使用できる−＞どのくらいの期間？−(48)③5年以上／−(49)⑤怪我から子どもたちの足を守る／−団体の(50)⑥ウェブサイトにアクセスすればそれを買うことができる

(47)　最後から3文目参照。インド，カンボジア，マラウィ，メキシコの4か国。

(48)　第2文参照。at least five years「最低5年」→ 5 years or more「5年以上」

(49)　第5文参照。〈protect A from B〉「BからAを保護する」→〈keep A B from C〉「CからAをBの状態に保つ」怪我から足を安全な状態に保つということ。

(50)　最終文参照。on their website「ウェブサイトで」→ visit the website「ウェブサイトにアクセスする」

重要 9 (読解問題・論説文：語句選択補充問題)

(全訳)　オンライン授業の方が教室での授業よりも良い

私はオンライン授業の方が教室での授業よりも良いと確信している。

まず，オンライン授業の間，生徒たちは自分たちのペースで学ぶことができる。理解のスピードは生徒により異なる。オンライン授業では，もし生徒たちが授業を(51)④難しいと感じたら，講義ビデオを何度も観ることができる。

加えて，生徒たちはオンライン授業のために家を(52)③出る必要がない。したがって，彼らは交通移動のための時間と費用を(53)②節約できる。

もちろん，教室での授業にも利点はある。たとえば，生徒たちは簡単に(54)③グループで作業ができる。他の人とコミュニケーションを取ることでチームワークを学ぶことは大切なことである。もし技術が進歩したら，(55)②教室にいるのと同じように人々はオンラインでも他の人たちと作業することができるようになるだろう。

(51)　「何度も講義ビデオを観ることができる」という内容が続くので，④ difficult「難しい」を入れ，授業が難しかったら何度でもビデオを見ることができるという流れにする。　①「長い」②「遅い」　③「簡単な」

(52)　オンライン授業は家で受けられるので，③ leave「出る[去る]」を入れ，「家を出る必要がない」とする。don’t have to ～「～する必要がない」　①「所有する」　②「探す」　④「住む」

(53)　② save「節約する」を入れ，家にいるので交通機関を使わないため時間と費用が節約できるという流れにする。　①「増加する」　③「創り出す」　④「手に入れる」

(54)　続く文で，コミュニケーションを取りチームワークを学ぶことは大切だとあるので，③ in groups「グループで」を入れる。work in groups で「グループで作業する」という意味。
①「家族のために」　②「コンピューターで」　④「彼らたちだけで」

(55)　教室での授業の利点はグループ作業ができることだが，技術の進歩でオンラインでもそれが可能になるだろうという流れにする。② in the classroom「教室で」を入れ just like in the classroom「教室にいるのと同じように」という意味にする。

★ワンポイントアドバイス★

リスニング，文法問題，様々な形式の読解問題の大問9題が出題されているので時間配分に十分気を付けよう。読解問題は合計5題あり細部まで丁寧に見ないと答えられない問題となっているので，前半の文法問題に時間をかけすぎないようにしよう。

＜国語解答＞ 《学校からの正答の発表はありません。》

一　問一　4　問二　1　問三　3　問四　3　問五　Ⅰ　4　Ⅱ　2　問六　3
問七　2　問八　1　問九　2　問十　4　問十一　4　問十二　2　問十三　4
問十四　3　問十五　4　問十六　4　問十七　1

二　問一　Ⅰ　2　Ⅱ　4　問二　2　問三　4　問四　A　3　B　1　問五　2
問六　3　問七　4　問八　1　問九　2　問十　3　問十一　1　問十二　3
問十三　3　問十四　3

三　問一　1　問二　3　問三　2　問四　3　問五　4　問六　3　問七　2

四　問一　A　4　B　2　問二　2・4　問三　2　問四　4　問五　1　問六　1
問七　3

○推定配点○

一　問二・問三・問五・問十・問十三　各1点×6　他　各3点×12
二　問一・問二・問四・問五・問八　各1点×7　他　各3点×9　三　問七　3点
他　各2点×6　四　各1点×9　計100点

＜国語解説＞

一　（小説一主題・表題，情景・心情，内容吟味，文脈把握，脱文・脱語補充，語句の意味，ことわざ・慣用句）

問一　同じ段落の「気持ちが塞ぎそうだ。仁美と香奈恵が二人で会っていた。そのことを秘密にしようと相談していた」に着目する。後に「手元の漫画を閉じ」とあるので，愛衣は仁美と香奈恵のことから気をそらすために漫画を読もうとしていたとわかる。「気持ちが塞ぎ」に，1の「許せず」は合わない。2の「不快な雑音」，3「母親から小言を言われてうんざり」は読み取れない。

問二　「億劫」は仏教の用語で，きわめて長い時間のこと。愛衣の気の進まない様子に合うのは1。

問三　同じ段落では，ウサギ小屋での二人の手順の良さが描かれている。

問四　「食べてよ，ミルクー」という会話の前に「生きものの世話を焼きたいという願望は，餌を与えたときにこそ叶えられる」とある。この描写に3が適切。1「守ってあげる」，2「珠紀の話を確かめたい」，4「ミルクの鉱物の草」に通じる描写はない。

問五　Ⅰ　直後の「背ける」様子に合う語が当てはまる。　Ⅱ　「そんなに弱い生物は」すぐに「命を落とす」という文脈になる。動作がすばやい様子を表す語句が当てはまる。

問六　同じ段落の「仁美と香奈恵が二人きりで遊んでいたことが発覚して……翌朝は顔を合わせる

なり香奈恵に謝られ，ああ，仁美から電話があったのだ」と気づいて，愛衣は孤独を感じ「さらに暗い気持ち」になっている。この事情を述べる3が適切。1「仁美のせいで香奈恵との仲も悪くなった」，2「連絡を受けるまで自分に謝らなかった」，4「自分と話してくれない」が適切でない。

やや難 問七　「唇を噛む」は怒りや悔しさをこらえる様子を表す。直前の段落の「友人関係がこじれるのは，これが初めてではなかった」という経験から「気をつけていた」のに，また友人関係がこじれてしまった無念な気持ちを説明している2が適切。1「今回も友人を苦しめる」，3「自分の勘違いが原因」，4「今回も自分の勘の良さを不快に思われた」の部分が適切ではない。

問八　「しかめ面」は，眉のあたりにしわを寄せた不機嫌そうな顔という意味。

問九　直前の段落の「珍しく興奮している」「ますます熱のこもった口調で言い立てた」珠紀の様子を見た女の子たちの行動であることから，珠紀を「こわいと思った」ことが読み取れる。

問十　前の「ほかのクラスメイトとは全然違う」や「珠紀の確立された考え」から，愛衣が珠紀に接することで迷いがなくなり正しい方向に進めるようになるという意味の語句が当てはまる。1は何もしないで見過ごす，2は面目を失う，3は緊張して息苦しくなるという意味。

問十一　傍線部⑨「目を見ずに」からは，後ろめたい気持ちが読み取れる。直後の「途中までしか読んでいないのは本当で，これから面白くなるかもしれないと，懸命に思い込む。常に本音で生きている珠紀に，嘘は吐きたくなかった」を理由としている4を選ぶ。愛衣は珠紀の漫画を今の段階では面白くないと思っているので，1は適切ではない。漫画の話題に，2と3も合わない。

問十二　前の「ショッピングセンターモアまでは……車で十五分はかかる」ことをふまえて，「雨が降ったら自転車で行けない」という珠紀の発言を聞いた愛衣の気持ちを考える。「思わず叫んだ」という表現からも，愛衣が珠紀の考えに驚いていることがわかる。この内容を述べているのは2。

問十三　前の「たぶんそうなんだろうね」という会話や「なにかに腹を立てているよう」という様子からも，意味を推察することができる。

問十四　愛衣は珠紀の家族について尋ねたが，珠紀は「なにかに腹を立てているよう」である。この珠紀の様子と，直前の文「他人の不機嫌に深入りするのは気が引けた」から3が適切。愛衣は，この時点で1「仁美と香奈恵」のことは考えていない。2「原因を聞き出そう」とはしていない。「気が引けた」は気おくれするという意味なので，4の「反省している」は合わない。

基本 問十五　同じ段落の「珠紀と二人ならば，存分に楽しめるだろう」という「考え」に，「気が進まない」とある4は適切でない。

問十六　同じ段落の「友だちだと思っていいのか，いまいち自信が持てなかった。その珠紀から誘われたのだ……この子ともっと仲良くなりたい」という描写に，4が適切。この時，愛衣は「仁美や香奈恵」のことは考えていないので，3は適切ではない。

重要 問十七　愛衣は自分の考えをはっきりと言う珠紀を「格好いい」と言っている，さらに「女の子たちは」で始まる段落に「珠紀の確立された考え」とあることから1が適切。

二　**（論説文一大意・要旨，内容吟味，文脈把握，指示語の問題，接続語の問題，語句の意味，ことわざ・慣用句）**

問一　Ⅰ　直前の段落の「最近では，予測記事を書くと，優勢に立つ候補者の支持が増える」を，後で「昔は立場の弱い者，あるいは劣勢にある者を応援する……が多かったけれど，今は有利な側・強い側について勝ち馬に乗りたい人が増えている」と言い換えているので，説明の意味を表す語句が当てはまる。　Ⅱ　前の「SNSも同調圧力のツールになってい」る例を，後で「クラスや部活のグループLINE……からはずれることは孤独を意味します」と挙げているので，例示の意味を表す語句が当てはまる。

基本 問二 「同調圧力」は，少数派の人に対して多数派と同じように考え行動することを暗黙のうちに強制すること。この内容を周りの人に合わせることが求められると言い換えている2が適切。

問三 直前の文の「『コロナから命を守るのか，コロナ対策から心を守るのか』と考える視点が欠如している」ことを指している。コロナから命を守るだけでなく，コロナ対策によって疲弊する心の問題にも目を向けなくてはならないと述べている4が適切。他の選択肢はこの内容に合わない。

問四 A 直前の「今，本当に大切なことは何か」という問いは，物事の根本に関わるものである。
B 「短い文章」で「真剣な話題も出てこない」には，うわべだけという意味の語句が当てはまる。

基本 問五 非難する気持ちで人を後ろから指すことからできた言葉であることから判断する。

やや難 問六 一つ後の段落「自分が正義の味方だと思っている匿名の人たちが，自分と同意見の人が多いことで自分は強い軍団に属しているかのように感じ」，直後の段落「言動が一般的なふるまいからはずれているという理由から，壮絶なバッシングが行われた」という説明に3が適切。1の「争いごとにかかわらないようにすることが正義」，2「身を守る手段が存在していない」，4「争いごとを傍観する者も最終的にはマジョリティ側に味方をしてしまう」例ではない。

問七 直前の段落にあるように「一般的なふるまいからはずれているという理由から，壮絶なバッシング」のは，自分が正しいと思いこんでいることによる。この内容を述べている4を選ぶ。1「助けようと」，2「誹謗中傷に苦しむ人の存在を……明らかにしている」，3「非難している人たちを……攻撃している」ことではない。

問八 「忖度」は，他人の気持ちをおしはかること。

問九 この後でSNSによるつながりの例を挙げ，「そうした関係の」で始まる段落で「SNSの輪からはじかれないよう，いつも注意深く生活しなければいけない」と説明しており，この内容を「強迫観念」と表現している2を選ぶ。

基本 問十 傍線部⑧の「そうした」は，一つ前の段落に「短いやりとりのほうがみんなに合わせやすいし，本心を出さなくて済む」様子を指し示している。2の「本心を理解」しているわけではない。

問十一 「その代わり」で始まる段落の「周囲に合わせていれば，自分が思ったことをはっきり口にすることはできませんし，誰かの意見に反論したいと思っても，その思いは飲み込むほかない」から理由を読み取る。「自分の本心に反して同調せざるを得ない」とある1が適切。

問十二 傍線部⑩の「こうした」は，直前の段落の「自分の心を裏切る」「自分に嘘をつく」を指示している。筆者は「自分の心を裏切る」ことを問題視しているので，「最善」とある2は合わない。

問十三 同じ文の「自分の感覚を信じて行動したこと」「嘘をつかなかったこと」で得られると述べている。2の「他人の意見が正しいと思っても」の部分が適切ではない。

重要 問十四 「海外では」で始まる段落の内容と3が一致する。

三 （古文―内容吟味，文脈把握，指示語の問題，語句の意味，口語訳）

〈口語訳〉 博雅三位が，月が明るかった夜に，直衣を着て，朱雀門の前に出かけて，一晩中，笛をお吹きになっていたところ，(自分と)同じように，直衣を着た男が，笛を吹いていたので，「誰だろう」と思っていると，その笛の音が，この世で聞いたこともないように見事に聞こえたので，不思議に思って，近寄って見たところ，今まで見たことのない人であった。博雅三位も(何も)言わず，その人も(何も)言うことがない。そのようにして，月夜のたびに会って，(笛を)吹くことが，幾晩かになった。

その人の笛の音が，特に見事だったので，試しに，笛を取り替えて吹いたところ，世にないほどの笛である。その後も，ますます月夜になれば，会って(笛を)吹いたが，(男は)「もとの笛を返してもらおう」と言わなかったので，長い間替えてそのままになってしまった。博雅三位が亡くなった後，帝は，この笛をお取り寄せになって，その時代の笛吹きたちにお吹かせになられたが，（博雅三位のような）音を吹ける人はなかったということだ。

基本 問一　傍線部①の「ば」は，理由を表す。

問二　直前の「その笛の音，この世にたぐひなくめでたく聞えければ，あやしくて」が理由にあたる。「あやし」は不思議に思ったという意味なので3が適切。4「感謝」を伝えようとしていない。

問三　博雅三位が「ことにめでたかり」と思ったのは，月夜に出会った男の「笛の音」である。

問四　傍線部④の「世になき」には，この世に存在しない，この世にないほどすぐれているという意味があり，ここでは3を選ぶ。実際に笛を吹いているので，4は適切ではない。

問五　前に，笛を「取りかへて」とある。傍線部⑤は，長く替えて止みにけり，と考える。

重要 問六　「その音」は博雅三位の笛の音なので，3が適当。1「緊張」，2「実際には存在しない」，4「相手が必要」とは書かれていない。

やや難 問七　博雅三位の立場から「われもものをいはず，かれもいふことなし」と言っている。笛を吹くことで，博雅三位と直衣を着た男とが理解しあったことが読み取れるので，2が適切。1「余裕がなかった」ことや3の「警戒」，4の「都合が悪くなる」ことは読み取れない。

四　（漢字の読み書き，語句の意味，熟語，ことわざ・慣用句，文と文節，敬語・その他，文学史）

問一　A　検討　　1　見透かす　　2　納める　　3　簡抜け　　4　討つ
　　　B　驚嘆　　1　鍛錬　　2　嘆息　　3　落胆　　4　淡白

重要 問二　1の「拝見して」は「ご覧になって」，3の「頂いて」は「召し上がって」が正しい。

基本 問三　2は辛抱すれば成功するという意味。他はすべて慎重を意味する。

問四　それぞれ「いっきいちゆう」，「ちょうさんぼし」，「しくはっく」と読む。

基本 問五　『平家物語』は鎌倉時代の成立で，同じ時代に成立した作品は1。

基本 問六　2は旧暦八月，3は旧暦四月，4は旧暦七月の異名。

問七　「その／山では／たくさんの／花が／咲いて／いた」と分けられる。

★ワンポイントアドバイス★

読解問題では，指示語の指し示す内容を意識しながら読み進めよう。

2023年度

★★★★★★★★★★★★★★★★★★★★★★★

入　試　問　題

2023年度

東海大学付属相模高等学校入試問題

【数　学】（50分）〈満点：100点〉

【注意】1. 分数の形で解答する場合，それ以上約分できない形で答えなさい。

2. 根号を含む形で解答する場合，根号の中に現れる自然数が最小となる形で答えなさい。また，根号を含む分数の形で解答する場合，分母に根号を含まない形で答えなさい。

1 次の各問いに答えよ。

（1） $-2^2-\left\{\frac{8}{27}\times\left(-\frac{3}{2}\right)^2+\left(\frac{1}{4}-\frac{1}{3}\right)\div 0.25\right\}\times(-3)^2$を計算せよ。

（2） $\left(\frac{2}{\sqrt{2}}+\sqrt{3}\right)^2-\frac{\sqrt{72}+\sqrt{27}}{\sqrt{3}}$を計算せよ。

（3） x^2-25y^2-x+5yを因数分解せよ。

（4） 連立方程式$\begin{cases} 3x-y=9 \\ \frac{1}{2}ax-ay=-18 \end{cases}$について，解$x$と$y$の和が7であるとき，定数$a$の値を求めよ。

（5） 2次方程式$3x^2-4x-5=0$を解け。

（6） 1，2，3，4，5の5つの数字を1個ずつ使って3桁の整数を作るとき，340より大きい整数は全部で何個あるか。

（7） 右の図は円柱の展開図である。この円柱の体積を求めよ。ただし，πは円周率とする。

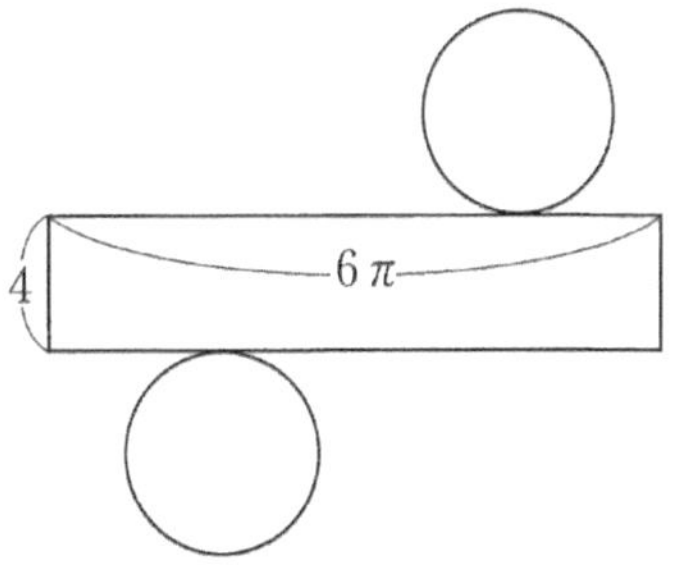

（8） 右の表は，生徒20人のハンドボール投げの記録をまとめた度数分布表である。この記録の平均値を求めよ。

記録(m)	度数(人)
0以上 ～ 4未満	0
4以上 ～ 8未満	3
8以上 ～ 12未満	5
12以上 ～ 16未満	8
16以上 ～ 20未満	2
20以上 ～ 24未満	2
計	20

2 下の図のように，2点A，Bは放物線C：$y=-\frac{1}{2}x^2$と直線ℓの交点で，x座標はそれぞれ4，-2である。このとき，次の各問いに答えよ。

（1） 点Aの座標を求めよ。

（2） 直線ℓの式を求めよ。

（3） 三角形OABの面積を求めよ。

（4） x軸上に点Dをとる。線分ADと線分BDの長さの和が最小になるとき，点Dの座標を求めよ。

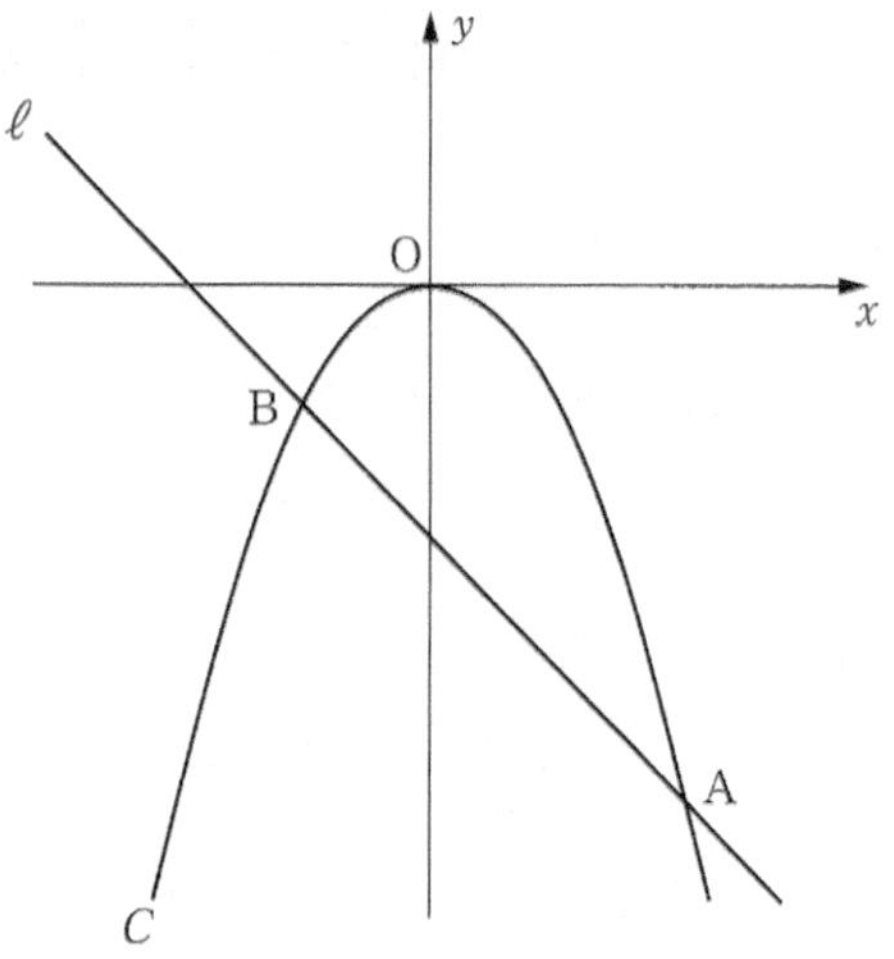

3 下の図のように，BC＝10，∠C＝90°である三角形ABCの内部にある正方形CDEFと，三角形AEDの内部にある正方形DGHIについて，DE＝6であるとき，次の各問いに答えよ。

（1） 線分CEの長さを求めよ。

（2） 線分BEの長さを求めよ。

（3） 線分GHの長さを求めよ。

（4） 線分CHと線分FGの交点をJとするとき，四角形EFJHの面積を求めよ。

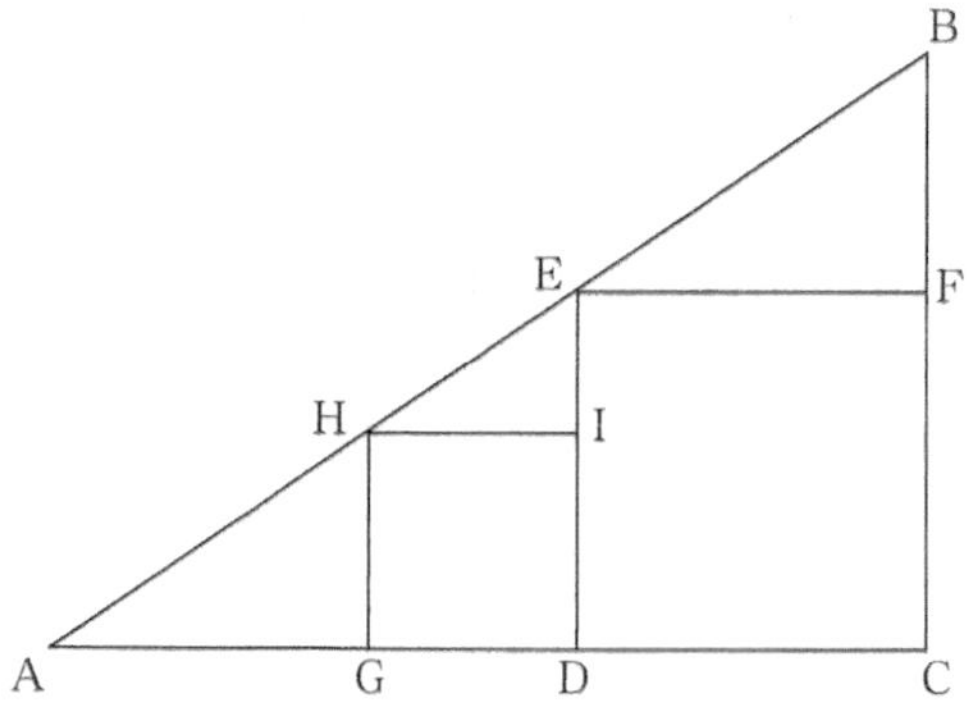

4 下の図のように，自然数を規則にしたがって並べる。例えば，12は上から4行目，左から3列目の数である。このとき，次の各問いに答えよ。

（1） 上から2行目，左から6列目の数を求めよ。

（2） 上から1行目，左からn列目の数を，nを用いて表せ。

（3） $S_1=1$，$S_2=2+3+4=9$，$S_3=5+6+7+8+9=35$，……とする。このとき，S_{10}の値を求めよ。

（4） 2023は上から何行目，左から何列目の数であるか求めよ。

	1列目	2列目	3列目	4列目	5列目	6列目	…
1行目	1	4	9	16			
2行目	2	3	8	15			
3行目	5	6	7	14			
4行目	10	11	12	13			
5行目							
6行目							
⋮							

【英　語】（50分）〈満点：100点〉　　**※リスニングテストの音声は弊社HPにアクセスの上，音声データをダウンロードしてご利用ください。**

1　（リスニング問題）放送を聞き，質問に対する応答として最も適切なものを選び，番号で答えなさい。質問は，問題用紙には印刷されていません。放送は**2回**流れます。

例題）When is your birthday?
① It's rainy today.
② I'll buy a cake for you.
③ You're welcome.
④ It's April 10th.
正解は，④です。

（1）① My mother makes lunch on weekends.
② Sounds good.
③ It is a popular subject.
④ Usually fish and rice.

（2）① No, she doesn't.
② Twice a week.
③ With her clubmates.
④ Tennis is my favorite sport.

（3）① The day after tomorrow.
② For three days.
③ She's in Hokkaido.
④ With my family.

（4）① Yes, I worked really hard.
② Yes, the teacher is Mr. Green.
③ No, it was yesterday.
④ No, I can't play the piano.

（5）① It is near the bank.
② Japan has many mountains.
③ I'd love to.
④ I don't have a bike.

2　（リスニング問題）会話を聞き，質問に対する解答として最も適切なものを選び，番号で答えなさい。放送は**1回だけ**流れます。

（6）Where does the man want to go?
① He wants to go to the post office.
② He wants to go to the main road.
③ He wants to go to the high school.

④ He wants to go to the hospital.

(7) What kind of comic books does the boy like to read?

① He likes to read adventure stories.

② He likes to read about sports.

③ He likes to read mystery comics.

④ He likes to read about super heroes.

(8) When did the man hurt his leg?

① When he was checking his bike.

② When he was having an X-ray.

③ When he was going to the hospital.

④ When he was riding his bike.

(9) On what day does the man want the woman to feed his cat?

① On Friday.

② On Saturday.

③ On Sunday.

④ From Friday to Sunday.

(10) Why are they going to the park tomorrow?

① They can enjoy drinking juice.

② They can get bottles for free.

③ They want to clean up the park.

④ They want to meet their friends.

3 次の会話の流れに沿って，空所に入る文として最も適切なものを選び，番号で答えなさい。各選択肢は，一度しか使うことができません。

Ryoko is a junior high school student. She is talking with Shelly, an international student from Canada.

Ryoko：Hey, Shelly. Do you have any plans for winter vacation?

Shelly：Well, I will go to Osaka with my host family. We'll take the bullet train to get there.

Ryoko：That will be fun! I'm sure you'll find a lot of delicious food there.

Shelly：It's so exciting.(11)

Ryoko：Yes, I went to Osaka to see my cousins last year. We spent the New Year holiday playing card games and eating *osechi*.

Shelly：(12)

Ryoko：No, it's a special meal for New Year in Japan. It has various kinds of dishes and each has a meaning. For example, happiness or a healthy body.(13)

Shelly：Actually, we don't have a special meal. We eat as usual. And we just relax with family at home. In Canada, New Year isn't so important for us.

Ryoko：(14) I thought New Year is very special all over the world. Anyway, cooking *osechi* takes time and it's not easy. My mother wakes up early every year to prepare it.

Shelly：I see. Then why don't you cook *osechi* this time? It would be very helpful for your mother.

Ryoko：(　15　)

① I didn't know that.
② That's a nice idea.
③ I'm looking forward to meeting your mother.
④ Have you been there before?
⑤ Is that a famous food in Osaka?
⑥ What do you eat at New Year in Canada?

4 次の各文の空所に入れる語として最も適切なものを選び，番号で答えなさい。

(16) A：I'm afraid it'll get really cold after the sun goes down.
B：I agree. Anyway, let's walk. We'll get (　　　) while walking.
① farther　② stronger　③ warmer　④ weaker

(17) A：Where in this mall is a gym located?
B：It's on the third (　　　). You can take the elevator or the escalator.
① term　② bank　③ course　④ floor

(18) A：I really want something sweet right now.
B：Oh, I've heard there's a newly opened (　　　) shop just two blocks away.
① flower　② book　③ pastry　④ sports

(19) A：Having more muscle helps your body consume more energy.
B：Cool! Now I'm (　　　)! I really want to lose weight.
① decreased　② encouraged　③ improved　④ increased

(20) A：I'm worried about tomorrow. It will be my first time to climb a mountain.
B：Oh, are you (　　　) of heights? Don't worry. I'll be with you at all times.
① scared　② realized　③ reduced　④ moved

5 次の各文の空所に入れる語(句)として最も適切なものを選び，番号で答えなさい。

(21) I bought a book (　　　) in simple English. It's easy to understand.
① wrote　② written　③ writing　④ was written

(22) My father is good at (　　　). He prepares lunch for us every Sunday.
① cook　② cooked　③ cooking　④ being cooked

(23) "(　　　) made you come to Japan?"
"I wanted to visit a lot of temples."
① What　② How　③ When　④ Why

(24) Takumi is not here now. He (　　　) on a school trip. He'll be back tomorrow.

① goes　② was going　③ has gone　④ has been

(25) It's too hot in this room. (　　) you turn on the air conditioner?

① Could　② Shall　③ May　④ Should

6 ①～⑤の語(句)を並び替えて対話文を完成させるとき，(26)～(35)に入る語(句)として最も適切なものを選び，番号で答えなさい。文頭に来る語(句)も小文字になっています。

1．Friend：Do you have any pets?

You：No, but I want to have (　　)(26)(27)(　　)(　　).

[① eyes　② a cat　③ green　④ are　⑤ whose]

2．Teacher：How was the Open Campus yesterday?

Student：The school was too far. (28)(　　)(　　)(29)(　　) there.

[① to　② two hours　③ it　④ get　⑤ took]

3．Mother：(　　)(30)(　　)(　　)(31) day. Do you still want to go out?

You：Not really. Let's watch a movie at home.

[① been　② all　③ raining　④ has　⑤ it]

4．Friend：I am into watching Korean dramas. How about you?

You：I love K-pop music. Those songs (　　)(32)(33)(　　)(　　).

[① happy　② me　③ feel　④ very　⑤ make]

5．Friend：(　　)(34)(　　)(35)(　　) you won the lottery?

You：I would buy a sports car. But I don't have a license.

[① would　② if　③ what　④ do　⑤ you]

7

A

新聞広告を読み，質問に対する解答として最も適切なものを番号で答えなさい。

(36) If you're interested in an activity with your one-year-old baby, when and where should you go?

① Children's Museum at 9am

② Children's Recreation at 10am

③ Children's Library at 2pm

④ Main Stage at 3pm

(37) If you're going to see your son's martial art performance, at what time should you go to the Main Stage?

① 1：00pm　② 2：00pm　③ 4：00pm　④ 6：00pm

(38) If you'd like to have a pizza, French fries and a soft drink, AT LEAST how much money should you bring?

① $5.25　② $7　③ $8.75　④ $10.00

(39) In order to make sure you can attend the Soccer Clinic, at what time should you go to the Kids Zone?

① 10：00am　② 11：00am　③ 12：15pm　④ 12：30pm

B

映画館のホームページを読み，質問に対する解答として最も適切なものを番号で答えなさい。

Star Cinema

Weekly Showtime [Springfield Shopping Mall]
November 18th-24th

Title	Genre	Time	Show on
The Spy	Action	10:50am 1:40pm 8:30pm	Screen 1
The Secret of the Jungle	Adventure	8:30am 11:20am 3:10pm 6:15pm	Screen 2
The Only Lie I Told You	Drama	1:40pm 4:30pm 7:30pm	Screen 3
Princess Rose and the Wizard	Fantasy	8:45am 11:10am	Screen 3
		5:00pm	Screen 1

Ticket Price
- Regular Price: $10
- Early Shows (starting before 3 pm): $7

Students get a $2 discount.
(Show your Student ID card)

Attendance Policy
- You must be at least 18 years old to see shows starting after 6:00 pm.

Come on Monday and Wednesday mornings, and get free popcorn!

(40) Which movies can an adult see for $7?

① The Spy at 10:50am

② The Secret of the Jungle at 3:10pm

③ The Only Lie I Told You at 4:30pm

④ Princess Rose and the Wizard at 5:00pm

(41) Which movie is the latest show you can see if you're under 18?

① The Spy

② The Secret of the Jungle

③ The Only Lie I Told You

④ Princess Rose and the Wizard

(42) If you want to see a movie with free popcorn, when should you go?

① On Monday mornings

② On Tuesday mornings

③ On Wednesday afternoons

④ On Thursday afternoons

(43) How much does it cost to see a movie in the morning if you have a student ID card?

① $2

② $5

③ $10

④ $12

8

A

アフリカのある国に関する記事を読み，その内容に合うよう，空所に入る最も適切なものを番号で答えなさい。

Uganda is a developing country in east Africa. In this country, plastic bottles are often thrown away in the street. Some people burn plastic bottles because they don't know that burning them damages the environment.

Now, some groups are trying to use plastic bottles to make houses and other buildings. In Kampala, the capital of Uganda, a public toilet was built with 15,000 plastic bottles. It took a month for 400 people to build the toilet.

It is said that buildings made of plastic bottles are stronger than other buildings because plastic bottles are strong against rain and sunlight.

Another group in Uganda started a project to teach some young people how to build plastic bottle houses. According to a survey, 13% of young people in the country don't have jobs. David, the leader of the group, thinks the project will help the lives of those young people. They used 18,000 plastic bottles filled with soil to make one house. David says, "This project has created a lot of jobs in this city. Also, this unique idea of using plastic bottles is getting attention from visitors. Now, a lot of travelers come to this town to stay in the plastic bottle houses."

(44) Some people in Uganda burn plastic bottles because they (　　　).
① want to build houses
② don't know it is bad for the environment
③ can make a lot of money
④ want to make their own houses

(45) In the capital of Uganda, (　　　).
① a public toilet was made by 15,000 people
② all houses and buildings are made of plastic bottles
③ people don't have enough public toilets
④ 400 people helped to construct a public toilet

(46) A group in Uganda (　　　).
① teaches young people the way to make plastic bottle houses
② can't find enough jobs for young people
③ buys plastic bottles and soil for young people
④ started to build plastic bottle houses with travelers

B

あるオンラインサービスに関する記事を読み，空所に入る最も適切なものを選択肢から選び，番号で答えなさい。

There are many different streaming services today.

A lot of people subscribe to such services to watch TV dramas, movies, or animation. Most of them are broadcast to entertain people, but a new service was made to amuse our pets.

After three years of research, PetTV was created. More than 60 studies were carried out to understand the behavior of animals such as dogs, cats, and birds.

Researchers say this service helps animals reduce their stress from being alone at home. Owners often give toys to their pets to reduce their stress. However, this is not always helpful. According to a survey, about 80% of dogs in the US feel very stressed when they are left alone.

This streaming service includes several programs to entertain animals. For example, birds flying in a forest with relaxing sounds and images, and dogs traveling in a car. Owners choose their pets' favorite program.

It started in the UK and now it is available in the UK, the US, Australia, France, and New Zealand. It costs about $50 a year, or $5 a month.

PetTV

Before	Preparation	After
- Pets feel stressed when their owners leave them (47). - It is common to use (48) to entertain those pets.	- Researchers studied animals for (49) years.	- Animals are entertained by the programs. - The programs are broadcast in (50) countries now.

① 3	② 5	③ 10	④ 60
⑤ alone	⑥ sound	⑦ images	⑧ toys

9 以下の論題についてディベートをするために原稿を書いています。空所に入る最も適切な語句を選び，番号で答えなさい。

High school students should wear school uniforms.

In some high schools, students wear their own clothes instead of school uniforms. However, I believe that high school students should wear school uniforms.

First, students can reduce the (51) of buying clothes if they wear school uniforms. A lot of high school students like to follow the latest (52). Therefore, they need to buy a lot of clothes if they wear their own clothes every day. Wearing a school uniform helps their family to save money.

In addition, students can feel (53) to be a member of their school. School uniforms show the school's history and tradition. (54) wearing a school uniform, it's difficult for students to feel part of the school's history and tradition.

In (55), I think high school students should wear school uniforms.

(51)	① damage	② cost	③ weight	④ noise
(52)	① rule	② tradition	③ music	④ fashion trends
(53)	① proud	② disappointed	③ safe	④ ashamed
(54)	① Under	② Between	③ Without	④ Behind
(55)	① case	② order	③ conclusion	④ total

問一　次のA・Bの傍線部のカタカナを漢字に直した場合、同じ漢字になるものを、それぞれ後から選び、番号をマークしなさい。

A　イラストのコンクールに応ボした。　解答番号36

1　出席ボを見ながら点呼を取る。
2　恩師に対して敬ボの念を抱く。
3　年末になると街頭でボ金活動が行われる。
4　失言をしてボ穴を掘ってしまう。

B　新聞に姉が出した投書が掲サイされた。　解答番号37

1　罪を正しくサバくことは難しい。
2　電車の網棚にノせた荷物を取ってもらう。
3　議案について意見が出尽くしたので、決をトる。
4　設立二十周年の記念式典をモヨオす。

問二　次の中から敬語が正しく使われているものをすべて選び、番号をマークしなさい。　解答番号38

1　お客さま、御夕食の準備ができましたので食堂までおいでください。
2　父が書かれた本を、先生に差し上げて読んでいただく。
3　いつでも先生のご都合のよろしいときにお伺いいたします。
4　校長先生が卒業式で申した言葉が心に深く残っている。

問三　次の言葉の上につく、打ち消しの意味を表す漢字を、後から一つ選び、三字熟語を完成させ、その番号をマークしなさい。　解答番号39

公式

1　未　2　不　3　非　4　無

問四　次の慣用句が（　）内の意味になるように□に体の部分を表す言葉を入れる場合、どれが適切か。後から一つ選び、番号をマークしなさい。　解答番号40

□であしらう（相手に対して取り合わず、冷たい態度をとる）

1　鼻　2　腹　3　目　4　手

問五　次の傍線部の故事成語の使い方として適切なものを一つ選び、番号をマークしなさい。　解答番号41

1　他山の石を集めても意味がない。
2　彼の勉強法を他山の石として見習う。
3　磨けば玉になるのが他山の石だ。
4　ライバルの失敗を他山の石とする。

問六　次の作品の作者名を後から一つ選び、番号をマークしなさい。　解答番号42

『伊豆の踊子』

1　芥川龍之介　2　川端康成
3　夏目漱石　4　森鷗外

問七　次の文の傍線部がかかる文節として適切なものを後から一つ選び、番号をマークしなさい。　解答番号43

部屋の窓を大きく開けて、空気を入れかえた。

1　大きく　2　開けて
3　空気を　4　入れかえた

3　左大将が悪いことをしているのを知っているとおどかした。

4　左大将の運気が下がっているので身を慎むよう勧めた。

問四　傍線部④「はしたなく思はれ」とあるが、このときの左大将についての説明として適切なものを次の中から一つ選び、番号をマークしなさい。　解答番号31

1　右中弁からの返答の内容に驚かされている。

2　右中弁の返答の内容を興味深いと感じている。

3　右中弁に対する自分の行動を悔やんでいる。

4　右中弁の返答を聞いてばつが悪くなっている。

問五　傍線部⑤「戯なればえ腹立たずして」の現代語訳として適切なものを次の中から一つ選び、番号をマークしなさい。　解答番号32

1　ふざけただけだと開き直って

2　ふざけた自分が悪いと反省して

3　冗談だったので怒ることもできず

4　冗談だと思って相手にすることもなく

問六　傍線部⑥「大将幾の程を経ずして失せ給ひけり」の現代語訳として適切なものを次の中から一つ選び、番号をマークしなさい。　解答番号33

1　左大将はその後だいぶたってから亡《な》くなられた。

2　左大将はその後間もなく亡くなられた。

3　左大将はその後しばらくして行方不明になった。

4　左大将はその後すぐに行方不明になった。

問七　傍線部⑦「此の戯の言の為るにや」とあるが、右中弁はどのように思ったのか。適切なものを次の中から一つ選び、番号をマークしなさい。　解答番号34

1　左大将の不運は、自分がふざけて正しく警告しなかったからではないかと思った。

2　左大将は、自分が言ったことを気にしたために命を縮めたのではないかと思った。

3　左大将の不幸は、自分が冗談にせよ不吉なことを言ったせいではないかと思った。

4　左大将は冗談を言ったせいで自分の身に不幸を招き寄せたのではないかと思った。

問八　傍線部⑧「由無からむ戯言云ふべからず」とあるが、この話の語り手はどのように思ってこのような結びの言葉を記したのか。適切なものを次の中から一つ選び、番号をマークしなさい。　解答番号35

1　つまらない冗談のつもりでも本当のことになってしまうかもしれないから。

2　人が死ぬのは前世の報いなので自分も冗談の報いを受けるかもしれないから。

3　ひとたび口から出てしまった言葉は後悔しても取り消すことができないから。

4　いい加減なことを言うと自分に不幸が降りかかってくるかもしれないから。

四

次のそれぞれの設問に答えなさい。（解答はすべて解答用紙にマークしなさい）

価値観に触れて、柔軟にものごとを吸収していくこと。

2　自分というものを持たず、さまざまな他人の考え方や価値観を取り入れてどんな人にも合わせようとすること。

3　自分の考えを持ち、さまざまな他人の考え方や価値観に反論することで、自分の考えを強固にしていくこと。

4　自分の考えとさまざまな他人の考え方や価値観を比較検討し、妥協できるところを探す努力をすること。

問九　傍線部⑧「両方の立場」とはどのようなものか。次の中から一つ選び、番号をマークしなさい。　解答番号27

1　関係者と部外者　　2　教える人と学ぶ人

3　つくり手と受け手　　4　撮影者と裏方

三

次の文章は、いつも上を向いて空を仰ぎ見ているような様子をしているため、仰ぎ中納言《ちゅうなごん》というあだ名をつけられていた右中《うちゅう》弁《べん》が左大将に会った場面を描いたものです。続きを読んで後の設問に答えなさい。（解答はすべて解答用紙にマークしなさい）

而《しかる》に、①其《そ》の人の、右中弁にて殿上人《てんじやうびと》にて有《あり》ける時に、小一条《こいちでう》の左大将済時《なりとき》と云《いひ》ける人、内に参り給《たま》へりけるに、此《こ》の右中弁に会《あひ》ぬ。大将、右中弁の仰《あふぎ》たるを見て、戯《たはぶ》れて、②「只今《ただいま》天には何事か侍《はべ》る」と云《い》はれければ、右中弁此《か》く云はれて、少し※攀縁発《へんえんおこり》ければ、「只今天には③大将を犯す星なむ現じたる」と答へければ、大将頗《すこぶ》る④はしたなく思はれけれども、⑤戯《たはぶれ》なればえ腹立たずして、苦咲《にがわらひ》て止《やみ》にけり。其の後、⑥大将幾《いくばく》の程を経ずして失《う》せ給ひけり。然《さ》れば、⑦此の戯の言《こと》の為《す》るにや、とぞ右中弁思ひ合《あは》せけり。

人の命を失ふ事は、皆前世《ぜんぜ》の報《むくい》とは云乍《いひなが》ら、⑧由《よし》無からむ戯言《たはぶれごと》云ふべからず。此く思ひ合する事もあれば也《なり》。

（『今昔物語集』より）

※攀縁…腹立たしさ。

問一　傍線部①「其の人」と同じ人を次の中から一つ選び、番号をマークしなさい。　解答番号28

1　右中弁　　2　左大将　　3　済時　　4　作者

問二　傍線部②「只今天には何事か侍る」とあるが、このように尋ねたのはなぜか。適切なものを次の中から一つ選び、番号をマークしなさい。　解答番号29

1　右中弁がいつものように上を向いて歩いているので、ついからかいたくなったから。

2　右中弁がまじめに上を向いて歩いているので、何があるのか興味を持ったから。

3　右中弁が上をじっと見ていたので、何か起こるのではないかと不安になったから。

4　右中弁が何もないのに上を気にしていたので、大丈夫だと安心させたかったから。

問三　傍線部③「大将を犯す星なむ現じたる」とあるが、右中弁はどのようなことをしたのか。適切なものを次の中から一つ選び、番号をマークしなさい。　解答番号30

1　左大将に危険が迫っている気配を感じたと警告した。

2　左大将に悪いことが起こる予兆を見たと嫌がらせを言った。

問四　傍線部④「そんなふうに料理できる」とはどういうことか。適切なものを次の中から一つ選び、番号をマークしなさい。　解答番号22

1　わかりやすいように内容を整理して、簡単なものだけを提示すること。

2　子どもの関心に合わせて、教科書の内容をかみ砕いて教えること。

3　暗記しなければならないことに、語呂合わせなどの工夫をすること。

4　好奇心を刺激することで、子どもが興味を持てるようにすること。

問五　空欄（　Ⅰ　）・（　Ⅱ　）に当てはまる語句の組み合わせとして適切なものを次の中から一つ選び、番号をマークしなさい。　解答番号23

1　Ⅰ＝しかし　Ⅱ＝あるいは

2　Ⅰ＝つまり　Ⅱ＝ただし

3　Ⅰ＝だから　Ⅱ＝また

4　Ⅰ＝では　Ⅱ＝さらに

問六　傍線部⑤「『学び』はある種、『森』のようなものです」とあるが、筆者はどのようなことを言おうとしているのか。適切なものを次の中から一つ選び、番号をマークしなさい。　解答番号24

1　多くの生物が競い合っている森の中で生き物が成長するように、「学び」には多くの他者と切磋琢磨《せっさたくま》できる環境が必要だということ。

2　生き物が森の中で互いに支え合いながら成長するように、「学び」には自分を助け支えてくれる他者の存在が必要だということ。

3　多様な生物が存在する森の中で生き物が成長するように、「学び」には自分とは異なる価値観を持つ他者の存在が必要だということ。

4　厳しい環境から生物を守る森の中で生き物が成長するように、「学び」には自分を社会から隔離《かくり》してくれる環境が必要だということ。

問七　傍線部⑥「お箸の持ち方」とあるが、この例を通してどのようなことを言おうとしているのか。適切なものを次の中から一つ選び、番号をマークしなさい。　解答番号25

1　人は礼儀作法が身についているかどうかで育ってきた環境がわかるということ。

2　人は育つ過程で学んで身につけたことに価値を認めるようになるということ。

3　人は育ってきた環境が違う相手とは生活を共にすることができないということ。

4　人は嫌だと思うことも繰り返し教わると他の人にも同じことを求めるということ。

問八　傍線部⑦「『他者性』をどれだけ持ち込めるか」とあるが、「他者性」を「持ち込む」とはどういうことか。適切なものを次の中から一つ選び、番号をマークしなさい。　解答番号26

1　自分の考えに固執することなく、さまざまな他人の考え方や気持ちになって自分の仕事に生かすようなつもりで観ている。

これはどちらが良いと決めつけるものではありませんが、私は⑧両方の立場から観ることが習慣化しています。

エンターテインメントはエンターテインメントとして楽しみたいので、娯楽として観ますが、その一方で、「自分がつくるとしたら、どうしただろうか」というようなことを考えながら、制作者の側からも観る。

単純に楽しみつつも、「この場面にどうやってトラを持ってきたんだろうか」とか、「どうやってこのシーンを撮影したんだろう?」などと考えながら観ているのです。

そんなふうに二つの面があると、何からでも学ぶことが可能になります。くだらないものからも学ぶことができるし、優れたものからも学ぶことができる。むしろ、くだらない作品を観たときにその駄目さ加減がよくわかり、とても勉強になるということがあるものです。

「学び」のそんな基本を、まずは押さえておくことが大切です。

(齋藤孝著『人はなぜ学ばなければならないのか』実業之日本社より)

*教職＝児童・生徒・学生を教育する職業のこと。

問一　傍線部①「錯覚」とはどういうことか。適切なものを次の中から一つ選び、番号をマークしなさい。解答番号19

1　学ぶ姿勢が育っていないのに、授業を行うことで教育したと考えること。

2　教師がしっかりと教えれば、生徒が自主的に学ぶようになると考えること。

3　人を教えることが「教育」だと信じて疑わず、その方法だけを考えること。

4　学ぶ意志のある生徒だけに教えていれば、教育したことになると考えること。

問二　傍線部②「こんな話」とはどういう話か。適切なものを次の中から一つ選び、番号をマークしなさい。解答番号20

1　生徒一人一人の関心に合わせた、各科目の面白さが伝わるような裏話。

2　生徒たちが各科目をなぜ学ぶのかがわかるような、原理原則を伝える話。

3　生徒たちの各科目に対する苦手意識を払拭するような、意外性に富んだ話。

4　生徒たちに感動を味わわせて、各科目に対する興味を引き出すような話。

問三　傍線部③「固定観念」とあるが、どのような意味か。適切なものを次の中から一つ選び、番号をマークしなさい。解答番号21

1　常に心の中にあって、周りの影響で変えることが難しい考えのこと。

2　すでにできあがっていて、世の中に広まり定着している考えのこと。

3　すべての思考の土台となるような、根本にある動かない考えのこと。

4　自分の中で、内容が決まってから一度も変化していない考えのこと。

たんだよ」とか「アステカ帝国が滅んだ本当の理由は病原菌なんだ」などという話をすれば、そういう子どもも社会科に興味を持つようになったりします。

学習すべき内容を④そんなふうに料理できるのが、いい先生です。

どんなにおいしい物でも、冷凍されたままでは食べられません。解凍することが必要です。その解凍作業が先生の仕事だとすると、担当する先生によって面白さがまったく違ってしまいます。

「A先生に教わったから理科が好きになった」ということも、「理科が嫌いになったのはB先生のせいだ」ということも、どちらもよくあるケースです。

（　Ⅰ　）、どんな先生に出会うかはとても大切なこと。同様に、どんな本に出合うかも大事です。

いまは図鑑などがよくできているので、うまく活用すれば、子どもは途端に理科に興味を持ちます。

「理科はつまらない。なぜ学ばなければならないのかわからない」という子どもでも、「こんな理科なら、面白いでしょ？」と、きっかけをつくってやることが大切なのです。

⑤「学び」はある種、「森」のようなものです。

その「森」の最初の要素は父親と母親です。それ以外にも、祖父母とかきょうだい、いとこなど、かつては自分の学びの「森」を構成している人がたくさんいました。

しかも、知らず知らずのうちに多様な人が自分の「森」の中に入り込んできて、最初は反発したとしても、外に行くとその人の言っていることを口にしてしまったりするのです。

これはどういうことか。

たとえば、子どものころから⑥お箸の持ち方を何度も注意されてきたとします。当然、注意されてきた側はそれを「うるさい」と思ってきたに違いありません。それが、大人になってお見合いの相手のお箸の持ち方が下手だったとしたら、どうか。気になって仕方がないはずです。そして、「お箸の持ち方が悪い人とはいっしょに暮らせない」と思うまでになるかもしれません。

こんなふうに、小さいころ「嫌だ」と思っていたことでも、それがいったん身につくと、今度はそれが自分のものになっていくのです。自分にとって本来は受け入れ難《がた》いものでも、いったん自分の中に入れてしまうと、それを肯定するようになる。そんなふうに、人間は自分が学んだことについては肯定的になります。

私にとって「学ぶ」ということには、いろいろな機会をとらえて自分を豊かにしていく、つまり多様な生き物が育っていく熱帯雨林みたいなイメージがあります。要するに、⑦「他者性」をどれだけ持ち込めるか。それが学ぶということでは大事なのです。

その意味で、「自分は自分だ」と主張している人はあまり学ばない人かもしれません。逆に、「自分は他者の総体である」とは言わないまでも、それに似た生き方をしている人の場合は、誰からでも学ぶことができます。

たとえば、同じテレビ番組を観《み》ている人でも、学んでいる人と学んでいない人がいます。（　Ⅱ　）、同じ映画を観たときでも、ある人は単に視聴者としてそれを観て楽しんでいるだけ。別の人は映画監督の

1　チョコレートをくれたお姉さんの期待に応えるために、逃げるのをやめてきちんとビデオを観てみようと覚悟している。

2　チョコレートの存在を確かめたことで、今になって喜びがこみあげてきてじっとしていられないほど気持ちが高揚している。

3　せっかくお姉さんからもらった勇気が失われないうちに、やるべきことをやらなければいけないと意気込んでいる。

4　励ましてくれるお姉さんの気持ちに支えられて、過去の自分と向き合うと共に、ブンに謝る勇気を出そうとしている。

二

次の文章を読んで、後の設問に答えなさい。（解答はすべて解答用紙にマークしなさい）

私は明治《めいじ》大学で新入生を対象とする「教育基礎論」という科目を担当しています。その授業では「学ぶとは何か」というテーマで、原稿用紙十枚分、つまり四千字分の最終レポートを書かせています。

「教育基礎論」は*教職希望者が取る最初の科目であり、主に「教育とは何か」ということを学ぶ科目です。

「教育とは何か」とは、「人を教えるという行為はどういうことか」、「どうやって人を教えるのか」ということです。

しかし、学生はそれを教わる前に、そもそも教育とは「学ぶこと」が前提にあり、学ぶことが本質であって、「学ぶ」があれば、むしろ「教える」がなくても教育になるということを知らなければなりません。自ら学ぶことが教育の本質なのです。

逆に、「学ぶ」がなければ、「教える」があっても、本質的には教育ではありません。

でも、現実には「教える」という行為ばかりがあって、「学ぶ」という行為が起きていない教室も多い。ほとんど何も学ばれていないのに、そこで教育が行《おこ》なわれているような①錯覚があるわけです。

そういう現実があるだけに、「教育基礎論」という科目では、まず「学ぶ」を基本にした人間観をつくるのです。

私が思うに、一番重要な科目は母国語について学ぶ国語ですが、それ以外もなかなかよく考えられています。

たとえば理科。理科の教科書は面白くないかもしれませんが、実験は楽しかったと記憶している人は少なくないでしょう。理科もやりようによっては結構面白いのです。

あるいは、こんな話を聞くと、どうでしょうか。

「赤ちゃんはお母さんのおなかの中で、人の身体の進化の歴史をごく短期間でたどっているんだ。しっぽがあったのになくなって……」

②こんな話なら、子どもたちはみんな楽しいと思って耳を傾けるはずです。子どもたちから「理科や数学をなぜ学ぶのか」という疑問が出るのは、彼らが各科目の本当の楽しさを知らないためだと思います。

「理科は勉強したくない」、「社会は嫌いだ」などという声をよく聞くのは、おそらく③固定観念があるからです。

その意味では「へぇー」とか「すごいなぁ」などという感動に出合わせることが重要です。

「歴史なんか興味がないから、社会は嫌いだ」という子どもがいるとします。そんな子どもに「あの飢饉《ききん》のときはジャガイモが世界を救っ

4　「みんなから好かれるものにはなれなくても、いていいんだよ」ということ。

問十四　傍線部⑭「振り向いたお姉さんに、ばか、と口の動きだけで叱られた」とあるが、お姉さんはなぜ叱ったのか。適切なものを次の中から一つ選び、番号をマークしなさい。　解答番号14

1　自分の非を認めることができないのに、この場を去ることもできない佐藤の中途半端な態度がお姉さんの気に障《さわ》ったから。

2　佐藤は自分の非を認めておりブンに謝るべきだとわかっているのに、それができずに遠回りなことばかり言っているから。

3　佐藤が悪いことはわかっているが反省しているし、お金の話は子どもが口を出すことではないと考えたから。

4　ブンのけがについて佐藤が罪悪感を持っていることは気づいているが、もう十分反省していることが伝わったから。

問十五　傍線部⑮この「バレンタインデーのチョコ」にはどのような気持ちが込められているか。適切なものを次の中から一つ選び、番号をマークしなさい。　解答番号15

1　恋心　　2　応援　　3　憧れ　　4　友情

問十六　傍線部⑯「それでも、足取りは自然と速くなる」とあるが、このときの佐藤の気持ちとして不適切なものを次の中から一つ選び、番号をマークしなさい。　解答番号16

1　生まれて初めてバレンタインデーのチョコレートをもらってうれしい気持ち。

2　いないと思っていた味方に出会えてそれまでの寂しさが慰められる気持ち。

3　自分のことを見てわかってくれる人がいたことを知って心が軽くなる気持ち。

4　意外な人からバレンタインデーのチョコレートをもらえて信じられない気持ち。

問十七　傍線部⑰「クセモノってことはないよなあ、変なひとだったなあ、と笑った」とあるが、このときの佐藤の気持ちとして適切なものを次の中から一つ選び、番号をマークしなさい。　解答番号17

1　雲を見ながらお姉さんとの会話を思いだして、年上の女の人と真面目な話をしたことを今さらながら照れくさく思っている。

2　さっきはお姉さんの話をわかったつもりだったが、改めて考えるとよくわからず、うまく言いくるめられてしまったなと思っている。

3　お姉さんがふつうの人とは違う感性を持っていることに気づいて、そんな人と会話ができたことをうれしく思っている。

4　言いたいことははっきりとはわからなかったが、お姉さんが自分のことをきちんと見てくれたのはわかって心が温かくなっている。

問十八　傍線部⑱「走りだした」とあるが、このときの佐藤についての説明として適切なものを次の中から一つ選び、番号をマークしなさい。　解答番号18

も聞いてもらえないだろうとあきらめている。

2 自分はお姉さんが言うとおりの人間なので、何を言われても傷つくことはないと開き直っている。

3 お姉さんにはなんでも見抜かれているように感じ、いまさらとりつくろっても仕方がないと思っている。

4 お姉さんの話し方には悪意がないので、自分の欠点を指摘されても腹が立たず、素直に反省している。

問十 傍線部⑩「悔しそうじゃないから寂しそう」とあるが、「お姉さん」が思ったことを説明したものとして適切なものを次の中から一つ選び、番号をマークしなさい。 解答番号10

1 試合に負けたとしてもまったく感情が動かないほど、無関心なのだなと思った。

2 自分が出られないことにも悔しさを感じないほど、心が空虚なのだなと思った。

3 試合に興味が持てずつまらなそうにしている様子を見て、かわいそうに思った。

4 試合に出られない悔しさを隠そうとしている様子を見て、気の毒に思った。

問十一 傍線部⑪「いばっていいよそれ」とあるが、お姉さんはどんなことを「いばっていい」と言っているのか。適切なものを次の中から一つ選び、番号をマークしなさい。 解答番号11

1 心の中に湧いた喜びに、我を忘れるような瞬間があったこと。

2 つまらなそうにしていても、心の内では応援していたこと。

3 自分をバカにしていた後輩たちの活躍を、称賛してやれたこと。

4 チームを盛り上げるために、一生懸命に振る舞っていたこと。

問十二 傍線部⑫「だから、子どもが積み木をくずすように、きみは言った」とあるが、このときの佐藤の気持ちとして適切なものを次の中から一つ選び、番号をマークしなさい。 解答番号12

1 お姉さんの優しさに甘えたくなるが、それを許してはいけないと自制する気持ち。

2 お姉さんが誤解しているので、きちんと修正しようと思って勇気を奮う気持ち。

3 お姉さんが佐藤のことを過大評価しているのでじっとしていられない気持ち。

4 お姉さんの言葉が胸に染《し》み入ってくるものの素直になれず、わざと反発する気持ち。

問十三 傍線部⑬「お姉さんはきみを指差して、『雲』と笑った」とあるが、お姉さんは何を伝えようとしたのか。適切なものを次の中から一つ選び、番号をマークしなさい。 解答番号13

1 「自分の人生の主役は自分なんだから、自信を持って進んでいってね」ということ。

2 「周りの人生を面白くする存在として、好きなことをやっていってね」ということ。

3 「誰にでも役目はあるんだから、自分のやるべきことを見つけなよ」ということ。

と思い込んでいるので、お姉さんの言葉が信じられないでいる。

問五　傍線部⑤「お姉さんは少し間をおいて、ふうん、とうなずいた」とあるが、このときのお姉さんについて説明したものとして適切なものを次の中から一つ選び、番号をマークしなさい。　解答番号5

1　ビデオを観ていないという佐藤の言葉を聞いて、なぜそんなことで嘘をつくのか不思議に思っている。
2　佐藤がビデオを観ていないと言い張る気持ちはわからないが、触れないように気をつかっている。
3　ビデオを観ていないという佐藤の言葉に釈然としないものの、その言葉を受け入れて話を進めている。
4　佐藤がビデオを観ていないというのは本当か見きわめようとして、相手の反応をうかがっている。

問六　傍線部⑥「顔がカッと赤くなった」とあるが、このときの佐藤の気持ちを説明したものとして適切なものを次の中から一つ選び、番号をマークしなさい。　解答番号6

1　お姉さんに笑われたのは補欠であることをからかわれたからだと思い、腹立たしい。
2　お姉さんにはしゃいでいる場面を見られたうえ、補欠だと指摘されて恥ずかしい。
3　お姉さんが自分をからかっていると気づいたので、相手をするのがばからしい。
4　お姉さんがビデオで見たというのが本当だとわかり、疑ったことが申し訳ない。

問七　傍線部⑦「飾った」とあるが、ここでの使われ方と同じ使われ方をしている例文として適切なものを次の中から一つ選び、番号をマークしなさい。　解答番号7

1　公園の入口を色とりどりの花で飾った。
2　彼は自作のプラモデルを陳列棚に飾った。
3　美しく飾った言葉に惑わされてはいけない。
4　社長は引退時の名演説で有終の美を飾った。

問八　傍線部⑧「声はもう笑っていなかった」とあるが、このときのお姉さんの様子を説明したものとして適切なものを次の中から一つ選び、番号をマークしなさい。　解答番号8

1　佐藤がビデオを観ていないことを知り、その理由を察して感情を交えずに淡々と事実を告げる様子。
2　ビデオに映っていることを知った佐藤がビデオを観るときに、期待しすぎないように釘《くぎ》を刺す様子。
3　ビデオに映っているとはいえ小さかったので、佐藤がビデオを観るときに見逃さないように案じる様子。
4　てっきり佐藤がビデオを観ていると思って気安く話してしまったが、観ていなかったので気まずい様子。

問九　傍線部⑨「でも、まあ、もういいや、と黙ったまま、お姉さんの話を聞いた」とあるが、このときの佐藤について説明したものとして適切なものを次の中から一つ選び、番号をマークしなさい。　解答番号9

1　お姉さんが一方的に決めつけてくるので、いちいち反論して

＊きみ＝佐藤のこと。語り手が佐藤のことを「きみ」と呼んでいる。
＊ロスタイム＝サッカーなどで、選手の交代や負傷などにより競技が中断された時間で、主審の判断によりその時間の分だけ試合が延長される。
＊メトロノーム＝ここでは、佐藤の頭の中で聞こえる音。佐藤は小学四年生までピアノを習っており、メトロノームの音を感情の指標にしている。
＊アンダンテ、アレグロ、モデラート、プレスト＝いずれも、音楽で演奏の速度を指示する語。「アンダンテ」は「歩くくらいの速さで」、「アレグロ」は「速いテンポで」、「モデラート」は「中くらいの速さで」、「プレスト」は「きわめて速く」という意味。

問一　傍線部①「そっけない」の意味として適切なものを次の中から一つ選び、番号をマークしなさい。　解答番号1

1　愛想《あいそ》がない　　2　遠慮がない
3　落ち着かない　　4　気が乗らない

問二　傍線部②「鞄の蓋を閉じたお姉さんは、しばらく黙った」の理由として適切なものを次の中から一つ選び、番号をマークしなさい。　解答番号2

1　佐藤が話に乗ってこないので話が続かず手持ちぶさたになったから。
2　チョコの話をしたのは佐藤に対して無神経だったと反省したから。
3　佐藤の顔に見覚えがあるので、誰だったか思いだそうとしたから。
4　立ちつくす佐藤の様子を見て、どうすればいいのかを考えたから。

問三　傍線部③「覚えてる、佐藤くんだよね。違う？　勘違い？」と言ったときのお姉さんについて説明したものとして適切なものを次の中から一つ選び、番号をマークしなさい。　解答番号3

1　黙っていて気づまりだったが、共通の話題が見つかったのでほっとしている。
2　「佐藤くん」という名前を思いだしたが、自信が持てず様子をうかがっている。
3　話しかけても好ましい反応が返ってこないので、いらいらして問いつめている。
4　「佐藤くん」だと確信しているが、問いかけて相手に話をさせようとしている。

問四　傍線部④「嘘だ」と思ったときの佐藤について説明したものとして適切なものを次の中から一つ選び、番号をマークしなさい。　解答番号4

1　試合に出ていない補欠の自分はビデオに映っていないのを知っているので、なぜそんな嘘を言ったのか不思議に思っている。
2　試合を撮ったビデオだからベンチにいる自分の姿は映っていないと思い込んでまだ観ていないため、半信半疑になっている。
3　サッカー部のビデオに映っていないはずの自分を見たというお姉さんの誤解をとくためにはどうしたらいいか考え込んでいる。
4　試合に出たことがない自分がビデオに映っているはずがない

フラッシュが光った。「いくよー」の声もなくカメラのシャッターを切って、きみが顔を上げると「はい、おしまい」とカメラをしまう。

なんだよそれ、不意打ちかよ、と戸惑っていたら、ブンがぼそっと言った。

「ウチの姉貴、変わってるんすよ」

「……だよな」

お姉さんはブンを先に車に向かわせて、自分は松葉杖をついて会計の窓口に向かった。あわてて呼び止めて「明日、お金、持ってきます」と言うと、⑭振り向いたお姉さんに、ばか、と口の動きだけで叱られた。この言葉も——違うだろ、だよな、と自分でもわかった。

「あの……あとで、ブンに言っといてください……ごめん、って」

お姉さんは財布をバッグにしまいながら、「それは明日、自分で言いなよ」とそっけなく言った。きみは黙ってうつむいた。また涙が出そうになった。アンダンテのテンポ。ずっと同じ、おだやかなテンポ。そんなの無理だよ、ありえねえよ、と足元をにらみつけると、床の模様がにじみはじめた。

そこに——小さな、赤い包みが差し出された。ピンクのリボンがかかっていた。

「これ、ブンに買ったんだけど、あいつたくさんもらってるから、佐藤くんにあげる」

生まれて初めてもらう、⑮バレンタインデーのチョコだった。

「ブンとお父さん以外のひとにバレンタインデーのチョコをあげたの、これが二回目」

お姉さんは松葉杖を前に振り出した。ひょこん、ひょこん、と体を揺すって、自動ドアの手前できみを振り向いた。

「男の子だと、佐藤くんが初めて」

お姉さんは笑いながら言って、それきり、もう二度ときみを振り向くことはなかった。

お姉さんの車と先生の車が走り去ってから、きみは一人で病院を出た。

歩きながら、内側のポケットにチョコを入れた制服の胸にそっと触れてみた。意外なひとからもらった生まれて初めてのチョコは、思ったほどには胸を高鳴らせてはくれなかった。

⑯それでも、足取りは自然と速くなる。

アンダンテから、*モデラート、アレグロ、*プレスト……。

西の空を見つめた。沈みかけた夕陽を見送るように、雲がいくつも浮かんでいた。オレンジ色に染まったり、すでに夜の闇に沈みかけたりしている雲の一つひとつを目でたどって、⑰クセモノってことはないよなあ、変なひとだったなあ、と笑った。

制服の上から、もう一度胸に触れた。チョコの固さが指先に伝わった。甘さと、そして苦さも、伝わったような気がした。

⑱走りだした。

明日、琴乃に会ったら、やっぱりビデオテープを返してもらおう。俺の大切なものだから、なんて言えるかどうかは、わからないけれど。ブンにもきちんと「ごめんな」と——そっちのほうが難しそうな気はする。

（『きみの友だち』新潮文庫より）

カチ、カチ、カチ、カチ、カチ、カチ、カチ……。

アンダンテは、耳というよりむしろ胸に心地よい。息づかいが、芯のほうまで落ち着いてくるのがわかる。

⑫だから、子どもが積み木をくずすように、きみは言った。

「俺、なにもしてないし、ゴール決めたのは和泉《いずみ》と中西《なかにし》で、俺、ほんとは関係ないし」

*アレグロのテンポになった自分の声を聞くと、おまえって悲しいなあ、俺ってツラいなあ、と泣きたくなってきた。

お姉さんはきみの言葉には応えずに、「日が長くなったね」と窓のほうを見た。言われて初めて、夕陽《ゆうひ》の角度が変わったせいで、まぶしさがやわらいだことに気づいた。

「佐藤くんって、雲、嫌い？」

ぽつりと訊《き》かれた。「やっぱり、お日さまのほうがいい？」とつづけて訊かれたので、よくわかんないけど、まあ……と首をかしげた。

「じゃあ、いい天気の青空に雲があったら、邪魔？」

「はい……」

「でもさ、青だけの空って、のっぺらぼうじゃん。空の顔つきって、雲で決まるんだよ。お日さまだってギラギラして、うっとうしいときもあるじゃん。雲は雨も降らせるし、陽射《ひざ》しもさえぎるし、けっこうクセモノだから」

それは――わかる、なんとなく。

「邪魔じゃないよ、雲は」

それもわかる。ただ、お姉さんがその話でなにを伝えたいかが、よくわからない。

でも、⑬お姉さんはきみを指差して、「雲」と笑った。「がんばれ、雲」

治療室のドアが開いた。左の足首に包帯を巻いたブンが松葉杖《まつばづえ》をついて出てきて、付き添っていた保健室の先生は、ほっとした様子で、指でＯＫマークをつくった。

ブンの怪我は捻挫ですんだ。二、三日は腫れて痛むものの、来週からは少しずつ練習できるだろう、とのことだった。

お姉さんは先生に挨拶したあと、ブンに笑って声をかけた。

「ね、写真撮っていい？」

しょうがねえなあ、とあきれ顔になったブンは、「早くしてよ、痛み止め切れる前に寝ちゃうから」と背筋を伸ばした。

お姉さんはバッグからデジタルカメラを出して、きみに「ほら、あんたも並んで」と言った。

しかたなく、ブンに近づいていった。目が合うと、ブンのほうから「平気っすから」と照れくさそうに笑った。

「わざとじゃないから、マジ」――違うだろ、これじゃないだろ、言わなきゃいけない言葉は。

「いいっすよ、そんなのわかってるし」

並んだ。やっぱりブンのほうが背が高い。体もがっしりしている。でも、きみはブンの先輩で、後輩は先輩に絶対服従で……俺、雲だし……。

「言っとくけど、さっきの、試合だとイエローカード出るようなファウルじゃないからな」

ブンはへへっとうなずいて、きみも、うつむいて笑う。

だから——そこが嘘だ。試合に出ていない補欠が画面に映るわけがない。

「ガッツポーズしてた」

お姉さんは笑った。「すっごく、うれしそうだったよ」とつづけ、「ベンチから立ち上がって飛び跳ねてたから、それで背番号がわかったの」と指で宙に1、6と数字を書いて、「補欠の中の補欠の子なんだな、って」とまた笑う。

⑥顔がカッと赤くなった。自分では覚えていない場面だった。

「夏の大会の二試合目。終了直前でブンがゴール決めた試合、忘れちゃった？」

「……覚えてます」

あざやかな逆転勝利を⑦飾った試合だった。後半の*ロスタイムに入るまで一点リードされていたのを、まずモトがゴールを決めて同点に追いつき、すぐさまブンが逆転のゴールを挙げた。ヘディングで地面にたたきつけたボールがゴールに吸い込まれた直後、試合終了のホイッスルが鳴り響いた。うれしかった。興奮した。でも、飛び跳ねるほど喜んだかどうかは覚えていない。

「ほんとだよ。後ろのほうに小さく映ってただけなんだけど、でも、ほんと。家に帰ったら観てみれば？」

うなずきかけて、ああ、だめなんだ、と気づいた。琴乃の顔が浮かぶ。つまらないことを言った、といまになって悔やんだ。

「ちっちゃかったよ、すごく」

お姉さんは念を押して、「補欠だもんね」と言った。⑧声はもう笑っていなかった。そっけなく、突き放すように、でも意地悪で言われているようには聞こえない。

「下手だから、俺……二年より全然下手くそで」

「わかるよ、そんな感じする」

「二年とか一年にも、バカにされてるし」——そこまで言うつもりではなかったのに。

「性格悪そうだもんね、あなた。『ドラえもん』だったらジャイアンじゃなくてスネ夫《お》か、あと、ドラえもんの道具を借りてるときの、のび太」

さらりと、キツいことを言う。ブンがなにか話していたのだろうか。見ただけでもわかるのだろうか、そういうことは。⑨でも、まあ、もういいや、と黙ったまま、お姉さんの話を聞いた。

顔を覚えたあとはビデオを観るたびに探してたの、でもベンチってほとんど映ってないんだね、それはそうだね、ベンチを撮っててもしょうがないもんね、だけど、たまに映ってるの、背番号16、ちーっちゃく、つまんなそうに座ってるの、退屈そうだし、面白くなさそうだし、寂しそうだし、⑩悔しそうじゃないから寂しそうって、わかる？

*メトロノームを鳴らしてみた。

カチ、カチ、カチ、カチ、カチ、カチ、カチ、カチ……。

お姉さんの声は、*アンダンテのテンポときれいに合っていた。

ゴールが決まって盛り上がってたのも、あの試合のときだけだったね、百二十分テープでたった一瞬だけ、でも、一瞬でも、佐藤くん、チームの中でいちばん喜んでたよ、16番がいちばん大きなガッツポーズつくってたよ、⑪いばっていいよそれ、ほんとだよ。

【国語】（五〇分）〈満点：一〇〇点〉

一 次の文章は、重松清「別れの曲」という作品である。これを読んで、後の設問に答えなさい。（解答はすべて解答用紙にマークしなさい）

> サッカー部員の佐藤《さとう》は三年生だが二年生のブンに勝てず、憧《あこが》れのポジションも奪われてずっと補欠だった。一度も試合に出場できず、サッカー部を映したビデオも友達の琴乃《ことの》にあげてしまう。勉強でも部活動でも対人関係でも思い通りにいかない日々を過ごしている。サッカー部を引退した後も練習に参加して下級生にいばりちらすことで鬱憤《うっぷん》を晴らしていた。ある日、練習中にブンのくるぶしを蹴って怪我《けが》をさせてしまう。ブンに付き添って病院に行くと、ブンの姉に話しかけられた。

「三年生?」

「……はい」

「だったら忙しいんでしょ。もういいわよ、帰っちゃいなさい」

①そっけない声だった。でも、怒っている口調ではなかった。ブンに足の悪いお姉さんがいることは、噂《うわさ》で聞いていた。大学生で、ちょっと変わった感じのひとで、しょっちゅう雲の写真を撮っている、ということも。

お姉さんは「帰らないんだったら、座れば?」と言って、自分も椅子に腰かけた。うつむいたまま立ちつくす*きみにかまわず、ブンの鞄《かばん》を勝手に開けて中を覗《のぞ》き込み、「すごい、七つ入ってる」と笑った。

バレンタインデーのチョコ、だろう。七人の女の子からチョコをもらう気持ちは、うらやむことはできても、想像はつかない。

②鞄の蓋を閉じたお姉さんは、しばらく黙った。

こっちをじっと見ているんだ——と気づいたとき、「あ、思いだした」とお姉さんは言った。

「16番でしょ、あなた」

背番号のこと——。

③「覚えてる、佐藤くんだよね。違う? 勘違い?」

きみは首を横に振って、やっと顔を上げた。目が合った。お姉さんは「わたし、佐藤くんのこと、何度も見てるよ」と言った。

サッカー部のビデオの話だった。ブンは、暇さえあればテープをデッキにかけて再生する。ビデオデッキやDVDプレーヤーが接続されているテレビはリビングの一台きりなので、しかたなく家族も付き合う。

「佐藤くんの顔も、それで覚えたの」

④嘘《うそ》だ。思わず、また首を横に振った。そんなはずはない。ビデオに収められているのは一年間の思い出で、だから、自分の登場しない思い出にはなんの意味もなくて……。

「ビデオ観《み》たことないの?」

「……はい」

「でも、三年生だから持ってるんでしょ?」

「まだ……観てないです」

⑤お姉さんは少し間をおいて、ふうん、とうなずいた。

「出てるよ、佐藤くんも」

2023年度

解　答　と　解　説

《2023年度の配点は解答欄に掲載してあります。》

＜数学解答＞ 《学校からの正答の発表はありません。》

1 (1) -7　(2) 2　(3) $(x-5y)(x+5y-1)$　(4) $a=18$　(5) $x=\dfrac{2\pm\sqrt{19}}{3}$

(6) 30個　(7) 36π　(8) 13m

2 (1) A$(4,\ -8)$　(2) $y=-x-4$　(3) 12　(4) D$\left(-\dfrac{4}{5},\ 0\right)$

3 (1) $6\sqrt{2}$　(2) $2\sqrt{13}$　(3) $\dfrac{18}{5}$　(4) 18

4 (1) 35　(2) n^2　(3) $S_{10}=1729$　(4) 上から3行目，左から45列目

○推定配点○

各5点×20　計100点

＜数学解説＞

1 (正負の数，平方根，因数分解，連立方程式，二次方程式，場合の数，空間図形，データの活用)

基本 (1) $-2^2-\left\{\dfrac{8}{27}\times\left(-\dfrac{3}{2}\right)^2+\left(\dfrac{1}{4}-\dfrac{1}{3}\right)\div0.25\right\}\times(-3)^2=-4-\left(\dfrac{8}{27}\times\dfrac{9}{4}-\dfrac{1}{12}\times4\right)\times9=-4-\left(\dfrac{2}{3}-\dfrac{1}{3}\right)\times9=-4-3=-7$

基本 (2) $\left(\dfrac{2}{\sqrt{2}}+\sqrt{3}\right)^2-\dfrac{\sqrt{72}+\sqrt{27}}{\sqrt{3}}=2+2\sqrt{6}+3-2\sqrt{6}-3=2$

基本 (3) $x^2-25y^2-x+5y=(x+5y)(x-5y)-(x-5y)=(x-5y)(x+5y-1)$

基本 (4) $3x-y=9$…①，$\dfrac{1}{2}ax-ay=-18$…②，$x+y=7$…③　①＋③より，$4x=16$　$x=4$　これを③に代入して，$y=3$　これらのx，yの値を②に代入して，$2a-3a=-18$　$a=18$

基本 (5) $3x^2-4x-5=0$　解の公式を用いて，$x=\dfrac{-(-4)\pm\sqrt{(-4)^2-4\times3\times(-5)}}{2\times3}=\dfrac{4\pm\sqrt{76}}{6}=\dfrac{2\pm\sqrt{19}}{3}$

(6) 百の位の数が3の整数のうち340より大きいものは341，342，345，351，352，354の6個。百の位の数が4または5の整数はそれぞれ，$4\times3=12$(個)ずつ作れるから，340より大きい整数は全部で，$6+12+12=30$(個)

基本 (7) 底面の円の半径をrとすると，$2\pi r=6\pi$　$r=3$　よって，円柱の体積は，$\pi\times3^2\times4=36\pi$

重要 (8) 仮平均を14mとすると，平均値は，$14+\{(-12)\times0+(-8)\times3+(-4)\times5+0\times8+(+4)\times2+(+8)\times2\}\div20=14+\dfrac{-20}{20}=14-1=13$(m)

2 (図形と関数・グラフの融合問題)

基本 (1) $y=-\dfrac{1}{2}x^2$に$x=4$を代入して，$y=-\dfrac{1}{2}\times4^2=-8$　よって，A$(4,\ -8)$

基本 (2) $y=-\dfrac{1}{2}x^2$に$x=-2$を代入して，$y=-\dfrac{1}{2}\times(-2)^2=-2$　よって，B$(-2,\ -2)$　直線ℓの式を$y=ax+b$とすると，2点A，Bを通るから，$-8=4a+b$，$-2=-2a+b$　この連立方程

式を解いて，$a=-1$，$b=-4$　　よって，$y=-x-4$

基本　(3)　C(0, −4)とすると，OC＝4　　△OAB＝△OAC＋△OBC＝$\frac{1}{2}\times4\times4+\frac{1}{2}\times4\times2=12$

重要　(4)　B′(−2, 2)とすると，AD＋DB＝AD＋DB′≧AB′　　よって，直線AB′とx軸との交点をDとすればよい。直線AB′の式を$y=cx+d$とおくと，2点A，B′を通るから，$-8=4c+d$，$2=-2c+d$　　この連立方程式を解いて，$c=-\frac{5}{3}$，$d=-\frac{4}{3}$　　よって，$y=-\frac{5}{3}x-\frac{4}{3}$　　この式に$y=0$を代入して，$0=-\frac{5}{3}x-\frac{4}{3}$　　$x=-\frac{4}{5}$　　したがって，D$\left(-\frac{4}{5},\ 0\right)$

3　(平面図形の計量)

基本　(1)　線分CEは1辺の長さが6の正方形の対角線だから，CE＝$6\sqrt{2}$

基本　(2)　CF＝EF＝DE＝6より，BF＝10－6＝4　　よって，BE＝$\sqrt{BF^2+EF^2}=\sqrt{4^2+6^2}=2\sqrt{13}$

重要　(3)　2組の角がそれぞれ等しいから，△BEF∽△EHI　　BF：EI＝EF：HI　　GH＝HI＝DI＝xとすると，$4:(6-x)=6:x$　　$4x=6(6-x)$　　$10x=36$　　$x=\frac{18}{5}$

重要　(4)　平行線と比の定理より，CJ：JH＝CF：HG＝CD：HI　　よって，点Jは線分ED上にあり，IJ：JD＝HI：CD＝$\frac{18}{5}:6=3:5$　　よって，DJ＝$\frac{5}{3+5}$DI＝$\frac{5}{8}\times\frac{18}{5}=\frac{9}{4}$より，EJ＝$6-\frac{9}{4}=\frac{15}{4}$　　四角形EFJHの面積は，△JEF＋△JEH＝$\frac{1}{2}\times\frac{15}{4}\times6+\frac{1}{2}\times\frac{15}{4}\times\frac{18}{5}=\frac{72}{4}=18$

4　(規則性)

基本　(1)　上から1行目に並ぶ数は，左の1列目から，$1=1^2$，$4=2^2$，$9=3^2$，$16=4^2$，…となっているから，上から1行目，左から6列目の数は$6^2=36$　　よって，上から2行目，左から6列目の数は，36－1＝35

基本　(2)　上から1行目，左からn列目の数は，n^2と表せる。

(3)　上から1行目，左から9列目の数は$9^2=81$，上から1行目，左から10列目の数は$10^2=100$だから，$S_{10}=82+83+\cdots+99+100=(82+100)\times19\div2=1729$

(4)　$45^2=2025$より，2025は上から1行目，左から45列目の数だから，2023は上から3行目，左から45列目の数である。

★ワンポイントアドバイス★

昨年と同様の独立小問，関数，平面図形，規則性の大問4題構成で，取り組みやすい内容の出題である。ミスのないように解いていこう。

＜英語解答＞　《学校からの正答の発表はありません。》

1	(1) ②	(2) ②	(3) ①	(4) ①	(5) ③		
2	(6) ①	(7) ②	(8) ④	(9) ②	(10) ③		
3	(11) ④	(12) ⑤	(13) ⑥	(14) ①	(15) ②		
4	(16) ③	(17) ④	(18) ③	(19) ②	(20) ①		
5	(21) ②	(22) ③	(23) ①	(24) ③	(25) ①		
6	(26) ⑤	(27) ①	(28) ③	(29) ①	(30) ④	(31) ②	(32) ②

	(33) ③	(34) ①	(35) ④				
7	(36) ②	(37) ②	(38) ②	(39) ③	(40) ①	(41) ④	(42) ①
	(43) ②						
8	(44) ②	(45) ④	(46) ①	(47) ⑤	(48) ⑧	(49) ①	(50) ②
9	(51) ②	(52) ④	(53) ①	(54) ③	(55) ③		

○推定配点○

1 各1点×5　2 各1点×5　3 各2点×5　4 各2点×5　5 各2点×5

6 各2点×10　7 各2点×8　8 各2点×7　9 各2点×5　計100点

＜英語解説＞

1 （リスニング問題）

(1) Do you want to eat lunch in the cafeteria?

(2) How often does your sister play tennis?

(3) When will you go to visit your grandmother?

(4) I heard you got a good score on the music test. Did you study hard?

(5) Would you be interested in going hiking with me?

(1) あなたはカフェテリアで昼食をとりたいの？

① 僕の母は週末に昼食を作るよ。

② 良さそうだね。

③ それは人気のある科目だ。

④ たいていは魚とご飯だ。

(2) 君の妹はどれくらいよくテニスをするんだい？

① いいえ，違うわ。

② 週に2回よ。

③ 彼女のクラブの友達と一緒よ。

④ テニスは私のお気に入りのスポーツよ。

(3) あなたはいつ君のおばあさんをたずねに行くつもりなの？

① 明後日だよ。

② 3日間だよ。

③ 彼女は北海道にいるんだ。

④ 私の家族と一緒だよ。

(4) 君は音楽のテストで良い点数をとった，と僕は聞いたよ。一生懸命に勉強したの？

① ええ，私は本当に一生懸命に努力したわ。

② ええ，先生はグリーン先生よ。

③ いいえ，昨日だったわ。

④ いいえ，私はピアノを弾くことができないわ。

(5) 私と一緒にハイキングに行くことに興味を持ってくれない？

① それは銀行の近くにあるよ。

② 日本にはたくさんの山があるよ。

③ 僕はとてもそうしたいな。

④ 僕は自転車を持っていないんだ。

2 （リスニング問題）

Q6） A：Man　B：Woman

A：Excuse me. How do I get to the post office from here?

B：Well, first you should go to the main road and turn right. It is near the high school.

A：That's great. How long does it take to walk there?

B：About 10 minutes. It isn't far.

A：Thank you so much. I appreciate your help.

Q.6　Where does the man want to go?

Q7） A：Woman　B：Man

A：What kind of animation do you like?

B：Actually I rarely watch animation but I like reading comic books.

A：I like comic books too. What kind of comics do you read?

B：I like reading comics about soccer and basketball! The stories are very exciting!

Q.7　What kind of comic books does the boy like to read?

Q8） A：Woman　B：Man

A：What happened, David. Are you OK?

B：Not really. I had an accident on my bike.

A：Oh no! Are you injured?

B：Yes, I hurt my leg and had to go to hospital. It was very scary.

A：Did you have an X-ray? You must feel very shocked.

B：Yes, the doctor checked my leg and told me to rest for a few days.

Q.8　When did the man hurt his leg?

Q9） A：Man　B：Woman

A：Hi Susan. I am going on a short trip and I am looking for someone to take care of my cat.

B：How many days will you be away?

A：From Friday to Sunday. My cat can stay in my home alone. Can you come to my house and feed him on Saturday?

B：Oh that's no problem. I love animals, especially cats!

Q.9　On what day does the man want the woman to feed his cat?

Q10） A：Man　B：Woman

A：Did you see the notice about cleaning up the park tomorrow?

B：Yes, I am going to help as there were a lot of empty bottles and rubbish last time I went.

A：I will help too. If we all make an effort we can finish soon.

B：Great, let's keep our park clean so we can all enjoy it.

Q.10　Why are they going to the park tomorrow?

(6)　A：すみません。ここから郵便局へはどのように行きますか？

B：ええと，まず，あなたは本通りを行って右に曲がるべきです。それは高校の近くです

A：それは素晴らしい。そこへ歩くのにどのくらいかかりますか？

B：約10分です。遠くありません。

A：ありがとうございます。私はあなたの助力に感謝します。

その男性はどこへ行きたいか？

① 彼は郵便局へ行きたい。

② 彼は本通りへ行きたい。

③ 彼は高校へ行きたい。

④ 彼は病院へ行きたい。

(7) A：あなたはどんな種類のアニメが好きなの？

B：実は，僕はアニメをあまり見ないのだけれど，漫画を読むことは好きだよ。

A：私は漫画も好きよ。あなたはどんな種類の漫画を読むの？

B：僕はサッカーやバスケットボールについての漫画を読むことが好きなんだ。その物語はわくわくするよ。

その少年はどんな種類の漫画本を読むことが好きか？

① 彼は冒険物語を読むことが好きだ。

② 彼はスポーツについて読むことが好きだ。

③ 彼は推理ものの漫画を読むことが好きだ。

④ 彼はスーパーヒーローについて読むことが好きだ。

(8) A：どうしたの，デイビッド。大丈夫？

B：そうでもないんだ。僕は自転車で事故にあったんだ。

A：あら，嫌だ。あなたは怪我したの？

B：うん，僕は脚を怪我して，病院へ行かなければならなかった。とても怖かったよ。

A：あなたはレントゲンを撮ったの？あなたはとてもショックを感じたに違いないわ。

B：うん，医師は僕の脚を調べて，僕に数日間休むように言ったんだ。

その男性はいつ彼の足を怪我したか？

① 彼が彼の自転車を調べていたとき。

② 彼がレントゲンを撮っていたとき。

③ 彼が病院へ行くつもりのとき。

④ 彼が自転車に乗っているとき。

(9) A：やあ，スーザン。僕は短い旅行に行くつもりで，僕の猫の世話をする誰かを探しているんだ。

B：あなたは何日留守にするつもりなの？

A：金曜日から日曜日だよ。僕の猫は単独で僕の家にいることができるんだ。土曜日に僕の家に来て，彼にエサをやってくれるかい？

B：あら，それは問題ないわ。私は動物が，特に猫が大好きなの。

その男性がその女性に彼の猫にエサをやって欲しかったのは何曜日か？

① 金曜日に。

② 土曜日に。

③ 日曜日に。

④ 金曜日から日曜日まで。

(10) A：君は明日の公園の清掃についての掲示を見たかい？

B：ええ，私が行ったこの前の回，たくさんの空のボトルや廃棄物があったから，私は手伝いに行くつもりよ。

A：僕も手伝うつもりだよ。もし僕たちみんなが努力したら，すぐに終えることができるよ。

B：素晴らしいわ，私たちがすっかりそれを楽しむことができるように，私たちの公園をきれいにしておこう。

彼らはなぜ明日，公園へ行くか？

① 彼らはジュースを飲むことを楽しむことができる。

② 彼らは無料でボトルを手に入れることができる。

③ 彼らは公園をきれいにしたい。

④ 彼らは彼らの友達に会いたい。

3 （会話文：語句補充）

（全訳） リョウコは中学生だ。彼女はカナダからの留学生のシェリーと話している。

リョウコ：あら，シェリー。あなたには冬休みの予定が何かあるの？

シェリー：そうね，私は私のホストファミリーと一緒に大阪へ行くつもりなの。私たちはそこへ行くのに新幹線に乗る予定よ。

リョウコ：それは楽しいでしょうね。きっとあなたがそこでたくさんのおいしい食べ物を見つけるだろう，と私は思うわ。

シェリー：とてもわくわくするわ。(11)あなたはそこへ行ったことがあるの？

リョウコ：うん。私は去年，私のいとこに会いに大阪へ行ったわ。私たちはトランプをしたりおせちを食べたりしてお正月休みを過ごしたの。

シェリー：(12)それは大阪の有名な食べ物なの？

リョウコ：いいえ，それは日本の新年の特別な食事よ。それにはさまざまな種類の食事があり，それぞれには意味がある。例えば，幸せとか健康な体。(13)カナダであなたたちは新年に何を食べるの？

シェリー：実は，私たちは特別な食事をしないの。私たちはいつものように食べる。そして私たちは家で家族とただくつろぐの。カナダでは私たちにとって新年はあまり重要ではないわ。

リョウコ：(14)私はそれを知らなかった。新年は世界中でとても特別なのだ，と私は思ったわ。とにかく，おせちを作ることは時間がかかるし簡単ではないの。私の母はそれを準備するために毎年，早く起きるのよ。

シェリー：なるほどね。それでは，今，おせちを作るのはどう？それはあなたのお母さんにとってとても助けになるわ。

リョウコ：(15)それは良い考えね。

4 （会話文：語句補充）

(16) A：日が沈んだ後，とても寒くなるのではないか，と私は思うわ。

B：同感だよ。ともかく，歩こう。歩いている間に，僕たちはより温かくなるだろう。

① 「より遠く」(×) ② 「より強く」(×) ③ 「より温かく」(○) ④ 「より弱く」(×)

(17) A：スポーツクラブはこのショッピングセンターのどこに位置しますか？

B：それは3階にあります。あなたはエレベーターかエスカレーターに乗ることができます。

① 「学期」(×) ② 「列」(×) ③ 「進路」(×) ④ 「階」(○)

(18) A：私はすぐに何か甘いものがとても食べたいわ。

B：あら，ちょうど2区画向こうに，新しく開店したペストリー店がある，と聞いたわ。

① 「花」(×) ② 「本」(×) ③ 「ペストリー（ケーキや菓子)」(○) ④ 「スポーツ」(×)

(19) A：より多くの筋肉をつけることは，あなたの体がより多くのエネルギーを消費するのを助けますよ。

B：いいですね。今，僕は勇気づけられますよ。僕はとても体重を減らしたいのです。

① 「減らさ」(×)　② 「勇気づけら」(○)　③ 「改善さ」(×)　④ 「増さ」(×)

(20)　A：私は明日が心配だわ。初めて山に登るの。
B：あら，あなたは高いところが怖いの？心配しないで。私がいつもあなたと一緒にいるわ。
① 「怖い」(○)　② 「現実化した」(×)　③ 「減少された」(×)　④ 「動かされた」(×)

5 (語句補充：分詞，動名詞，語彙，現在完了，助動詞)

やや難　(21)　a book を分詞以下が修飾している文。a book は「(簡単な英語で)書かれた」ので，過去分詞 written「書かれる」を使うのが適切。

重要　(22)　直前の at は前置詞。前置詞の目的語に動詞が来る場合，その動詞は原則として動名詞〈動詞の原形＋ ing〉となる。cooking が適切。

(23)　ここでの make は使役動詞で，普通，〈使役動詞＋目的語＋原形不定詞〉の形をとり，〈(目的語)に～させる〉の意味。ここでは，「何があなたに日本に来させたのか」という意味になるから，what「何」を用いるのが適切。

(24)　「今はここにいない」と，「今は～ない」ということを強調しているから，〈have[has]＋動詞の過去分詞形〉の形をとり，「～してしまった(ので今は～ない)」の意味になる現在完了の結果の用法を用いる。go on a trip「旅行する」

基本　(25)　Could you ～? の形で「～していただけますか」という丁寧な依頼・要請を表す。

6 (語句整序：関係代名詞，語彙，現在完了，不定詞，助動詞，接続詞)

やや難　1.　(No, but I want to have) a cat whose eyes are green(.)　「いいえ，でも私は目が緑のネコを飼いたい」　関係代名詞 whose を使った文。No, but I want to have a cat と its eyes are green をつなげた文を作る。its は 所有格なので所有格の関係代名詞 whose に代わる。

2.　It took two hours to get (there.)　「そこに着くのに2時間かかりました」　天候・明暗・時間・距離などを示す場合に，日本語には訳さない主語として it を使う。「…するのに～(時間)かかる」は〈it takes ～(時間)＋ to do〉の形。

3.　It has been raining all (day.)　「終日，雨が降っている」　天候・明暗・時間・距離などを示す場合に，日本語には訳さない主語として it を使う。動作の継続を表し，〈have[has]＋ been ＋－ing〉の形をとる現在完了進行形を用いた文。all day「終日」

4.　(Those songs) make me feel very happy(.)　「あれらの歌は私にとても幸せを感じさせる」　ここでの make は使役動詞で，普通，〈使役動詞＋目的語＋原形不定詞〉の形をとり，〈(目的語)に～させる〉の意味。

基本　5.　What would you do if (you won the lottery?)　「もし宝くじに当たったら，あなたは何をするつもりでしたか？」　接続詞 if を使った文。〈主語A＋動詞B＋ if ＋主語C＋動詞D〉で「もしCがDならばAがB」という意味。助動詞 would は未来を示す will「～するつもりだ」の過去形。助動詞がある英文では主語に関係なく動詞は原形になる。

7 (長文読解・資料読解：内容吟味)

(全訳)　A

リバーフロント祭り

8月12日～14日

ブルーミントンズ・リバーフロント・パークにて

子ども区域活動
1. 子ども博物館　午前10時～午後3時
— コルク船を作る
— ギャラリーゲームをする
2. 子どもの図書館
午前10時，午後12時　操り人形ショー
午後3時　再利用絵本
3. 子どものレクリエーション
午前10時　赤ちゃんヨガ
(年齢2歳以下)
午後12時30分　サッカー短期講座
(年齢6歳以上)
—子どものレクリエーションにはそれぞれの活動が始まる15分前に受講登録が必要です。

演芸の予定　メインステージ
午後1時　ハリーズ・ダンス・カンパニー
午後2時　ジャッキーズ格闘技
午後3時　ザ・ハニー・ブラウン・バンド
午後4時　アロハ・フラ・ダンス・クラブ
午後6時　ブルー・オーシャンズ・スクール・バンド
食べ物
ピザ…各2.25ドル　サンドイッチ…各5.25ドル
サラダ…各3.25ドル　フライドポテト…3ドル
飲料
清涼飲料…小1.75ドル　中2.00ドル　大2.75ドル
アイス・ティー，アイス・コーヒー
小3.50ドル　中4.50ドル

(36)「もし1歳の赤ちゃんと一緒の活動に興味があれば，いつ，どこへ行くべきか？」①「午前9時に子どもの博物館」(×) ②「午前10時に子どものレクリエーション」こども区域活動の3参照。2歳以下の子ども対象なのは，「子どもレクリエーション」の「赤ちゃんヨガ」である。(○) ③「午後2時に子どもの図書館」(×) ④「午後3時にメインステージ」(×)
(37)「もし息子の格闘技上演を見るつもりなら，何時にメインステージへ行くべきか？」①「午後1時」(×) ②「午後2時」演芸の予定参照。(○) ③「午後4時」(×) ④「午後6時」(×)
(38)「もしピザとフライドポテト，清涼飲料をとりたいなら，少なくともいくらのお金を持っていくべきか？」①「5.25ドル」(×) ②「7ドル」食べ物・清涼飲料参照。ピザが2.25ドル，フライドポテトが3ドル，清涼飲料は最も安い小で1.75ドルだから，合計で7ドルである。(○) ③「8.75ドル」(×) ④「10.00ドル」(×)
(39)「サッカー短期講座に確実に参加するためには，子ども区域に何時に行くべきか？」①「午前10時」(×) ②「午前11時」(×) ③「午後12時15分」「子ども区域活動」の3・最後の注意書き参照。午後12時30分の15分前に登録する必要があるから，「午後12時15分」である。(○) ④「午後12時30分」(×)

B

スター・シネマ
1週間の興行開始時間［スプリングフィールド・ショッピング・モール］
11月18日～24日

作品	ジャンル	時間	上映
ザ・スパイ	戦闘	午前10時50分　午後1時40分 午後8時30分	スクリーン1
ザ・シークレット・オブ・ジャングル	冒険	午前8時30分　午前11時20分 午後3時10分　午後6時15分	スクリーン2
ジ・オンリー・ライ・アイ・トールド・ユー	戯曲	午後1時40分　午後4時30分 午後7時30分	スクリーン3
プリンセス・ローズ・アンド・ウィザード	空想	午前8時45分　午前11時10分	スクリーン3
		午後5時00分	スクリーン1

チケット価格
一通常価格：10ドル
一早めの上映(午後3時前に開始)：7ドル
学生は2ドルの割引になります。
(学生証を見せてください)
参加方針
一午後6時過ぎに始まる上映を見るためには，少なくとも18歳でなければなりません。
月曜日と水曜日の午前中に来れば，無料のポップコーンがもらえます。

(40) 「大人1人は7ドルでどの映画を見ることができるか？」 ① 「午前10時50分のザ・スパイ」 チケット価格参照。「午後3時前に開始」の映画である。(○) ② 「午後3時10分のザ・シークレット・オブ・ジャングル」(×) ③ 「午後4時30分のジ・オンリー・ライ・アイ・トールド・ユー」(×) ④ 「午後5時のプリンセス・ローズ・アンド・ウィザード」(×)

(41) 「もし18歳未満なら見ることができる最も遅い上映はどの映画か？」 ① 「ザ・スパイ」(×) ② 「ザ・シークレット・オブ・ジャングル」(×) ③ 「ジ・オンリー・ライ・アイ・トールド・ユー」(×) ④ 「プリンセス・ローズ・アンド・ウィザード」 参加方針参照。18歳未満が見られる午後6時より早い中で最も遅く始まるのは午後5時からの上映である。(○)

(42) 「もし無料のポップコーン付きで映画を見たいなら，いつ行くべきか？」 ① 「月曜日の午前中」 最終文参照。(○) ② 「火曜日の午前中」(×) ③ 「水曜日の午後」(×) ④ 「木曜日の午後」(×)

(43) 「もし学生証を持っていれば，午前中に映画を見るのにいくらかかるか？」 ① 「2ドル」(×) ② 「5ドル」 チケット価格参照。午前10時は「早めの上映」の7ドルで，学生は2ドルの割引になるので7－2＝5ドルである。(○) ③ 「10ドル」(×) ④ 「12ドル」(×)

8 (長文読解・論説文：内容吟味，要旨把握)

(全訳) A ウガンダは東アフリカの発展途上国だ。この国では，プラスチックボトルはしばしば通りに捨てられる。それらを燃やすことは環境を損なう，と知らないので，プラスチックボトルを燃やす人々もいる。

今では，家や他の建物を作るためにプラスチックボトルを使おうとしているグループもある。ウガンダの首都カンパラでは，15,000本のプラスチックボトルで公共トイレが建てられた。400人の人々がそのトイレを建てるのに1か月かかった。

プラスチックボトルは雨や日光に強いので，プラスチックボトルで作られた建物は他の建物よりも強いと言われる。

ウガンダの他のグループは何人かの若い人々にプラスチックボトルの家の作り方を教えるプロジェクトを始めた。調査によると，その国の若い人々の13％が仕事を持たない。そのプロジェクトはそれらの若い人々の生活を助ける，とそのグループのリーダーのデイビッドは考える。彼らは1軒の家を作るために土でいっぱいの18,000本のプラスチックボトルを使った。「このプロジェクトはこの都市でたくさんの仕事を作り出しています。また，プラスチックボトルを使うこの独特の発想は，訪問者からの注目を集めています。今や，たくさんの旅行者がプラスチックボトルの家に滞在するためにこの町に来ます」とデイビッドは言う。

(44) 「(　　)ので，ウガンダにはプラスチックを燃やす人々もいる」 ① 「家を建てたい」(×) ② 「それが環境に悪いと知らない」 第1段落最終文参照。(○) ③ 「たくさんのお金を稼ぐことができる」(×) ④ 「彼ら自身の家を作りたい」(×)

(45) 「ウガンダの首都では，(　　)」 ① 「公共トイレが15,000人の人々によって作られた」(×) ② 「全ての家と建物はプラスチックボトルで作られる」(×) ③ 「人々には十分な公共トイレがない」(×) ④ 「400人の人々が公共トイレを建設するのを手伝った」 第2段落第2文・最終

文参照。(○)

(46) 「ウガンダのグループは(　　)」 ① 「若い人々にプラスチックボトルの家の作り方を教える」(○) 第4段落第1文参照。 ② 「若い人々のための十分な仕事を見つけることができない」(×) ③ 「若い人々のためにプラスチックボトルと土を買う」(×) ④ 「旅行者たちと一緒にプラスチックボトルの家を建てはじめた」(×)

B 今日，たくさんのさまざまなストリーミングサービスがある。

たくさんの人々がテレビドラマや映画，アニメを見るためのそのようなサービスを視聴する。それらのほとんどは人々を楽しませる放送だが，新しいサービスは私たちのペットを楽しませるために作られた。

3年の研究の後，ペットテレビは作られた。60より多い研究が，犬や猫，鳥のような動物の習性を理解するために行われた。

このサービスは，動物たちが家で単独でいることが原因のストレスを減らすのを助ける，と研究者たちは言う。飼い主たちはそれらのストレスを減らすために彼らのペットにしばしばおもちゃを与える。しかしながら，これはいつも役立つわけではない。調査によると，アメリカの犬の80%が，単独で置いていかれるととてもストレスを感じる。

このストリーミングサービスは動物を楽しませるためのいくつかの番組を含む。例えば，ほっとする音と映像の付いた森を飛ぶ鳥や，車で旅している犬だ。飼い主たちは彼らのペットのお気に入りの番組を選ぶ。

それはイギリスで始まり，今ではそれはイギリスやアメリカ，オーストラリア，フランス，ニュージーランドで利用できる。それには約1年で50ドルか1か月で5ドルかかる。

ペットテレビ

以前	準備	のち
―ペットはそれらの飼い主がそれらを(47)単独にしておくとストレスを感じる。 ―それらのペットを楽しませるためによく(48)おもちゃを使う。	研究者たちは動物たちを(49)3年間研究した。	―動物たちは番組によって楽しまされる。 ―番組は今では(50)5か国で放送される。

9 (長文読解・ディベート原稿：語句補充)

高校生は学校の制服を着るべきだ。

いくつかの高校では，生徒たちは学校の制服ではなく自分の服を着る。しかしながら，高校生は学校の制服を着るべきだ，と私は信じる。

第一に，もし生徒たちが学校の制服を着れば，衣服を買う(51)費用を減らすことができる。たくさんの高校生は最近の(52)ファッション流行に従うことが好きだ。だから，もし彼らが毎日自分の服を着るなら，たくさんの衣服を買う必要がある。学校の制服を着ることは彼らの家族がお金を節約することを助ける。

その上，生徒は彼らの学校の一員であることに(53)誇りを感じることができる。学校の制服はその学校の歴史と伝統を示す。学校の制服(54)なしに，生徒がその学校の歴史と伝統の一部を感じることは難しい。

(55)結論として，高校生は学校の制服を着るべきだ，と私は思う。

(51) ① 「損害」(×) ② 「費用」(○) ③ 「重さ」(×) ④ 「騒音」(×)

(52) ① 「規則」(×) ② 「伝統」(×) ③ 「音楽」(×) ④ 「ファッショントレンド」(○)
(53) ① 「誇りをもって」(○) ② 「失望した」(×) ③ 「安全な」(×) ④ 「恥じている」(×)
(54) ① 「～の下に」(×) ② 「～の間に」(×) ③ 「～なしに」(○) ④ 「～の後ろに」(×)
(55) ① in case「もし～ならば」(×) ② in order「順序正しく」(×) ③ in conclusion「結論として」(○) ④ in total「全体で」(×)

★ワンポイントアドバイス★

熟語などに使われる前置詞や動詞の語形変化を伴う単元はしっかりと復習して確実に身につけておくことが大切だ。

＜国語解答＞ 《学校からの正答の発表はありません。》

一 問一 1 問二 3 問三 4 問四 4 問五 3 問六 2 問七 4
問八 1 問九 3 問十 2 問十一 1 問十二 4 問十三 4 問十四 2
問十五 2 問十六 4 問十七 4 問十八 4

二 問一 1 問二 4 問三 1 問四 4 問五 3 問六 3 問七 2
問八 1 問九 3

三 問一 1 問二 1 問三 2 問四 4 問五 3 問六 2 問七 3
問八 1

四 問一 A 3 B 2 問二 1・3 問三 3 問四 1 問五 4 問六 2
問七 2

○推定配点○
一 問一・問七・問十五 各2点×3 他 各3点×15 二 問三・問五 各2点×2 他 各3点×7 三 各2点×8 四 各1点×8(問二完答) 計100点

＜国語解説＞

一 (小説―情景・心情，内容吟味，文脈把握，語句の意味)

基本 問一 傍線部①は思いやりや，温かさが感じられず，愛想がないこと。

問二 傍線部②直後で，お姉さんは佐藤を「じっと見て」「『あ，思い出した』」と言っていることから3が適切。②直後のお姉さんの様子をふまえていない他の選択肢は不適切。

問三 傍線部③直後で，佐藤のことはビデオで何度も見ていることを話しており，③のように問いかけて佐藤にも話をさせようとしていることが読み取れるので4が適切。③直後の描写をふまえていない他の選択肢は不適切。

重要 問四 傍線部④後で④の理由として，「試合に出ていない補欠が画面に映るわけがない」という佐藤の心情が描かれているので4が適切。この心情をふまえていない他の選択肢は不適切。

問五 お姉さんは，ビデオを「『まだ……観てないです』」と言う佐藤の言葉に納得していないものの，その言葉に「うなずい」てビデオの話を進めているので3が適切。「うなずいた」と傍線部⑤後の描写をふまえていない他の選択肢は不適切。

問六 傍線部⑥は，ビデオの中で「『ガッツポーズしてた』『補欠の中の補欠の子なんだな，って』」

とお姉さんに言われたことで恥ずかしくなっている様子なので2が適切。「恥ずかしい」ことを説明していない他の選択肢は不適切。

基本 問七　傍線部⑦と4は，立派にやり遂げることで価値あるものにする，という意味。1は装飾する，2は置き並べる，3は表面をよく見せる，という意味。

問八　傍線部⑧前後で，ビデオを観ていない佐藤に「『観てみれば？』」と言いながらも「『補欠だもんね』」と「そっけなく，突き放すように，でも意地悪で」もない様子でお姉さんが話していることが描かれているので1が適切。⑧前後の描写をふまえていない他の選択肢は不適切。

問九　言うつもりではなかったことを話すと「『性格悪そうだもんね，あなた。……』」とキツいことを言うお姉さんに「見ただけでもわかるのだろうか」と佐藤は思って，傍線部⑨のようになっているので3が適切。お姉さんに性格まで見抜かれているように感じ，「でも，まあ，もういいや」ととりつくろうのもやめたことを説明していない他の選択肢は不適切。

やや難 問十　傍線部⑩は「つまんなそう……退屈そうだし，面白くなさそう」で，試合に出られないのに心の中に悔しさを感じるものもない，空っぽな様子を「寂しそう」とお姉さんは思っているので2が適切。悔しさを感じていないことを説明していない他の選択肢は不適切。

問十一　傍線部⑪は「あの試合のときだけ……たった一瞬だけ……佐藤くん，チームの中でいちばん喜んでた」ことに対するものなので1が適切。「たった一瞬だけ，でも，一瞬でも」をふまえていない他の選択肢は不適切。

重要 問十二　傍線部⑫の「子どもが積み木をくずすように」は，子どもがわざと積み木をこわすのと同じようにということで，お姉さんの言葉で「芯のほうまで落ち着いてくるのがわか」っているのに，わざとお姉さんの言葉に反発するようなことを言っていることを表しているので4が適切。わざと反発していることのたとえであることを説明していない他の選択肢は不適切。

重要 問十三　傍線部⑬の「『雲』」のことをお姉さんは，いい天気の青空に雲があったら邪魔に思うかもしれないけれど，空の顔つきは雲で決まるし，雨も降らせ，陽射しもさえぎる雲は邪魔じゃないと話し，佐藤はそのような雲だということを伝えているので4が適切。⑫前でお姉さんが話している「雲」の描写をふまえていない他の選択肢は不適切。

問十四　傍線部⑭は，佐藤自身も「違うだろ」と思った言葉を佐藤が言ったことに対するもので，⑭後で謝罪の言葉をブンに伝えてほしいと佐藤が話していることから2が適切。「言わなきゃいけない言葉」とは違う言葉を佐藤が話していることをふまえていない他の選択肢は不適切。

問十五　お姉さんは佐藤に対して「いばっていいよ，それ」「『邪魔じゃないよ，雲は』『がんばれ，雲』」といったことを話していることから2が適切。傍線部⑮までの，佐藤に対するお姉さんの話をふまえていない他の選択肢は不適切。

問十六　傍線部⑯直前で「意外なひとからもらった生まれて初めてのチョコは，思ったほどには胸を高鳴らせてはくれなかった」という佐藤の心情が描かれているので，4は不適切。

問十七　お姉さんが「『雲は……けっこうクセモノだから』」と話している場面で，「お姉さんがその話でなにを伝えたいかが，よくわからない」と佐藤は思いながらも，佐藤を指差して「『がんばれ，雲』」と言われたことを，傍線部⑰では思い返しているので4が適切。お姉さんが佐藤を励ましている気持ちを佐藤が受け取ったことをふまえていない他の選択肢は不適切。

重要 問十八　傍線部⑱後で，試合に出場できなかったために琴乃にあげてしまったサッカー部のビデオを返してもらおうと思い，難しいかもしれないけれど，ブンにもきちんと謝ろうと決意している佐藤の心情が描かれているので4が適切。⑱後の佐藤の心情をふまえていない他の選択肢は不適切。

二 （論説文―大意・要旨，内容吟味，文脈把握，指示語，接続語，脱語補充）

問一　傍線部①は「学ぶ」がなければ本質的には教育ではないが，「学ぶ」という行為が起きていない教室も多いのに，そこで教育が行われている，ということに対するものなので1が適切。①前の内容をふまえていない他の選択肢は不適切。

問二　傍線部②が指す，直前の「赤ちゃんは……なくなって……」という話なら，子どもたちは楽しいと思って耳を傾けるように，「感動に出合わせることが重要で」あることを述べているので4が適切。②後の「感動に出合わせることが重要」を説明していない他の選択肢は不適切。

基本　問三　「固定観念」は，いつも心の中に凝り固まっていて，他人の意見や周りの状況によって変化しない観念のことなので1が適切。

問四　傍線部④は，学習すべき内容を子どもが「興味を持つよう」な話などをすることをたとえているので4が適切。④直前の，子どもが「興味を持つようにな」ることを説明していない他の選択肢は不適切。

問五　空欄Ⅰは，直前の内容を根拠とした内容が続いているので「だから」，Ⅱは直前の内容と同様のことを付け加えているので「また」がそれぞれ入る。

重要　問六　傍線部⑤について，「私にとって……」で始まる段落で，「学ぶということは……多様な生き物が育っていく熱帯雨林みたいなイメージがあり……『他者性』をどれだけ持ち込めるか」ということが大事であると述べているので3が適切。この段落内容をふまえていない他の選択肢は不適切。

重要　問七　傍線部⑥は「自分にとって本来は受け入れ難いものでも，いったん自分の中に入れてしまうと，それを肯定するようになる」ことの例として挙げているので2が適切。「こんなふうに……」で始まる段落内容をふまえていない他の選択肢は不適切。

やや難　問八　傍線部⑦の「他者性」を「持ち込む」ことで，「いろいろな機会をとらえて自分を豊かにしていく」ということに加え，「『自分は他者の総体である』……に似た生き方をしている人の場合は，誰からでも学ぶことができ」る，と述べているので，これらの内容をふまえた1が適切。⑦から続く2段落内容をふまえていない他の選択肢は不適切。

問九　傍線部⑧は，テレビや映画を「単に視聴者としてそれを観て楽しんでいる」立場，すなわち「受け手」と，「映画監督の気持ちになって自分の仕事に生かすようなつもりで観ている」立場，すなわち「つくり手」のことなので3が適切。

三 （古文―主題，文脈把握，脱語補充，口語訳）

〈口語訳〉　さて，この人が，右中弁で殿上人だった時に，小一条の左大将済時という人が，参内なさった時，この右中弁に出会った。大将は，右中弁が仰ぎ見ているのを見て，冗談まじりに，「今，天には何事があるのですか」と言うと，右中弁はこう言われて，少し腹立たしかったので，「今，天には大将に悪いことが起こる予兆が現れています」と答えると，大将はひどくばつが悪くなったが，冗談だったので怒ることもできず，苦笑いしただけで終わった。左大将はその後間もなく亡くなられた。そこで，あの冗談のせいだろうか，と右中弁は思い当たったのである。

人が命を失うということは，すべて前世の報いとは言いながら，つまらない冗談などは言ってはならない。このように思い当たることもあるからである。

基本　問一　傍線部①は直後の「右中弁」のことである。

問二　傍線部②は「右中弁の仰たるを見て，戯れて」言っているので1が適切。

問三　仰ぎ見ているのを左大将にからかわれたことが右中弁は腹立たしかったため，傍線部③のように「大将に悪いことが起こる」と嫌がらせを言ったので2が適切。「少し攀縁発ければ」，「大将に悪いことが起こる」という意味の「大将を犯す」をふまえていない他の選択肢は不適切。

問四　傍線部④の「はしたなく」は「ばつが悪い，体裁が悪い」という意味なので4が適切。

問五　傍線部⑤の「え～ず」は「～できない」という不可能の意味を表し，「え腹立てず」は「怒ることもできず」という訳になるので3が適切。

重要　問六　傍線部⑥の「程を経ず」は「時間が経たずに，ほどなく」，「失せ」は「亡くなる」という意味なので2が適切。

問七　傍線部⑦は，左大将が亡くなったのは「此の戯の言」すなわち「……天には大将を犯す星なむ現じたる」と言った，あの冗談のせいだろうか，ということなので3が適切。右中弁の「此の戯の言」のせいではないか，ということをふまえていない他の選択肢は不適切。

やや難　問八　傍線部⑧は，人が亡くなるのは前世の報いだが，右中弁のように，左大将が亡くなったのは自分の冗談のせいだろうかと思い当たっていることからも，つまらぬ冗談などは言ってはならない，ということなので1が適切。⑧直後の「此く思ひ合する……」をふまえていない他の選択肢は不適切。

四　（漢字の書き取り，熟語，慣用句，故事成語，文と文節，敬語，文学史）

重要　問一　A「応募」，1「出席簿」　2「敬慕」　3「募金」　4「墓穴」。B「掲載」，1「裁く」　2「載せた」　3「採る」　4「催す」。

問二　「お客さま」に対して尊敬語の「おいでください」を使っている1，「先生」に対して謙譲語の「お伺いします」を使っている3は正しい。2は「父」が部分の主語なので，正しくは敬語を使わずに「書いた」である。4は「校長先生」が主語なので，正しくは「おっしゃった」である。

基本　問三　「非公式」は公式でない，表向きでないこと。「非」は「それに当たらない」「それ以外である」といった意味を表す。1は「まだ～しない」という意味で，その時点までに実現していないことを表す。2は打ち消して否定する意味を表す。4は「そのものが存在しない，その状態がないこと」を表す。

問四　「鼻であしらう」は，鼻で「ふん」と受け答えすることから。

問五　「他山の石」は，自分にとって戒めとなる他人の誤った言行のこと。2のような，自分の手本にしたい良い行い，という意味は誤り。

問六　他の作者の作品は，1は『羅生門』など，3は『坊っちゃん』など，4は『高瀬舟』など。

重要　問七　「窓を」は「開けて」にかかる連用修飾語。

★ワンポイントアドバイス★

古文では，内容を的確に把握するために，基本的な古語や文法をしっかりおさえておこう。

2022年度

★★★★★★★★★★★★★★★★★★★★★★★

入　試　問　題

2022年度

東海大学付属相模高等学校入試問題

【数　学】（50分）〈満点：100点〉

【注意】 1．分数の形で解答する場合，それ以上約分できない形で答えなさい。

2．根号を含む形で解答する場合，根号の中に現れる自然数が最小となる形で答えなさい。また，根号を含む分数の形で解答する場合，分母に根号を含まない形で答えなさい。

1 次の各問いに答えよ。

(1) $\left\{\left(\frac{1}{3}-\frac{1}{4}\right)\times 6+1\right\}\times\left(\frac{5}{3}\right)^2\div\left(\frac{1}{3}-2^3+\frac{7}{2}\right)$ を計算せよ。

(2) $\left(\sqrt{48}-\frac{6}{\sqrt{3}}-1\right)\left(\sqrt{27}+1-\sqrt{3}\right)$ を計算せよ。

(3) $(x-2y)a+2by-bx$ を因数分解せよ。

(4) 2次方程式 $2x^2-6x+3=0$ を解け。

(5) 右の図において，a を求めよ。ただし，点Oは円の中心で $\overset{\frown}{AB}:\overset{\frown}{CD}=2:1$ である。

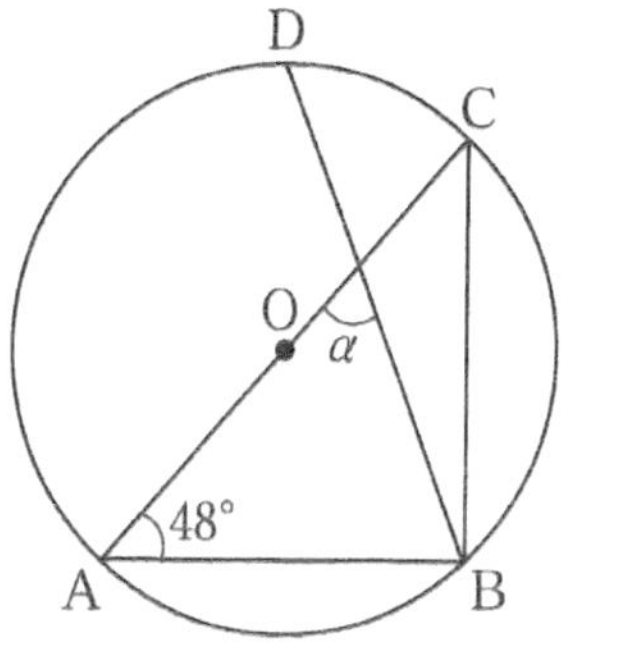

(6) 2個のさいころを同時に投げるとき，目の積が奇数になる確率を求めよ。

(7) 右の三角柱の表面積を求めよ。

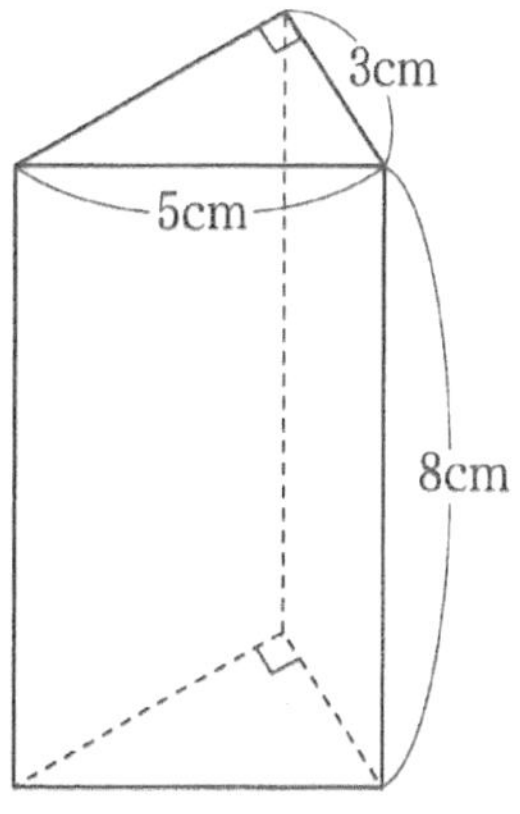

(8) 等式 $x^2-4x+6=(x-2)^2+s$ を満たす s について，次の値を求めよ。

$S^{11}-S^4-S^3-S$

2 下の図のように，放物線$y=x^2$上にx座標がそれぞれ-5，1である点A，Bをとり，直線ABとy軸との交点をCとするとき，次の問いに答えよ。

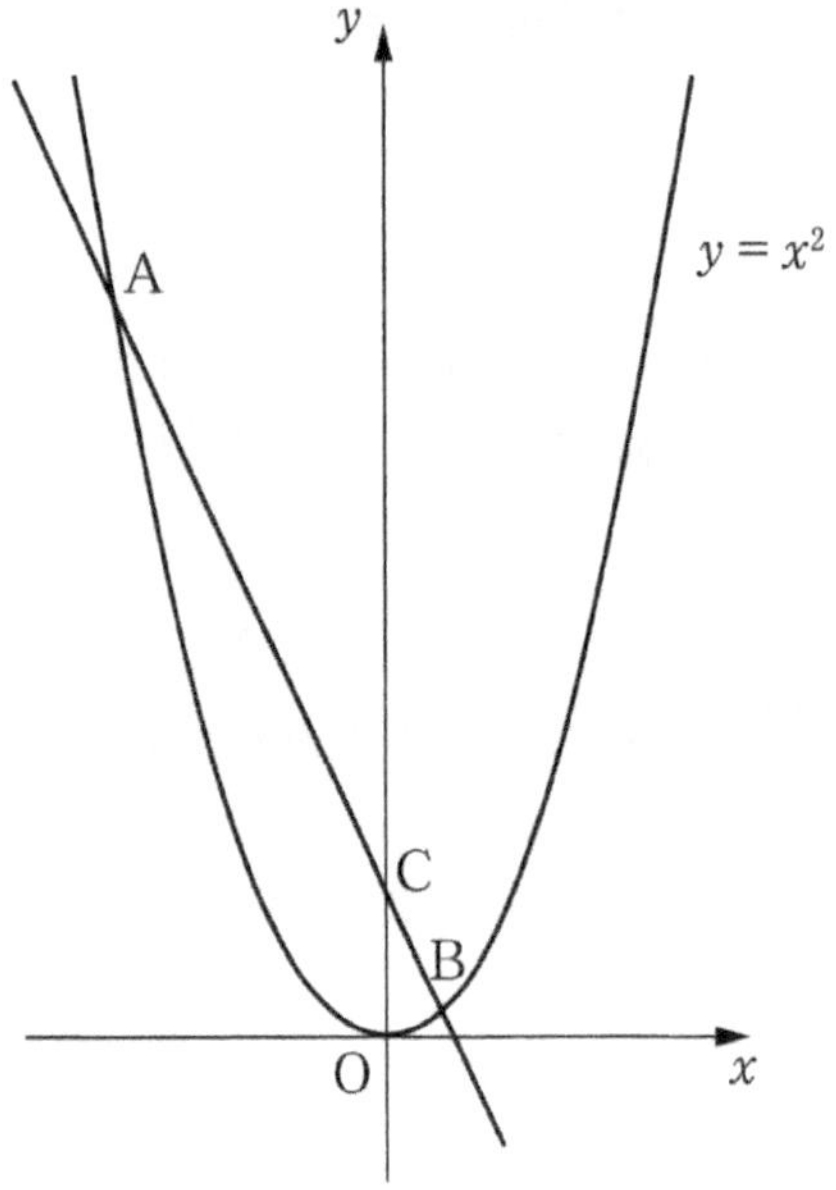

(1) 点Aのy座標を求めよ。

(2) 直線AOの式を求めよ。

(3) 直線ABの式を求めよ。

(4) 点Cを通り，△AOBの面積を2等分する直線の式を求めよ。

3 図1の点A，B，Cは，円Oの円周を3等分する点である。また，図2の点D，E，F，G，H，I，J，Kは，円Oと半径が等しい円O′の円周を8等分する点である。線分ACの長さが2のとき，次の各問いに答えよ。

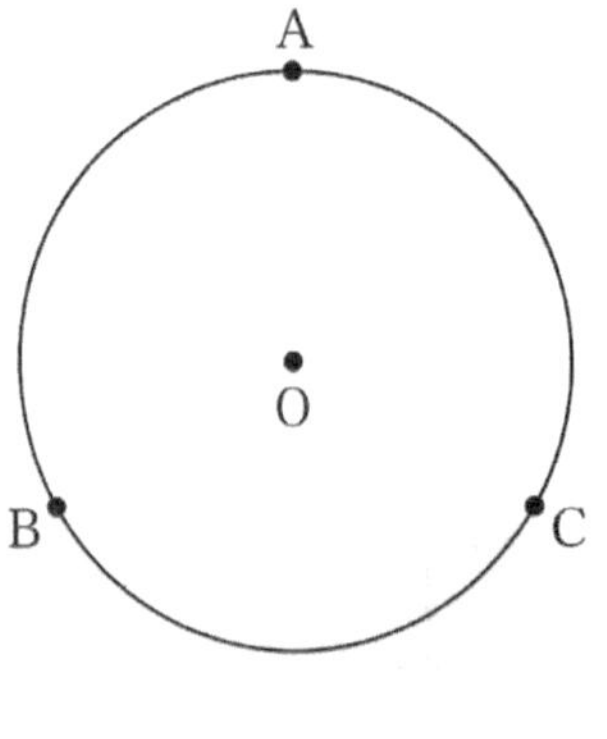

図1

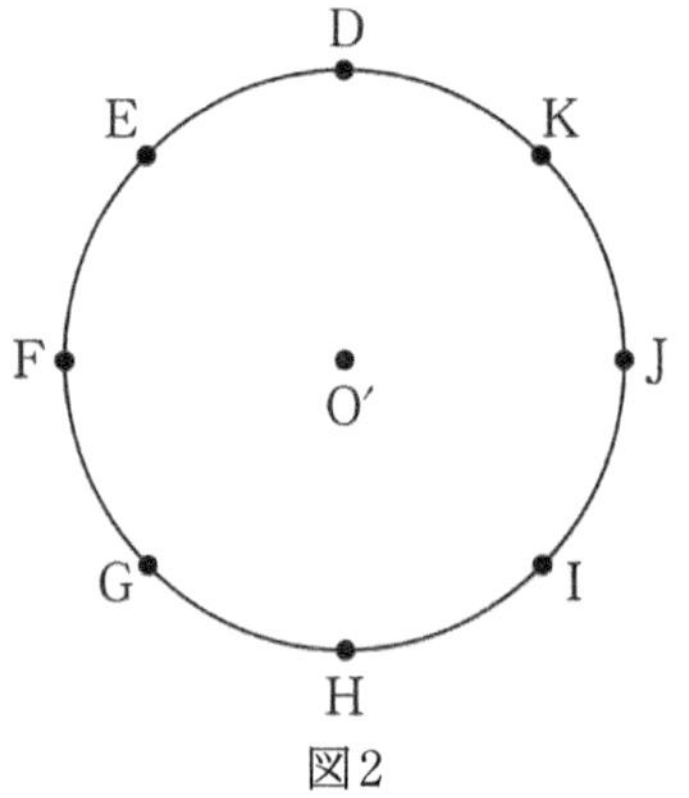

図2

(1) ∠ABCと∠DO′Kの大きさをそれぞれ求めよ。

(2) 三角形ABCの面積を求めよ。

(3) 円Oの面積を求めよ。ただし，円周率をπとする。

(4) 八角形DEFGHIJKの面積を求めよ。

4 下の図のように，同じ大きさの立方体を1段目，2段目，3段目，…と下へ増やしていき，増やした段の表面全体に色を塗っていく。ただし，立方体どうしが接している面と底面には色を塗らない。このとき，次の各問いに答えよ。

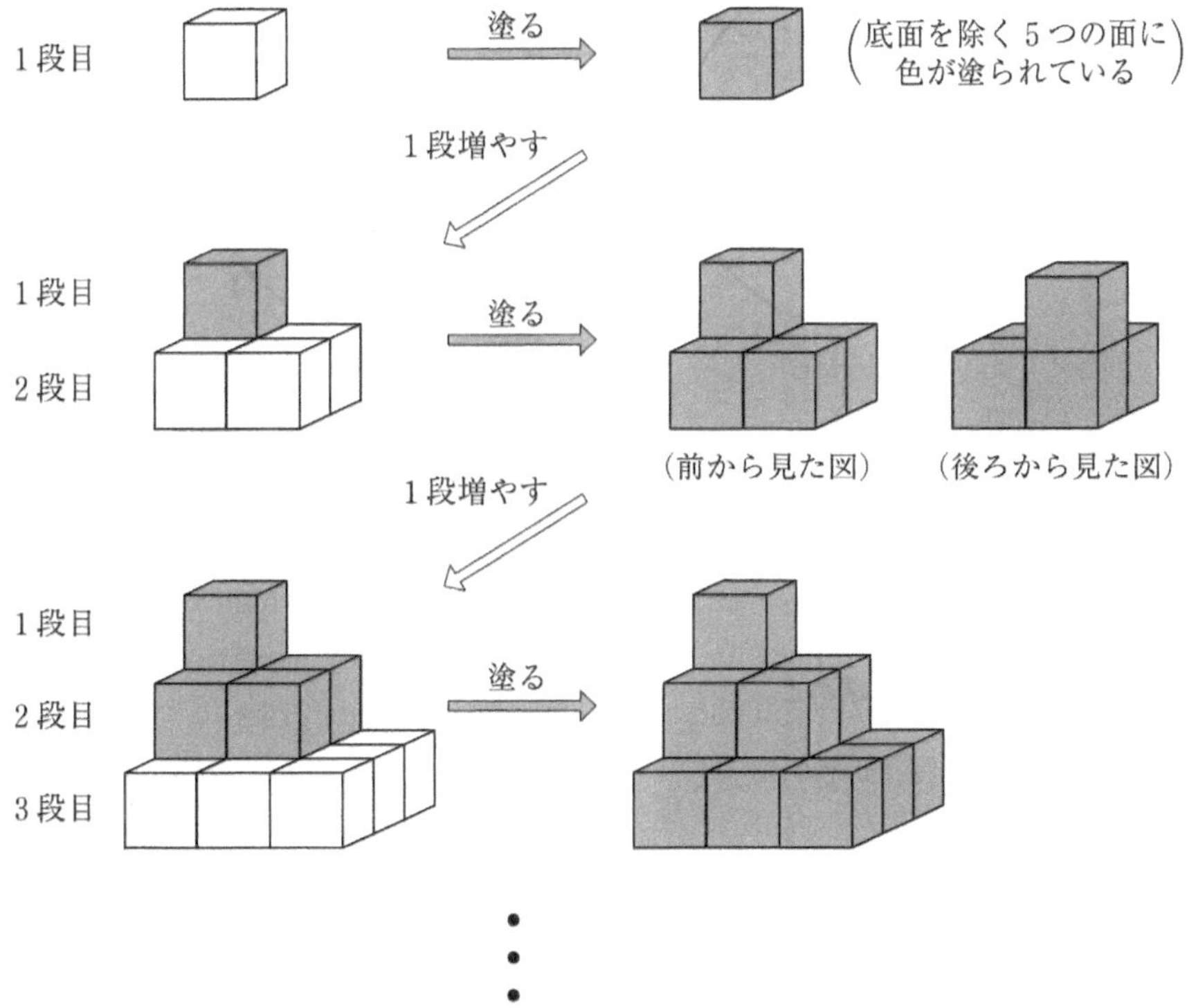

(1) 4段目まで立方体を増やしたとき，立方体は全部で何個あるか。

(2) 4段目まで立方体を増やしたあと，表面全体に色を塗った。このとき，色が塗られた面の総数を求めよ。

(3) 6段目まで立方体を増やしたあと，表面全体に色を塗った。このとき，2つの面に色が塗られた立方体は全部で何個あるか。

(4) n段目まで立方体を増やしたあと，表面全体に色を塗った。このとき，2つの面に色が塗られた立方体は全部で400個あった。nの値を求めよ。

【英　語】（50分）〈満点：100点〉　※リスニングテストの音声は弊社HPにアクセスの上，音声データをダウンロードしてご利用ください。

1 （リスニング問題）放送を聞き，応答として最も適切なものを選び，番号で答えなさい。質問は，問題用紙には印刷されていません。放送は2回流れます。

例題） When is your birthday?

① It's rainy today.　② I'll buy a cake for you.
③ You're welcome.　④ It's April 10th.

正解は，④です。

(1) ① I am not a music teacher.　② My favorite type is pop music.
③ I don't like the music teacher.　④ Let's listen to the song later.

(2) ① I ride my bicycle.　② Yes, I go to school every day.
③ It takes about an hour by train.　④ About 5 times a week.

(3) ① My sister works in a shop.　② That's good. I think so too.
③ Yes, I've finished my lunch.　④ No, I usually have rice balls.

(4) ① The math test was very difficult.　② That sounds great!
③ My favorite subject is math.　④ I will go to school on Monday.

(5) ① I have not decided yet.　② We need a new hospital.
③ My sister is a nurse in a hospital.　④ The hospital is closed on Sundays.

2 （リスニング問題）会話を聞き，質問に対する解答として最も適切なものを選び，番号で答えなさい。放送は1回だけ流れます。

(6) What did the customer order?

① She ordered a cake and drink.
② She didn't order anything.
③ She ordered apple juice and a dessert.
④ She ordered only orange juice.

(7) What kind of movie will the speakers go to see?

① They will go to see a comedy.
② They will go to see a horror movie.
③ They will go to see a science fiction movie.
④ They will go to see a romantic movie.

(8) What will Susan do after the conversation?

① She will enjoy swimming in the river.
② She will go to the park.
③ She will go to the riverside.
④ She will play with her pet in the park.

(9) Why does the boy study English hard?

① He is good at learning a foreign language.
② He wants to be an English teacher in the future.
③ He wants to see his English teacher.
④ He wants to go to foreign countries.

(10) What will the man do before going to the museum?

① He will check the schedule.
② He will go there next Monday.
③ He will check the exhibitions.
④ He will have a checkup.

3 次の会話の流れに沿って，空所に入る最も適切な文を選択肢から選び，番号で答えなさい。各選択肢は，一度しか使うことができません。

Yuji and Miwa are classmates. Mr. Noguchi, their homeroom teacher, is talking to the homeroom students.

Mr. Noguchi：This year, we will have a school festival. Each class can have its own class event. For example, you can build a maze in the classroom. Please talk to your classmates during this period.

Yuji：Hey, Miwa. I want to make a maze and trick people. It would be a lot of fun to create our own maze. (11)

Miwa：I personally want to build a haunted house, but I don't think our school will let us do it.

Yuji：Yes, we need to use open space and have fresh air. (12) For example, fried rice or candy floss. Students can get the feeling of being at a local summer festival.

Miwa：(13) However, we have to think about the amount of food we should prepare. We might not sell a lot and lose money. Why don't we do a dance performance in the school hall, instead?

Yuji：(14) Some students don't like to dance in front of many people.

Miwa：I see. I guess we need more time to think about our class event. We have to talk about it after school.

Yuji：This is the last school festival for us. (15)

① How about selling some food?
② Let's make it the best event ever!
③ What do you think?
④ I like your idea.
⑤ I love to see my friends.
⑥ I don't think that's a good idea.

4　空所に入る最も適切な語を選び，番号で答えなさい。

(16) A：Did you know that Janet is really good at singing?
B：Yes. She can sing songs (　　　) a professional.
① loud　② local　③ like　④ luck

(17) A：I want to buy a new laptop.
B：You should (　　　) various models at a computer shop because they are expensive.
① compare　② complete　③ compete　④ complain

(18) A：How do you like life in Japan?
B：I love it, but I'm not happy that the trains in Tokyo are very (　　　).
① expected　② pleased　③ crowded　④ excited

(19) A：I'm planning to go to that famous restaurant.
B：It's really popular, so you should make a (　　　) in advance.
① reservation　② protection　③ cancelation　④ motivation

(20) A：Did you like the movie?
B：Not really. I felt sleepy because the story was (　　　).
① surprising　② boring　③ interesting　④ amazing

5　次の各文の空所に入れる語(句)として最も適切なものを選び，番号で答えなさい。

(21) I (　　　) a bath when Tomoko called me.
① am taken　② was taken　③ was taking　④ have taken

(22) My family likes traveling. I (　　　) to Hawaii three times.
① visited　② went　③ have gone　④ have been

(23) (　　　) you like something to drink? We have tea, orange juice and cola.
① Will　② Would　③ Can　④ Could

(24) I'm sorry but I can't help you right now. I (　　　) my homework.
① do　② did　③ am doing　④ was doing

(25) This temple (　　　) in the 1200s. It is really old.
① builds　② built　③ is building　④ was built

6　①～⑤の語(句)を並び替えて対話文を完成させるとき，(26)～(35)に入る語(句)を選び，番号で答えなさい。文頭に来る語(句)も小文字になっています。

1．You：(　　　)(　　　)(26)(27)(　　　) over there?
Friend：She is Yuto's sister.
〔① playing　② who　③ the girl　④ soccer　⑤ is〕

2．Man：Excuse me. Do (　　　)(　　　)(28)(　　　)(29) to the station?
Woman：Yes. It's at the end of this street. It's not far from here.
〔① know　② you　③ to　④ how　⑤ get〕

3．Teacher：What will you do when you go to Paris?
Student：I want to (　　　)(30)(　　　)(　　　)(31) some famous paintings.

〔① that　② a museum　③ go　④ has　⑤ to〕

4．Friend：How will you get to the airport? By bus, car or train?

You：I will take a bus. It (　　)(　　)(32)(　　)(33) all.

〔① fastest　② is　③ of　④ the　⑤ way〕

5．Mother：Do you have some time now? I (　　)(　　)(34)(　　)(35).

Son：Sure! No problem.

〔① you　② clean　③ the bathroom　④ want　⑤ to〕

7

A

ポスターを読み，質問に対する解答として最も適切なものを番号で答えなさい。

Snorkeling Adventure

A Special Guided Tour

Calling all Mermaids & Mermen! A great underwater experience is waiting for you. The ocean of this area is a playground of colorful sea life, including giant turtles, rays, huge clams, tropical fish and dolphins. Spend a day at sea with the Sea Adventure team for great experiences.

Even if you are not good at swimming, don't worry. On this tour, expert guides will help you swim in the tropical ocean. We are sure you'll love it!

Individual Price

Adults **$180**
Children (Under 12) **$50**
Seniors (Over 60) **$150**

*The price includes...
- snorkeling set
- hotel pickup
- lunch

Group Price

Educational groups
$30 per student

- 10 or more children (under 12)
- 1-hour special lecture on wildlife by a specialist
- Group photo (add $5 for each picture)
- No charge for escort teachers

Family (2 adults and 2 children)
$300 in total

*You can upgrade lunch to a BBQ lunch for an additional $20.
*If the tour is canceled due to bad weather, you'll be offered a different date or a full refund.
*All snorkeling equipment is included in the tour fee. Just bring your own towels.
*Senior citizens have to show their ID cards.

(36) How much should the man pay in total?

This tour looks really attractive. My wife and I want to join this tour. Also, my father will join us. He is 65 years old, but he is a good swimmer even now.

① $360　② $380　③ $510　④ $540

(37) How much should the woman pay in total?

I'm an elementary school teacher. I want to take 10 students on this tour because the special lecture sounds interesting. They are 11 years old. We don't want any group photos.

① $300　② $350　③ $480　④ $500

(38) What should all participants bring on this tour?

① snorkeling sets
② lunch boxes
③ towels
④ ID cards

(39) Which statement is true?

① Without special diving skills, people can't join this tour.
② Without experts' help, dolphins can't survive in the sea.
③ If an adult pays $180, he or she can enjoy eating a BBQ lunch.
④ If the weather is bad, people can join the tour on a different day.

B

オンラインショッピングサイトを読み，質問に対する解答として最も適切なものを番号で答えなさい。

New Star Sneakers V05

★★★★☆ 1,500 ratings

Regular Price: $50.00

Add to Cart

#1 Best Seller

- The sneakers are practical and stylish. They are ideal for all-day wear.
- If you are a member of Galaxy Shopping, you can get 10% off the regular price.
- If you are not a member yet, you can click **here** and register for membership first.

It takes just 5 minutes to become a member. You need an ID card and your credit card details.

Sizes

✓ = in stock ✕ = out of stock

Inches	6	7	8	9	10
Stock	✓	✕	✓	✓	✕

Reviews

Michael

I love these. They are so comfortable even when I'm jogging. I would definitely recommend these shoes. I love the way they look and feel.

David

These shoes go well with jeans. They fit comfortably. The sole is quite spongy, so they are okay for short-term wear, but not for any active sports. I am afraid you would hurt your ankle if you were playing active sports.

Ann

I bought a pair of these in a size 8. Maybe the fit is just small. I liked them the first few times, but after I ran in them, I found they were too tight. I will choose one size bigger next time.

(40) How much does a member of Galaxy Shopping pay for a pair of the sneakers?
① $40
② $45
③ $50
④ $55

(41) According to the reviews, who should NOT buy the sneakers?
① People who wear jeans
② People who enjoy jogging
③ People who love active sports
④ People who like tight fitting shoes

(42) Which size will Ann order next time?
① 6 inches
② 7 inches
③ 8 inches
④ 9 inches

(43) Which statement is true?
① The shoes have more than 1,000 ratings.
② Michael has negative feelings about the shoes.
③ All sizes of the shoes are out of stock now.
④ People can be a member of Galaxy Shopping without a credit card.

8

A

サメに関する記事を読み，下線部に入る最も適切な語句を選択肢から選び，番号で答えなさい。

Sharks have lived in our oceans for more than 400 million years. They come in different shapes and sizes-from the 22 cm dwarf lantern shark, to the 18m whale shark! Sharks can live for many years. Some even live up to 400 years! Many sharks are top of the food chain. They live by killing and eating other animals. Sharks are important because they keep the food web balanced and the oceans healthy.

Unfortunately, because of dangers from overfishing, water pollution and climate change, the shark population is getting smaller. They usually have only a few baby sharks. This means the number of sharks doesn't increase quickly. Sometimes they are accidentally caught in fishing nets. Other times they are caught on purpose because shark fin soup is a popular dish in Asia. In the past, the areas of open oceans used to be a safe place for sharks, but larger fishing boats were able to fish in those areas, too. Marine Protected Areas (MPAs) were established in the 20th century to protect sea life including sharks. However, those areas are only near coasts and only a small percentage of the ocean! Recently, many countries have agreed to work together to protect 30% of the oceans by 2030.

(44) Sharks are important in the food chain because they ________.

① come in many shapes and sizes

② keep the food web balanced

③ are in danger from fishing

④ have few babies

(45) The number of sharks is getting smaller because ________.

① sharks can live up to 400 years

② sharks are top of the food chain

③ there are no fishing boats near them

④ shark fins are a popular food in some areas

(46) Nowadays, ________.

① many countries protect more than half of the oceans

② Marine Protected Areas are far from coasts

③ the areas of open oceans are not a safe place for sharks

④ big boats protect sharks from fishing

B

山に関する記事を読み，空所に入る最も適切な語(句)を選択肢から選び，番号で答えなさい。

Mountains are ecosystems which have living things like plants, animals and humans living on them. They are used in different ways by the people living there. Some mountain areas are used for growing vegetables, while others are used for raising *livestock. Some people use mountains for getting natural resources like water and wood. However, some resources are not used locally. For example, trees are often used to make houses in big cities.

Sadly, problems like heavy rain, strong wind and wildfires can damage the environment of mountains. To keep mountains healthy, people should understand the things dangerous to mountains, and find answers to deal with them. Mountains are not only rich in resources for human use, but they are also very important for nature itself.

*livestock　家畜

Notes

-Mountains are (47) made up of plants, animals and humans.

-Some people grow crops, and others (48) animals in the mountains.

-Mountains provide rich resources not only for locals, but also for people in (49).

-Humans should deal with the (50) that damage the mountains.

① humans	② resources	③ ecosystems	④ big cities
⑤ vegetables	⑥ make	⑦ raise	⑧ problems

9 以下の論題についてディベートをするために原稿を書いています。空所に入る最も適切な語(句)を選び，番号で答えなさい。

Eating at home is better than eating in a restaurant.

I agree with the statement. I believe that eating at home is better than eating in a restaurant.

Firstly, it is (51) to eat at home because it is easy to control the amount of oil and salt, so we can cook less oily and salty meals. Furthermore, we can cook just (52) food to feel full. In a restaurant, we sometimes leave food when we are given too much.

Secondly, eating at home is much (53). We can wear comfortable clothes, watch a movie or listen to our favorite music while eating. Moreover, we don't have to (54) about other customers. We can talk and laugh as loudly as we want to.

Some people say eating in a restaurant is fun because we can (55) eating with friends and celebrating special events. However, I still believe eating at home is better.

(51)	① healthier	② faster	③ cheaper	④ more expensive
(52)	① enough	② rich	③ safe	④ empty
(53)	① safer	② softer	③ more important	④ more relaxing
(54)	① hurry	② behave	③ forget	④ worry
(55)	① stop	② enjoy	③ give up	④ avoid

問八　傍線部⑦「人はいかにも情けはあるべし」とあるが、この話の語り手はどのように思ってこのような結びの言葉を記したのか。適切なものを次の中から一つ選び、番号をマークしなさい。　解答番号41

1　どんなに冷酷な人であっても老人のような弱者のすることは大目に見るべきだ。
2　どんなに身分の低い人に対しても情けをかける気持ちを持っているべきだ。
3　どんな人であっても他人の気持ちを推し量る優しい気持ちを持っているべきだ。
4　どんな境遇にある人であっても風流を理解する心を持ち合わせているべきだ。

四　次のそれぞれの設問に答えなさい。（解答はすべて解答用紙にマークしなさい）

問一　次のA・Bの傍線部のカタカナを漢字に直した場合、同じ漢字になるものを、それぞれ後から選び、番号をマークしなさい。

A　静かに流れる美しいメロディーにトウ酔した。　解答番号42
1　よく磨かれたトウ明なガラス。
2　水1リットルを沸トウさせてください。
3　由緒ある窯元《かまもと》で作られたトウ器。
4　原油の値上がりがトウ油の価格にも反映している。

B　必要以上に自分をヒ下するのは良くない。　解答番号43
1　死んだ母のことを考えると今でもカナしくなる。
2　武力衝突だけはサけなければならない。
3　気候変動によって大きな損害をコウムることになる。
4　損得ばかり考える、金にイヤしいやつだ。

問二　次の中から敬語が正しく使われているものをすべて選び、番号をマークしなさい。　解答番号44
1　心を込めて作りました。どうぞお召し上がりください。
2　何とか完成しました。一度、拝見していただけませんか。
3　坊ちゃんは、いったいどこに行ってしまわれたのだろう。
4　受付の者が名前をお呼びになるまで、こちらでお待ちください。

問三　次の空欄に当てはまる語を、後から一つ選び、慣用句を完成させ、番号をマークしなさい。　解答番号45
おい、いつまでも（　　）を売ってないで、さっさと仕事を片付けろ。
1　紙　　2　菜　　3　茶　　4　油

問四　次の空欄に当てはまる語を、後から一つ選び、四字熟語を完成させ、番号をマークしなさい。　解答番号46
今までの悪事の報いだ。自（　　）自得だよ。
1　豪　　2　号　　3　業　　4　郷

1　あまりにもばかばかしいことが続いて起こるため呆れてしまったから。
2　あまりにも何度も罰しているため面倒くさくなってしまったから。
3　あまりにも歳をとっているのでかわいそうになってしまったから。
4　あまりにも親しい間柄なので何とか面倒をみてあげたくなったから。

問四　傍線部③「ただ老いを高家にて、いらへをる」とは具体的にどのようなことを答えたのか。適切なものを次の中から一つ選び、番号をマークしなさい。　解答番号37

1　「私のお仕えしている主人はお前たちの主人よりずっと身分が高いんだぞ。」
2　「私は年を取りすぎていますので、前にやったことをつい忘れてしまうのです。」
3　「私はお前たちよりもずっと身分が上なんだぞ。それを分かっているのか。」
4　「私のだらしなさは長年身についたものですから、もう直ることはありません。」

問五　傍線部④「歌は詠みてんや」の現代語訳として適切なものを次の中から一つ選び、番号をマークしなさい。　解答番号38

1　歌を詠むことはできるのか
2　歌を詠むことで優劣はつけられるか
3　歌を詠むことは楽しいか
4　歌を詠むことを申しつけよう

問六　傍線部⑤「はかばかしからず候へども」の現代語訳として適切なものを次の中から一つ選び、番号をマークしなさい。　解答番号39

1　ご期待にこたえようと思いますけれども
2　大変得意としておりますけれども
3　ばかばかしい出来でございますけれども
4　あまり上手には詠めませんけれども

問七　傍線部⑥「いみじうあはれがりて、感じて許しけり」とあるが、許したのは、詠まれた歌がどのように優れていると感じたからか。適切なものを次の中から一つ選び、番号をマークしなさい。　解答番号40

1　「かしらの雪」という語を用いることで、雪が降り積もる寒さの中で何も考えられずただただ困惑している、というつらい気持ちを非常に忠実に表現していると評価したから。
2　「雪」「しも」「冷え」など、冬の寒さを表す言葉をたくさん用いることで、自分のような年老いた身にとっては凍えるほどつらいという気持ちを強く表現していると評価したから。
3　すっかり白くなった頭髪を「かしらの雪」と見立て、鞭を意味する「しもと」に「霜」をかけた掛詞を用いて、罰を受ける身のつらさをおもしろく表現していると評価したから。
4　「年を経て～積もれども」で、長年奉公してきた主人なのに、自分のことなど全然考えてくれず心の底から嫌になった、と切実な心の訴えを上手に詠みこんだと評価したから。

三　次の文章は、大隅守《おおすみのかみ》という人物が、一度ならず度々《たびたび》だらしない態度で仕事をしている郡司《ぐんじ》（＝家来）をこらしめようと思って呼び出した場面を描いたものです。続きを読んで、後の設問に答えなさい。（解答はすべて解答用紙にマークしなさい）

A「ここに召して、ゐて参りたり。」と、人の申しければ、さきざきするやうに、し臥《ふ》せて、尻・頭《かしら》にのぼりゐたる人、※1しもとをまうけて、打つべき人まうけて、さきに、人二人引き張りて、出できたるを見れば、頭は黒髪もまじらず、いと白く、年老いたり。見るに、①打《ちゃう》ぜんこといとほしくおぼえければ、②何事につけてか、これを許さんと思ふに、事つくべきことなし。あやまちどもを、片端《かたはし》より問ふに、③ただ老いを※2高家《かうけ》にて、いらへをる。いかにして、これを許さんと思ひて、B「おのれはいみじき盗人かな。④歌はよみてんや。」と言へば、C「⑤はかばかしからず候《さぶら》へども、詠み候ひなん。」と申しければ、D「さらばつかまつれ。」と言はれて、ほどもなく、わななき声にて、うち出だす。

年を経て　かしらの雪は　積もれども　しもと見るにぞ　身は冷えにける

と言ひければ、⑥いみじうあはれがりて、感じて許しけり。⑦人はいかにも情けはあるべし。

（『宇治拾遺物語』より）

※1　しもと…「笞」という字を当てる。「（人や動物をたたく）鞭《むち》」のこと。

※2　高家…口実や言い訳などのよりどころ。

問一　会話文A～Dの発言者の組み合わせとして適切なものを次の中から一つ選び、番号をマークしなさい。　解答番号34

1　A＝家来の誰か　B＝罪を犯した家来
　　C＝大隅守　D＝家来の誰か

2　A＝家来の誰か　B＝大隅守
　　C＝罪を犯した家来　D＝大隅守

3　A＝罪を犯した家来　B＝家来の誰か
　　C＝大隅守　D＝家来の誰か

4　A＝大隅守　B＝罪を犯した家来
　　C＝家来の誰か　D＝大隅守

問二　傍線部①「打ぜん」はどういうことを表しているか。適切なものを次の中から一つ選び、番号をマークしなさい。　解答番号35

1　本当かどうか問い詰めよう
2　罰をどうするか相談しよう
3　許してくれるか頼んでみよう
4　鞭でたたいて罰しよう

問三　傍線部②「何事につけてか、これを許さん」とあるが、このように考えたのはなぜか。適切なものを次の中から一つ選び、番号をマークしなさい。　解答番号36

らの人間のあり方として豊かな発展の可能性が認められる。

3　どのようになることが人間の成長だと考えるかについては、欧米の見方とは異なる日本独自の考えがあっていい。

4　個人として誰の影響も受けずに成長するのか、他人の考え方を受け入れながら成長するかは、各人の自由であるべきだ。

問八　傍線部⑦「関係性を生きている」とはどういうことか。適切なものを次の中から一つ選び、番号をマークしなさい。　解答番号30

1　周囲との関係の中で担わなければならない様々な役割を、一つひとつ責任を持って果たしているということ。

2　周囲や相手との人間関係に合わせて、その都度、自己のあり方を変容させながら生活しているということ。

3　個人としての考えは捨てて、集団に所属するメンバーが気持ちを一つにして生活しているということ。

4　相手との関係がどの程度大切かを考え、それに応じて対応の仕方を変えながら生活しているということ。

問九　傍線部⑧「こんなことを言ったら相手はどう感じるだろうか」とあるが、「こんなこと」の例として当てはまらないものを次の中から一つ選び、番号をマークしなさい。　解答番号31

1　班長にはAくんが良いと思うけど、君はどう思う。

2　班長はBくん以外、絶対考えられないよ。

3　僕には決められないから、班長は君が決めてくれ。

4　班長は僕がやる。誰にも譲らないよ。

問十　「人間」・「人」という言葉について、この文章で述べられている内容として適切なものを次の中から一つ選び、番号をマークしなさい。　解答番号32

1　「人間」という言葉には、もともと「人」という意味があった。

2　中国でも「人間」という言葉は、「人」という意味で使われていた。

3　日本では「人間関係」を表す言葉として、「人」という言葉が使われていた。

4　「人間」という言葉を「人」の意味で使うのは、本来は誤りである。

問十一　本文の内容と一致するものを次の中から二つ選び、番号をマークしなさい。　解答番号33

1　現代社会で他人とコミュニケーションを取る場合に大事なことは、まず自分の意見をしっかりと持つことである。

2　欧米人に他人の視線を気にする人が少ないのは、彼らにとっては自分の思いを伝えることが何より大切だからである。

3　社会は多くの人間が関わりあって成立しているので、独立的自己観よりは相互協調的自己観の方が重要だ。

4　日本人が「人間」という語を誤って用いてきたことには、日本的な「人」のとらえ方の特徴が表れていると言える。

5　他者志向の日本人が自己主張をするのは難しいことなので、コミュニケーション能力を高めようとしなくてもいい。

2　A＝一方　B＝だから　C＝このような
3　A＝だから　B＝だが　C＝一方
4　A＝だが　B＝このような　C＝だから

問三　傍線部②「僕たち日本人にとって～醸し出すことなのだ」とあるが、「日本人」の「コミュニケーション」で大切なものは何か。適切なものを次の中から一つ選び、番号をマークしなさい。　解答番号25

1　自主性　2　共感性
3　行動原理　4　価値観

問四　傍線部③「もちろん自分のためでもあるのだが、自分だけのためではない」について、この場合の「自分のため」に頑張るとはどういうことか。その具体例として適切なものを次の中から一つ選び、番号をマークしなさい。　解答番号26

1　自分自身が喜びを感じるためにピアノの上達や優勝することを目指すこと。
2　人のために頑張ることによって自分も喜びを感じられるようにすること。
3　周りの人を幸福にするため、自分なりに一生懸命努力すること。
4　自分が優勝することで周囲との円滑な人間関係を保てるようにすること。

問五　傍線部④「欧米的な価値観」とはどのような価値観か。適切なものを次の中から一つ選び、番号をマークしなさい。　解答番号27

1　共感性や自己主張のスキルを磨くことが大切であり、必要であるという考え方。
2　自由を第一に考え、型にとらわれない個性を大切にするべきだという考え方。
3　関係に応じて姿を変え、その場にふさわしい自分になるべきだという考え方。
4　個に基づいた自己決定を最優先することが、何より大切であるという考え方。

問六　傍線部⑤「日本人の他者志向を未熟とみなす」とあるが、その見方の前提にはどのような考えがあるか。適切なものを次の中から一つ選び、番号をマークしなさい。　解答番号28

1　堂々と自分の意見を述べて相手を説得できる能力こそが、人間にとって大切なものだという考え。
2　日本人は無闇に他人の意見に同調するだけで、本当には他者の気持ちを理解していないという考え。
3　日本人は自己主張の能力が無いわけではなく、日本ではその能力を発揮する場面が無いだけだという考え。
4　個を貫いて自己主張をしっかりとできる人こそ、実は他者の気持ちを深く理解できるものだという考え。

問七　傍線部⑥「ひとつの発達の方向性とみなすべきではないか」とあるが、ここにはどのような考え方が読み取れるか。適切なものを次の中から一つ選び、番号をマークしなさい。　解答番号29

1　一人ひとりが成長していくことよりも、その社会全体の協調性が高まることを文明の発達だと考える社会があっていい。
2　他者との絆を大切にするという日本人の考え方には、これかけた「人間」という言葉が、なぜまた「人」と同じ意味になるのかというのだ（和辻哲郎『人間の学としての倫理学』岩波書店、一九三四年）。

「人」だけでもいいのに、なぜわざわざ「人間」というのか。なぜ「間」を付けても意味が変わらないのか。ふだん当たり前のように使っている「人間」という言葉だが、改めてそう言われてみると、たしかに妙だ。

和辻によれば、辞書『言海《げんかい》』に、その事情が記されている。もともと人間という言葉は「よのなか」「世間」を意味していたのだそうだ。それが「俗に誤って人の意になった」。つまり、「人間」というのは、もともとは「人の間」、言い換えれば「人間関係」を意味する言葉だったのに、誤って「人」の意味に使われるようになったのだという。

誤って使われたのだとしても、なぜまたそんな誤りが定着したのか。そこにこそ大きな意味があるのではないか。

和辻は、このような混同は他の言語ではみられないのではないかという。ドイツ語でもこんな混同はみられないし、中国語でも人間とはあくまでも世間を指し、人を指したりはしない。他の言語では「人」と「人間関係」がしっかりと区別されているのに、日本でのみ混同があるとすれば、そこには日本的な「人」のとらえ方の特徴があらわれているはずだ。

ここからわかるのは、日本文化には、「人＝人間関係」というような見方が根づいているということだ。

和辻は、そこのところをつぎのように説明する。もし、「人」が人間関係とはまったく別ものとしてとらえられているのであれば、「人」と「人間関係」を明確に区別すべきだろう。それなのに、日本語では「人」と「人間関係」を区別せずに、「人間関係」や「よのなか」を意味する「人間」という言葉が「人」の意味で用いられるようになった。ここにこそ、日本的な「人」のあり方が示されている。

僕たち日本人にとって、「人間」は社会であるとともに個人なのだ。

このように、日本文化のもとで自己形成をした僕たちの自分というのは、個としてあるのではなく、人とのつながりの中にある。かかわる相手との間にある。

一定不変の自分というのではなく、相手との関係にふさわしい自分がその都度生成するのだ。相手あっての自分であり、相手との関係に応じて自分の形を変えなければならない。だからこそ人のことが気になる。人の目が気になって仕方がないのだ。

（榎本博明『〈自分らしさ〉って何だろう？』ちくまプリマー新書）

問一　傍線部①「グローバル化」とはどういうことか、適切なものを次の中から一つ選び、番号をマークしなさい。　解答番号23

1　世界規模で結びつきが深まること。
2　差別がなくなっていくこと。
3　日本が独自の成長をとげていくこと。
4　経済が活性化していくこと。

問二　空欄（Ａ）～（Ｃ）に当てはまる語句の組み合わせとして適切なものを次の中から一つ選び、番号をマークしなさい。　解答番号24

1　Ａ＝だから　Ｂ＝一方　Ｃ＝だが

そもそも欧米人と日本人では自己のあり方が違う。僕たち日本人が、率直な自己主張をぶつけ合って議論するよりも、だれも傷つけないように気をつかい、気まずくならないように配慮するのも、欧米人のように個を生きているのではなくて、⑦関係性を生きているからだ。

心理学者のマーカスと北山忍《きたやましのぶ》は、アメリカ的な独立的自己観と日本的な相互協調的自己観を対比させている。

独立的自己観では、個人の自己は他者や状況といった社会的文脈から切り離され、そうしたものの影響を受けない独自な存在とみなされる。そのため個人の行動は本人自身の意向によって決まると考える。

それに対して、相互協調的自己観では、個人の自己は他者や状況といった社会的文脈と強く結びついており、そうしたものの影響を強く受けるとみなされる。そのため個人の行動は他者との関係性や周囲の状況に大いに左右されると考える。

このような相互協調的自己観をもつ僕たち日本人は、個としての自己を生きているのではなく、関係性としての自己を生きている。関係性としての自己は、相手との関係に応じてさまざまに姿を変える。その場その場の関係性にふさわしい自分になる。相手との関係性によって言葉づかいまで違ってくる。欧米人のように相手との関係性に影響を受けない一定不変の自己などというものはない。

「だれが何と言おうと、私はこう考える」「僕はこう思う」と自分を押し出していく欧米社会では視線恐怖があまり見られないのに対して、自分を押し出すよりも相手の意向を汲み取ろうとする日本人の間には視線恐怖が多い。それは、僕たち日本人は、相手との関係性によって自分の出方を変えなければならないからだ。相手がどう思っているかが気になる。⑧こんなことを言ったら相手はどう感じるだろうかと気になる。それも、僕たちが関係性としての自己を生きているからだ。

僕たちの自己は、相手から独立したものではなく、相手との相互依存に基づくものであり、間柄によって形を変える。僕たちの自己は、相手にとっての「あなた」の要素を取り込む必要がある。だから相手の意向が気になる。相手の視線が気になるのだ。

個を生きているのなら、自分の心の中をじっくり振り返り、自分のしたいことをすればいいし、自分の言いたいことを言えばいい。相手が何を思い、何を感じているかは関係ない。自分が何を思い、何を感じているかが問題なのだ。自分の思うことを言う。自分が正しいと考えることを主張する。自分の要求をハッキリと伝える。それでいいわけで、じつにシンプルだ。

でも、関係性を生きるとなると、そんなふうにシンプルにはいかない。自分の意見を言う前に相手の意向をつかむ必要がある。気まずくならないようにすることが何よりも重要なので、遠慮のない自己主張は禁物だ。相手の意見や要求を汲み取り、それを自分の意見や要求に取り込みつつ、こちらの意向を主張しなければならない。

このように関係性としての自己を生きる僕たち日本人は、たえず人の目を意識することになる。

関係性を生きる僕たちの自己のあり方は、「人間」という言葉にもあらわれている。

哲学者の和辻哲郎《わつじてつろう》は、「人間」という言葉の成り立ちについて疑問を提起している。「人」という言葉に「間」という言葉をわざわざ付

二　次の文章を読んで、後の設問に答えなさい。（解答はすべて解答用紙にマークしなさい）

日本人は自己主張が苦手だと言われる。①グローバル化の時代だし、もっと自己主張ができるようにならないといけないなどと言う人もいる。でも、日本人が自己主張が苦手なのには理由がある。そして、それはけっして悪いことではない。

　では、アメリカ人は堂々と自己主張ができるのに、僕たち日本人はなぜうまく自己主張ができないのか。

　それは、そもそも日本人とアメリカ人では自己のあり方が違っていて、コミュニケーションの法則がまったく違っているからだ。

　アメリカ人にとって、コミュニケーションの最も重要な役割は、相手を説得し、自分の意見を通すことだ。お互いにそういうつもりでコミュニケーションをするため、遠慮のない自己主張がぶつかり合う。お互いの意見がぶつかり合うのは日常茶飯事なため、まったく気にならない。

　（　A　）、日本人にとって、コミュニケーションの最も重要な役割は何だろう。相手を説得して自分の意見を通すことだろうか。そうではないだろう。僕たちは、自分の意見を通そうというより前に、相手はどうしたいんだろう、どんな考えなんだろうと、相手の意向を気にする。そして、できることなら相手の期待を裏切らないような方向に話をまとめたいと思う。意見が対立するようなことはできるだけ避けたい。そうでないと気まずい。

　つまり、②僕たち日本人にとっては、コミュニケーションの最も重要な役割は、お互いの気持ちを結びつけ、良好な場の雰囲気を醸し出すことなのだ。強烈な自己主張によって相手を説き伏せることではない。

　（　B　）自己主張のスキルを磨かずに育つことになる。自己主張が苦手なのは当然なのだ。その代わりに相手の気持ちを察する共感性を磨いて育つため、相手の意向や気持ちを汲《く》み取ることができる。

　相手の意向を汲み取って動くというのは、僕たち日本人の行動原理といってもいい。コミュニケーションの場面だけではない。たとえば、何かを頑張るとき、ひたすら自分のためというのが欧米式だとすると、僕たち日本人は、だれかのためという思いがわりと大きい。

　親を喜ばせるため、あるいは親を悲しませないために勉強を頑張る、ピアノを頑張る。先生の期待を裏切らないためにきちんと役割を果たす。そんなところが多分にある。大人だって、監督のために何としても優勝したいなんて言ったりするし、優勝すると監督の期待に応えることができてホッとしていると言ったりする。

　自分の中に息づいているだれかのために頑張るのだ。③もちろん自分のためでもあるのだが、自分だけのためではない。

　（　C　）人の意向や期待を気にする日本人的な心のあり方は、「他人の意向を気にするなんて自主性がない。」とか「自分がない」などと批判されることがある。でも、それは④欧米的な価値観に染まった見方に過ぎない。

　教育心理学者の東洋《あずまひろし》は、⑤日本人の他者志向を未熟とみなすのは欧米流であって、他者との絆《きずな》を強化し、他者との絆を自分の中に取り込んでいくのも、⑥ひとつの発達の方向性とみなすべきではないかという。

（東洋『日本人のしつけと教育――発達の日米比較にもとづいて』東京大学出版会、一九九四年）。

なものを次の中から一つ選び、番号をマークしなさい。　解答番号18

1　自分の心の中でつぶやいたことに、千穂自身がかすかに違和感を覚えたことを表している。

2　心の中で母を非難したことに対して、千穂が無意識のうちに罪悪感を覚えたことを表している。

3　これまでの夢とは異なる新しい目標が、千穂の心の中に生まれつつあることを表している。

4　千穂が人の道を踏み外しかけたとき、神秘的な存在からメッセージが届いたことを表している。

問十九　傍線部⑱「血相をかえて」の意味として適切なものを次の中から一つ選び、番号をマークしなさい。　解答番号19

1　ひどくうろたえて　　2　心を入れ替えて

3　大いに怒って　　4　わき目もふらず

問二十　傍線部⑲「あたしはどう生きたいのか、お母さんに伝えよう」とあるが、千穂はなぜそういう気持ちになったのか。適切なものを次の中から二つ選び、番号をマークしなさい。　解答番号20

1　大樹の生命力を受け取り、自分はロボットではないと思えたから。

2　自分が本当にしたいことは絵を描くことだとはっきり思えたから。

3　自分のしたいことを我慢することは間違ったことだと理解したから。

4　母は自分のことをなにより大切に思ってくれていると確信したから。

問二十一　傍線部⑳「樹はもう何も言わなかった」に使われている修辞法として適切なものを次の中から一つ選び、番号をマークしなさい。　解答番号21

1　体言止め　　2　擬人法

3　倒置法　　4　擬態語

問二十二　傍線部㉑「千穂はもう一度、深くその香りを吸い込んでみた」とあるが、このときの千穂についての説明として適切なものを次の中から一つ選び、番号をマークしなさい。　解答番号22

1　千穂は緑の香りが濃くなっていくにつれ、幼い頃の母との記憶がよみがえり、幸せな気持ちで胸がいっぱいになっていった。

2　千穂は自分のことしか考えていない母に対して反発していたが、緑の香りを吸い込んだことで気持ちが安らぎ、少しずつ前向きになっていった。

3　千穂は緑の香りに誘われ大樹の元へ行ったことで、母の温かさを思い出すことができ、自分の進路を自分の意志で決めようと一歩を踏み出した。

4　千穂は緑の香りを深く吸い込んだことで、母に抱きしめられたことを思い出し、母のためにも自分の夢は諦めようと決心した。

ぐ進んでいくことであり、「公園に行くこと」は先の見通せない未知の道を過去に向かって遡っていくことである。

4　「塾に行くこと」は多くの人が通る安全な大通りを未来に向かって進むことであり、「公園に行くこと」は誰も通らない道を一人で不安に耐えながら未来に向かうことである。

問十三　傍線部⑫「金色の風景」とあるが、「金色」とは何を意味しているか。適切なものを次の中から一つ選び、番号をマークしなさい。　解答番号13

1　夕暮れの光　　2　過去の思い出

3　幸せな気分　　4　美しい幻想

問十四　傍線部⑬「理屈じゃなかった」とは、その時の千穂がどのようであったということか。適切なものを次の中から一つ選び、番号をマークしなさい。　解答番号14

1　絵描きになるためには家族との対立もいとわないと、無茶なことを考えていた。

2　自分に絵の才能があるのか、画家になって生計が立つのかなど、考えていなかった。

3　芸術科のある高校に進まなくても自分は絵描きになれるはずだと、思い込んでいた。

4　自分の好きなことだけをして生きていけばいいと、夢のようなことを考えていた。

問十五　傍線部⑭「大仰なもの」の意味として適切なものを次の中から一つ選び、番号をマークしなさい。　解答番号15

1　夢みたいなもの　　2　無謀なもの

3　りっぱ過ぎるもの　　4　むずかしいもの

問十六　傍線部⑮「けれど母の美千恵には言い出せなかった」理由として適切なものを次の中から一つ選び、番号をマークしなさい。　解答番号16

1　自分の本当の気持ちを伝えることで、母が開業医である父にその事実を伝えてしまい、がっかりしてしまう父の姿を見たくなかったから。

2　今まで医者になることを志していたのに、急に別の進路に進みたいなどと言ったら勉強するのを諦めたのではないかと疑われてしまうと思っているから。

3　母に自分の夢を伝えることで、あなたにはそんな才能はないとはっきり言われてしまうのがこわく自信を失いたくなかったから。

4　家族が代々医者であることから、母には医療系のある進学校を受験するように言われてきたため自分の気持ちを伝えてもわかってもらえないと思っているから。

問十七　傍線部⑯「一笑に付される」の意味として適切なものを次の中から一つ選び、番号をマークしなさい。　解答番号17

1　たいして面白がってもらえない

2　まともに取り上げてもらえない

3　少しだけ笑われてしまう

4　頭ごなしに怒られる

問十八　傍線部⑰「ざわざわと葉が揺れた」とあるが、これを千穂の心の中の様子を表現したものと考える場合、その説明として適切

問八　傍線部⑦「反芻」の意味として適切なものを次の中から一つ選び、番号をマークしなさい。　解答番号8

1　くりかえし思い、考えること。
2　そむいて、さからうこと。
3　影響が他に及んで、現れること。
4　自分の行いを、かえりみること。

問九　傍線部⑧「すごくいいな」とあるが、真奈は父親のどのような点を「いい」と思っているのか。適切なものを次の中から一つ選び、番号をマークしなさい。　解答番号9

1　かっこよく仕事をすることを忘れない一方で、きちんと成果も上げて周囲から高い評価を得ていること。
2　自分が決めた仕事に打ち込んで成し遂げた成果が、周囲にささやかな幸福をもたらしていること。
3　つらい仕事であっても文句を言わず、自分の仕事が周囲に喜びをもたらしていることに満足していること。
4　お客さんに喜ばれることだけで満足して、経済的な成功を考えずに、好きなことに打ち込んでいること。

問十　傍線部⑨「そこには確かな自分の（　　）があった」の空欄に当てはまる語として適切なものを次の中から一つ選び、番号をマークしなさい。　解答番号10

1　選択　2　目標　3　意志　4　希望

問十一　傍線部⑩「うつむいて、そっと唇を噛んだ」とあるが、このときの千穂の気持ちを説明したものとして適切なものを次の中から一つ選び、番号をマークしなさい。　解答番号11

1　「しっかりしている」ことが誇りだったのに、実は真奈の方がしっかり将来を考えているという事実を突きつけられ、悔しさを感じている。
2　将来をしっかり考えている真奈に比べて、自分は自分のしたいことについてもあいまいなことしか言えないと気づき、情けなく感じている。
3　真奈は将来に向かってしっかり歩み出しているのに、自分の夢はどうやったらかなえられるのかもわからず、落ち込んでしまっている。
4　真奈を前にして感じる恥ずかしさにじっと耐えながら、自分もいつかは将来についてしっかり語れるようになろうと強く決意している。

問十二　傍線部⑪「塾の時間が迫っていたけれど、我慢できなかった」とあるが、「塾に行くこと」・「公園に行くこと」は、この小説全体を通して考えた場合、それぞれどのような意味を持っているか。適切なものを次の中から一つ選び、番号をマークしなさい。　解答番号12

1　「塾に行くこと」は舗装された道を踏んで母に言われたとおりの未来に進むことであり、「公園に行くこと」は細い土の道にそれて忘れていた過去の自分を思い出すことである。
2　「塾に行くこと」は未来のために堅実な道をたどって地道に努力していくことであり、「公園に行くこと」はたとえ困難な道であっても夢をあきらめずに進んでいくことである。
3　「塾に行くこと」は先の方に見通せる将来に向かってまっす

問三　空欄（　Ⅰ　）～（　Ⅲ　）に当てはまる語句の組み合わせとして適切なものを次の中から一つ選び、番号をマークしなさい。　解答番号3

1　Ⅰ＝ギュルギュル　Ⅱ＝ゴーゴー　Ⅲ＝チクチク

2　Ⅰ＝グーグー　Ⅱ＝ビュンビュン　Ⅲ＝ズキズキ

3　Ⅰ＝キュルキュル　Ⅱ＝サワサワ　Ⅲ＝ドキドキ

4　Ⅰ＝ゴロゴロ　Ⅱ＝ヒューヒュー　Ⅲ＝キュンキュン

問四　傍線部③「涼しい顔」とあるが、ここでの使われ方と同じ使われ方をしている例文として適切なものを次の中から一つ選び、番号をマークしなさい。　解答番号4

1　真夏の暑い日にもかかわらず一人だけ涼しい顔をしていた。

2　渋滞の車の列をバイクが涼しい顔をして追い抜いていった。

3　今までにない自信に満ちた涼しい顔で家に帰ってきた。

4　涼しい顔をした大人たちからはほのかにミントの香りがした。

問五　傍線部④「かぶり」を漢字で書く場合、適切なものを次の中から一つ選び、番号をマークしなさい。　解答番号5

1　袖　　2　腕　　3　頭　　4　手

問六　傍線部⑤「ぼそりとつぶやいた」ときの真奈について説明したものとして適切なものを次の中から一つ選び、番号をマークしなさい。　解答番号6

1　これまで自分の心の中だけで考えていたことを、そっと親友に打ち明け始めた。

2　心の中に秘めていた自分の信念を、良い機会だと思って親友に宣言し始めた。

3　誰にも言えないでいた自分の秘密だが、親友には隠しておけないと覚悟を決めた。

4　自分の考えを思い切って明かすことで、親友に進路問題を考えるよう促している。

問七　傍線部⑥「生徒一人一人の顔を見やりながら、きっぱりと言いきった」とあるが、このとき担任の教師はどのような思いだったと考えられるか。適切なものを次の中から一つ選び、番号をマークしなさい。　解答番号7

1　クラスの生徒のうち、自分の将来についてよく考えているのは誰で、まだ考えられていないのは誰なのか、しっかり見極めようとしている。

2　中学三年生に将来何をしたいのかを考えろと言っても無理だとは思うが、担任の自分が抱いている危機感だけでも伝えたいと思っている。

3　高校受験が近づいてきているのにのんびりしている生徒が多いことに業を煮やしていて、そういう現状を反省させたいと考えている。

4　高校受験は誰にとっても重要な意味を持つものであることを理解して、一人一人が自分の問題として取り組んでほしいと考えている。

そう、⑯一笑《いっしょう》に付されるにちがいない。大きく、深く、ため息をつく。

お母さんはあたしの気持ちなんかわからない。わかろうとしない。なんでもかんでも押しつけて……あたし、ロボットじゃないのに。

⑰ざわざわと葉が揺れた。

そうかな。

かすかな声が聞こえた。聞こえたような気がした。耳を澄ます。

そうかな、そうかな、本当にそうかな。

そうよ。お母さんは、あたしのことなんかこれっぽっちも考えてくれなくて、命令ばかりするの。

そうかな、そうかな、よく思い出してごらん。

緑の香りが強くなる。頭の中に記憶がきらめく。

千穂が枝から落ちたと聞いて美千恵は、⑱血相をかえてとんできた。そして、泣きながら千穂を抱きしめたのだ。

「千穂、千穂、無事だったのね。よかった、よかった。生きていてよかった」

美千恵はぼろぼろと涙をこぼし、「よかったよかった」と何度も繰り返した。

「だいじな、だいじな私の千穂」そうも言った。母の胸に抱かれ、その温かさを感じながら、千穂も「ごめんなさい」を繰り返した。ごめんなさい、お母さん。ありがとう、お母さん。

思い出したかい？

うん、思い出した。

そうだった。この樹の下で、あたしはお母さんに抱きしめられたんだ。しっかりと抱きしめられた。

緑の香りを吸い込む。

これから家に帰り、ちゃんと話そう。⑲あたしはどう生きたいのか、お母さんに伝えよう。ちゃんと伝えられる自信がなくて、ぶつかるのが怖くて、お母さんのせいにして逃げていた。そんなこと、もうやめよう。お母さんに、あたしの夢を聞いてもらうんだ。あたしの意志であたしの未来を決めるんだ。

大樹の幹をそっとなでる。

ありがとう。思い出させてくれてありがとう。

⑳樹はもう何も言わなかった。

風が吹き、緑の香りがひときわ、濃くなった。㉑千穂はもう一度、深くその香りを吸い込んでみた。

（『1日10分のぜいたく』双葉文庫より）

問一　傍線部①「はしたない」の意味として適切なものを次の中から一つ選び、番号をマークしなさい。　解答番号1

1　普通でない　2　もったいない
3　思いやりがない　4　みっともない

問二　傍線部②「そんなにおいしいとは思えない」理由として適切なものを次の中から一つ選び、番号をマークしなさい。　解答番号2

1　友達と笑ったりおしゃべりしたりせず一人で食べるから。
2　有名店のケーキだからといっておいしいとは限らないから。
3　千穂の母親は焼きたてのものを買ってきてくれないから。
4　有名な店の高価なケーキだと食べる時に緊張してしまうから。

がある。そして、そこには……。

大きな樹。

枝を四方に伸ばし、緑の葉を茂らせた大きな樹がある。小学校の三、四年生まで真奈たちとよく公園に遊びに行った。みんな、大樹がお気に入りで、競って登ったものだ。

あれは、今と同じ夏の初めだった。幹のまん中あたりまで登っていた千穂は足を踏み外し、枝から落ちたことがある。かなりの高さだったけれど奇跡的に無傷ですんだ。しかし、その後、大樹の周りには高い柵《さく》が作られ簡単に近づくことができなくなった。木登りができなくなると、公園はにわかに退屈なつまらない場所となり、しだいに足が遠のいてしまった。中学生になってからは公園のことも、大樹のことも思い出すことなどほとんどなかった。

それなのに、今、よみがえる。

大きな樹。卵形の葉は、風が吹くと（　Ⅱ　）と優しい音を奏《かな》でる。息を吸い込むと、緑の香りが胸いっぱいに満ちてくる。

千穂は足の向きを変え、細い道を上る。どうしても、あの樹が見たくなったのだ。⑪塾の時間が迫っていたけれど、我慢できなかった。ふいに鼻腔《びこう》をくすぐった緑の香りが自分を誘っているように感じる。大樹が呼んでいるような気がする。

だけど、まだ、あるだろうか。とっくに切られちゃったかもしれない。切られてしまって、何もないかもしれない。

心が揺れる。ドキドキする。

「あっ！」

叫んでいた。大樹はあった。四方に枝を伸ばし、緑の葉を茂らせて立っていた。昔と同じだった。何も変わっていない。周りに設けられた囲いはぼろぼろになって、地面に倒れている。だけど、大樹はそのままだ。

千穂はカバンを放り出し、スニーカーを脱ぐと、太い幹に手をかけた。あちこちに小さな洞《ほら》やコブがある。登るのは簡単だった。

まん中あたり、千穂の腕ぐらいの太さの枝がにゅっと伸びている。足を滑らせた枝だろうか。よくわからない。枝に腰かけると、眼下に街が見渡せた。⑫金色の風景だ。光で織った薄い布を街全部にふわりとかぶせたような金色の風景。そして、緑の香り。

そうだ、そうだ、こんな風景を眺めるたびに、胸が（　Ⅲ　）した。この香りを嗅《か》ぐたびに幸せな気持ちになった。そして思ったのだ。

あたし、絵を描く人になりたい。

⑬理屈じゃなかった。描きたいという気持ちが突き上げてきて、千穂の胸を強く叩いたのだ。そして今も思った。

描きたいなあ。

今、見ている美しい風景をカンバスに写し取りたい。

画家なんて⑭大仰《おおぎょう》なものでなくていい。絵を描くことに関わる仕事がしたかった。芸術科のある高校に行きたい。⑮けれど母の美千恵には言い出せなかった。母からは、開業医の父の跡を継ぐために、医系コースのある進学校を受験するように言われていた。祖父も曽《そう》祖父も医者だったから、一人娘の千穂が医者を目ざすのは当然だと考えているのだ。芸術科なんてとんでもない話だろう。

絵描きになりたい？　千穂、あなた、何を考えてるの。絵を描くのなら趣味程度にしときなさい。夢みたいなこと言わないの。

「……高校受験というのは、ただの試験じゃない。きみたちの将来につながる選択をするということなんだ。具体的な職業までは無理としても、自分は将来、何がしたいのか、あるいはどんな人間になりたいのか、そういうことをじっくり考えて進路を選択してもらいたい。自分の意志が必要なんだ。自分の将来を自分自身で選択するという意志をもってもらいたい」

いつもはのんびりした口調の担任が、⑥生徒一人一人の顔を見やりながら、きっぱりと言いきった。

意志をもってもらいたい。

その一言を千穂が心の中で⑦反芻《はんすう》していた時、「パン職人」という言葉が耳に届いたのだった。

「なんかさ、うちのお父さん、普通のおじさんなんだけど、パンを作ってる時だけは、どうしてだかかっこよく見えるんだよね。作ったパンもおいしいしさ。お客さん、すごく嬉しそうな顔して買いに来てくれるんだよね。なんか、そういうの見てるといいかなって、⑧すごくいいなって。もちろん、大変なのもわかってる。朝なんてめちゃくちゃ早いしさ、うちみたいに全部手作りだと、ほんと忙しいもの。嫌だなあって思ってた時もあったんだけど……実はね、千穂」

「うん」

「この前、お父さんと一緒にパン、作ってみたの」

「へぇ、真奈が？」

「うん。もちろん、売り物じゃなくて自分のおやつ用なんだけど、すごく楽しくて……あたし、パン作るの好きなんだって、本気で思った。だからね、高校卒業したらパンの専門学校に行きたいなって……思ってんだ」

少し照れているのか、頬を赤くして真奈がしゃべる。⑨そこには確かな自分の（　　）があった。

真奈って、すごい。

心底から感心してしまう。すごいよ、真奈。

真奈が顔を覗《のぞ》き込んでくる。

「千穂は画家志望だよね。だったら、やっぱり芸術系の高校に行くの？」

「え……あ、それはわかんない」

「だって、千穂、昔から言ってたじゃない。絵描《えか》きさんになりたいって。あれ、本気だったでしょ？」

「……まあ。でも、それは……」

夢だから。口の中で呟《つぶや》き、目を伏せる。⑩うつむいて、そっと唇を噛《か》んだ。

山野のおばさんに頭を下げて、また、歩きだす。さっきより少し足早になっていた。

花屋、喫茶店、スーパーマーケット、ファストフードの店、写真館……見慣れた街の風景が千穂の傍らを過ぎていく。

足が止まった。

香りがした。とてもいい香りだ。焼きたてのパンとはまた違った芳《かんば》しい匂い。

立ち止まったまま視線を辺りに巡らせた。写真館と小さなレストランの間に細い道がのびている。アスファルトで固められていない土の道は緩《ゆる》やかな傾斜の上り坂になっていた。この坂の上には小さな公園

【国　語】（五〇分）〈満点：一〇〇点〉

一　**次の文章は、あさのあつこ「みどり色の記憶」という作品である。これを読んで、後の設問に答えなさい。（解答はすべて解答用紙にマークしなさい）**

街は夕暮れの光の中で、淡い金色に輝いていた。その光を浴びながらコンビニエンスストアの前を過ぎまっすぐに歩く。

ふっといい匂いがした。焼きたてのパンの匂いだ。

「あら、千穂《ちほ》ちゃん、お久しぶり」

『ベーカリーYAMANO』のドアが開いて、白いエプロン姿の女の人が出てきた。丸い顔がにこにこ笑っている。優しげな笑顔だ。同級生の山野真奈《やまのまな》の母親だった。笑った目もとが真奈とよく似ている。小学生の時から真奈とは仲よしで、この店でよく焼きたてのパンやクッキーをごちそうになった。千穂は特に食パンが好きだった。窯《かま》から出されたばかりのほかほかの食パンは、バターもジャムも必要ないぐらいおいしいのだ。しかし、

「他人《ひと》さまのおうちで、たびたびごちそうになるなんて、①はしたないわよ。もう、やめなさい。欲しいなら買ってあげるから」

母の美千恵《みちえ》にそう言われてから、『ベーカリーYAMANO』に寄るのをやめた。

美千恵はときどき、食パンやケーキを買ってきてくれる。②有名な店の高価なケーキをおやつに出してくれたりもする。けれど、そんなにおいしいとは思えない。どんな有名店のケーキより、真奈たちとくすくす笑ったり、おしゃべりしたりしながら、口いっぱいに頬張《ほおば》ったパンのほうがずっとおいしい。

もう一度、ほかほかの食パンにかじりつきたい。

そんなことを考えたせいだろうか、（　Ⅰ　）とおなかが音をたてる。頬がほてった。

やだ、恥ずかしい。

しかし、山野のおばさんは気がつかなかったようだ。千穂の提《さ》げている布製のバッグをちらりと見やり、尋ねてきた。

「これから、塾？」

「はい」と答えた。バッグの中には塾で使う問題集とノートが入っている。

「千穂ちゃん、偉いわねえ。真面目に勉強して。それに比べて、うちの真奈ったら、受験なんてまだまだ先のことだって③涼しい顔してるのよ。塾にも通ってないし。ほんと、千穂ちゃんをちょっとでも見習って、しっかりしてほしいわ」

そんなこと、ありません。

千穂は胸の内で、④かぶりを振った。

真奈は偉いと思います。しっかり、自分の将来を考えてます。あたしなんかより、ずっと……。

「千穂、これ、まだ誰にも言ってないんだけど……あたし、お父さんみたいになりたいなって思ってるんだ。パン職人」

今日のお昼、一緒にお弁当を食べていた時、真奈が⑤ぼそりとつぶやいた。昼食の前、四時限めに、来年にひかえた受験に向けて志望校をどう決定していくか、どう絞《しぼ》っていくか、担任の教師から説明を受けたばかりだった。

2022年度

解　答　と　解　説

《2022年度の配点は解答欄に掲載してあります。》

＜数学解答＞ 《学校からの正答の発表はありません。》

1 (1) -1 (2) 11 (3) $(x-2y)(a-b)$ (4) $x=\frac{3\pm\sqrt{3}}{2}$ (5) 63度

(6) $\frac{1}{4}$ (7) 108cm^2 (8) 2022

2 (1) 25 (2) $y=-5x$ (3) $y=-4x+5$ (4) $y=-\frac{5}{2}x+5$

3 (1) ∠ABC 60度，∠DO′K 45度 (2) $\sqrt{3}$ (3) $\frac{4}{3}\pi$ (4) $\frac{8\sqrt{2}}{3}$

4 (1) 30個 (2) 56面 (3) 25個 (4) $n=21$

○推定配点○

各5点×20　　計100点

＜数学解説＞

1 （正負の数，平方根，因数分解，二次方程式，角度，確率，空間図形，式の値）

(1) $\left\{\left(\frac{1}{3}-\frac{1}{4}\right)\times6+1\right\}\times\left(\frac{5}{3}\right)^2\div\left(\frac{1}{3}-2^3+\frac{7}{2}\right)=\left(\frac{1}{12}\times6+1\right)\times\frac{25}{9}\div\left(\frac{1}{3}-8+\frac{7}{2}\right)=\frac{3}{2}\times\frac{25}{9}\div$ $\left(-\frac{25}{6}\right)=\frac{3}{2}\times\frac{25}{9}\times\left(-\frac{6}{25}\right)=-1$

基本 (2) $\left(\sqrt{48}-\frac{6}{\sqrt{3}}-1\right)(\sqrt{27}+1-\sqrt{3})=(4\sqrt{3}-2\sqrt{3}-1)(3\sqrt{3}+1-\sqrt{3})=(2\sqrt{3}-1)(2\sqrt{3}+1)=$ $12-1=11$

基本 (3) $(x-2y)a+2by-bx=(x-2y)a-b(x-2y)=(x-2y)(a-b)$

基本 (4) $2x^2-6x+3=0$　解の公式を用いて，$x=\frac{-(-6)\pm\sqrt{(-6)^2-4\times2\times3}}{2\times2}=\frac{6\pm\sqrt{12}}{4}=\frac{3\pm\sqrt{3}}{2}$

重要 (5) $\overset{\frown}{\text{AB}}:\overset{\frown}{\text{CD}}=2:1$より，∠CBD$=x$とすると，∠ACB$=2x$　ACは直径だから，∠ABC$=90°$　△ABCの内角の和は180°だから，$48°+90°+2x=180°$　$2x=42°$　$x=21°$　三角形の内角と外角の関係より，$\alpha=x+2x=21°+42°=63°$

基本 (6) さいころの目の出方の総数は$6\times6=36$(通り)　題意を満たすのは，どちらの目も奇数のときで$3\times3=9$(通り)だから，求める確率は，$\frac{9}{36}=\frac{1}{4}$

基本 (7) 底面の三角形の残りの辺の長さは，$\sqrt{5^2-3^2}=4$(cm)　よって，側面積は，$(3+4+5)\times8=$ $96(\text{cm}^2)$　したがって，表面積は，$\frac{1}{2}\times3\times4\times2+96=108(\text{cm}^2)$

(8) 等式の右辺を展開すると，$x^2-4x+4+s$だから，$4+s=6$より，$s=2$　よって，$s^{11}-s^4-s^3-$ $s=2^{11}-2^4-2^3-2=2048-16-8-2=2022$

2 （図形と関数・グラフの融合問題）

基本 (1) $y=x^2$に$x=-5$を代入して，$y=(-5)^2=25$

基本　(2)　直線AOの式を$y=ax$とすると，点Aを通るから，$25=a\times(-5)$　$a=-5$　よって，$y=-5x$

基本　(3)　$y=x^2$に$x=1$を代入して，$y=1$　よって，B(1，1)　直線ABの式を$y=bx+c$とおくと，2点A，Bを通るから，$25=-5b+c$，$1=b+c$　この連立方程式を解いて，$b=-4$，$c=5$　よって，$y=-4x+5$

重要　(4)　AC：CB＝(0＋5)：(1－0)＝5：1　線分AO上にAD：DO＝3：2となるような点Dをとると，△ADC：(△OCD＋△OBC)＝AD：(DO＋CB)＝3：(2＋1)＝1：1となり，題意を満たす。よって，点Dのx座標は$-5\times\frac{2}{5}=-2$，y座標は$y=-5x$に$x=-2$を代入して，$y=10$　求める直線の式を$y=mx+5$とすると，D$(-2,\ 10)$を通るから，$10=-2m+5$　$m=-\frac{5}{2}$　よって，$y=-\frac{5}{2}x+5$

3　(平面図形の計量)

基本　(1)　$\angle AOC=360^\circ\div3=120^\circ$より，$\angle ABC=\frac{1}{2}\angle AOC=60^\circ$　$\angle DO'K=360^\circ\div8=45^\circ$

基本　(2)　△ABCは1辺の長さが2の正三角形である。1辺の長さがaの正三角形の高さは$\frac{\sqrt{3}}{2}a$で表せるから，$\triangle ABC=\frac{1}{2}\times2\times\frac{\sqrt{3}}{2}\times2=\sqrt{3}$

基本　(3)　AからBCにひいた垂線をAMとすると，$\angle BOM=60^\circ$だから，OB：OM＝2：1　よって，円Oの半径$OA=OB=\frac{2}{2+1}AM=\frac{2\sqrt{3}}{3}$　よって，円Oの面積は，$\pi\times\left(\frac{2\sqrt{3}}{3}\right)^2=\frac{4}{3}\pi$

重要　(4)　DからO'Kにひいた垂線をDLとすると，$DL=\frac{1}{\sqrt{2}}O'D=\frac{1}{\sqrt{2}}\times\frac{2\sqrt{3}}{3}=\frac{\sqrt{6}}{3}$　よって，$\triangle DO'K=\frac{1}{2}\times\frac{2\sqrt{3}}{3}\times\frac{\sqrt{6}}{3}=\frac{\sqrt{2}}{3}$　したがって，八角形DEFGHIJKの面積は，$\frac{\sqrt{2}}{3}\times8=\frac{8\sqrt{2}}{3}$

4　(規則性)

基本　(1)　$1+2^2+3^2+4^2=1+4+9+16=30$(個)

基本　(2)　真上から見たとき，色が塗られた面の数は$4^2=16$，横から見たとき，4つの方向で色が塗られた面の数は$1+2+3+4=10$ずつあるから，全部で$16+10\times4=56$(面)

基本　(3)　2つの面に色が塗られた立方体は，6段に積まれた縦方向に2段目から6段目まで5個，3段目から6段目まで，2つの方向に各段の両端を除いて$1+2+3+4=10$ずつあるから，全部で$5+10\times2=25$(個)

(4)　2つの面に色が塗られた立方体は，n段に積まれた縦方向に2段目からn段目まで$(n-1)$個，3段目からn段目まで，2つの方向に各段の両端を除いて$1+2+\cdots+(n-2)=\frac{1}{2}\times\{1+(n-2)\}\times(n-2)=\frac{1}{2}(n-1)(n-2)$ずつあるから，全部で$(n-1)+\frac{1}{2}(n-1)(n-2)\times2=(n-1)\{1+(n-2)\}=(n-1)^2$(個)　よって，$(n-1)^2=400$　$n-1=\pm20$　$n>0$より，$n=21$

★ワンポイントアドバイス★

規則性が復活し，独立小問，関数，平面図形との大問4題構成に戻った。取り組みやすい内容の出題なので，ミスのないように解いていこう。

＜英語解答＞ 《学校からの正答の発表はありません。》

1	(1) ②	(2) ③	(3) ④	(4) ②	(5) ①		
2	(6) ④	(7) ②	(8) ③	(9) ④	(10) ①		
3	(11) ③	(12) ①	(13) ④	(14) ⑥	(15) ②		
4	(16) ③	(17) ①	(18) ③	(19) ①	(20) ②		
5	(21) ③	(22) ④	(23) ②	(24) ③	(25) ④		
6	(26) ③	(27) ①	(28) ④	(29) ⑤	(30) ⑤	(31) ④	(32) ①
	(33) ③	(34) ⑤	(35) ③				
7	(36) ③	(37) ①	(38) ③	(39) ④	(40) ②	(41) ③	(42) ④
	(43) ①						
8	(44) ②	(45) ④	(46) ③	(47) ③	(48) ⑦	(49) ④	(50) ⑧
9	(51) ①	(52) ①	(53) ④	(54) ④	(55) ②		

○推定配点○

1 各1点×5　2 各1点×5　3 各2点×5　4 各2点×5　5 各2点×5
6 各4点×5　7 各2点×8　8 各2点×7　9 各2点×5　計100点

＜英語解説＞

1 （リスニング問題）

1） What kind of music do you like best?
2） How long does it take to get to school?
3） Do you usually eat sandwiches for lunch?
4） Would you like to study for the test together?
5） I want to work in a hospital. What do you want to be in the future?

(1) あなたはどんな種類の音楽が一番好きですか。
① 私は音楽の先生ではありません。
② 私のお気に入りの種類はポップ音楽です。
③ 私は音楽の先生が好きではありません。
④ 後でその歌を聞きましょう。

(2) 学校へ着くのにどれくらい時間がかかりますか。
① 私は自分の自転車に乗ります。
② はい，私は毎日学校へ行きます。
③ 電車で約1時間かかります。
④ 週に約5回です。

(3) あなたはふだん昼食にサンドイッチを食べますか。
① 私の姉妹は店で働きます。
② それは良いですね。私もそう思います。
③ はい，私は自分の昼食を終えてしまいました。
④ いいえ，私はたいていはおにぎりを食べます。

(4) 一緒にテストの勉強をしてくださいませんか。
① 数学のテストはとても難しいです。
② それは素晴らしそうです。

③ 私のお気に入りの科目は数学です。

④ 私は月曜日に学校へ行くつもりです。

(5) 私は病院で働きたいです。あなたは将来何になりたいですか。

① 私はまだ決めていません。

② 私たちには新しい病院が必要です。

③ 私の姉妹は病院の看護師です。

④ 病院は日曜日に閉まっている。

2 (リスニング問題)

Q6) A：May I help you?

B：Yes, I would like to order an orange juice and dessert. What cake do you recommend?

A：Sorry, but we don't have any left. We are sold out.

B：OK, I will just have a drink then.

A：Please wait a moment.

Q.6 What did the customer order?

Q7) A：Would you like to go to the movies next week?

B：Sure. What kind of movie shall we watch?

A：I like scary movies. How about you?

B：Yes, me too. Sounds fun!

Q.7 What kind of movie will the speakers go to see?

Q8) A：Hey Susan, what's wrong?

B：My cat ran away and is lost.

A：I am so sorry to hear that. Did you check the park or the riverside?

B：I went to the park twice, but I haven't checked the riverside yet.

A：I often see your cat near the river. I hope you find him there.

B：Thanks. I'll check there next.

Q.8 What will Susan do after the conversation?

Q9) A：Boy B：Girl

A：My new English teacher is so nice. I really enjoy her class.

B：Are you good at learning a foreign language?

A：Not really, but I am trying hard. I want to go abroad in the future.

B：That's great. Me too!

Q.9 Why does the boy study English hard?

Q10) A：Man B：Woman

A：I went to the museum last Monday, but it was closed. You often go there too, right?

B：Yes, I go there about once a month. I really like the exhibitions. I think it is closed every Monday though.

A：Oh really? I should check the schedule and go on a different day next time.

B：Yes, that's a good idea...

Q.10 What will the man do before going to the museum?

(6) A：何か差し上げましょうか。

B：はい，私はオレンジジュースとデザートを注文したいです。あなたはどのケーキを薦めますか。

A：すみませんが，全く残っていないのです。売り切れてしまいました。

B：わかりました，それでは私は飲み物だけもらいます。

A：少々お待ちください。

客は何を注文したか。

① 彼女はケーキと飲み物を注文した。

② 彼女は何も注文しなかった。

③ 彼女はリンゴジュースとデザートを注文した。

④ 彼女はオレンジジュースだけを注文した。

(7) A：来週，映画に行くのはいかがですか。

B：いいですよ。どんな種類の映画を見ましょうか。

A：私は怖い映画が好きです。あなたはどうですか。

B：はい，私もです。面白そうです。

話し手たちはどんな種類の映画を見に行くつもりか。

① 彼らは喜劇を見に行くつもりだ。

② 彼らは恐ろしい映画を見に行くつもりだ。

③ 彼らはSF映画を見に行くつもりだ。

④ 彼らは恋愛映画を見に行くつもりだ。

(8) A：やあ，スーザン，どうしたんだい。

B：私のネコが逃げて行方不明なの。

A：僕はそれを聞いて残念だよ。君は公園や川岸を確かめたかい。

B：私は公園へ2回行ったけれど，まだ川岸を確かめていないわ。

A：僕はよく川の近くで君のネコを見るよ。君がそこで彼を見つけると良いと思うよ。

B：ありがとう。私は次にそこを確かめるつもりよ。

スーザンは会話の後で何をするつもりか。

① 彼女は川で水泳を楽しむつもりだ。

② 彼女は公園へ行くつもりだ。

③ 彼女は川岸へ行くつもりだ。

④ 彼女は公園で彼女のペットと遊ぶつもりだ。

(9) A：僕の新しい英語の先生はとても素敵なんだ。僕は彼女の授業を本当に楽しんでいるよ。

B：あなたは外国語を学ぶことが得意なの。

A：それほどでもないけれど，僕は一生懸命にやってみているよ。僕は将来，外国へ行きたい。

B：それは素晴らしいわね。私もよ。

少年は，なぜ英語を一生懸命に勉強するのか。

① 彼は外国語を学ぶことが得意だ。

② 彼は将来，英語の先生になりたい。

③ 彼は英語の先生に会いたい。

④ 彼は外国へ行きたい。

(10) A：僕は先週の月曜日に博物館へ行ったんだけれど，閉まっていたんだ。君はよくそこへ行くよね。

B：ええ，私はだいたい月に1回そこへ行くわ。私はその展示が大好きなの。でも，それは毎週月曜日に閉まっていると思うわ。

A：ああ，本当かい。次は，僕は予定表を確かめて別の日に行くべきだな。

B：ええ，それはよい考えね。

男性は博物館へ行く前に何をするつもりか。

① 彼は予定表を確かめるつもりだ。

② 彼は次の月曜日にそこへ行くつもりだ。

③ 彼は展示を確認するつもりだ。

④ 彼は健康診断を受けるつもりだ。

3 （会話文：語句補充）

（全訳） ユウジとミワは級友だ。彼らの担任のノグチ先生はホームルームの生徒に話している。

ノグチ先生：今年，私たちは文化祭をします。それぞれのクラスが自身のクラスの催しをすることができます。例えば，君たちは教室に迷路を作ることができます。この時間の間に君たちの級友と話してください。

ユウジ　　：ねえ，ミワ。僕は迷路を作って人々を迷わせたいな。僕たち自身の迷路を作ることはとても面白いだろうと思うよ。(11)君はどう思う。

ミワ　　　：私は個人的にはお化け屋敷を作りたいけれど，私たちの学校は私たちにそれをさせないだろう，と私は思うわ。

ユウジ　　：そうだね，僕たちは空き地を使って新鮮な空気を得る必要があるよ。(12)食べ物を売るのはどうだい。例えば，チャーハンや綿あめ。生徒たちは地元の夏祭りにいるような感覚になることができるよ。

ミワ　　　：(13)私はあなたの考えが好きよ。でも，私たちは準備するべき食べ物の量について考えなくてはならないわ。私たちはたくさんは売ることができなくて，お金を失うかもしれない。それよりも，学校の講堂でダンスの上演をするのはどう。

ユウジ　　：(14)僕はそれがよい考えだとは思わないな。たくさんの人々の前で踊ることが好きではない生徒もいるよ。

ミワ　　　：なるほど。私たちには私たちのクラスの催しについて考えるためのもっとたくさんの時間が必要だ，と私は思う。私たちは放課後にそれについて話さなければならないわ。

ユウジ　　：これが私たちにとって最後の文化祭だよ。(15)それをこれまでで最高の催しにしよう。

4 （会話文：語句補充）

(16) A：ジャネットが歌うことが本当に得意だ，と君は知っているかい。

B：うん。彼女はプロのように歌を歌うことができるんだよ。

① 「声が大きい」(×) ② 「地元の」(×) ③ 「～のように」(○) ④ 「幸運な」(×)

(17) A：私は新しいノートパソコンを買いたいわ。

B：それらはとても高価だから，あなたはコンピューター店で様々な型を比較するべきよ。

① 「～と比較する」(○) ② 「～を完成させる」(×) ③ 「競争する」(×) ④ 「不満を言う」(×)

(18) A：日本での生活はどうなの。

B：僕はそれが大好きだけれど，東京の電車がとても混むとうれしくないな。

① 「期待された」(×) ② 「喜んだ」(×) ③ 「混んだ」(○) ④ 「興奮した」(×)

(19) A：僕はあの有名なレストランへ行くつもりなんだ。

B：それはとても人気があるから，前もって予約するべきよ。

① 「予約」(○) ② 「保護」(×) ③ 「取り消し」(×) ④ 「動機づけ」(×)

(20) A：その映画は好きだったかい。

B：それほどでもないの。物語が退屈だったから，私は眠く感じたわ。

① 「驚くような」(×) ② 「退屈な」(○) ③ 「面白い」(×) ④ 「素晴らしい」(×)

5 **(語句補充：進行形，現在完了，助動詞，受動態)**

基本 (21) 接続詞 when を使った文は〈主語A＋動詞B＋ when ＋主語C＋動詞D〉で「CがDのときAがB」という意味なので動詞Bと動詞Dの時制は一致させる。ここでは動詞Dが過去形 called なので動詞Bも過去形にする。また，「風呂に入っている」だから，〈be動詞＋—ing〉の形をとる進行形にするのが適切。

重要 (22) 一般に「行く」を表すのは go(過去分詞形は gone)だが，〈have[has]＋動詞の過去分詞形〉の形をとる現在完了では，経験を表す「～へ行ったことがある」の意味には have[has] been to ～ を使う。なお，have[has] gone to ～ は「～へ行ってしまった」と結果を表す。ここでは three times「3回」が使われていることから経験の用法であることがわかる。

(23) Would you like ～? で「～はいかがですか」の意味。

(24) 「すぐ」手伝うことができないのは，その時点で宿題を「している」からである。「～している」は〈be動詞＋—ing〉の形をとる進行形。

(25) 「～される」という意味なので〈be動詞＋動詞の過去分詞形〉の形の受動態の文にする。

6 **(語句整序：分詞，不定詞，関係代名詞，比較)**

やや難 1. Who is the girl playing soccer (over there?) 「向こうでサッカーをしている少女は誰ですか」 the girl を修飾する現在分詞 playing を使った文。「向こうでサッカーをしている」なので playing soccer over there でひとかたまり。現在分詞 playing は単独ではなく関連する語句 soccer over there を伴っているので the girl の直後に置く。

2. (Do) you know how to get (to the station?) 「あなたは駅への行き方を知っていますか」 〈how to ＋動詞の原形〉で「～の仕方」という意味。get to ～ で「～に着く」という意味。

やや難 3. (I want to) go to a museum that has (some famous paintings.) 「私はいくつかの有名な絵を持っている博物館へ行きたい」 関係代名詞 that を用いて I want to go to a museum と it has some famous paintings をつなげた文を作る。it が that に代わる。

4. (It) is the fastest way of (all.) 「それが全ての中で最も早い方法です」「～の中で最も―だ」という意味になるのは〈(the)＋形容詞[副詞]の最上級…＋ in[of] ～〉の形の最上級の文。

5. (I) want you to clean the bathroom(.) 「私はあなたに風呂場を掃除してほしいです」 〈want ＋A＋ to ＋動詞の原形〉で「Aに～してほしい」の意味。

7 **(長文読解・資料読解：内容吟味)**

(全訳) A

シュノーケルを使って泳ぐ冒険

特別なガイド付き旅行

女性の人魚と男性の人魚に呼びかけています。素晴らしい水中の経験があなたを待っています。この地域の海は，巨大なカメやヒトデ，巨大な二枚貝，熱帯魚，イルカを含む色とりどりの海の生き物の遊び場です。素晴らしい経験を求めて，海の冒険の仲間と海で1日を過ごしてください。

あなたが水泳が得意ではないとしても，心配しないでください。このツアーでは専門家のガイドが熱帯の海であなたが泳ぐのを手伝います。あなたがきっとそれを大好きだと私たちは思います。

個人の料金

大人	180ドル	★価格は含んでいます…
子ども(12歳未満)	50ドル	－シュノーケリングセット
年長者(60歳超え)	150ドル	－ホテルへの出迎え
		－昼食

グループの料金

教育上のグループ		－10人以上の子どもたち(12歳未満)
	生徒につき30ドル	－専門家による野生動物についての1時間の講義
		－グループ写真(写真1枚ごとに5ドル加算する)
		－付き添いの先生無料
家族(大人2人と子ども2人)		
	合計で300ドル	

★追加の20ドルでバーベキューランチにアップグレードすることができます。

★もし悪天候のためにツアーが中止されれば，別の日か満額払い戻しが申し出られます。

★全てのシュノーケリングの装備はツアー料金に含まれます。あなた自身のタオルを持ってくるだけです。

★年長の人は彼らの身分証明を見せなければなりません。

(36)「男性は合計でいくら支払うべきか」「このツアーは本当に魅力的に見えます。私の妻と私はこのツアーに参加したいです。また，私の父が私たちに加わる予定です。彼は65歳ですが，彼は今でさえ上手に泳ぎます」 ①「360ドル」(×) ②「380ドル」(×) ③「510ドル」(○) 個人の料金参照。大人2人と65歳の年長者1人だから，180×2＋150＝510(ドル)である。 ④「540ドル」(×)

(37)「女性は合計でいくら支払うべきか」「私は小学校の先生です。特別講義が面白そうなので，私はこのツアーに10人の児童を連れていきたいです。彼らは11歳です。私たちはグループ写真は全く欲しくありません」 ①「300ドル」(○) グループの料金の教育上のグループ参照。11歳の児童10人で1人につき30ドル，先生は無料である。30×10＋0＝300(ドル)になる。 ②「350ドル」(×) ③「480ドル」(×) ④「500ドル」(×)

(38)「全ての参加者はこのツアーに何を持ってくるべきか」 ①「シュノーケリングセット」(×) ②「弁当箱」(×) ③「タオル」(○) ポスター下部の★印3つ目最終文参照。タオルだけで良いのである。 ④「身分証明書」(×)

(39)「どの記述が一致しているか」 ①「特別な潜水技術がないと，人々はこのツアーに参加することができない」(×) 写真の下の文章最終段落第1文・第2文参照。専門家のガイドが手伝ってくれるのである。 ②「専門家の助けがなければ，イルカは海で生き残ることができない」(×) イルカが生きることについての記述はない。 ③「もし大人1人が180ドル支払えば，彼や彼女はバーベキューランチを食べることを楽しむことができる」(×) 個人の料金の右の箇条書きの最後・ポスター下部の★印1つ目参照。通常の昼食は180ドルの料金に含まれているが，バーベキューランチにするには20ドルを追加する必要があるのである。 ④「もし天気が悪ければ，人々は別の日に参加することができる」(○) ポスター下部の★印2つ目参照。

B

ニュー・スター・スニーカーV05

★★★★☆　　1,500件のレビュー　　カートに入れる

定価：50ドル

ベストセラー1位

－スニーカーは実用的で流行に合っています。それらは終日身につけるのに理想的です。

－もしあなたがギャラクシー・ショッピングの会員なら，定価の10％割引きを受けることができます。

－もしあなたがまだ会員ではないなら，こちらをクリックしてまず会員に登録することができます。

会員になるのに5分しかかかりません。身分証明書とあなたのクレジットカードの詳細が必要です。
サイズ　✓＝在庫あり　×＝在庫なし

インチ	6	7	8	9	10
在庫	✓	×	✓	✓	×

レビュー
マイケル
私はこれらが大好きです。それらは私がジョギングしているときでさえとても快適です。私はこれらの靴を強く勧めます。私はそれらの外見や心地が大好きです。
デイビッド
これらの靴はジーンズと似合います。それらは快適にぴったり合います。靴底はとても柔らかいので，短期間の着用には信頼度が高いですが，活発なスポーツには信用度がありません。もし活動的なスポーツをしていれば，足首を痛めるのではないか，と思います。
アン
私は8サイズのこれらを1足買いました。合い具合は少し小さいかもしれません。私は最初の数回はそれらが好きでしたが，それらをはいて走った後，きつすぎるとわかりました。私は次回は1サイズ大きいものを選ぶつもりです。

(40) 「ギャラクシー・ショッピングの会員はそのスニーカー1足にいくら支払うか」 ① 「40ドル」(×) ② 「45ドル」(○) 定価・写真の下の箇条書きの2つ目参照。定価は50ドルで，会員は10%割引になるから，50×(1－0.1)＝45(ドル)である。 ③ 「50ドル」(×) ④ 「55ドル」(×)

(41) 「レビューによると，誰がそのスニーカーを買うべきでないか」 ① 「ジーンズを着る人」(×) ② 「ジョギングを楽しむ人」(×) ③ 「活発なスポーツが大好きな人」(○) レビューの2番目(デイビッド)第3文・最終文参照。 ④ 「きつく作られた靴が好きな人」(×)

(42) 「アンは次回，どのサイズを注文するつもりか」 ① 「6インチ」(×) ② 「7インチ」(×) ③ 「8インチ」(×) ④ 「9インチ」(○) レビューの3番目(アン)の第1文・最終文参照。

(43) 「どの記述が一致しているか」 ① 「靴には1,000件より多いレビューがある」(○) ★印の直後部参照。 ② 「マイケルはその靴について否定的な感情がある」(×) レビューの1番目(マイケル)参照。「大好き」「快適」「強く勧めます」と，肯定的な評価だけをしている。 ③ 「靴の全てのサイズは今，在庫がない」(×) サイズの囲みの中参照。6・8・9インチは在庫ありである。 ④ 「クレジットカードなしで，人々はギャラクシー・ショッピングの会員になることができる」(×) 写真の下の箇条書きの最終文参照。クレジットカードが必要である。

8 (長文読解・論説文：内容吟味)

(全訳) A

サメは4億年間あまり私たちの海に住んでいる。22cmのペリーカラスザメから18mのジンベイザメまで，彼らは様々な形や大きさになる。サメは何年間も生きることができる。400歳まで生きるものもいる。多くのサメは食物連鎖の頂点にいる。それらは他の動物を殺すことや食べることによって生きている。サメは食物の複雑な関係をつり合いのとれた状態に，海を健全な状態にしておくので重要だ。

残念ながら，乱獲や水質汚染，気候変動の脅威のためにサメの個体群は小さくなっている。それらはたいていは，数匹の赤ちゃんザメしか産まない。このことは，サメの数が急速には増えないことを意味する。時にはそれらは誤って漁網に捕まってしまうこともある。アジアではふかひれのスープが人気のある料理なので，それらは故意に捕まえられることもある。昔は，外洋の区域はサメにとって安全な場所だったが，より大きな漁船はそれらの区域でも魚を捕ることを可能にした。サメを含む海の生き物を保護するために，20世紀に海洋保護区が設置された。しかしながら，それらの区域は沿岸の近くだけで，海の小さい割合なのだ。ここ最近は，多くの国々が2030年までに海の30％を保護するために一緒に努力することに同意している。

(44)「サメは(　　)ので，食物連鎖において重要だ」①「様々な形や大きさになる」(×)
②「食物の複雑な関係をつり合いのとれた状態にしておく」(○)　第1段落最終文参照。
③「漁獲の危険がある」(×)　④「ほとんど赤ちゃんを産まない」(×)

(45)「(　　)から，サメの数は少なくなっている」①「サメは400歳まで生きることができる」(×)　②「サメは食物連鎖の頂点にいる」(×)　③「それらの近くには漁船がいない」(×)
④「ふかひれはいくつかの地域では人気のある食べ物である」(○)　第2段落第5文参照。

(46)「今日では，(　　)」①「たくさんの国々は海の半分あまりを保護する」(×)　②「海洋保護区は沿岸から離れている」(×)　③「外洋の区域はサメにとって安全な場所ではない」(○)
第2段落第6文参照。「昔は」「安全な場所だったが」ということは，今では安全ではないのである。
④「大きな船は漁獲からサメを保護する」(×)

Ⓑ

山は，その上に植物や動物，人間のような生き物を含む生態系だ。それらはそこに住んでいる人々によって様々な方法で使われる。野菜を育てるために使われる山の地域もあるが，家畜を飼育するために使われるものもある。水や木のような自然の資源を手に入れるために山を使う人々もいる。しかしながら，近くで使われない資源もある。例えば，木はしばしば大都市で家を作るために使われる。

残念なことに，大雨や強風，山火事のような問題は，山の環境に損害を与えうる。山を健全にしておくために，人々は山にとって危険なことを理解して，それらに対処するための答えを見つけるべきだ。山は人々のための資源に富んでいるだけでなく，自然それ自体のためにとても重要でもあるのである。

メモ

－山は植物や動物，人間から成り立っている(47)生態系だ。
－山で作物を育てる人々もいるし，家畜を(48)飼育する人々もいる。
－山は地元だけでなく(49)大都市の人々にも豊富な資源を供給する。
－人間は山に損害を与える(50)問題に対処するべきだ。

9 **(長文読解・ディベート原稿：語句補充)**

家で食べることはレストランで食べることよりもよい。

私はこの主題の提示に同意する。家で食べることはレストランで食べることよりよい，と私は思う。

まず第1に，油や塩の量を管理することが簡単だから，私たちはより油っこかったり塩辛かったりせずに調理することができるので，家で食べることは(51)より健康的だ。その上，私たちは満腹を感じるちょうど(52)十分な食べ物を調理することができる。レストランでは，私たちは与えられ過ぎて，時には食べ物を残す。

第2に，家で食べることはずっと(53)よりくつろがせる。私たちは心地よい衣服を着て，食べている間に，映画を見たり私たちのお気に入りの音楽を聞いたりすることができる。その上，私たちは他の客の(54)心配をしなくてもよい。私たちは私たちがしたいだけ大声で話したり笑ったりすることができる。

私たちは友だちと食べたり特別な行事を祝ったりすること(55)を楽しむことができるので，レストランで食べることは楽しい，と言う人々もいる。しかしながら，家で食べることはよりよい，とそれでも私は思う。

(51)　①　「より健康な」(○)　「油や塩の量を管理することが簡単」(第2段落第1文)なのである。　②　「より速い」(×)　③　「より安価な」(×)　④　「より高価な」(×)

(52)　①　「十分な」(○)　「満腹を感じるちょうど」(第2段落最終文)なのである。　②　「裕福な」(×)　③　「安全な」(×)　④　「空の」(×)

(53)　①　「より安全な」(×)　②　「より柔らかい」(×)　③　「より重要な」(×)　④　「よりくつろがせる」(○)　「心地よい衣服を着」たり「映画を見たり」「お気に入りの音楽を聞いたりすることができる」(第3段落第2文)のである。

(54)　①　「急ぐ」(×)　②　「ふるまう」(×)　③　「忘れる」(×)　④　「心配する」(○)　「大声で話したり笑ったりすることができる」(第3段落最終文)のは「他の客の心配をしなくてもよい」からである。

(55)　①　「～をやめる」(×)　②　「～を楽しむ」(○)　「楽しい」(最終段落第1文)のである。　③　「～をやめる」(×)　④　「～を避ける」(×)

★ワンポイントアドバイス★

語句整序問題は，1語目から並べていくことにこだわらず，構文や熟語，不定詞などの文法事項や文型に注目し，小さいまとまりを作っていくことから始めるとよい。

＜国語解答＞　《学校からの正答の発表はありません。》

一　問一　4　問二　1　問三　3　問四　2　問五　3　問六　1　問七　4
問八　1　問九　2　問十　3　問十一　2　問十二　1　問十三　1　問十四　2
問十五　3　問十六　4　問十七　2　問十八　1　問十九　1　問二十　2・4
問二十一　2　問二十二　3

二　問一　1　問二　2　問三　2　問四　2　問五　4　問六　1　問七　2
問八　2　問九　1　問十　4　問十一　2・4

三　問一　2　問二　4　問三　3　問四　2　問五　1　問六　4　問七　3
問八　4

四　問一　A　3　B　4　問二　1・3　問三　4　問四　3

○推定配点○

一　問一・問四・問五・問八・問十五・問十七・問十九・問二十一　各1点×8　他　各3点×14
二　問一・問三　各1点×2　他　各3点×9　三　各2点×8　四　各1点×5　計100点

＜国語解説＞

一　(小説―主題・表題，情景・心情，内容吟味，文脈把握，指示語の問題，脱文・脱語補充，語句の意味，ことわざ・慣用句，表現技法)

基本　問一　直前の「他人さまのおうちで，たびたびごちそうになる」ことに対して言っている。

問二　直後の文「どんな有名店のケーキより，真奈たちとくすくす笑ったり，おしゃべりしたりしながら，口いっぱいに頬張ったパンのほうがずっとおいしい」から理由を読み取る。この直後の文の内容に2と3は合わない。4の内容は述べていない。

問三　Ⅰ　直後の「おなかが音をたてる」にふさわしいものが入るが，ここでは判断がつかない。Ⅱ　前後の「葉は，風が吹くと」「優しい音を奏でる」にふさわしいのは「サワサワ」。　Ⅲ　千穂が興奮している様子を表す「ドキドキ」が当てはまる。

問四　直前の「受験なんてまだまだ先のことだって」から，他人ごとのように平然としているという意味の使われ方をしているものを選ぶ。1はさわやかな様子という意味の使われ方で，3と4からは，他人ごとのように感じている様子が読み取れない。

問五　「かぶりを振る」は，頭を左右に振って否定の意味を表す。

問六　前の「千穂，これ，まだ誰にも言ってないんだけど……あたし，お父さんみたいになりたいなって思ってるんだ。パン職人」という会話の内容と，傍線部⑤「ぼそりとつぶやいた」という様子には，心の中で考えていたことを親友にだけそっと打ち明けたという1の説明が適切。2の「宣言」は，「ぼそりと」という様子に合わない。3の「隠してはおけない」，4の「進路問題を考えるよう促している」ことは読み取れない。

問七　直前の「……高校受験というのは，ただの試験じゃない。きみたちの将来につながる選択をするということなんだ……自分の将来を自分自身で選択するという意志をもってもらいたい」という言葉から，担任の教師の思いを読み取る。傍線部⑥「生徒一人一人の顔を見やりながら」という様子からも，高校受験を一人一人が自分の問題として取り組んでほしいという思いが読み取れる。担任の言葉と様子からは，1の誰が自分の将来を考えているのかを見極める，2の危機感を伝えたい，3の現状を反省させたいという思いは，読み取れない。

問八　「反芻」の元の意味は，牛などが一度飲み下した食物を口の中に戻して再び噛み直すこと。

やや難　問九　同じ会話の「うちのお父さん，普通のおじさんなんだけど，パンを作ってる時だけは，どうしてだかかっこよく見えるんだよね。作ったパンもおいしいしさ。お客さん，すごく嬉しそうな顔して買いに来てくれるんだよね」に着目する。父親が朝早くに起きて作ったパンを「自分が決めた仕事に打ち込んで成し遂げた成果」に，お客さんが喜んでくれることを「周囲にささやかな幸福をもたらしている」と言い換えている2が適切。真奈から見て「かっこよく見える」のであって，1の父親が「かっこよく仕事」をしようとしているわけではない。3の「文句を言わず」，4の「経済的な成功を考えずに」という様子は，本文では述べていない。

問十　傍線部⑨の「そこ」は，直前の「高校卒業したらパンの専門学校に行きたいなって……思ってるんだ」という真奈の言葉を指しており，「そこ」には「自分の」何があるのかを考える。前で「意志をもってもらいたい」という教師の言葉を，千穂が「心の中で反芻していた」とある。

問十一　前で「千穂は画家志望だよね。だったら，やっぱり芸術系の高校に行くの？」と真奈に聞かれた千穂は「え……あ，それはわかんない」「……まあ。でも，それは……」と言って，「夢だから。口の中で呟き，目を伏せ」ている。将来をしっかりと考えている真奈に対して，千穂は自分のしたいことをあいまいにしか答えられないことを情けなく感じていることが読み取れる。この内容を述べている2が適切。情けなさは自分自身に向けられたものなので，1の「真奈の方がしっかり将来を考えている」とある1は合わない。傍線部⑩の千穂の様子に，4の「強く決意」はそぐわない。3の「自分の夢はどうやったらかなえられるのか」という内容は書かれていない。

重要　問十二　「画家なんて」で始まる段落に，千穂は「開業医の父の跡を継ぐために，医系コースのある進学校を受験するように言われていた」とあるので，「塾に行くこと」は母に言われた通りの未来に進むという意味を持っている。一方，「立止まった」で始まる段落に「アスファルトで固められていない土の道は緩やかな傾斜の上り坂になっていた。そこには……大きな樹。」とあり，小学生の千穂はこの「大きな樹」に登って「絵を描く人になりたい」と思っていたとある。したがって，「公園に行くこと」は過去の自分の夢を思い出すという意味を持っている。この内容に1が適切であるが，「困難な道であっても夢をあきらめずに進んでいく」とある2は適切ではない。3の「過去に向かって遡っていく」や，4の「一人で不安に耐えながら未来に向かう」わけではない。

問十三　傍線部⑫「金色の風景」は，千穂が大きな樹に登って見渡した「街」の様子である。冒頭の「街は夕暮れの光の中で，淡い金色に輝いていた。」という描写に注目する。

やや難 問十四　前の「あたし，絵を描く人になりたい」や，後の「描きたいという気持ちが突き上げてきて」は，千穂の本能的な感情を述べている。したがって，傍線部⑬の「理屈じゃなかった」は，自分に才能があるのか，本当に画家になれるのかなどと冷静に考えなかったということになる。「理屈」に1の「家族との対立もいとわない」，4の「自分の好きなことだけをして生きていけばいい」はそぐわない。3については読み取れない。

問十五　「大仰」にはおおげさ，という意味がある。

問十六　一つ前の段落の「母からは，開業医の父の跡を継ぐために，医系コースのある進学校を受験するように言われていた……一人娘の千穂が医者を目ざすのは当然だと考えているのだ。芸術科なんてとんでもない話だろう」から，千穂が母親に「芸術科のある高校に行きたい」と言い出せない理由を読み取る。1の「がっかりしてしまう父の姿」，2の「勉強するのを諦めたのではないか」は読み取れない。直前の段落の「絵を描くのなら趣味程度にしときなさい」という母親の言葉から，「あなたにはそんな才能は無いとはっきり言われてしまう」とある3も適切ではない。

基本 問十七　傍線部⑯は，直前の段落の「絵描きになりたい？千穂，あなた，何を考えてるの……夢みたいなこと言わないの。」に対するものである。この千穂が想像した母親の様子に適切なのは2。

問十八　直前の段落の「お母さんはあたしの気持ちなんかわからない。わかろうとしない」という千穂の心の中のつぶやきに対して，後で千穂が「そうかな。」と繰り返していることから，自分の心の中のつぶやきに違和感を覚えたとある1の説明が適切。傍線部⑰をきっかけに，千穂の心境が変化している。2の「罪悪感」，3の「新しい目標」，4の「人の道を踏み外し」は適切ではない。

問十九　「血相」は「けっそう」と読み，顔の様子を表す。娘が枝から落ちたと聞いた時の母親の様子であることからも判断できる。

問二十　千穂は枝から落ちたときに「わたしはお母さんに……しっかりと抱きしめられた」ことを思い出して，傍線部⑲「あたしはどう生きたいのか，お母さんに伝えよう」という気持ちになっているので，4が適切。傍線部⑲と同じ段落に「お母さんに，あたしの夢を聞いてもらうんだ。あたしの意志であたしの未来を決める」とあるので，自分の夢にはっきりと気づいたことを述べる2も適切。

基本 問二十一　「樹」を人に見立てて表現しているので，2の「擬人法」が使われている。

重要 問二十二　傍線部⑳「もう一度，深くその香りを吸い込んでみた」とあるので，前の「緑の香りを吸い込む」という描写に着目する。その前の「わたしはお母さんに……しっかりと抱きしめられた」や，後の「あたしはどう生きたいのか，お母さんに伝えよう。ちゃんと伝えられる自信がなくて，ぶつかるのが怖くて，お母さんのせいにして逃げていた……あたしの意志であたしの未来を決めるんだ」と千穂の心情に，3が適切。1は，「あたしの意志であたしの未来を決める」という心情をふまえていない。2の「自分のことしか考えていない母親」，4の「自分の夢は諦めよう」は適切ではない。

二　（論説文一大意・要旨，内容吟味，文脈把握，指示語の問題，接続語の問題，語句の意味）

問一　「グローバル」は，世界的な規模という意味であることから判断する。

問二　A「アメリカ人にとって，コミュニケーションの最も重要な役割」を述べた直前の段落に対して，後で「日本人にとって，コミュニケーションの最も重要な役割」を述べているので，対比の意味を表す語句が当てはまる。　B　前の「自己主張によって相手を説き伏せることではない」という前から当然予想される内容が，後に「自己主張のスキルを磨かずに育つ」と続いているので，順接の意味を表す語句が当てはまる。　C　直前の段落の「もちろん自分のためでもあるのだが，自分だけのためではない」を，後で「人の意向や期待を気にする日本人的な心のあり方」と言い換えているので，前の内容を指示する意味を表す語句が当てはまる。

問三　傍線部②の「お互いの気持ちを結びつけ」や「良好な場の雰囲気を醸し出す」には，他人の意見や感情を全くその通りだと感じるという意味のものが適切。

問四　直前の段落の「親を喜ばせるため，あるいは親を悲しませないために勉強を頑張る……大人だって監督のために何としても優勝したいなんて言ったりするし，優勝すると監督の期待に応えることができてホッとしていると言ったりする」という内容は，人のために頑張ることによって自分も喜びを感じられる，というものである。傍線部③の「もちろん自分のために」に，3の「周りの人を幸福にする」，4の「周囲との円滑な人間関係を保てるようにする」は適切ではない。傍線部③の「自分だけのためではない」に，1も適切ではない。

問五　傍線部④「欧米的な価値観」について，「心理学者の」で始まる段落に「アメリカ的な独立的自己観」と述べ，「独立的自己観では」で始まる段落で「独立的自己観では……個人の行動は本人自身の意向によって決まる」と説明している。この「本人自身の意向によって決まる」を，「個に基づいた自己決定を最優先する」と言い換えている4が適切。1と3は日本的な相互協調的自己観について述べるものである。2の「型にとらわれない個性」については本文では述べていない。

問六　直前の段落の「『他人の意向を気にするなんて自主性がない』とか『自分がない』など」という「欧米的な価値観に染まった」考えを前提としている。この考えや「アメリカ人にとって」で始まる段落の「アメリカ人にとって，コミュニケーションの最も重要な役割は，相手を説得し，自分の意見を通すことだ」という内容に通じる1が適切。2の「本当には他者の気持ちを理解していない」，3の「日本ではその能力を発揮する場面が無い」，4の「実は他者の気持ちを深く理解できる」とは，本文からは読み取れない。

問七　傍線部⑥は，直前の「他者との絆を強化し，他者との絆を自分の中に取り込んでいく」という日本人の考え方について述べている。「ひとつの発達の方向性とみなすべきではないか」を「豊かな発展の可能性が認められる」と言い換えている2の考え方が読み取れる。1の「一人ひとりが成長していくことよりも，その社会全体の協調性が高まること」を重要視しているわけではない。3の「人間の成長」，4の「個人」については述べていない。

問八　日本人の自己のあり方について，傍線部⑦「関係性を生きている」とし，直後の段落で「日本的な相互協調自己観」と言い換えている。「このような相互協調的自己観をもつ僕たち日本人は」で始まる段落で「関係性としての自己は，相手との関係性に応じてさまざまに姿を変える。その場その場の関係性にふさわしい自分になる」と具体的に説明しており，この説明に2が適切。1の「一つひとつ責任を持って果たしている」，3の「個人としての考え方は捨てて」，4の「相手との関係性がどの程度大切かを考えて」という言及はない。

問九　傍線部⑧「こんなことを言ったら相手はどう感じるだろうか」というのであるから，相手の考えを尊重するものが当てはまらない。1は「君はどう思う」と相手の考えを尋ねているが，他の選択肢はすべて「相手はどう感じるだろうか」と配慮していない。

やや難　問十　「和辻によれば」で始まる段落の「『人間』というのは……『人間関係』を意味する言葉だっ

たのに，誤って『人』の意味に使われるようになった」に4が適切。この内容に1は適切ではない。「和辻は」で始まる段落の内容として2は適切ではない。3は，本文からは読み取れない。

重要 問十一 「『だれが何と」で始まる段落の内容と2が，「和辻は」で始まる段落の内容と4が一致する。

三 （古文一主題・表題，情景・心情，内容吟味，文脈把握，口語訳）

〈口語訳〉 A「ここに呼んで，連れて参りました。」と人が言ったので，今までしていたように，うつむかせて，尻や頭に乗っている人，鞭を用意させて，打つ人を用意して，先に，人が二人(罪を犯した家来を)引っ張って，出て来たのを見ると，(家来の)頭は黒髪も交じっておらず，たいそう白く，年老いていた。(大隅守が)見たところ，鞭で打つのは気の毒に思ったので，何かにかこつけて，これを許そうと思うが，口実にすることがない。過ちなどを，端から問い質すと，ただ老いを言い訳にして，答えている。(大隅守は)何とかして，これを許そうと思って，B「お前はたいそうな盗人だな。歌は詠むことができるのか。」と言うと，(家来は)C「あまり上手には詠めませんけれども，詠みます。」と言ったので，(大隅守は)D「ならば詠め。」とおっしゃって，間もなく，ふるえる声で，詠み出す。

年を経て　かしらの雪は　積もれども　しもと見るにぞ　身は冷えにける(年をとってすっかり頭に雪が積もり白髪になってしまったけれども，しもと(霜)を見ると，心底身体が冷えてつらい思いがいたします)

と詠んだので，(大隅守は)たいそう同情し，感動して(家来を)許したのだった。

どんな人であっても風流を理解する心はあってほしいものだ。

重要 問一 A 「ここに呼んで，連れて参りました。」と発言したのは，罪を犯した家来を連れて来た「家来の誰か」。 B 罪を犯した家来を何とかして許そうと「歌を詠むことはできるか。」と尋ねたのは，「大隅守」。 C 「大隅守」に「歌を詠むことはできるか。」と問われて，「あまり上手には詠めませんけれども，詠みます。」と答えたのは，「罪を犯した家来」。 D 「罪を犯した家来」に，「ならば詠め。」と命じたのは，「大隅守」。

問二 「打」という語から，直前の文の「しもとをまうけて，打つべき人まうけて」に着目する。鞭と鞭を打つ人を用意するという意味であることから，「打ぜん」が表していることを推察する。

問三 前で「頭は黒髪もまじらず，いと白く，年老いたり。見るに，打ぜんこといとほしくおぼえければ」と理由を述べている。

問四 後の注釈から「高家」が言い訳などのよりどころという意味であることを確認する。老いを言い訳にして答えている2が適切。

やや難 問五 「てんや」は相手の同意を求め勧誘する意味を表す。歌を詠むことを勧誘している1を選ぶ。

問六 「はかばかし」は，しっかりしている，本格的であるという意味。しっかりとは詠めませんが，と同様の意味を述べているものを選ぶ。

重要 問七 「年を経て」の歌は，自身の白髪を「かしらの雪」に見立て，さらに「笞」と「霜」を掛けた掛詞が用いられている。罪を犯した家来が，巧みな技法を用いて辛い気持ちを歌に詠み込んだところを，「大隅守」は優れていると感じたからである。この内容を述べている3が適切。

重要 問八 「情け」は，風流を理解する心という意味。罪を犯した家来が見事な歌を詠んだので，罪をまぬがれたことをふまえて「情けはあるべし」と言っている。

四 （漢字の読み書き，ことわざ・慣用句，敬語・その他）

問一 A 陶酔　1 透明　2 沸騰　3 陶器　4 灯油

B 卑下　1 悲しく　2 避け　3 被る　4 卑しい

問二 2は「拝見していただけませんか」→「ご覧いただけませんか」，4は「お呼びになるまで」→「お呼びするまで」が正しい。

基本 問三 「(　)を売る」でむだ話などをして仕事を怠けるという意味になる。
問四 「自(　)自得」で,「ジゴウジトク」と読む四字熟語になる。

★ワンポイントアドバイス★

一は小問数が多いが，ここで時間をかけすぎないことがポイントだ。三の古文や四の語句問題を取りこぼすことがないようにしよう。

2021年度

★★★★★★★★★★★★★★★★★★★★★★★★

入　試　問　題

2021年度

東海大学付属相模高等学校入試問題

【数　学】（50分）〈満点：100点〉

【注意】 1．分数の形で解答する場合，それ以上約分できない形で答えなさい。

2．根号を含む形で解答する場合，根号の中に現れる自然数が最小となる形で答えなさい。また，根号を含む分数の形で解答する場合，分母に根号を含まない形で答えなさい。

1 次の各問いに答えよ。

(1) $\left\{\frac{2}{5}\times\left(\frac{1}{3}-\frac{1}{2}\right)+\frac{17}{15}\div 2\right\}\times\left\{\frac{5}{3}-\left(2\div\frac{2}{5}-2^2\right)\right\}$ を計算せよ。

(2) $\left(1-\frac{2}{\sqrt{2}}+\sqrt{18}\right)(1-\sqrt{8})$ を計算せよ。

(3) $(x-2y)a+x^2-4y^2$ を因数分解せよ。

(4) 2次方程式$3x^2-4x-2=0$ を解け。

(5) $\sqrt{\frac{96}{n}}$ が自然数になるような最小の自然数nを求めよ。

(6) 右の図において，aを求めよ。ただし，点Oは円の中心である。

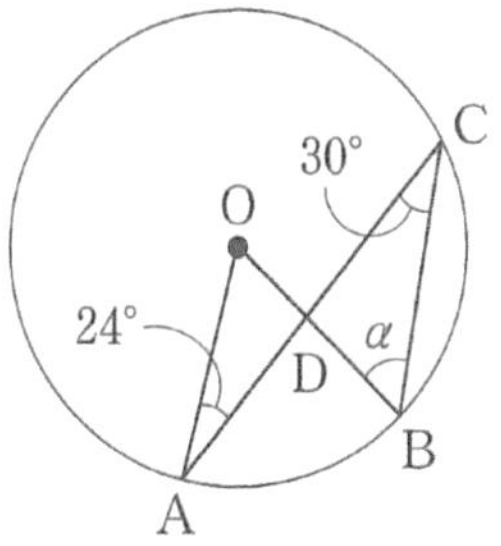

(7) 大小2個のさいころを同時に投げるとき，大きいさいころの目の数が小さいさいころの目の数で割り切れる確率を求めよ。

(8) $x=-\left(-\frac{8}{3}a^2\right)^3\div\frac{1}{9}(-8a^3)^2$ のとき，$2\sqrt{\frac{2}{x}}$ の値を求めよ。

2 下の図のように，2点A，Bは放物線C：$y=\dfrac{1}{3}x^2$と直線ℓの交点で，x座標はそれぞれ3，-2である。このとき，次の各問いに答えよ。

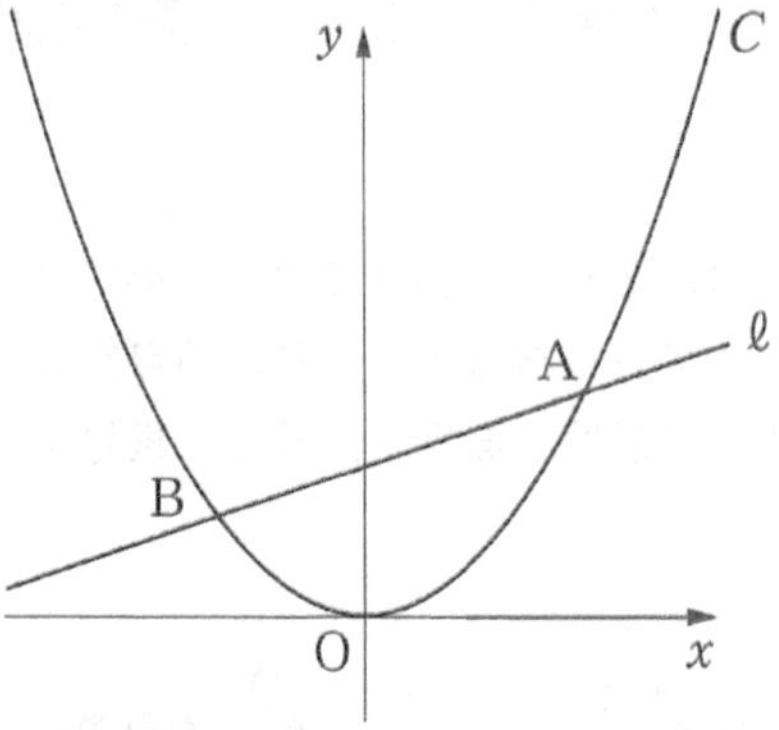

(1) 点Bのy座標を求めよ。

(2) 放物線Cについて，$-2 \leqq x \leqq 3$におけるyの変域を求めよ。

(3) 直線ℓの式を求めよ。

(4) 放物線C上にx座標が1である点Pをとるとき，四角形ABOPの面積を求めよ。

3 下の図のように，AD＝15の平行四辺形ABCDにおいて，辺ADを2：3に分ける点をPとし，対角線ACと線分BPの交点をQとする。このとき，次の各問いに答えよ。

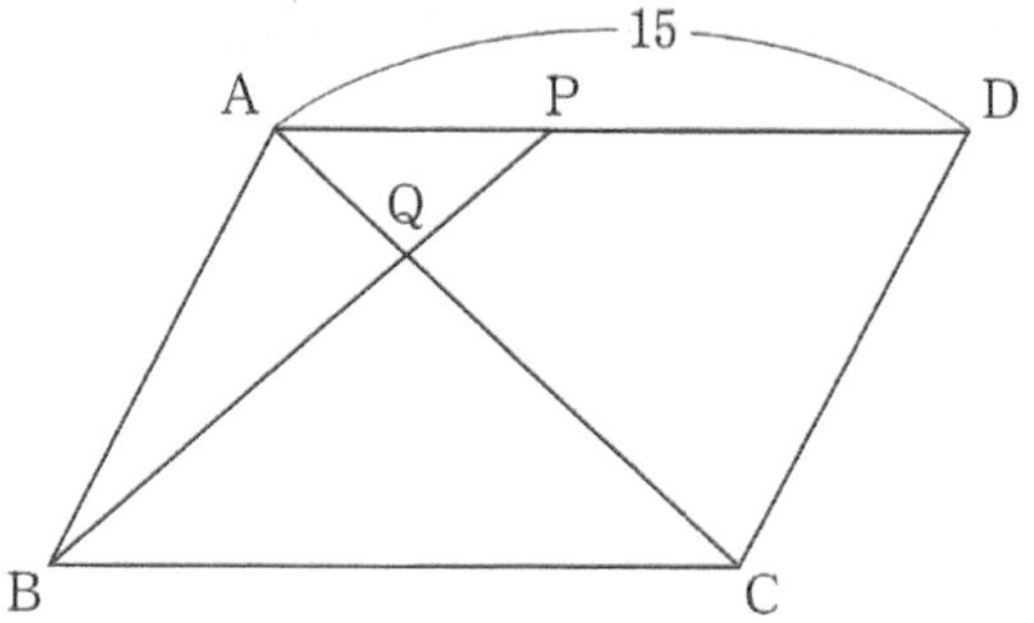

(1) 線分APの長さを求めよ。

(2) AQ：QCを最も簡単な整数比で表せ。

(3) 対角線ACの中点をOとするとき，AQ：QOを最も簡単な整数比で表せ。

(4) 辺AB上にBC//RQとなるような点Rをとる。平行四辺形ABCDの面積が140であるとき，△OQRの面積を求めよ。

4 各位が0から9までの10個の整数で表される数を10進数といい，各位が0と1の2個の整数で表される数を2進数という。下の表は，10進数と2進数のそれぞれについて，0から1ずつ増やしたときのものである。このとき，次の各問いに答えよ。

10進数	2進数
0	0
1	1
2	10
3	11
4	100
5	101
6	110
7	111
8	1000
9	1001
10	1010
⋮	⋮
13	㋐
⋮	⋮
㋑	10000
⋮	⋮

(1) ㋐にあてはまる2進数を答えよ。

(2) ㋑にあてはまる10進数を答えよ。

(3) 1，2^1，2^2，2^3，…　の和を利用して，10進数を2進数に変換する方法がある。例えば，10進数の10と15をそれぞれ1，2^1，2^2，2^3，…　の和で表すと，

$$10=8+2=2^3+2^1 \qquad 15=8+4+2+1=2^3+2^2+2^1+1$$

2^3，2^2，2^1，1を2進数にすると1000，100，10，1であるから，

$$1000+10=1010 \qquad 1000+100+10+1=1111$$

となり，10進数の10と15はそれぞれ1010，1111という2進数に変換される。この方法を用いて10進数の100を2進数に変換し，その2進数を答えよ。

(4) 10100110のように1と0が4個ずつある2進数のうち，最大の数と最小の数の差を求めよ。ただし，先頭の位は0でないものとし，10進数または2進数のどちらで答えてもよいものとする。

【英 語】（50分）〈満点：100点〉 **※リスニングテストの音声は弊社のＨＰにアクセスの上，音声データをダウンロードしてご利用ください。**

1 （リスニング問題）放送を聞き，応答として最も適切なものを選び，番号で答えなさい。質問と応答は問題用紙には印刷されていません。放送は一度だけ流れます。

例題） When is your birthday?

① It's rainy today.

② I'll buy a cake for you.

③ You're welcome.

④ It's April 10th.

正解は，④です。

(1)

① ② ③ ④

(2)

① ② ③ ④

(3)

① ② ③ ④

(4)

① ② ③ ④

(5)

① ② ③ ④

2 （リスニング問題）会話を聞き，質問の答えとして最も適切なものを選び，番号で答えなさい。放送は一度だけ流れます。

(6) What will the woman buy?

① A green shirt.

② A yellow shirt.

③ A medium-sized shirt.

④ A green shirt and a blue shirt.

(7) What happened to the woman?

① Her alarm clock was broken.

② She had an appointment.

③ She got up late this morning.

④ She slept on the train.

(8) What do the speakers want to do?

① They want to play tennis together.

② They want to watch the new drama.

③ They want to talk to the tennis coach.

④ They want to play video games on TV.

(9) How does the boy feel about the new student in class?

① He looks very outgoing.

② He feels very sick.

③ He looks like a nice person.

④ He is very loud.

(10) What was the man surprised about?

① The trains weren't late.

② He got wet from the rain.

③ There were many people on the train.

④ He couldn't use his car.

3 次の会話の流れに沿って，空所に入る最も適切な文を選択肢から選び，番号で答えなさい。各選択肢は，一度しか使うことができません。

Mike and Ken are talking in the classroom after the summer vacation.

Mike：Hey, Ken. （ 11 ）

Ken ：Great. Actually, I went to Hawaii during the summer vacation.

Mike：Wow. Did you go there to relax at the beach?

Ken ：（ 12 ） I went there to study English. I stayed with the Smith family.

Mike：Ah, I remember your brother also stayed with them last year.

Ken ：（ 13 ） They are a really nice family.

Mike：Did you learn English a lot from them?

Ken ：I learned a lot of English phrases from them.

Mike：Did you go shopping in the famous shopping mall?

Ken ：Yes. I didn't use English so much when I was talking with clerks, though.

Mike：（ 14 ） The shop clerks were Hawaiians, right?

Ken ：Yes, but a lot of customers come from Japan, so they talked to me in Japanese.

Mike：I see. So, where's my souvenir?

Ken ：I totally forgot to buy one for you.

Mike：Really? You should go back to Hawaii and get one, Ken!

Ken ：（ 15 ） Here you are.

Mike：Thank you so much!

① Why didn't you?

② You have a good memory.

③ It depends on you.

④ How have you been?

⑤ Not Exactly.

⑥ I was just kidding.

4 空所に入る最も適切な語を選び，番号で答えなさい。

(16) A：Where are you, Yuka? It's almost 7 pm.
B：Sorry, mom. I'm (　　) my way home. I will be home in 5 minutes.
① in　② at　③ of　④ on

(17) A：How do you usually go to school?
B：I usually go to school on (　　).
① foot　② bike　③ walk　④ train

(18) A：Could you (　　) your shoes off here?
B：Sure. Can I leave them here?
① put　② send　③ go　④ take

(19) A：My phone has (　　) out of battery.
B：Would you like to use my charger?
① taken　② run　③ turned　④ used

(20) A：Tomoki is (　　) from school again.
B：Oh, what happened to him? Did he get sick?
① absent　② far　③ free　④ angry

5 次の各文の空所に入れる語(句)として最も適切なものを選び，番号で答えなさい。

(21) My girlfriend (　　) be angry because she hasn't replied to my messages.
① must　② must not　③ can　④ can't

(22) Jane (　　) very busy when she entered high school.
① is　② has been　③ was　④ will be

(23) When I got home, my sister (　　) a video game.
① plays　② played　③ is playing　④ was playing

(24) I won't go to the beach (　　) it is rainy tomorrow.
① if　② before　③ after　④ so

(25) Playing soccer always (　　) me feel good.
① goes　② watches　③ makes　④ gets

6 ①〜⑤の語(句)を並び替えて対話文を完成させるとき，(26)〜(35)に入る語(句)を選び，番号で答えなさい。文頭に来る語(句)も小文字になっています。

1．Teacher：(　　)(　　)(26)(27)(　　) yet?
Student：Of course, I have.
〔① the essay　② you　③ writing　④ have　⑤ finished〕

2．Student：What (28)(　　)(　　)(29)(　　) English?
Teacher：It is called a zebra in English.
〔① called　② animal　③ is　④ this　⑤ in〕

3．Staff：Hello. How may I help you?
Customer：(　　)(30)(　　)(　　)(31) tickets, please?

〔① two　② I　③ have　④ can　⑤ concert〕

4． You　　：Could you (　　)(　　)(32)(　　)(33) to the Enoshima Aquarium?

Stranger：Sure, no problem.

〔① me　② to　③ get　④ how　⑤ tell〕

5． Teacher：I remember your older brother is really tall. He is over 190 cm, right?

Student ：Yes. He (　　)(34)(　　)(35)(　　) family.

〔① my　② tallest　③ in　④ the　⑤ is〕

7

A

ポスターを読み，質問に対する解答として最も適切なものを選び，番号で答えなさい。

FITNESS CLASS SCHEDULE

	Monday	Tuesday	Wednesday	Thursday	Friday	Saturday	Sunday
10:00AM-11:00AM	Yoga (Beginner)	Zumba	No Class	Yoga (Advanced)	No Class	Zumba	Zumba
6:00PM-7:00PM	Running Session	No Class	Yoga (Beginner)	Zumba	Running Session	Cross Fit	Yoga (Advanced)

CLASS INFORMATION

Yoga Beginner　Focus on relaxing by slowly stretching and making poses.

Advanced　An active program for building your muscles and getting fit.

Running Session　Run in the park in a group of 5-6 people. You can make many good friends.

Zumba　A fun dancing exercise using various styles of Latin American music.

Cross Fit　The hardest training of all classes. It helps improve health and performance.

1. You have to book one day before the class.
2. Each class is held in Studio A. Only the running session is in the park.
3. Bring water and a towel.

(36) Which person should join the Running Session?

I like exercising on weekends.
My mornings are free.
I enjoy exercising with others.
I want to relax and stretch.

Mike　　Lisa　　Jason　　Amanda

① Mike
② Lisa
③ Jason
④ Amanda

(37) If you want to train hard, which class is the best?

① Yoga Beginner
② Running Session
③ Zumba
④ Cross Fit

(38) Which statement is true?

① Zumba class is held in Studio A.
② You can book the class on that day.
③ Water is given by the instructors.
④ Yoga Beginner class is held only in the morning.

B

BenとJackのメッセージを読み，質問に対する解答として最も適切なものを選び，番号で答えなさい。

(39) Why did Ben send a message to Jack?

① To have dinner together.　　② To say sorry.

③ To decide a plan.　　④ To find a new job.

(40) At 20:34, what did Jack mean when he wrote, "I don't mind."?

① He didn't know any good restaurants.

② He thought any food was fine.

③ He didn't want to eat lunch together.

④ He wanted to decide a restaurant.

C

レシピを読み，質問に対する解答として最も適切なものを選び，番号で答えなさい。

Easy Oven Recipes

The World's Best Lasagna

Ingredients

300g	sausage meat	2 cans	tomato sauce
200g	beef	1/2 cup	water
1/2	onion	12	lasagna noodles
2	garlic cloves	200g	cheese
		a little	salt
		a little	pepper

Instruction

1. Cut onions and garlic into small pieces.
2. Cook sausage meat, beef, onions and garlic cloves over a medium heat, then add a little salt and pepper.
3. Add the tomato sauce and water, heat over a low heat for one hour.
4. Prepare lasagna noodles in boiling water for 10 minutes while cooking the meat sauce.
5. Spread the meat sauce in the bottom of a baking dish.　Arrange 4 noodles over the meat sauce.　Spread the cheese.　Repeat this two times.
6. Bake in the oven for 30 minutes.　Serve hot.

***** *Reviews and Comments* ***************************************

@Jenny ★★★★★ *January 15, 2020*
I love this recipe.　This was my second time making it, so I added other ingredients: spinach, mushrooms and eggplants.　It turned out well.

@William ★★★★ *October 21, 2019*
I made it for my wife on her birthday.　She really loved it.　I don't usually cook, but I could do it.　So, this recipe is good for beginners.

(41) What should you do while you are cooking the meat sauce?

① Cut vegetables. ② Boil lasagna noodles.

③ Spread cheese in a baking dish. ④ Bake the lasagna.

(42) How long do you bake the lasagna in the oven?

① ten minutes ② half an hour

③ one hour ④ two hours

(43) According to the reviews, who is this recipe best for?

① vegetarians ② small children

③ elderly people ④ beginners of cooking

8

A

ロボットに関する記事を読み，下線部に入る最も適切な語句を選択肢から選び，番号で答えなさい。

A New Zealand company has developed a robotic dolphin. It looks and moves like a real dolphin. The company, Edge Innovations, designed the robot so people can experience sea life without real animals. The robotic dolphin can swim and dive on its own, or a human can control it with a remote controller. The company showed some people how the robot swam in a pool, but they didn't notice it was a robot.

The robotic dolphin will cost about 27 million US dollars. It is more expensive than keeping a real dolphin. However, a designer of the robot says that by replacing real dolphins with robotic ones, people will not have to worry about the health and safety of real dolphins in marine parks in the future. According to a researcher, real dolphins in the wild can live 30 to 50 years, but the dolphins in parks live for only about 13 years on average.

The company has made robotic animals for famous amusement parks and some famous movies. The company says that it will make other robotic animals such as sharks and sea dragons in the future.

(44) The company, Edge Innovations, has made a robot. It ________.

① can move like a real animal ② can help people's lives

③ can experience sea life ④ can save real dolphins in a pool

(45) Real dolphins in marine parks ________.

① can live 30 or more years

② are more expensive to keep than robotic dolphins

③ live a shorter life than the ones in the wild

④ cost about 30 million US dollars

(46) Some robotic animals ________.

① are eaten by sharks in the sea

② like to stay in the deep sea

③ eat sea dragons as their food

④ were made for well-known movies

B

あるプロジェクトに関する記事を読み，空所に入る最も適切な語句を選択肢から選び，番号で答えなさい。

Some solar-powered balloons were sent up into the sky in Kenya in 2020. The balloons were developed by a US company, Loon. They float 20 kilometers above the earth and bring mobile Internet service to various areas. According to a report, about 45% of houses in the world don't have any access to the Internet. Most of those people access the Internet with mobile devices. However, about 60% of people in rural sub-Saharan Africa can't connect to mobile Internet.

In this project, 35 balloons will go up into the sky in South America and fly to Kenya. Loon's CEO says that each balloon can stay in the sky for 100 days and provide Internet access to people over an area of 11,000 km^2. Thanks to the balloons, people can make voice and video calls or browse the web.

The balloons were first used for emergencies during an earthquake in Peru in 2017. In Kenya, people use Loon's Internet as a regular service through the local communication company, Telkom Kenya.

Loon has a plan to start the same service in Mozambique.

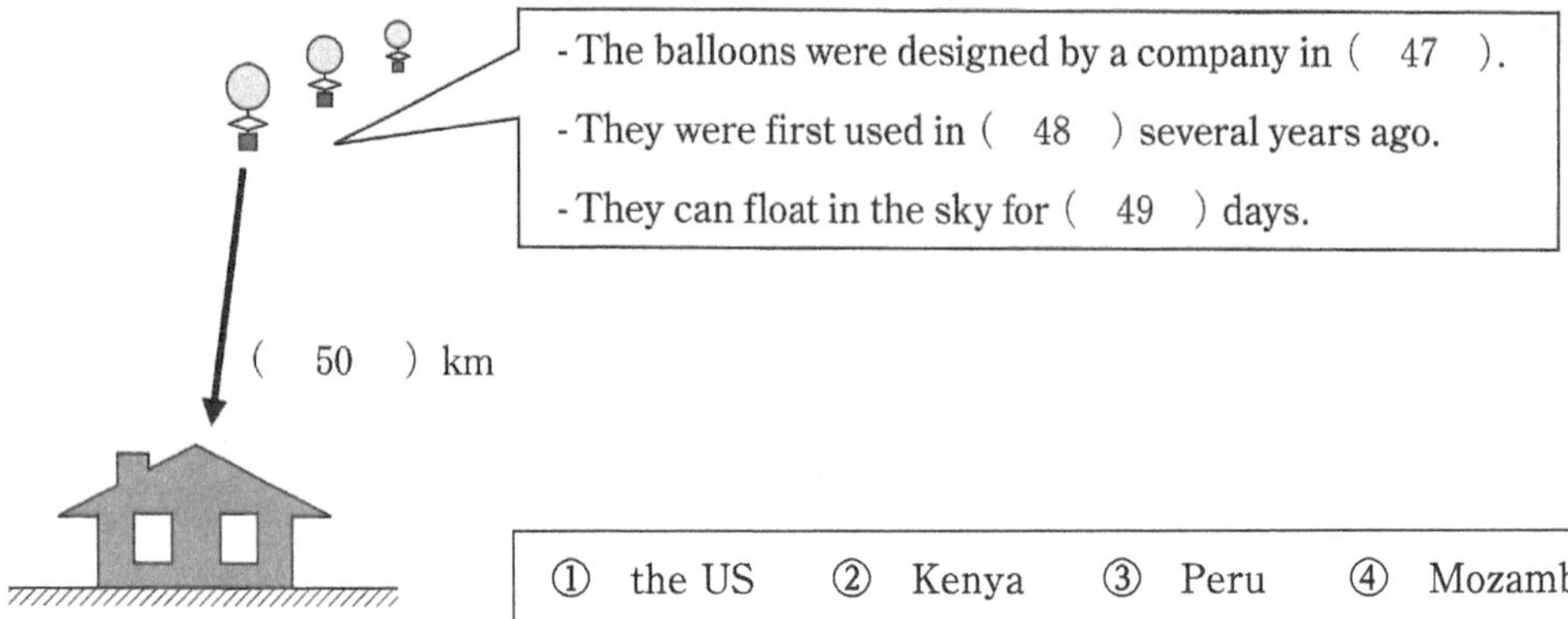

- The balloons were designed by a company in (47).
- They were first used in (48) several years ago.
- They can float in the sky for (49) days.
(50) km

① the US	② Kenya	③ Peru	④ Mozambique
⑤ 5	⑥ 20	⑦ 100	⑧ 11,000

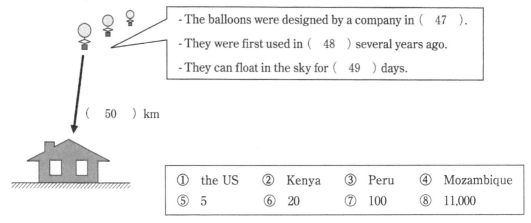

9 以下の論題についてディベートをするために原稿を書いています。空所に入る最も適切な語句を選び，番号で答えなさい。

It is better to live in the countryside than to live in the city.

I agree with the statement. I believe that living in the countryside is better than living in the city.

First of all, it is safer than the city. Less people live in the countryside and there are (51). Some people don't lock the doors even at night. We can live a peaceful life.

In addition, we can stay healthy if we live in nature. The air is so clean that it (52). Living in the countryside is good for our health.

Next, the cost of living is cheaper than the city. We need a lot of money to live in the city because it is (53) to rent a house in the city. We can rent a large house in the countryside at the same cost.

Some people say that it is more (54) to live in the city because offices or schools are often closer. It is true, but thanks to online services, we have more chances to work or study (55), so we don't have to live close to offices or schools.

In conclusion, living in the countryside is better than living in the city.

(51)	① bigger shops	② fewer crimes	③ higher buildings	④ more doors
(52)	① relaxes us	② tires us	③ is noisy	④ is expensive
(53)	① dangerous	② safe	③ expensive	④ cheap
(54)	① excited	② boring	③ famous	④ convenient
(55)	① slowly	② remotely	③ friendly	④ beautifully

B　一矢《いっし》を報いる…彼の在籍《ざいせき》するチームにせめて一矢を報いたい。　解答番号45

1　わずかながらも反撃や攻撃を加えること
2　相手をせき立てて窮《きゅう》地《ち》に追い込むこと
3　勢いをつけて地位や順位を逆転させること
4　少しずつそのレベルや能力に近づくこと

問五　次の三つの四字熟語の空欄□に当てはまる数字をすべて足すとその合計はいくつになるか。適切なものを一つ選び、番号をマークしなさい。　解答番号46

・□朝□夕（わずかな時間の意）
・□転□倒《とう》（幾度も転んだり倒《たお》れたりしてもがき苦しむこと）
・□里霧《む》中（物事に迷って思案にくれるさま）

1　12　　2　18　　3　22　　4　26

問六　次にあげたA～Dの語を数えるときに使うことば（助数詞）は何か。その組み合わせとして適切なものを一つ選び、番号をマークしなさい。　解答番号47

A　短歌　　B　手紙　　C　写真　　D　魚

	A	B	C	D
1	歌	句	個	体
2	編	組	組	群
3	首	通	葉	尾
4	句	枚	台	匹

問七　次の各文のうち、適切な敬語表現を用いているものを一つ選び、番号をマークしなさい。　解答番号48

1　私が本日の案内をご担当する田中でいらっしゃいます。
2　お分かりにくいでしょうから、よくご覧になってください。
3　では、あなたが提出された三点の書類を拝見いたします。
4　このお鞄につきましてはご自身でお持ちいたしますか。

2　人の話を聞かないこともあり、何も学ぼうとしない時期もあった。

3　不動の人気もあり、世の人々に絶対的な影響力もあった。

4　ひどい暴言を吐かれることもあり、何もかも上手くいかなかった。

問八　傍線部⑦「放埒せざれば」の現代語訳として、適切なものを次の中から一つ選び、番号をマークしなさい。　解答番号38

1　言いふらさなければ　　2　気ままにふるまわなければ

3　頼りにしなければ　　4　贅沢《ぜいたく》をしなければ

四　次のそれぞれの設問に答えなさい。（解答はすべて解答用紙にマークしなさい）

問一　次の文章は二人の作家について述べたものである。空欄 A ・ B に入る作家名として適切なものを後の語群からそれぞれ一つずつ選び、番号をマークしなさい。

> 　現代の若者たちにもその名を知られる作家 A は、明治の文豪として盛んに作品を発表した。英文学を学んだ彼は、母校である東京大学で英文科の教師として教壇に立っている。代表作は『吾輩は猫である』『坊っちゃん』『こころ』など数多い。
> 　日本や中国の古典を題材として優れた短編小説をたくさん発表した B は、 A に『鼻』の出来栄えを激賞されたことに感激して弟子入りを申し出た。その後、『羅生門』や『蜘蛛の糸』、『トロッコ』など精力的に発表したが、若くして自ら命を絶った。

A　1　石川啄木　　2　正岡子規　　3　森鷗外　　4　夏目漱石　　解答番号39

B　1　志賀直哉　　2　芥川龍之介　　3　太宰治　　4　川端康成　　解答番号40

問二　十二支の四番目・七番目・十番目の組み合わせとして正しいものはどれか。適切なものを次の中から一つ選び、番号をマークしなさい。　解答番号41

1　子・戌・丑　　2　未・亥・辰

3　寅・巳・申　　4　卯・午・酉

問三　次のA・Bの空欄□に入る共通した語はどれか。適切なものをそれぞれ一つずつ選び、番号をマークしなさい。

A　あいつの□にかけた態度は本当に気にくわないなあ。次の試合では必ず□をあかしてやるぞ。　解答番号42

1　目　　2　鼻　　3　耳　　4　舌

B　□穴に入らずんば□子を得ず、と言うね。本当に手に入れたいなら頑張りなさい。　解答番号43

1　狐《こ》　　2　熊《ゆう》　　3　狸《り》　　4　虎《こ》

問四　次のA・Bの慣用句の意味として適切なものをそれぞれ一つずつ選び、番号をマークしなさい。

A　一目《いちもく》置く…彼は君の素質に**一目置いている**ようだ。　解答番号44

1　非常に驚く　　2　敬意を払《はら》う

3　とても憧《あこが》れる　　4　嫌悪を抱く

1 徒然なるままに、日ぐらし、硯に向かひて、……
2 祇園精舎の鐘の声、諸行無常の響きあり。
3 今は昔、竹取の翁といふものありけり。
4 春はあけぼの。やうやう白くなりゆく山際、……

問二 傍線部①「かくいふ人」はどのようなことを言ったか。適切なものを次の中から一つ選び、番号をマークしなさい。 解答番号32

1 技能をよく習得してから人前で披露《ひろう》した方が良いだろう。
2 人に知られないように努力を重ねることが、正しい努力である。
3 上手な人に習って技能を磨けば、人々から認められるであろう。
4 芸を磨くことは、人の芸を盗むことになり、人の恨《うら》みを買う行為《こうい》である。

問三 傍線部②「いまだ堅固かたほなるより」の現代語訳として、適切なものを次の中から一つ選び、番号をマークしなさい。 解答番号33

1 まだ、まったく未熟なときから
2 まだ、それほど強い信念を持たないときから
3 まだ、十分に我慢強くないときから
4 まだ、少しも自分の考えを持たないときから

問四 傍線部③「上手の中に交りて」の具体的な例の組み合わせとして適切なものを次の中から一つ選び、番号をマークしなさい。 解答番号34

A 自分よりもレベルの高い選手が多く所属するサッカークラブで練習をする。
B 日本代表選手であったコーチの教えを受ける。
C 高校生であるにもかかわらず、大学生日本代表に招集される。
D 全国大会常連校のクラブと、合同練習をする。

1 AとC　2 BとD　3 BとC　4 AとD

問五 傍線部④「つれなく過ぎて嗜む人」は、最終的にどうなるか。適切なものを次の中から一つ選び、番号をマークしなさい。 解答番号35

1 人々に崇拝《すうはい》され、万人を従える存在になる。
2 人々の手本となり、師範としてふさわしい存在になる。
3 人々に勇気を与え、民衆を明るい未来へと導く存在になる。
4 人々から認められて、並ぶものがいない存在になる。

問六 傍線部⑤「堪能の嗜まざる」の具体的な例として適切なものを次の中から一つ選び、番号をマークしなさい。 解答番号36

1 政治家として打ち出した政策が失敗する。
2 先輩から与えられた、やりたくない仕事を放置する。
3 自分のサッカーの才能を信じて、練習をなおざりにする。
4 自身の営業ノルマを達成したあと、休暇を満喫《まんきつ》する。

問七 傍線部⑥「不堪の聞こえもあり、無下の瑕瑾もありき」の現代語訳として、適切なものを次の中から一つ選び、番号をマークしなさい。 解答番号37

1 ヘタクソだという評判もあり、あまりにひどい欠点もあった。

うとき

2　権限を持たない人同士が、互いに従おうとせず協力しないとき

3　互いに遠慮《えんりょ》し、意見を譲《ゆず》り合って、自主的な行動がとれなくなってしまうとき

4　権限のある人から、指示に従わないと罰《ばつ》を与えると脅《おど》されているとき

問十　この文章で筆者が述べていることと合致しているものを、次の中から三つ選び、番号をマークしなさい。 解答番号30

1　権限によらないリーダーシップによって、チームの誰もが交代でリーダーとなって指示を出すようになり、社会の変化に即座に対応することができる。

2　サーバント・リーダーシップによって、リーダーは部下のために尽くし、すべての権限や責任を部下にゆだねることで、自由な提案を促《うなが》すことができる。

3　「帝王《ていおう》学」を学ぶことで、みんながバラバラに自分勝手な行動をとってしまうことを防ぎ、権限によらないリーダーシップを実現させることができる。

4　権限によらないリーダーシップを実行するには、既存の権限とうまく共存する方法やまわりの人に従ってもらう方法など、工夫しなければならないことがある。

5　権限によらないリーダーシップの考え方は、多様な問題を抱える現代において、社会人として誰もが学び身に着けるべき基本的なスキルである。

三　次の文章を読んで、後の設問に答えなさい。（解答はすべて解答用紙にマークしなさい）

能をつかんとする人（一芸を身につけようとする人は）、「よくせざらんほどは、なまじひに（うかつに）人に知られじ。うちうちよく習ひ得て（習得してから）さし出でたらんこそ、いと心にくからめ」と常に言ふめれど（言うようだが）、①かくいふ人、一芸も習ひ得ることなし。②いまだ※堅固《けんご》かたほなるより、③上手の中に交りて、毀《そし》り笑はるる（けなされ笑われる）にも恥ぢず、④つれなく過ぎて（平気で押し通して）嗜《たしな》む人、天性、その骨《こつ》（素質）なけれども、道になづまず、妄《みだ》りにせずして（その道にとどまらず、いい加減にしないで）、年を送れば、⑤堪能《かんのう》の嗜まざるよりは、終《つひ》に（最後には）上手の位にいたり、徳たけ、人に許されて、双《ならび》なき名を得る事なり。

天下の物の上手といへども、始めは、⑥不堪《ふかん》の聞こえもあり、無下《むげ》の瑕瑾《かきん》もありき。されども（しかし）、その人、道の掟《おきて》正しく、これを重くして（これを大切にして）、⑦放埒《はうらつ》せざれば、世のはかせにて、万人《ばんにん》の師となる事、諸道かはるべからず。

※　堅固…「まるで」「いっこうに」という意味の副詞。

問一　この文章は兼好法師の随筆の一部である。この作品の序段の冒《ぼう》頭《とう》部を次の中から一つ選び、番号をマークしなさい。 解答番号31

なものを一つ選び、番号をマークしなさい。　解答番号24

1　首相が、自分が任命した大臣の汚職が発覚した時に、任命した責任をとって辞任すること。

2　社長が、ある社員の健康状態が悪化した時に、会社の責任であるとして謝罪すること。

3　部活のキャプテンが、後輩が忘れ物をした時に、連帯責任として一緒に罰《ばつ》を受けること。

4　先生が、生徒が考え実行したクラスの企画《きかく》で事故が起きた時に、責任をとり謝罪すること。

問五　傍線部③「こうした考え方」とはどういう考え方か。適切なものを一つ選び、番号をマークしなさい。　解答番号25

1　権限のない人にリーダーシップを求めるとともに、責任も負わせるという考え方

2　権限もなく責任もとれない人のリーダーシップは、いっさい認めないという考え方

3　権限のない人のリーダーシップはいっさい認めないが、責任だけは負わせるという考え方

4　権限のない人のリーダーシップを認めながら、成功した時は権限者の手柄《てがら》になるという考え方

問六　傍線部④「躊躇《ためら》（う）」の意味として、適切なものを一つ選び、番号をマークしなさい。　解答番号26

1　あれこれ迷い決心できない

2　どう対処してよいかわからずうろたえる

3　気持ちがせいていらだつ

4　気が動転して考えることができない

問七　傍線部⑤「モチベーション」の意味として、適切なものを一つ選び、番号をマークしなさい。　解答番号27

1　可能性　2　行動力　3　意欲　4　自分らしさ

問八　傍線部⑥「権限によらないリーダーシップは機能しづらくなってしまいます」とあるが、そうなってしまうのはどのような場合か。適切なものを二つ選び、番号をマークしなさい。　解答番号28

1　自分の店の売上向上に強い責任を感じている店長が、アルバイトの一人ひとりに目を配って、言葉遣《づか》いなど細かいところまで指示を徹底《てってい》する。

2　細かいサインなどを出さず選手がその場で判断してプレーをする方針でシーズンを戦ったが、結果を残せなかった責を負って監督《かんとく》が辞任した。

3　リーダーが寛容な態度で励ますので、メンバーはそれぞれが能力を発揮できる場面で、前例にとらわれず自分の考えたプランを提案・実行している。

4　クラスの生徒指導はそれぞれの担任の考えでするのが良いというのが学校の方針なので、クラスの生徒が問題を起こさないようにする責任は担任にある。

問九　傍線部⑦「不可能になってしまいます」とあるが、どのようなときにそうなってしまうのか。適切なものを一つ選び、番号をマークしなさい。　解答番号29

1　わがままを言う人のせいで、グループ内に対立が起きてしま

らないリーダーシップを奨励《しょうれい》する組織の権限者に求められるあり方なのだと私は考えるのです。

ただ、ここまで B 的な権限者がいる組織や団体なら別ですが、多くの場合、「権限がない」という状況は、権限がある場合に比べて、人に従ってもらうということが簡単ではありません。

権限者によるリーダーシップであれば、リーダーに権限があるがゆえに、まわりの人たちは「この人には従わなくてはならない」という心理が働きやすくなります。また、従わないと罰《ばつ》を受ける場合もありますから、なおさら従わざるを得ないという面もあるでしょう。

Y 、権限によらないリーダーシップの場合、権限がないので、まわりの人たちには従う義務が発生しません。そのため、「なんで、あなたの言うことをきかなくてはならないの？」と思われてしまう可能性が多々あります。

そうなってしまえば、目標に向かってお互いに影響し合って、結果を出していくということが、そもそも⑦不可能になってしまいます。みんながバラバラの方向を向き、自分勝手な行動をとってしまうようになってしまっては、グループは混乱してしまうばかりで、リーダーシップがまったく機能していない、「何人かの人が単に居合わせているだけの状態」になってしまいます。

そうした事態を生じさせないようにするためにも現在、さまざまな学者などによって研究され、高校や大学などの教育現場、さらには企《き》業《ぎょう》の研修等で実施されている権限によらないリーダーシップを学ぶ必要があります。それは、従来のように、一握りの、グループのトップに立つべき人が学ぶ「帝王《ていおう》学」としてのリーダーシップではありません。一人ひとりが、社会で生きる基本スキルとして身につけておくべきリーダーシップです。

（日向野幹也『高校生からのリーダーシップ入門』ちくまプリマー新書より）

問一 X ・ Y に入る適切な語を次の中からそれぞれ一つ選び、番号をマークしなさい。 X…解答番号19 Y…解答番号20

1 従って　2 それとも　3 なぜなら　4 一方

問二 A ・ B に入る適切な語を次の中からそれぞれ一つ選び、番号をマークしなさい。 A…解答番号21 B…解答番号22

1 消極　2 流動　3 理想　4 感情

問三 傍線部①「そんなリーダーシップ」とはどのようなリーダーシップか。適切なものを一つ選び、番号をマークしなさい。 解答番号23

1 権限を持つ者が、グループに、変化に応じた積極的な行動をとらせるリーダーシップ
2 特定の者が、変化に応じてグループを引っ張り、目標を達成するリーダーシップ
3 変化に気づいた者が、自律的・主体的に行動して、周囲に影響を与えるリーダーシップ
4 カリスマ性を持った者が、グループを自律的・主体的に従わせるリーダーシップ

問四 傍線部②「『責任を負う』という役割」の具体例として、適切

組織等の中にすでに存在している「権限者」と権限によらないリーダーシップは決して対立するものではなく、互いに補完し合うものです。権限によらないリーダーシップの実践を促進《そくしん》するために、権限者には新しい役割があるのです。それは、権限を持たない人がリーダーシップを発揮しやすくするために「支援《しえん》にまわること」と、さらに、彼らの結果に対して②「責任を負う」という役割です。

このとき、とくに見逃されがちなのが、「責任を負う」です。「権限」と「責任」はつねにセットです。権限を行使する場合、そこには責任を伴います。

それゆえに、権限によらないリーダーシップを組織内で実践しようとすると、「権限もなく、責任もとれないくせに、リーダーシップを主張するとは何事か！」という発想をする人が必ずいます。逆に、権限のない人に対してリーダーシップを求めると同時に、責任も負わせるというケースはしばしば起こります。

これらはいずれも、権限によらないリーダーシップが持つポジティブな効果を台無しにするパターンです。

たとえば、前者は権限によらないリーダーシップを完全に否定しています。そのため、③こうした考え方が定着している組織では、従来型の一握りの権限者のリーダーシップに頼らざるを得ません。その結果、先述したように、時代や状況の変化にスピーディーに対応できなくなる可能性があります。

後者の場合は、権限によらないリーダーシップへの期待を掲《かか》げているものの、それを実践《じっせん》する人が出ないという状況に遭遇《そうぐう》する可能性が高いでしょう。なぜなら、万が一失敗した場合、「責任は自分がすべて負わなければいけないのだ」という状況がプレッシャーとなり、多くの人がリーダーシップを自ら発揮することに④躊躇《ためら》ってしまいかねないからです。

しかも、権限者の中には、成功すればその手柄《てがら》を自分のものにし、うまくいかなければその責任を実行者に負わせるという、とんでもないタイプも存在します。こういう人が自分の上司だったりすると、権限のない人たちの中で「リーダーシップを発揮しよう」という⑤モチベーションは低くなるばかりです。

権限のない人にリーダーシップを発揮してもらえるように支援《しえん》し、最終的な責任は自ら引き受ける。これが、権限によらないリーダーシップがきちんと機能する組織において、権限者が担うべき一つの役割です。というより、権限者がそのように行動してくれないと、⑥権限によらないリーダーシップは機能しづらくなってしまいます。

１９７０年代に、アメリカのリーダーシップ研究者、ロバート・グリーンリーフ博士が「サーバント・リーダーシップ」という考え方を提唱しました。これは「部下のために尽くすリーダーシップ」というものです（「サーバント」とは英語で「召使《めしつかい》・使用人」という意味）。

私は、このサーバント・リーダーシップという立ち位置は、権限によらないリーダーシップでの、権限者の新しい役割を表現していると考えます。

つまり、権限がない人のリーダーシップを支援し、さらには、結果がうまくいこうが失敗しようが、その結果に対する責任も負う。「責任は私が負う。だから、君たちは自分たちが『これだ』と思うことをまずは自由に提案してみなさい」と言える権限者。これが、権限によとなると、そこに参加するメンバーは誰もがリーダーシップを発揮する機会があるわけですから、自ずとそこでの行動は自律的・主体的なものになります。グループが掲《かか》げる目標を達成するために、自分には何ができるかを自覚し、実際に行動していく。単に命令に従って行動するのではなく、積極的にそのグループに関わり、目標達成に何が必要かを自律的・主体的に考え、動いていくのです。

　このように、参加するメンバー全員が自律的・主体的であれば、自ずと世の中の変化に対してすばやく対応できるグループになっていきます。なぜなら、従来型のように権限やカリスマ性を持つ固定化したリーダーが変化に気づくのを待つのではなく、気づいた人が、たとえその人に権限がなくても、グループが変化に対応できるように促《うなが》していくことが可能だからです。

　気づいた人がまず考えて行動する。そうしたことがしやすく、また起こしやすいグループであれば、変化にも即座に対応していけるのです。

　ここでひとつの疑問が、みなさんの頭の中に浮かぶかもしれません。「①そんなリーダーシップは本当に可能なのだろうか」と。答えは明白です。可能です。というより、みなさんも日々の生活の中で知らず知らずのうちに経験しているはずです。

　たとえば、道を歩いているときなどに、目の前で人が倒《たお》れたり、具合が悪そうな様子でしゃがみこんだ人がいたりするという場面に遭遇《そうぐう》したことはありませんか？　状況はさまざまだと思いますが、これまでの人生において、似たような光景に一度や二度は、出くわしたことがあるのではないでしょうか。

そのようなとき、そこに居合わせた人たちは、誰に命令されるでもなく、互いに言葉をかけ合いながらその人を救護するために行動します。倒《たお》れた人に声をかけたり、救急車を呼ぶように誰かに頼んだり、頼まれた人はすぐに電話で救急車を呼んだりといった行動を取ったりするものです。

　これは、この救護に関わる人たち一人ひとりがリーダーシップを発揮している状態です。そこにいた誰かひとりがリーダーとなって命令し、まわりの人の行動を促《うなが》しているのではありません。そこに居合わせた人一人ひとりが、状況に応じて必要と思われる行動を取り、それがまわりの人たちの行動に影響し合い、「倒れた人を救護する」という結果に結びついていくのです。

　これこそが権限によらないリーダーシップの姿であり、自分では意識していなくても、意外に身近なところで実践《じっせん》されています。たとえば学校行事などで、クラスや有志で本当に一丸となってゴールに向かって取り組んでいるときなども、自然にこうした権限によらないリーダーシップが発揮されているのです。

　先に挙げた例を読み、みなさんの頭の中にはもうひとつの疑問が浮かんでくるかもしれません。

　それは、会社組織などを中心とした現実の多くのグループにおいては、「すでに権限を与えられている人」が存在しており、そうした権限と、権限によらないリーダーシップは共存し得るのか、という疑問です。実際、会社などの組織には、社長とか部長とかいった「権限者」が必ずいますので。

　答えは、「共存できる」です。

1 歌子がなぜ急に自分のことが嫌いになったのか理解できず、イライラしている。
2 歌子はきっと、もうこれまでのようには自分に寄り添ってくれないのだと理解した。
3 歌子に対する対抗心を燃やして、冷淡に扱われても決して泣くまいと思っている。
4 歌子の気持ちは、いくら考えてももう理解できるようにはならないとあきらめた。

問十七 傍線部⑯「チヅルは歯をくいしばり、足を踏んばって、いつまでもいつまでも力をこめて、お米をとぎ続けた」とあるが、このときのチヅルの様子を説明したものとして適切なものを、次の中から一つ選び番号をマークしなさい。 解答番号18

1 むしゃくしゃした気持ちを発散させている。
2 謝罪の気持ちを必死に伝えようとしている。
3 淋《さび》しさになんとか耐《た》えようとしている。
4 腹立たしさを無理に抑えようとしている。

二

次の文章は、日向野幹也『高校生からのリーダーシップ入門』の一部である。これを読んで、後の設問に答えなさい。（解答はすべて解答用紙にマークしなさい）

リーダーシップとは、「何らかの成果を生み出すために、他者に影響を与えること」を言う。実現したい「成果」があるとき、その達成のために、周囲を巻き込み頼るといったことが欠かせないのである。

これまで、リーダーシップとは力のある一握りの人が持つ才能・能力で、その他大勢を引っ張っていくという形をとっていた。しかし、インターネットの出現などにより「変化」のスピードが速くなり、変化の種類も多様になった現代において、従来型の「権限によるリーダーシップ」ではその問題に対応しきれなくなってきている。現代社会の抱える問題の多くは、様々な要因が複雑に絡《から》み合っていて、その解決には多様なアイデアが必要なのだ。

こうした時代の流れの中で登場したのが、この本のテーマである「権限によらないリーダーシップ」です。つまり、従来型のように特定の人が権限のあるリーダーとなって、グループを引っ張っていくのではなく、そこに参加する一人ひとりが、権限を持たないままリーダーシップを発揮していくという形です。

X、チームを引っ張っていく人はつねに同じではなく、「このときはAさん、このときはBさん」という具合に交代していきます。つまり、リーダーが A 的に代わっていくのです。

1　今年になって、歌子が自分で電話を取ることがあったこと。

2　対策本部の男子の中で、折田くんがリーダー格であったこと。

3　歌子がメモも見ずに電話をかけた先が、折田くんであったこと。

4　折田くんに電話で何度も謝りながら、涙声になっていること。

5　しっかり者の歌子が、折田くんの靴《くつ》のことで泣いていること。

問十三　傍線部⑫「おねえちゃん、おかあさんにいってもいいよ」と言ったのはなぜか。適切なものを次の中から一つ選び、番号をマークしなさい。　解答番号13

1　歌子にとって折田くんは大切な人だったのではないかとわかり、自分はもしかすると大変なことをしてしまったのかもしれないと思ったから。

2　自分が隠した歌子の友だちの靴のうち、折田くんの靴だけが最後まで見つからなかったことで得意げになり、心が満たされたから。

3　歌子がずっと泣いているのを見て、自分にはこの状況をどうにもできないと判断し、おかあさんに助けてもらいたいと思ったから。

4　いつもしっかりしている歌子が泣いているのを初めて見たチヅルは、早くおかあさんに言わないと怒られると思ったから。

問十四　傍線部⑬「いいよ、もう」と言ったときの歌子の様子を説明したものとして適切なものを次の中から一つ選び、番号をマークしなさい。　解答番号14

1　友だちの靴《くつ》を隠すなんてひどいとチヅルに対して怒りの気持ちもあったが、許してあげようと思っている。

2　今さら折田くんの靴が見つかったって遅いと内心思っており、投げやりな気持ちになり落ち込んでいる。

3　今さらおかあさんにチヅルがしたことを話しても、折田くんに嫌われた事実はかわらないとすねている。

4　チヅルのことなんかは眼中になく、とにかく今は折田くんの靴が見つかったことにホッとしている。

問十五　傍線部⑭「そんな荒々しい気持ち」の説明として適切なものを次の中から一つ選び、番号をマークしなさい。　解答番号15

1　自分に対する理不尽《りふじん》な仕打ちをどうしても許すことができないと感じ、それに対して仕返しをしたい気持ちがある。

2　自分の思い通りになることは何ひとつないじゃないかと強い不満を感じ、何かに乱暴を働きたい気持ちでいる。

3　自分にとって大事な何かが失われて、それはもう取り戻せなくなったのだと感じ、ひどく嘆《なげ》かわしく思っている。

4　どうしても負けられない競争に自分は勝つことができなかったのだと思い知らされ、自分はダメだと思い込んでいる。

問十六　傍線部⑧「おねえちゃんなんかきらいだ！」、⑮「おねえちゃんなんか、きらいだ」とあるが、それぞれの場面でのチヅルの気持ちとして適切なものを、次の中から一つずつ選び、番号をマークしなさい。

⑧…解答番号16　⑮…解答番号17

3　うるさくしたせいで嫌がられてしまったという後悔
4　歌子に見捨てられてしまったかのようなショック

問七　傍線部⑥「たかぶっていた気分がすうっと鎮まってゆくようだった」とあるが、このときのチヅルの気持ちとして適切なものを次の中から一つ選び、番号をマークしなさい。　解答番号7

1　お母さんに怒られた今のチヅルの気持ちを歌子がわかってくれたことと、味方だと言ってくれたことに対する嬉しさからほっとしている。
2　歌子があんなに怒るのはひどいよねと言ってくれたおかげで、お母さんに対する激しい怒りから解放され、晴れ晴れしている。
3　歌子が自分の味方だということがわかり、お母さんに対する恐怖から解放され、もうお母さんなんて怖くないと強がっている。
4　歌子のやさしい言葉を聞いて、それまでの気持ちの混乱が収まり、自分のしたことを冷静に省みられるようになった。

問八　傍線部⑦「そういうこと」の指し示す内容として適切なものを次の中から一つ選び、番号をマークしなさい。　解答番号8

1　チヅルが熱を出した時、歌子が自分の掌で冷やしてくれたこと。
2　チヅルが歌子のことを、ずっと前から好きだったこと。
3　チヅルが叱られた時、歌子が優しい言葉をかけてくれたこと。
4　チヅルが寝つかれない時、歌子が布団に入ってきてくれたこと。

問九　傍線部⑨「上目づかいに歌子を睨んでいる」とあるが、このときのチヅルの気持ちとして適切なものを次の中から一つ選び、番号をマークしなさい。　解答番号9

1　歌子に対する嫌悪感が湧《わ》いてきて、もう歌子にどう思われようと知るものかと、投げやりになっている。
2　歌子がどういう気持ちでいるのか、チヅルのしたことをどう思っているのか、探り出そうとしている。
3　歌子がウソ泣きをしているのではないか、チヅルをわなに掛けるつもりなのではないかと疑っている。
4　歌子がなぜ自分を叱ろうとしないのか、もうチヅルのことはどうでもいいのかと、ひどく怒っている。

問十　傍線部⑩「あっけにとられてしまった」とあるが、「あっけにとられる」の意味として適切なものを次の中から一つ選び、番号をマークしなさい。　解答番号10

1　少しも気にせず、けろりとしていること。
2　手応えがなく、張り合いがないこと。
3　意外なことに突然出会って、ひどく驚くこと。
4　あまりにもひどくて、あきれ果てること。

問十一　空欄 Ⅲ に当てはまる語として適切なものを次の中から一つ選び、番号をマークしなさい。　解答番号11

1　せかせか　　2　どうどう
3　もたもた　　4　おずおず

問十二　傍線部⑪「折田くんに違いないと思えてきた」理由として適切でないものを次の中から一つ選び、番号をマークしなさい。　解答番号12

驚いている。

3　ウチに選挙対策本部の人たちが集まってくるのだと楽しみに思っている。

4　おねえちゃんが生徒会の書記になれたら私も鼻が高いぞと期待している。

問三　傍線部②「選挙タイサク本部」とあるが、これがカタカナ表記になっていることから読み取れることとして適切なものを次の中から一つ選び、番号をマークしなさい。　解答番号3

1　「対策」という漢字が思い浮かばないチヅルは、「タイサク本部」の意味を誤解しているかもしれないこと。

2　「対策」という漢字も書けないチヅルは、優等生の歌子とは対照的な、勉強嫌いの子どもであること。

3　「タイサク」という語の意味も考えないままに、何となくすごいと思い込んでいるチヅルの軽率さ。

4　「対策」という漢字も思い浮かばないまま、言葉の響きだけで「すごい」と思っているチヅルの幼さ。

問四　傍線部③「やけっぱちのようにぼりぼりと食べた」とあるが、このときのチヅルの様子を説明したものとして適切なものを次の中から一つ選び、番号をマークしなさい。　解答番号4

1　お友達に用意したお菓子をぜんぶ食べてしまって、おねえちゃんを困らせてやろうと嫌がらせをしている。

2　お菓子を食べたらひどく怒られることはわかっていたが、もうどうにでもなれという気持ちになっている。

3　イライラする気持ちを抑えるために、怒られるとは深く考えもせず、無意識にセンベイに手を出している。

4　どうにかしておねえちゃんの気を引かなくてはならないと、切羽《せっぱ》詰まって向こう見ずに振る舞っている。

問五　傍線部④「歌子はうわずった声でいって」とあるが、このときの歌子の様子を説明したものとして適切なものを次の中から一つ選び、番号をマークしなさい。　解答番号5

1　以前チヅルが母に怒られたときは味方になってやれたが、自分のお菓子が食べられてみるとそうもできず、歌子は怒りを抑えられずにいる。

2　別に本当に腹を立てたわけでもなかったが、うるさくつきまとうチヅルを追い払《はら》うために、歌子はあえて意地悪なことを言っている。

3　友だちを迎える準備で忙《いそが》しいのにうるさくつきまとうチヅルに腹を立てて、歌子はチヅルが傷つくような言葉を、ぶつけてしまっている。

4　歌子は大切な友だちを迎えることで頭がいっぱいで、自分の口にした言葉がチヅルを傷つけるかもしれないことなど、気に掛ける余裕《よゆう》もない。

問六　傍線部⑤「熱いお湯をのんだように、喉から胸にかけてのあたりが、カッと焼けるようだった」とあるが、このときのチヅルの気持ちとして適切なものを次の中から一つ選び、番号をマークしなさい。　解答番号6

1　ささいなことで自分を叱った歌子に対する怒り

2　選挙のことばかり考えている歌子に対する不満

かけた。

「折田くん、うん、あたし、植野。靴みつかったから。明日、学校にもってくから。うん。他の靴、あるの？　うん。ごめんね」

歌子は何度も何度もごめんねといい、最後には涙声になって、電話のむこうの折田くんになだめられているようだった。

チヅルはふと、月に一度くらい電話をかけてきていたのは、この折田くんではないかという気がしてきた。

今までは、友だちが電話をかけてくるというゼータクにびっくりして、まさか相手が男子だとは想像もしていなくて、当然、クラスの女子だろうと思いこんでいたのだけれど、この時ふいに、きっと、電話は⑪折田くんに違いないと思えてきたのだった。

⑫「おねえちゃん、おかあさんにいってもいいよ」

歌子が電話をきってから、謝るつもりでそういうと、

⑬「いいよ、もう」

歌子は怒っているふうでもなく、ただ気が抜けたようにいって、のっそりと二階に上がっていった。ただもう、折田くんの靴《くつ》がみつかったことにホッとして、ほかのことはなにも考えられないみたいだった。

今日は、歌子がお米をとぐ当番だったのだが、台所の流し場をみると、お米がといでなかった。

チヅルはおわびのつもりで、歌子の代わりにとぐことにして、米櫃《こめびつ》からお米を三合もってきて、シャッシャッと慣れた手つきでお米をとぎながら、ふと、

（おねえちゃんは、折田くんが好きなのかもしれない。チヅルよりも、好きなのかな）

と思った。

そのとたん、どうしようもない淋《さび》しさがどうっと風のように押しよせてきて、チヅルはわけもなく大声をあげたくなった。

⑭そんな荒々しい気持ちは初めてで、胸が苦しくなって、涙が浮かんでくるほどだった。

⑮（おねえちゃんなんか、きらいだ。折田もきらいだ！）

⑯チヅルは歯をくいしばり、足を踏んばって、いつまでもいつまでも力をこめて、お米をとぎ続けた。

（『短編伝説　愛を語れば』集英社文庫より）

問一　空欄《くうらん》 Ⅰ ・ Ⅱ に当てはまる語句の組み合わせとして適切なものを次の中から一つ選び、番号をマークしなさい。　解答番号1

1　Ⅰ＝心配そうに　Ⅱ＝ぷりぷりと怒っている

2　Ⅰ＝面白そうに　Ⅱ＝どぎまぎしてうろたえている

3　Ⅰ＝困ったように　Ⅱ＝ぐずぐずと渋《しぶ》っている

4　Ⅰ＝嬉しそうに　Ⅱ＝にこにこと笑っている

問二　傍線《ぼうせん》部①「とたんにチヅルはわくわくした」とあるが、このときのチヅルの気持ちとして適切でないものを次の中から一つ選び、番号をマークしなさい。　解答番号2

1　中学校の生徒会選挙は、本物の選挙みたいですごいなあと感心している。

2　おねえちゃんにとっては立候補は特別なことではないのだと

チヅルはおねえちゃんが前から好きだったけれど、⑦そういうことがあって、ますます好きになっていて、それからは清子に叱られても、おねえちゃんが味方だと思うと、あんまり悲しくなくなり、泣かなくなっていたのだった。

(なのに、おセンベ食べたくらいで、おかあさんにいいつけるっていった)

チヅルは見捨てられたような惨《みじ》めな気持ちになり、息がとまりそうだった。

おねえちゃんは中学生になってから、二階に部屋をもらって、ただでさえ、かまってくれなくなっていたのに、今はかまうどころか、チヅルが嫌いになったんだとしか思えなかった。

(いいんだ。チヅルだって、⑧おねえちゃんなんかきらいだ!)

チヅルは茶の間のソファにとびのって、ソファの背にしがみつくようにして、涙をこらえた。

> やってきた歌子の友だちは、チヅルに気づきもせず、居間を通って二階に上がっていった。その四、五人の友だちの中には、男子もいた。立候補するのがおねえちゃんで、選挙タイサク本部に男子がいることに、チヅルはびっくりする。
>
> 歌子と友だちは、二階で楽しそうにおしゃべりをしていた。チヅルは玄関に五人分の靴《くつ》があるのを見ているうちに、憎《にく》たらしくなってきて、それらの靴をみんな裏口などに運んで隠す。そのまま外に遊びに行ってしまったが、暗くなってから、歌子が怒っているのではと心配しながら帰ってきた。

家に帰ってみると、電気がついておらず、まだ清子も帰っていないようで、それはホッとしたが、歌子もいないようで、わけがわからなかった。

電気をつけて、ぼんやりと茶の間のソファにすわっていると、カタンと物音がして、二階から歌子がおりてきた。歌子の目は真っ赤で、今まで泣いていたようだった。

てっきり叱られると思って身構えていたチヅルはびっくりして、⑨上目づかいに歌子を睨《にら》んでいると、

「チヅル、折田くんの靴、どこにやったのさ。折田くんのだけ見つからなくて、折田くん、上靴はいて帰ったんだよ」

というなり、歌子は茶の間にすわりこんで、わっと泣きだしてしまった。

チヅルは⑩あっけにとられてしまったが、すぐに我にかえって、あわてて家をとびだし、裏の畑のトマトの木の下につっこんであった男子の運動靴をひっぱりだした。

内心では、やっぱり、ここのは見つからなかったかと得意な気持ちも少しはあったが、それよりも歌子が泣いているのが驚きで、とてものことに、ザマァミロとは思えなくなってしまっていた。歌子が泣いているのをみるのは、チヅルは初めてだったのだ。

「おねえちゃん、これ……」

まだすすり泣いている歌子に、［Ⅲ］と靴をさしだすと、歌子は何度も手の甲で頬《ほお》をこすってから、出窓においてある電話機の受話器をとった。

メモもなにも見ずに、歌子はダイヤルをまわして、どこかに電話を

カルピスが欲しいのはほんとだったが、それよりも歌子にかまってほしいのだった。

「なに、ほしいの？　自分でつくんなさいよ。あたし、忙《いそが》しいんだから」

歌子はあっさりといって、お盆にカルピスのはいったコップをのっけて二階にいってしまった。

悔しくてブスふくれていると、ふと台所の茶ダンスの中に、うす焼きセンベイがお菓子鉢《ばち》にはいっているのが見えた。

いつもだったら、食べていいといわれてないお菓子は食べないのだけれど、なんとなく、おもしろくない気分だったので、チヅルは思いきってガラス戸をあけて、うす焼きセンベイを五、六枚つかんで、③やけっぱちのようにぼりぼりと食べた。

二階からおりてきた歌子は、茶ダンスの前にすわりこんでセンベイを食べているチヅルを見て、

「チヅル、あたしが買ってきたお菓子、かってに食べちゃダメじゃない！」

とどなった。

「きてくれるみんなのために買ったのに。お母さんにいいつけるよ」

④歌子はうわずった声でいって、チヅルを押しのけて、茶ダンスの中のお菓子鉢を取りだし、さっさと二階にもっていこうとする。

階段を五、六段のぼったところで、

「チヅル、外に遊びにいっといでよ。友だちがきても、浮かれあがって、話に入ってきたらダメだよ。みんな、だいじな用事でくるんだから」

きびきびといって駆《か》けあがっていった。

チヅルはぽかんと見上げていたが、ふいに目じりに涙《なみだ》が浮かんできた。

（おねえちゃんは、チヅルより選挙のほうがだいじなんだ）

と思うと、⑤熱いお湯をのんだように、喉から胸にかけてのあたりが、カッと焼けるようだった。

> 小学生になったばかりの頃《ころ》、チヅルは、お客さん用に買ってあったお菓子を勝手に食べて、母の清子からひどく怒られたことがあった。清子は「チヅルは泥棒《どろぼう》になったんだから、お父さんに警察に連れて行ってもらう」といって、チヅルの両手を柱にしばりつけた。チヅルは「もう、しないよォ」といって泣いて謝ったが、ぜんぜん許してもらえず、外が薄暗くなって、泣きすぎて体が熱くなってきたころ、やっと許してもらえた。

その夜は、ご飯を食べても吐きそうなほど気分が悪くて、すぐに寝てしまったけれど、目がさえてぜんぜん寝つかれないでいると、隣の布団で寝ていた歌子が、ごそごそとチヅルの布団に入ってきて、

「お母さんはきっと、ムシのいどころが悪かったんだよ。あんなに怒るのは、ひどいよね。おねえちゃんは、チヅルの味方だからね」

耳元に息を吹きかけるように小声でささやいて、そうっと手を握ってくれた。

泣き疲れて、すこし発熱しはじめていたチヅルには、ひんやりしたおねえちゃんの掌《てのひら》はふわふわと気持ちよくて、⑥たかぶっていた気分がすうっと鎮《しず》まってゆくようだった。

【国　語】（五〇分）〈満点：一〇〇点〉

一 **次の文章は、氷室冴子「おねえちゃんの電話」という小説の一部である。これを読んで、後の設問に答えなさい。（解答はすべて解答用紙にマークしなさい）**

> 小学生のチヅルは、近所の家にはまだない電話が自分の家にあることが自慢だ。電話がかかってくると、いつも飛びつくようにして、チヅルが受話器を取るのだった。
> けれど今年になって少し異変が起きた。中学生になったおねえちゃんの歌子に、学校の友だちから、ときどき電話がかかってくるようになった。歌子は、その時だけは「チヅル、とらなくていいから。あたしだよ、あたし！」といって、すました顔で受話器をとるのだった。

「あたし、こんど、生徒会の書記に立候補することになったよ」

とおねえちゃんの歌子がいい出したのは、夏休みがおわり、学校が始まってすぐのことだった。

お盆がおわると同時に、みじかい夏休みもおわってしまうのだが、チヅルはまだ夏休みボケで、学校にいってもボーッとしていることが多かったから、歌子が書記に立候補すると聞いて、

（中学校は、休みがおわったらすぐに選挙なんかするのか。いそがしいなァ）

とびっくりしてしまった。

「そうか。書記か。そういうのは、一年生が出ていいのかい」

オトーサンが［Ⅰ］いい、ご飯をよそっていた母の清子も、

「一年生のうちから、あんまり目立つことすると、まずいんじゃないの」

と面倒臭《めんどうくさ》そうにいいながら、顔はすっかり、［Ⅱ］のだった。

そういうのは、もうまったく、歌子が小学校の卒業式で答辞を読むことになったときとおなじ態度だった。

「あしたから、推薦《すいせん》人や選挙対策本部の人たち、ウチに集まることになったから」

と歌子はなんでもないことのようにいい、①とたんにチヅルはわくわくした。
②選挙タイサク本部というのがいかにも本式の感じがして、やっぱり中学校はちがうとすっかり感心させられてしまった。
翌日、チヅルは掃除当番をおえるなり、家にとんで帰った。

いつものようにハイシャ車庫や材木置き場で遊ぶどころではなくて、なんとしても選挙タイサク本部というのを見てみたいのだった。

家に帰ってみると、歌子のほうが先に帰ってきていた。

二階の部屋を掃除しているらしく、何度も階段を上りおりしては、忙《いそが》しそうにしていて、チヅルなんか目に入っていないようだった。

なんとか歌子の興味をひきたくて、茶の間のソファに寝そべったり、でんぐり返りをしたり、逆立ちをしたりしてもてんでダメで、そのうち歌子がカルピスをつくり出したので、チヅルは思いあまって、台所と茶の間をしきるガラス引き戸によりかかって、

「おねえちゃん、チヅルのもつくって」

と甘ったれた声でいった。

MEMO

大切なことはメモしておこうネ！

2021年度

解　答　と　解　説

《2021年度の配点は解答欄に掲載してあります。》

＜数学解答＞　《学校からの正答の発表はありません。》

1　(1)　$\frac{1}{3}$　(2)　-7　(3)　$(x-2y)(a+x+2y)$　(4)　$x=\frac{2\pm\sqrt{10}}{3}$　(5)　$n=6$

(6)　$\alpha=54$度　(7)　$\frac{7}{18}$　(8)　$\sqrt{3}$

2　(1)　$\frac{4}{3}$　(2)　$0\leqq y\leqq 3$　(3)　$y=\frac{1}{3}x+2$　(4)　6

3　(1)　6　(2)　AQ：QC＝2：5　(3)　AQ：QO＝4：3　(4)　$\frac{30}{7}$

4　(1)　1101　(2)　16　(3)　1100100　(4)　1101001または105

○推定配点○

各5点×20　計100点

＜数学解説＞

1　(正負の数，平方根，因数分解，二次方程式，数の性質，角度，確率，式の値)

(1)　$\left\{\frac{2}{5}\times\left(\frac{1}{3}-\frac{1}{2}\right)+\frac{17}{15}\div 2\right\}\times\left\{\frac{5}{3}-\left(2\div\frac{2}{5}-2^2\right)\right\}=\left\{\frac{2}{5}\times\left(-\frac{1}{6}\right)+\frac{17}{15}\times\frac{1}{2}\right\}\times\left\{\frac{5}{3}-\left(2\times\frac{5}{2}-4\right)\right\}=\left(-\frac{2}{30}+\frac{17}{30}\right)\times\left(\frac{5}{3}-1\right)=\frac{1}{2}\times\frac{2}{3}=\frac{1}{3}$

基本　(2)　$\left(1-\frac{2}{\sqrt{2}}+\sqrt{18}\right)(1-\sqrt{8})=(1-\sqrt{2}+3\sqrt{2})(1-2\sqrt{2})=(1+2\sqrt{2})(1-2\sqrt{2})=1-8=-7$

基本　(3)　$(x-2y)a+x^2-4y^2=(x-2y)a+(x+2y)(x-2y)=(x-2y)(a+x+2y)$

基本　(4)　$3x^2-4x-2=0$　解の公式を用いて，$x=\frac{-(-4)\pm\sqrt{(-4)^2-4\times3\times(-2)}}{2\times3}=\frac{4\pm\sqrt{40}}{6}=\frac{2\pm\sqrt{10}}{3}$

基本　(5)　$96=2^5\times3$より，求める最小の自然数nは$2\times3=6$

基本　(6)　OとCを結ぶ。OC＝OAより，∠OCA＝∠OAC＝24°　OB＝OCより，∠OBC＝∠OCB＝24°＋30°＝54°　よって，$\alpha=54°$

基本　(7)　さいころの目の出方の総数は$6\times6=36$(通り)　題意を満たすのは，(大，小)＝(1，1)，(2，1)，(2，2)，(3，1)，(3，3)，(4，1)，(4，2)，(4，4)，(5，1)，(5，5)，(6，1)，(6，2)，(6，3)，(6，6)の14通りだから，求める確率は，$\frac{14}{36}=\frac{7}{18}$

(8)　$x=-\left(-\frac{8}{3}a^2\right)^3\div\frac{1}{9}(-8a^3)^2=\frac{8^3a^6}{3^3}\times\frac{3^2}{8^2a^6}=\frac{8}{3}$　よって，$2\sqrt{\frac{2}{x}}=2\sqrt{2\div\frac{8}{3}}=2\sqrt{\frac{3}{4}}=\sqrt{3}$

2　(図形と関数・グラフの融合問題)

基本　(1)　$y=\frac{1}{3}x^2$に$x=-2$を代入して，$y=\frac{1}{3}\times(-2)^2=\frac{4}{3}$

基本　(2)　$y=\frac{1}{3}x^2$に$x=0$を代入して，$y=\frac{1}{3}\times0^2=0$　$y=\frac{1}{3}x^2$に$x=3$を代入して，$y=\frac{1}{3}\times3^2=3$

よって，yの変域は，$0\leqq y\leqq 3$

基本　(3)　直線ℓの式を$y=ax+b$とおくと，2点A(3, 3)，B$\left(-2, \frac{4}{3}\right)$を通るから，$3=3a+b$，$\frac{4}{3}=-2a+b$　この連立方程式を解いて，$a=\frac{1}{3}$，$b=2$　よって，$y=\frac{1}{3}x+2$

重要　(4)　$y=\frac{1}{3}x^2$に$x=1$を代入して，$y=\frac{1}{3}\times 1^2=\frac{1}{3}$　よって，P$\left(1, \frac{1}{3}\right)$　直線OPの傾きは，$\left(\frac{1}{3}-0\right)\div(1-0)=\frac{1}{3}$だから，Q(0, 2)とすると，QA//OPより，△OPA＝△OPQ　したがって，四角形ABOPの面積は，△OAB＋△OPA＝△OAQ＋△OBQ＋△OPQ＝$\frac{1}{2}\times 2\times 3+\frac{1}{2}\times 2\times 2+\frac{1}{2}\times 2\times 1=6$

3　(平面図形の計量)

基本　(1)　$AP=\frac{2}{2+3}AD=\frac{2}{5}\times 15=6$

基本　(2)　AP//BCだから，平行線と比の定理より，AQ：QC＝AP：BC＝6：15＝2：5

基本　(3)　AQ：QC＝2：5＝4：10　AO：OC＝1：1＝7：7　よって，AQ：QO＝4：(7−4)＝4：3

重要　(4)　RQ//BCだから，AR：RB＝AQ：QC＝2：5　高さの等しい三角形の面積の比は底辺の比に等しいから，△OQR：△OAR＝OQ：OA＝3：7　△OAR：△OAB＝AR：AB＝2：7　また，△OAB：(平行四辺形ABCD)＝1：4　よって，△OQR＝$\frac{3}{7}$△OAR＝$\frac{3}{7}\times\frac{2}{7}$△OAB＝$\frac{6}{49}\times\frac{1}{4}\times 140=\frac{30}{7}$

4　(2進数)

基本　(1)　右の表より，10進数の13は2進数では1101と表される。

基本　(2)　右の表より，2進数の10000は10進数の16を表す。

(3)　$100=64+32+4=2^6+2^5+2^2$　2^6，2^5，2^2を2進数にすると，1000000，100000，100であるから，1000000＋100000＋100＝1100100

(4)　1と0が4個ずつある2進数のうち，最大の数は11110000，最小の数は10000111である。11110000＝10000000＋1110000，10000111＝10000000＋111であるから，その差は，1110000−111＝1101001である。または，2進数の1110000は10進数の$2^6+2^5+2^4=64+32+16=112$，2進数の111は10進数の7であるから，その差は112−7＝105である。

10進数	2進数
11	1011
12	1100
13	1101
14	1110
15	1111
16	10000

★ワンポイントアドバイス★

出題構成は変わらず，全体的に取り組みやすい出題が続いている。基礎を固めて，十分な計算力をつけておこう。

＜英語解答＞ 《学校からの正答の発表はありません。》

1	(1) ④	(2) ①	(3) ③	(4) ③	(5) ②		
2	(6) ④	(7) ③	(8) ②	(9) ③	(10) ①		
3	(11) ④	(12) ⑤	(13) ②	(14) ①	(15) ⑥		
4	(16) ④	(17) ①	(18) ④	(19) ②	(20) ①		
5	(21) ①	(22) ③	(23) ④	(24) ①	(25) ③		
6	(26) ⑤	(27) ③	(28) ③	(29) ①	(30) ②	(31) ⑤	(32) ④
	(33) ③	(34) ④	(35) ③				
7	(36) ③	(37) ④	(38) ①	(39) ①	(40) ②	(41) ②	(42) ②
	(43) ④						
8	(44) ①	(45) ③	(46) ④	(47) ①	(48) ③	(49) ⑦	(50) ⑥
9	(51) ②	(52) ①	(53) ③	(54) ④	(55) ②		

○推定配点○

1・2　各1点×10　　3～9　各2点×45(6各完答)　　計100点

＜英語解説＞

1 (リスニング問題)

1) How much is the concert ticket?
　① Next to the big shopping mall.
　② I'll go to a concert tomorrow.
　③ By next week.
　④ Actually, it's quite cheap.

2) Do you sometimes cook for your mother?
　① Yeah, I am always happy to help her.
　② Oh, I love to eat it.
　③ I think everything went well.
　④ Well, I want some.

3) Would you like to have some more water?
　① I don't like to wash my car.
　② Yes. I drank orange juice.
　③ Thank you, I sure do.
　④ Really? I love to go swimming.

4) How often do you play tennis?
　① I really like to play it with my brother.
　② OK, I'll play faster.
　③ Oh, just about twice a week.
　④ No, I'm better at tennis than basketball.

5) Mr. Smith said that he is going to leave school next month. He's my favorite teacher.
　① He usually leaves school at 5 pm.
　② I'm sorry to hear that.
　③ We should go to school with him.

④ He left this school last year.

(1) コンサートのチケットはいくらですか。

① 大きなショッピングモールの隣です。

② 私は明日，コンサートへ行く予定です。

③ 来週までです。

④ 実は，それはとても安いです。

(2) あなたはあなたのお母さんのためにときどき料理しますか。

① はい，私は彼女を手伝っていつもうれしいです。

② ああ，私はそれを食べることが大好きです。

③ 私は全てがうまくいったと思います。

④ ええと，いくらか欲しいです。

(3) 水をもういくらかいかがですか。

① 私は私の車を洗うことが好きではありません。

② はい。私はオレンジジュースを飲みました。

③ ありがとう，もちろんそうします。

④ 本当に？　私は泳ぎに行くことが大好きです。

(4) あなたはどのくらいテニスをしますか。

① 私は私の兄弟とそれをすることが本当に好きです。

② わかりました，もっと速くします。

③ ああ，週に2回位だけです。

④ いいえ，私はバスケットボールよりテニスの方が得意です。

(5) スミス先生は，来月，彼が学校を去るつもりだ，と言った。彼は私のお気に入りの先生だ。

① 彼はたいていは5時に学校を去ります。

② 私はそれを聞いて残念です。

③ 私たちは彼と学校へ行くべきです。

④ 彼は去年この学校を去りました。

2 (リスニング問題)

Q6) A：How can I help you?

B：Hi I'm looking for a yellow shirt.

A：Please come this way. Here are our shirts. Unfortunately, we don't have that color.

B：Do you have any in a small size?

A：Yes, here is a blue one and a green one.

B：Great! I'll take both of them.

Q.6 What will the woman buy?

Q7) A：Hey Susan, what happened? You are usually on time!

B：Hi James. I had a problem this morning. I did not set my alarm clock last night.

A：Oh, I see. So you overslept!

B：Yes, I always wake up at 6:00 but today I woke up 1 hour late.

Q.7 What happened to the woman?

Q8) A：Did you see the new TV drama last night? It is a big hit now.

B：Really? Is that the one about the tennis player and his coach?

A：Yes, that's the one! I'm really looking forward to watching it next week!

B：Oh, I want to see it, too! I'll try and catch it next time.

Q.8 What do the speakers want to do?

Q9） A：Boy B：Girl

A：Did you hear about the new student in our class?

B：Yes, I did. I was sick yesterday, so I didn't have a chance to meet him yet. What's he like?

A：He looks like a very kind person, but his voice is so quiet that I couldn't hear him very well.

B：I see. I look forward to meeting him soon!

Q.9 How does the boy feel about the new student in class?

Q10） A：Man B：Woman

A：I usually come to work by car, but this morning my wife needed it so I had to take the train. You always come to work by train, right?

B：Yeah, it was raining very hard this morning, so it was very crowded on the Odakyu line! Could you get to work today without any trouble?

A：Yes, I was fine, but I was surprised the trains weren't late. I really thought they would be late.

B：Me too...

Q.10 What was the man surprised about?

(6) A：どのようなご用件でしょうか。

B：あら，私は黄色いシャツを探しています。

A：こちらへ来てください。こちらが私たちのシャツです。残念ながら，その色はありません。

B：小さいサイズで何かありますか。

A：はい，青いのと緑のです。

B：素晴らしい。それら両方にします。

Q.6 女性は何を買うつもりか。

① 緑のシャツ。 ② 黄色のシャツ。

③ 中くらいの大きさのシャツ。 ④ 緑のシャツと青いシャツ。

(7) A：やあ，スーザン，どうしたんだい。君はたいていは時間通りだよ。

B：あら，ジェイムズ。私には今朝，問題があったのよ。昨夜，目覚まし時計をセットしなかったの。

A：ああ，なるほど。それで君は寝過ごしたんだ。

B：うん，私はいつも6時に起きるけれど，今日は1時間遅く起きたのよ。

Q.7 女性に何があったのか。

① 彼女の目覚まし時計が壊された。

② 彼女には予約があった。

③ 彼女は今朝，遅く起きた。

④ 彼女は電車で眠った。

(8) A：あなたは昨夜，新しいテレビドラマを見た？ それは今，とても当たっているのよ。

B：本当かい。それはテニス選手と彼のコーチについてのだな。

A：そうよ，それよ。私は来週それを見るのを本当に楽しみにしているの。

B：ああ，僕もそれを見たいな。僕は次回，それを見逃さないようにしよう。

Q.8　話し手たちは何をしたいか。

①　彼らは一緒にテニスをしたい。

②　彼らは新しいドラマを見たい。

③　彼らはテニスのコーチと話したい。

④　彼らはテレビでテレビゲームをしたい。

(9)　A：僕たちのクラスの新しい生徒について君は聞いたかい。

B：うん，聞いた。私は昨日，病気だったからまだ彼に会う機会がなかったの。彼はどんななの。

A：彼はとても親切な人みたいだけれど，彼の声はとても静かだから，彼の言うことがあまりよく聞こえないんだ。

B：なるほど。私はすぐに彼に会うのが楽しみよ。

Q.9　少年は，クラスの新しい生徒についてどのように感じるか。

①　彼はとても社交性に富んで見える。

②　彼はとても具合が悪いと感じる。

③　彼は良い人のように見える。

④　彼はとても声が大きい。

(10)　A：僕はたいていは車で仕事に来るんだけれど，今朝，僕の妻がそれを必要としたから，電車に乗らなくてはならなかったんだ。君はいつも電車で仕事に来るよね。

B：ええ，今朝はとても激しく雨が降っていたから，小田急線はとても混んでいたわ。今日，あなたは何も問題なく仕事に着いたの。

A：うん，僕は良かったけれど，電車が遅れなかったことに驚いたよ。それらは遅れるだろう，と本当に思ったからね。

B：私もよ。

Q.10　男性は何に驚いたか。

①　電車が遅れなかった。

②　彼が雨に濡れた。

③　電車にたくさんの人々がいた。

④　彼は彼の車を使うことができなかった。

3　(会話文：語句補充)

(全訳)　マイクとケンは夏休みの後に教室で話している。

マイク：やあ，ケン。(11)君はどうしていたんだい。

ケン　：素晴らしいよ。実は，僕は夏休みの間，ハワイへ行ったんだ。

マイク：うわあ。浜辺でくつろぐためにそこへ行ったのかい。

ケン　：(12)正確には違うな。僕は英語を勉強するためにそこへ行ったんだ。僕はスミスさん一家の家に泊まった。

マイク：ああ，君の兄弟も昨年，彼らの家に泊まった，と僕は覚えているよ。

ケン　：(13)君はよく覚えているね。彼らは本当に良い家族なんだ。

マイク：君は彼らから英語をたくさん学んだかい。

ケン　：僕は彼らからたくさんの英語の言い回しを学んだよ。

マイク：君は有名なショッピングモールでの買い物に行ったかい。

ケン　：うん。でも，僕は店員と話しているとき，あまり英語を使わなかった。

マイク：(14)なぜ君は使わなかったんだい。店員たちはハワイの人だったよね。

ケン　：うん，でもたくさんの客が日本から来るので，彼らは僕に日本語で話しかけるんだ。

マイク：なるほどね。それで，僕のお土産はどこだい。
ケン　：僕は君へのそれを買うことをすっかり忘れたんだ。
マイク：本当かい。君はハワイに戻って，それを手に入れてくるべきだよ，ケン。
ケン　：(15)冗談だよ。はい，どうぞ。
マイク：どうもありがとう。

4　**（会話文：語句補充）**

(16)　A：あなたはどこにいるの，ユカ。もう午後7時よ。
B：ごめんなさい，お母さん。私は家への途中なの。5分以内に家に着く予定よ。
on one's way「途中で」

基本　(17)　A：君はたいていはどうやって学校へ行くんだい。
B：僕はたいていは徒歩で学校へ行くよ。
on foot「徒歩で」

(18)　A：ここであなたの靴を脱いでくださいますか。
B：わかりました。それらをここに置いておいて良いですか。
take off「～を脱ぐ」

(19)　A：私の電話は電源が切れてしまいました。
B：私の充電器を使いたいですか。
run out「尽きる」

(20)　A：トモキはまた学校を欠席しているわ。
B：ああ，彼に何が起こったんだ。彼は病気になったのかい。
be absent from ～「～を欠席する」

5　**（語句補充：助動詞，接続詞）**

(21)「僕のメッセージに返信していないので，私のガールフレンドは怒っているに違いない」のである。助動詞 must で「～に違いない」の意味。

(22)　接続詞 when を使った文は〈主語A＋動詞B＋ when ＋主語C＋動詞D〉で「CがDのときAがB」という意味なので動詞Bと動詞Dの時制は一致させる。ここでは動詞Dが過去形 entered なのでbe動詞の過去形 was にするのが適切。

(23)　接続詞 when を使った文〈when ＋主語A＋動詞B,＋主語C＋動詞D〉では動詞Bと動詞Dの時制は一致させる。ここでは動詞Bが過去形 got なので動詞Dも過去形にする。「テレビゲームをしていた」だから，〈be動詞＋―ing〉の形をとる進行形にするのが適切。

(24)　接続詞 if を使った文。〈主語A＋動詞B＋ if ＋主語C＋動詞D〉で「もしCがDならばAがB」という意味。

やや難　(25)　make は使役動詞で，〈make ＋A＋動詞の原形〉の形で「Aに～させる」の意味。

6　**（語句整序：現在完了，動名詞，受動態，前置詞，助動詞，文型，不定詞，比較）**

1.　Have you finished writing the essay (yet?)「あなたはもう作文を書き終えたのですか」 yet「まだ[もう]」を用いた完了用法の現在完了の文。現在完了の疑問文は〈Have[Has]＋主語＋動詞の過去分詞形～？〉の形。finish ―ing で「～し終える」の意味。

2.　(What) is this animal called in (English?)「この動物は英語で何と呼ばれますか」〈be動詞＋動詞の過去分詞形〉の形で「～される」という意味の受動態になる。疑問文ではbe動詞を主語の前に出す。〈in ＋言語〉で「～語で」という意味になる。

3.　Can I have two concert (tickets, please?)「コンサートのチケットを2枚いただけますか」
Can I ～?「～しても良いですか」

4. (Could you) tell me how to get (to the Enoshima Aquarium?)「江ノ島水族館への行き方を教えてくださいますか」 tell は〈主語＋動詞＋人＋物〉という文型を作る。ここでは「物」にあたる部分が〈how to ＋動詞の原形～〉になっている。〈how to ＋動詞の原形〉で「～の仕方」，get to ～ で「～に着く」という意味。

重要 5. (He) is the tallest in my (family.)「彼は私の家族の中で最も背が高いです」「～の中で1番…だ」という意味になるのは〈(the)＋形容詞[副詞]の最上級＋ in[of] ～〉の形の最上級の文。

7 （長文読解・資料読解：内容吟味）

（全訳） A

美容健康クラス予定表

	月曜日	火曜日	水曜日	木曜日	金曜日	土曜日	日曜日
午前10時～午前11時	ヨガ（初心者）	ズンバ	クラスなし	ヨガ（上級）	クラスなし	ズンバ	ズンバ
午後6時～午後7時	ランニングの集い	クラスなし	ヨガ（初心者）	ズンバ	ランニングの集い	クロスフィット	ヨガ（上級）

クラス情報

ヨガ　初心者　ゆっくりとストレッチをし，ポーズをすることで緊張をほぐすことに重点を置きます。

上級　筋肉をつくり健康を手に入れるための積極的な課程です。

ランニングの集い　5～6人のグループで公園を走ります。たくさんの良い友達を作ることができます。

ズンバ　様々な種類のラテンアメリカ音楽を使った楽しい踊りの運動です。

クロス・フィット　全てのクラスの中で最も激しい課程です。健康と仕事ぶりを改善するのに役立ちます。

1. クラスの1日前に予約しなくてはなりません。
2. それぞれのクラスはAスタジオで開催されます。ランニングの集いだけは公園です。
3. 水とタオルを持ってきてください。

(36)「どの人がランニングの集いに参加するべきか」「マイク：僕は週末に運動をするのが好きなんだ」「リサ：私は午前中は暇よ」「ジェイソン：僕は他の人たちと運動をするのを楽しむよ」「アマンダ：私は緊張をほぐしてストレッチをしたいわ」 ①「マイク」(×) ②「リサ」(×) ③「ジェイソン」(○) クラス情報のランニングの集いの項目参照。 ④「アマンダ」(×)

(37)「もし激しく鍛えたければ，どのクラスが最も良いか」 ①「初心者ヨガ」(×) ②「ランニングの集い」(×) ③「ズンバ」(×) ④「クロス・フィット」(○) クラス情報のクロス・フィットの項目参照。

(38)「どの記述が本当か」 ①「ズンバのクラスはAスタジオで開催される」(○) クラス情報の下の箇条書き2番目参照。 ②「その日にクラスを予約することができる」(×) クラス情報の下の箇条書き1番目参照。前日に予約するのである。 ③「水は指導員によって与えられる」(×) クラス情報の下の箇条書き3番目参照。自分で持っていくのである。 ④「初心者ヨガのクラスは午前中にだけ開催される」(×) 予定表参照。水曜日の午後にも開催される。

B

ベン　(16時50分)：やあ，ジャック，君は明日，まだ暇かい。

ジャック(20時20分)：やあ，ベン，最後のメッセージにすぐに返信しなくてごめん。ああ，もちろん，僕らは何時に会おうか。

ベン　　(20時26分)：いいよ。僕は午前中にいくらか仕事をする必要があるんだ。午後1時に新宿で会って，一緒に昼食をとるのはどうだい。

ジャック(20時30分)：良さそうだね。君は何か良いレストランを知っているのかい。

ベン　　(20時33分)：僕はいくつか知っているよ。イタリア料理かフランス料理はどうだい。君はどんな種類の食べ物を食べたいんだい。

ジャック(20時34分)：そうだな…どちらでも良いよ。僕はえり好みしない。

ベン　　(20時40分)：わかった。それじゃ，僕はイタリア料理のレストランを予約するよ。本当においしいピザとワインがあるんだ。

ジャック(20時41分)：いいね。どうもありがとう。僕はそれを楽しみにしているよ。明日また。

(39)「ベンはなぜジャックにメッセージを送ったのか」 ①「一緒に食事をとるため」(○) ベンの20時26分のメッセージ参照。一緒に昼食をとろうと誘っているのである。 ②「すみません，と謝るため」(×) ③「計画を決めるため」(×) ④「新しい仕事を見つけるため」(×)

(40)「20時34分に，『どちらでも良いよ』と書いたとき，ジャックは何を言おうとしたのか」 ①「彼は良いレストランを1つも知らなかった」(×) ②「彼はどんな食べ物でも差し支えないと思った」(○) ベンの20時33分のメッセージ参照。食べたいものを尋ねられたことに対する答えである。 ③「彼は一緒に昼食をとりたくなかった」(×) ④「彼はレストランを決めたかった」(×)

Ⓒ

簡単なオーブン調理法

世界一おいしいラザニア

材料

ソーセージ用ひき肉	300g	トマトソース	2缶
牛肉	200g	水	1/2カップ
玉ねぎ	1/2個	ラザニア生地	12枚
にんにく	2片	チーズ	200g
		塩	少々
		こしょう	少々

説明

1. 玉ねぎとにんにくをみじん切りにする。
2. ソーセージ用ひき肉と牛肉，玉ねぎ，にんにくを中火で調理し，それから塩とこしょうを少々加える。
3. トマトソースと水を加え，弱火で1時間加熱する。
4. ミートソースを調理している間に，ラザニア生地を沸騰しているお湯で10分間下準備する。
5. パン焼き用の皿の底にミートソースを広げる。ミートソースの上に4枚の生地をきちんと並べる。チーズを広げる。これを2回繰り返す。
6. オーブンで30分間焼く。熱いうちに出す。

批評と意見

ジェニー★★★★★　2020年1月15日

私はこの調理法が大好きです。これを作るのは2回目なので，他の材料，ほうれん草やマッシュルーム，なすを加えました。申し分なくなりました。

ウィリアム★★★★　2019年10月21日

私は私の妻のために彼女の誕生日にそれを作りました。彼女はそれが本当に大好きでした。私はたいていは料理をしませんが，することができました。それで，この調理法は初心者に良いです。

(41) 「ミートソースを調理している間に，何をするべきか」 ① 「野菜を切る」(×) ② 「ラザニア生地をゆでる」(○) 説明の4番目参照。 ③ 「パン焼き皿にチーズを広げる」(×) ④ 「ラザニアを焼く」(×)

(42) 「ラザニアをオーブンでどのくらい焼くか」 ① 「10分」(×) ② 「30分」(○) 説明の6番目参照。 ③ 「1時間」(×) ④ 「2時間」(×)

(43) 「批評によると，この調理法は誰にとって最も良いか」 ① 「菜食者」(×) ② 「幼い子供」(×) ③ 「年配の人々」(×) ④ 「調理の初心者」(○) 批評と意見の2番目(ウィリアム)参照。

8 (長文読解・論説文：内容吟味)

(全訳) Ａ ニュージーランドの会社はロボットのイルカを開発している。それは本物のイルカのように見え，動く。その会社，エッジ・イノヴェーションズがそのロボットを設計したので，人々は本物の動物なしに海の生き物を体験することができる。ロボットのイルカは単独で泳いだり飛び込んだりすることができたり，人々がリモコンでそれを制御したりすることができる。その会社は何人かの人々にロボットがプールでどのように泳ぐのかを見せたが，彼らはそれがロボットだと気づかなかった。

ロボットのイルカには約2700万アメリカドルを要する予定だ。それは本物のイルカを飼うよりも高価だ。しかしながら，本物のイルカをロボットのイルカと取り換えることによって，人々は将来，海中公園で本物のイルカの健康や安全のことで心配しなくてもよくなるだろう，とロボットの設計者は言う。研究者によると，野生の本物のイルカは30から50年生きることができるが，公園のイルカは平均で約13年しか生きない。

その会社は有名な遊園地やいくつかの有名な映画のためにロボットの動物を作っている。将来，それはサメやシードラゴンのような他のロボットの動物を作る予定だ，とその会社は言う。

(44) 「その会社，エッジ・イノヴェーションズはロボットを作っている。それは(　　)」 ① 「本物の動物のように動くことができる」(○) 第1段落第1文・第2文参照。 ② 「人々の生活を援助することができる」(×) ③ 「海の生き物を体験することができる」(×) ④ 「プールの本物のイルカを救うことができる」(×)

(45) 「海中公園の本物のイルカは(　　)」 ① 「30年かそれより多く生きることができる」(×) ② 「ロボットのイルカよりも飼うのに多くのお金がかかる」(×) ③ 「野生のそれよりも短い一生を生きる」(○) 第2段落最終文参照。 ④ 「約3000万アメリカドルの費用がかかる」(×)

(46) 「いくつかのロボットの動物は(　　)」 ① 「海ではサメに食べられる」(×) ② 「深海に留まることが好きだ」(×) ③ 「それらの食料としてシードラゴンを食べる」(×) ④ 「よく知られた映画のために作られた」(○) 最終段落第1文参照。

Ｂ いくつかの太陽発電気球が2020年にケニアで上げられた。その気球はアメリカの会社，ルーンによって開発された。それらは地球の上空20kmに浮かび，様々な地域に移動性のあるインターネットの施設を持っていく。報告によると，世界の約45％の家がインターネットへのアクセスを全く持たない。それらの人々の多くは移動性のある装置でインターネットにアクセスする。しかしながら，一部の田舎のサハラ砂漠の南の地域のアフリカの人々の約60％は移動性のあるインターネットに接続することができない。

この計画では，35個の気球が南アフリカで空へと上がり，ケニアまで飛ぶ予定だ。ルーンの社長は，それぞれの気球は100日間空に留まり，11,000平方キロメートルの地域一面の人々にインターネットへのアクセスを供給することができる，と言う。その気球のおかげで，音声やビデオ電話をかけたり，ウェブを拾い読みしたりすることができる。

その気球は最初，ペルーでの2017年の地震の間に緊急時のために使われた。ケニアでは，人々は地元の通信会社，テルコム・ケニアを通して常備の装置としてルーンのインターネットを使う。

ルーンにはモザンビークで同じサービスを始める計画がある。

一気球は$_{47}$アメリカの会社によって設計された。

一それらは数年前に$_{48}$ペルーで最初に使われた。

一それらは$_{49}$100日間空に浮かぶことができる。

（気球から地球までの距離）$_{50}$20km

9 （長文読解・ディベート原稿：語句補充）

都市に住むことよりも田舎に住むことの方が良い。

私はこの主題の提示に同意する。都市に住むことよりも田舎に住むことの方が良い，と私は思う。

まず第1に，それは都市よりも安全である。田舎にはより少ない人々が住んでいて，(51)より少ない犯罪がある。夜さえ扉に鍵をかけない人々もいる。私たちは平和な生活を送ることができる。

さらに，もし自然の中で暮らせば，私たちは健康なままでいることができる。空気がとてもきれいなので，(52)私たちをくつろがせる。田舎に住むことは私たちの健康のために良いのだ。

次に，生活の費用が都市よりも安い。都市で家を借りることは(53)費用がかかるので，私たちには都市で暮らすためのたくさんのお金が必要だ。私たちは田舎では同じ費用で大きな家を借りることができる。

会社や学校がしばしば近くにあるので，都市に住むことはより(54)便利だ，と言う人々もいる。それは本当だが，オンライン・サービスのおかげで，(55)遠く離れて働いたり勉強したりするより多い機会を得たので，私たちは会社や学校の近くに住まなくても良い。

結論として，田舎に住むことは都市に住むことよりも良い。

(51)　①「より大きい店」(×)　②「より少ない犯罪」(○)「都市よりも安全」(第2段落第1文)なのである。　③「より高いビル」(×)　④「より多い扉」(×)

(52)　①「私たちをくつろがせる」(○)「私たちは健康なままでいることができる」(第3段落第1文)のである。　②「私たちを飽きさせる」(×)　③「騒々しい」(×)　④「費用がかかる」(×)

(53)　①「危険な」(×)　②「安全な」(×)　③「費用がかかる」(○)　田舎で暮らすと「生活の費用が都市よりも安い」(第4段落第1文)，つまり都市では高いのである。　④「安い」(×)

(54)　①「興奮するような」(×)　②「うんざりするような」(×)　③「有名な」(×)　④「便利な」(○)「会社や学校がしばしば近くにある」(第5段落第1文)のである。

(55)　①「ゆっくりと」(×)　②「遠く離れて」(○)「オンライン・サービス」(第5段落第2文)を使えるのである。　③「友好的に」(×)　④「美しく」(×)

★ワンポイントアドバイス★

会話文問題でよく出題される会話表現はまとめて覚えるようにしよう。日本語に直訳すると意味のわからない特殊な表現は，特に気をつけよう。

＜国語解答＞ 《学校からの正答の発表はありません。》

一　問一　4　問二　4　問三　4　問四　2　問五　4　問六　4　問七　1
問八　3　問九　2　問十　3　問十一　4　問十二　2　問十三　1　問十四　4
問十五　3　問十六　⑧　1　⑮　2　問十七　3

二　問一　X　1　Y　4　問二　A　2　B　3　問三　3　問四　1　問五　2
問六　1　問七　3　問八　1・4　問九　2　問十　1・4・5

三　問一　1　問二　1　問三　1　問四　4　問五　4　問六　3　問七　1
問八　2

四　問一　A　4　B　2　問二　4　問三　A　2　B　4　問四　A　2　B　1
問五　3　問六　3　問七　3

○推定配点○
一　問十・問十六　各1点×3　他　各3点×15　二　問一・問二・問八・問十　各1点×9
他　各3点×6　三　問一　1点　他　各2点×7　四　各1点×10　計100点

＜国語解説＞

一　(小説―情景・心情，内容吟味，文脈把握，指示語の問題，脱文・脱語補充，語句の意味)

問一　空欄［Ⅰ］・［Ⅱ］が含まれるオトーサンと母の清子の態度について，直後の段落で「そういうのは……歌子が小学校の卒業式で答辞を読むことになったときとおなじ態度」とある。オトーサンと母の清子は，しっかりしている歌子に対して嬉しさを隠せないでいる。このオトーサンと母の清子の態度には，4の「嬉しそうに」や「にこにこと笑っている」が当てはまる。

問二　直前の「あしたから，推薦人や選挙対策本部の人たち，ウチに集まることになったから」から3が，「歌子はなんでもないことのようにいい」から2が，直後の「選挙タイサク本部というのがいかにも本式の感じがして，やっぱり中学校はちがうとすっかり感心させられてしまった」から1の気持ちが読み取れる。4の「私も鼻が高い」と自慢する気持ちは読み取れない。

やや難　問三　「タイサク」とカタカナ表記されていることから，チヅルは「対策」の漢字を思い浮かべることができず，どのようなものかがわかっていない。「いつものように」で始まる段落に「なんとしても選挙タイサク本部というのを見てみたい」とあるように，「タイサク」という言葉の響きにひかれて，なんとしても見てみたいと思うチヅルの幼さが感じられる。

問四　傍線部③の「やけっぱち」という語からは，どうなってもよいという投げやりな様子がうかがえる。後の「小学生になったばかり」で始まる内容に，チヅルがお菓子を勝手に食べてひどく怒られたとあるので，これらの内容を述べている2が適切。1の「おねえちゃんを困らせてやろうという嫌がらせ」や3の「無意識に」は，「やけっぱちのように」という表現に合わない。同じ文の「なんとなく，おもしろくない気分」に4の「切羽詰まって向こう見ずに」は適切ではない。

問五　「うわずった声」は，気持ちが高ぶって浮ついた声のこと。前の「きてくれるみんなのために買ったのに。お母さんにいいつけるよ」という言葉や，同じ文の「チヅルを押しのけて……さっさと二階にもっていこうとする」という行動から，歌子が大切な友だちを迎えることで頭がいっぱいな様子が読み取れる。歌子は友だちを迎えることで頭がいっぱいなだけで，チヅルに対して怒りを感じたり意地悪をしたりしようとしているわけではない。

問六　同じ文の「(おねえちゃんは，チヅルより選挙のほうがだいじなんだ)」に合うものを選ぶ。

問七　傍線部⑥「たかぶっていた気分がすうっと鎮まってゆくよう」に感じたのは，歌子が「お母さんは……あんなに怒るのは，ひどいよね。おねえちゃんは，チヅルの味方だからね」と言ってくれたからである。「すうっと鎮まってゆく」を「ほっとしている」と表現している1を選ぶ。

問八　チヅルが歌子のことを「ますます好きになっ」たのは，どのようなことによるのか。前で，チヅルがお母さんに叱られたときに，歌子は「お母さんはきっと……あんなに怒るのは，ひどいよね。おねえちゃんは，チヅルの味方だからね」とチヅルに優しい言葉をかけている。

問九　「上目づかい」は，顔を動かさずに目だけを動かして上を見ること。チヅルは，歌子に「叱られると思って身構えていた」のに，「歌子の目は真っ赤で，今まで泣いていたようだった」という状況である。チヅルは歌子がどういう気持ちでいるのか，「上目づかい」で探ろうとしている。

基本　問十　「あっけ」は，意外なことに驚くこと。直後の段落に「歌子が泣いているのが驚きで……歌子が泣いているのをみるのは，チヅルは初めてだったのだ」とあるのもヒントになる。

問十一　泣いている歌子に，自分が隠した折田くんの「靴をさしだす」様子である。ためらいながらする様子を表す4の「おずおず」が当てはまる。

問十二　歌子が自分で電話をとるようになったことや，歌子が折田くんに泣きながら電話をしている様子に着目する。2の対策本部で折田くんがリーダー格であったとは述べていない。

問十三　直後に「謝るつもりで」とある。チヅルは何に対して謝ろうとしたのかを考える。チヅルは，歌子にとって大切な折田くんの靴を隠したことを謝る代わりに，「おかあさんにいってもいいよ」と言っている。2の「得意げになり，心が満たされた」という気持ちは合わない。チヅルは歌子に悪いことをしたと思っているので，3の「おかあさんに助けてもらいたい」や，4の「早くお母さんに言わないと怒られる」もそぐわない。

基本　問十四　一つ後の文に「ただもう，折田くんの靴がみつかったことにホッとして，ほかのことはなにも考えられないみたいだった」と歌子の様子を述べている。この内容を述べている4が適切。

問十五　前の「(おねえちゃんは，折田くんが好きなのかもしれない。チヅルよりも，好きなのかな)と思った。そのとたん，どうしようもない淋しさがどうっと風のように押しよせてきて」を「荒々しい気持ち」と表現している。チヅルは折田くんに歌子を奪われたと説明しているものを選ぶ。

重要　問十六　それぞれの選択肢の文末に注目する。傍線部⑧の前の「見捨てられたような惨めな気持ちになり」からは「歌子がなぜ急に自分のことが嫌いになったのか理解でき」ない気持ちが，直前の「いいんだ。チヅルだって」という表現からは，チヅルが「イライラ」していることが読み取れる。傍線部⑮の前の「胸が苦しくなって，涙が浮かんでくるほど」や，直後の「折田もきらいだ！」からは，歌子がこれまでのように自分に寄り添ってくれないことを悟ったチヅルの激しい悲しみが読み取れる。

やや難　問十七　少し前の「どうしようもない淋しさがどうっと風のように押しよせてきて」に注目する。「(おねえちゃんなんか，きらいだ。折田もきらいだ！)」という怒りのかげにあるチヅルの「淋しさ」を読み取る。

二　**(論説文ー大意・要旨，内容吟味，文脈把握，指示語の問題，接続語の問題，脱文・脱語補充，語句の意味)**

問一　X　「特定の人が権限のあるリーダーとなって，グループを引っ張っていくのではなく，そこに参加する一人ひとりが，権限を持たないままリーダーシップを発揮していく」という前から当然予想される内容が，後に「チームを引っ張っていく人はつねに同じではなく」と続いているので，順接の意味を表す語が入る。　Y　直前の段落の「権限者によるリーダーシップ」に対して，後で「権限によらないリーダーシップ」を挙げているので，対比の意味を表す語が入る。

基本　問二　A　前の「つねに同じではなく……交代していきます」には，その時の状況によって動きが変るという意味を表す語が入る。　B　直前の段落の「組織の権限者に求められるあり方」に着目する。「求められるあり方」というのであるから，そうあってほしいという意味を表す語が入る。

問三　筆者が提案する「リーダーシップ」とは，どのようなものかを読み取る。「となると」で始まる段落の「積極的にそのグループに関わり，目標達成に何が必要かを自律的・主体的に考え，動いていく」や，直前の段落の「気づいた人がまず考えて行動する」に着目し，この内容を述べているものを選ぶ。

やや難　問四　一つ後の文以降の「『権限』と『責任』はつねにセットです。権限を行使する場合，そこには責任を伴います」にふさわしいものを選ぶ。「権限」を用いて大臣を任命し，大臣の汚職が発覚した時には任命した「責任」をとって辞任する，とある1が適切。

問五　傍線部③の「こうした考え方」は，直前の文の「前者」を指し示しており，具体的には直前の段落の「権限もなく，責任もとれないくせに，リーダーシップを主張するとは何事か！」という考え方を意味している。

問六　1の「決心できない」，2の「うろたえる」，3の「いらだつ」，4の「動転」などの表現に注目すると見抜きやすい。

基本　問七　何かをしようとする動機づけという意味であることから判断する。

やや難　問八　直前に「権限者がそのように行動してくれないと」とあるので，同じ段落の権限者が「権限のない人にリーダーシップを発揮してもらえるように支援し，最終的な責任は自ら引き受ける」という行動にあてはまらない場合を選ぶ。1は，店長が自らリーダーシップを発揮しているので「権限のない人にリーダーシップを発揮してもらえるように支援」にあてはまらない。4は，学校が責任を引き受けていないので，「最終的な責任は自ら引き受ける」にあてはまらない。

問九　直後の「みんながバラバラの方向を向き，自分勝手な行動をとってしまうようにな」るのは，どのようなときなのかを考える。傍線部⑦を含む文の冒頭「そうなってしまっては」は，直前の段落の「権限によらないリーダーシップの場合，権限がないので，まわりの人たちには従う義務が発生しません。そのため，『なんで，あなたの言うことをきかなくてはならないの？』と思われてしまう」ときを指し示している。この内容を説明している2が適切。

重要　問十　1は「気づいた人が」で始まる段落の内容に，4は冒頭の注釈の「これまで」で始まる段落の内容に，5は最終段落の内容に合致する。2は「すべての権限や責任を部下にゆだねる」が，責任はリーダーが負うという「つまり」で始まる段落の内容に合致しない。

三　**（古文―主題・表題，内容吟味，文脈把握，指示語の問題，口語訳，文学史）**

〈口語訳〉　一芸を身につけようとする人は，「よくできないような間は，うかつに人に知られないようにしよう。内々でよく習得してから(人前で)披露するようなのこそ，たいそう奥ゆかしいだろう」といつも言うようだが，このように言う人は，一芸も習得することがないものだ。まだまるで未熟なうちから，上手な人の中にまじって，けなされ笑われるのにも恥ずかしがることなく，平気で押し通して熱心に稽古に励む人は，生まれつき，その素質はなくても，その道にとどまらず，いい加減にしないで，年を重ねて行くと，器用な人で稽古に励まない人よりは，最後には名人と言われる地位に達し，徳もつき，(世間の)人に認められて，比類のない名声を得るのである。

天下の名人といっても，はじめは，ヘタクソだという評判もあり，あまりにひどい欠点もあった。しかし，その人が，その道の規則を正しく守り，これを大切にして，気ままにふるまわなければ，一世の大家となり，万人の師となることは，どの道においても変わるはずはない。

基本　問一　兼好法師の随筆は『徒然草』。2は『平家物語』，3は『竹取物語』，4は『枕草子』の冒頭部。

問二　前の「うちうちよく習ひ得てさし出でたらんこそ，いと心にくからめ」が具体的な内容にあたる。「心にくし」は奥ゆかしくて良いという意味であることから判断する。

問三　後の注釈から「堅固」の意味を確認する。「かたほ」は不完全，未熟なという意味であるが，意味がわからなくとも「いまだ」や「上手の中に交りて」という前後の文脈から，意味を推察することができる。

問四　傍線部③の直前「堅固かたほなるより」から，未熟なうちから上手な人の中にまじって稽古に励むとするものを選ぶ。Bの「教えを受ける」だけでは十分ではない。Cは，未熟なうちではないので適切ではない。

重要 問五　同じ文の最後で「終に上手の位にいたり，徳たけ，人に許されて，双なき名を得る事なり」と，人にけなされ笑われても平気で押し通して稽古に励んだ人が最終的にどうなるかを述べている。「人に許されて」は人から認められて，「双なき」は並ぶものがいないという意味になる。

やや難 問六　「堪能」は芸能や学問にすぐれていること。意味がわからなくとも，同じ文の「つれなく過ぎて嗜む人，天性，その骨なけれども，道になづまず，妄りにせず」と対照的に述べていることから，「堪能の嗜まざる」は才能はあっても稽古に励まない人の事だと推察できる。「才能を信じて，練習をなおざりにする」とある3が適切。

問七　直前の「天下の物の上手」と言われる人が，「始め」の頃はどうであったのかを考える。「不堪」は「堪能」ではない，「瑕瑾」はきず，欠点という意味であるが，意味がわからない場合は，前段落の「毀り笑はるるにも恥ぢず」に通じるものであることから判断する。

問八　傍線部⑦を含む「道の掟正しく，これを重くして，放埒せざれば，世のはかせにて，万人の師となる事」は，前段落の「道になづまず，妄りにせずして，年を送れば……終に上手の位にいたり，徳たけ，人に許されて，双なき名を得る事なり」と同様の内容を述べている。「放埒せざれば」に重なる「妄りにせずして」の現代語訳であるいい加減にしないで，に通じるものを選ぶ。

四　**（熟語，ことわざ・慣用句，敬語・その他，文学史）**

基本 問一　A　『吾輩は猫である』の作家は4の夏目漱石。　B　『鼻』の作家は2の芥川龍之介。

問二　十二支は「子・丑・寅・卯・辰・巳・午・羊・申・酉・戌・亥」となる。

基本 問三　A　「□にかける」で自慢する，「□をあかす」で出し抜いてあっと言わせるという意味。
B　「□穴に入らずんば□児を得ず」は，危険を冒さなければ成功は得られないという意味。

問四　A　囲碁で，弱い方が先に一つ石を置くことからできた慣用句。　B　敵の攻撃に対して一本の矢を射返して報復することからできた慣用句。

問五　それぞれ・「イッチョウイッセキ」・「シチテンバットウ」・「ゴリムチュウ」と読む。

問六　Cの「写真」には，木の葉や紙など薄いものを数える「葉(ヨウ)」を用いる。

やや難 問七　1は「でいらっしゃいます」→「です」「でございます」，2は「お分かりにくい」→「分かりにくい」，4は「お持ちいたしますか」→「お持ちになりますか」が適切。

★ワンポイントアドバイス★

例年以上に小問数が多い。時間をかけるべき問題と，時間をかけずに解答すべき問題を区別して時間短縮につなげよう。

MEMO

大切なことはメモしておこうネ!

2020年度

★★★★★★★★★★★★★★★★★★★★★★★

入　試　問　題

2020年度

東海大学付属相模高等学校入試問題

【数　学】（50分）〈満点：100点〉

【注意】　1．分数の形で解答する場合，それ以上約分できない形で答えなさい。

2．根号を含む形で解答する場合，根号の中に現れる自然数が最小となる形で答えなさい。また，根号を含む分数の形で解答する場合，分母に根号を含まない形で答えなさい。

1　次の各問いに答えよ。

(1)　$\frac{1}{2}\times(-2)^3\div(-2^4)+\left\{2-\left(\frac{1}{2}\right)^2\right\}$　を計算せよ。

(2)　$\sqrt{175}-\frac{42}{\sqrt{63}}-8\sqrt{14}\div\sqrt{8}$　を計算せよ。

(3)　$(3x+2)^2-(3x+1)(3x-1)-3x$　を計算せよ。

(4)　$x^3-5x^2-4x+20$　を因数分解せよ。

(5)　2次方程式 $3x^2-7x+2=0$　を解け。

(6)　連立方程式 $\begin{cases} x+2y=a+7 \\ -x+3y=a \end{cases}$ の解について，xの値がyの値の4倍であるとき，aの値を求めよ。

(7)　2個のサイコロを同時に投げるとき，2個とも奇数の目が出る確率を求めよ。

(8)　円すいの展開図において，おうぎ形の半径が10cm，円の直径が8cmであるとき，おうぎ形の中心角の大きさを求めよ。

2　AB = 7，BC = 5，CA = 3である△ABCにおいて，∠Aの二等分線と辺BCとの交点をDとする。また，頂点Cを通り直線ADと平行な直線と，辺ABのAを超える延長との交点をEとする。このとき，次の各問いに答えよ。

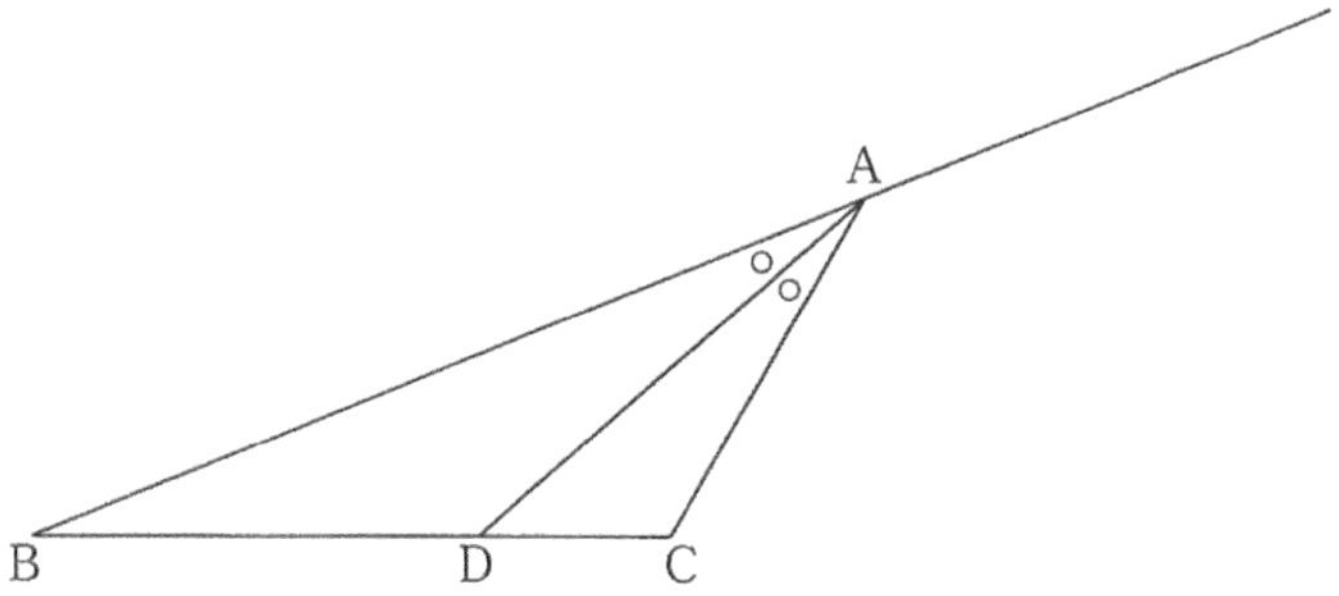

(1)　線分AEの長さを求めよ。

(2)　線分BDの長さを求めよ。

(3)　∠Bの二等分線と線分ADとの交点をIとするとき，AI：IDを最も簡単な整数比で表せ。

(4)　∠BIA = 150°のとき，∠BCAの大きさを求めよ。

3 下の図において，放物線Cは関数$y=\frac{1}{4}x^2$のグラフである。２点A，Bはx軸上を動く点で，同時に出発してから１秒経つごとに点Aは正の向きに２だけ，点Bは負の向きに１だけそれぞれ進む。また，x座標が点Aと常に等しいC上の点をDとし，直線BDとy軸との交点をEとする。点A(２，０)，点B(－５，０)を出発点とするとき，次の各問いに答えよ。

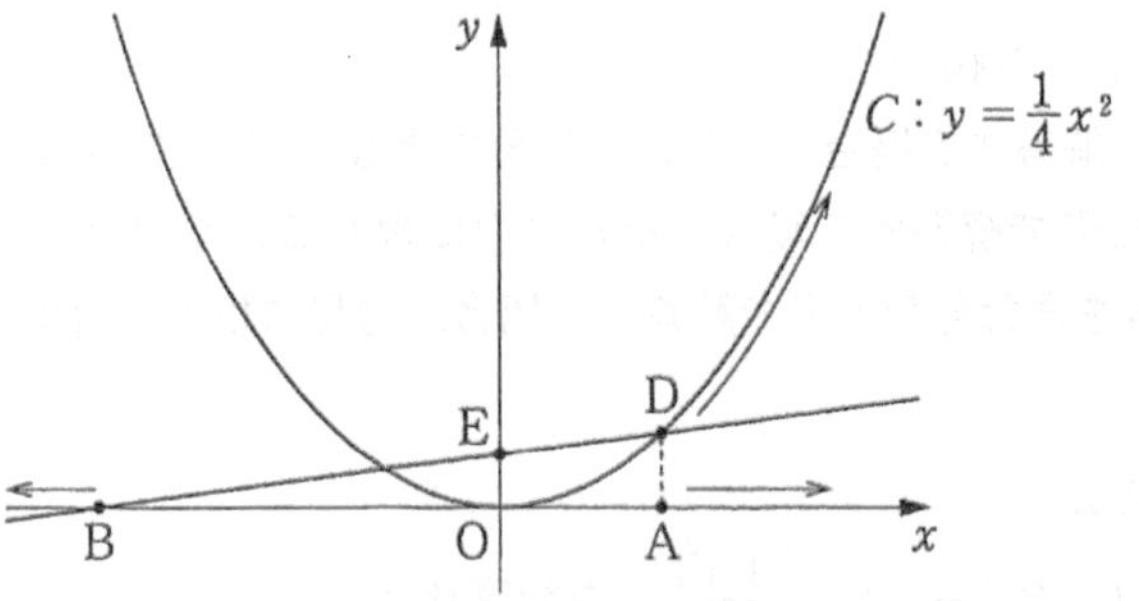

(1)　２点A，Bが出発点にあるときの点Dの座標を求めよ。

(2)　２点A，Bが出発してから１秒後の直線BDの式を求めよ。

(3)　$\angle \mathrm{EBA}=45^\circ$になるのは，２点A，Bが出発してから何秒後か。

(4)　２点A，Bが出発してから△BOEと△BADの面積比が$4:25$になるとき，線分OEの長さを求めよ。

4 下の図のように，１段目，２段目，３段目，… と規則的に石を追加して正方形状に並べていく。このとき，次の各問いに答えよ。

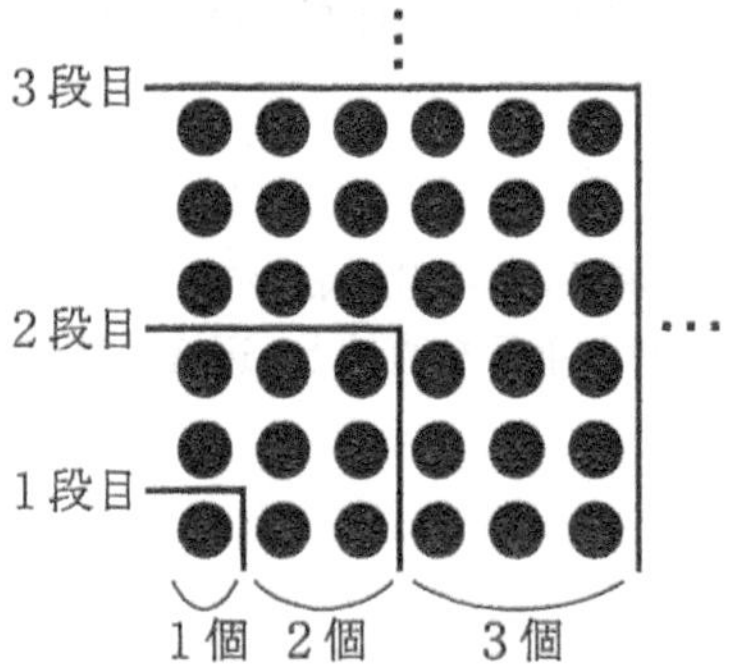

(1)　３段目から４段目を作るのに，追加する石は何個か。

(2)　５段目まで作ったとき，並ぶ石は全部で何個か。

(3)　2020個の石をすべて使って１段目から並べ，さらにm個の石を追加すると，ちょうどn段目まで作ることができた。このようなmとnのうち，mが最小となるときのmとnの値をそれぞれ求めよ。

(4)　k段目から$(k+1)$段目を作るのに追加する石の数は$(k+1)^3$であることが知られている。このことを用いて，次の式を計算せよ。

$$1^3+2^3+3^3+4^3+5^3+\cdots+20^3$$

【英　語】（50分）〈満点：100点〉　　**※リスニングテストの音声は弊社のHPにアクセスの上、音声データをダウンロードしてご利用ください。**

1　(リスニング問題) 放送の指示に従って，番号で答えなさい。放送は一度だけ流れます。

(1)　What time does Sally's favorite program start?

①　6:00 PM　　②　8:00 PM　　③　9:00 PM　　④　12:00 PM

(2)　How old is Matt?

①　13　　②　14　　③　15　　④　16

(3)　What is Susan's favorite subject?

①　Science　　②　Calligraphy　　③　Math　　④　History

(4)　What did James order?

①　Fried salmon　　②　Meatball soup　　③　A fresh salad　　④　A pasta dish

(5)　Where is the zoo?

①　Next to the school　　②　Across from the hospital

③　Right of the hospital　　④　Between the school and the hospital

2　(リスニング問題) JohnとKateの会話を聞き，番号で答えなさい。放送は二度流れます。

(6)　When did Kate wake up this morning?

①　5：00 AM　　②　6：30 AM　　③　On time　　④　One hour later than usual

(7)　How many tests does Kate have today?

①　One　　②　Two　　③　Three　　④　Four

(8)　How does John usually come to school?

①　He rides a bike.　　②　He walks to school.

③　He rides a train.　　④　He rides a bus.

(9)　How long did it take Kate to come to school today?

①　25 minutes　　②　30 minutes　　③　40 minutes　　④　45 minutes

(10)　How will the weather be tomorrow?

①　It will be rainy.　　②　It will be sunny.

③　It will be cloudy.　　④　They don't know now.

3　次の会話の流れに沿って，空所に入る最も適切なものを選択肢から選び，番号で答えなさい。夏休み明けの教室で中学3年生のAkiraとクラスメートのMaryが話しています。

Akira　：　Hi, Mary, how was your summer vacation?

Mary　：　Hi, Akira.　It was great! I went to Kyoto with my family.

Akira　：　Sounds good.　What did you do there?

Mary　：　I visited some temples.　My (　11　) place was Kiyomizu temple.

Akira　：　It is (　12　) of the most famous temples in Japan! Why did you like it?

Mary　：　I enjoyed taking pictures and walking down the street to the temple.　I took nice pictures of the temple. There were also many (13) to buy gifts.

Akira : That's nice. Did you buy anything there?

Mary : I bought two cups for my grandparents. How about you? What did you do during summer vacation?

Akira : You know that I like watching and playing baseball. So, I went to Yokohama Stadium to see a baseball game with my friends.

Mary : Nice! How was the game?

Akira : It was (14). Then, my favorite team won.

Mary : Great. I think your team won because of your support.

Akira : I hope so. Anyway, we both (15) a good summer. I can't wait for next vacation.

(11) ① good ② beautiful ③ favorite ④ interesting
(12) ① one ② many ③ kind ④ best
(13) ① temples ② shops ③ stadiums ④ restaurants
(14) ① busy ② exciting ③ happy ④ sad
(15) ① played ② gave ③ made ④ had

4 次の(16)～(20)までの各組の空所に共通して入る語を，下の選択肢①～⑨の中から選び，番号で答えなさい。

(16) Why don't you come ( ) me? It's fun.
Is there a sushi restaurant ( ) an English menu around here?

(17) I am ready ( ) my English test.
Why were you late ( ) school?

(18) What do you think ( ) the 2020 Olympic Games? Isn't it exciting?
I sometimes go to Ueno Zoo to see pandas. How ( ) you?

(19) You should put ( ) a jacket before going out because it is snowing!
What is going ( ) in the world today?

(20) Since your dog is 15 years old, you should take good care ( ) it.
What kind ( ) sports would you like to do?

① up	② to	③ like	④ on	⑤ for
⑥ about	⑦ by	⑧ with	⑨ of	

5 空所に入る最も適切な語を選択肢から選び，番号で答えなさい。

(21) A : It has been cold recently.
B : Yes, it's ( ) cold today. We need to wear a coat.
① enough ② especially ③ slowly ④ usually

(22) (On the phone)
A : Hi, Satoshi. Can I talk to you now?

B ： Sorry, I can't now. (　　) I call you back later?

① Do　② Don't　③ Shall　④ Will

(23) (Looking at a photo)

A ： Who is this woman?

B ： She is my (　　). She is my mother's older sister.

① aunt　② brother　③ sister　④ uncle

(24) A ： What's that?

B ： It is a gift which I (　　) from my friends this morning.

① came　② felt　③ gave　④ received

(25) A ： We are going on a school trip tomorrow, but please don't (　　) any snacks.

B ： I understand, and I won't.

① be　② bring　③ do　④ put

6 次の2つの文が同じ意味になるように空所に入る最も適切なものを選択肢から選び，番号で答えなさい。

(26) Anne can cook curry and rice.

=Anne knows (　　) to cook curry and rice.

① what　② when　③ why　④ how

(27) Tetsuo can't speak English as well as Yumi.

=Yumi can speak English (　　) Tetsuo.

① worse than　② good　③ better than　④ bad

(28) I don't understand your story.

=I don't understand (　　) you said.

① when　② what　③ how　④ which

(29) You do not need to take an umbrella.

=You don't (　　) to take an umbrella.

① buy　② make　③ have　④ use

(30) Kanagawa has 33 cities.

=There (　　) 33 cities in Kanagawa.

① have　② are　③ had　④ were

(31) Nick is taller than any other boy in his class.

=Nick is the tallest (　　) all the boys in the class.

① by　② at　③ on　④ of

(32) You should go to bed now.

=It's (　　) for you to go to bed.

① time　② clock　③ hour　④ minute

(33) I like this cake which was made by my mother.

=I like this cake (　　) by my mother.

① making ② to make ③ made ④ makes

(34) Jeff plays the piano well.
=Jeff is good (　　) playing the piano.
① at ② of ③ into ④ on

(35) My foreign friend ate sushi for the second time.
=My foreign friend has (　　) sushi twice.
① eaten ② been ③ got ④ become

7 次の会話の流れに沿って，空所に入る最も適切な文を選択肢から選び，番号で答えなさい。

Jane and Sayaka are talking about Jane's friend.

Jane　：My best friend, Lucy, is coming to Japan this winter!
Sayaka：Sounds exciting！（ 36 ）
Jane　：She likes painting, so I'll take her to some museums. You love art, too. （ 37 ）
Sayaka：Yes, I'd love to go with you. I have a few favorite museums.
Jane　：That's great. Lucy is interested in Japanese animation.
Sayaka：Oh, really? Then, Lucy will love one of the museums.
Jane　：Which one? （ 38 ）
Sayaka：No problem. Here, look at this map. It's not far from here.
Jane　：Nice! How long does it take to get there?
Sayaka：About thirty minutes by train.
Jane　：I see. By the way, do you paint, too?
Sayaka：（ 39 ） It always makes me feel relaxed.
Jane　：I agree. （ 40 ）
Sayaka：Me, too. See you then.

① I am looking forward to visiting the museum.
② Could you show us how to get there?
③ What are you going to do with her?
④ I do about twice a week.
⑤ I'll make a list of museums for you.
⑥ Would you like to come with us?

8 次のような状況で，あなたなら何と言うでしょうか。①～⑤の語（句）を並び替えて文を完成させ，(41)～(56) に入る語（句）を選び，番号で答えなさい。文頭に来る語も小文字になっています。

1. You are going to buy a birthday present for your brother. You want to buy a good present, but you have no idea what to buy.
You: I don't (　　)(　　)(41)(42)(　　).
① the most ② what ③ my brother ④ know ⑤ wants

2. Your friend has a plan to take a trip to Hokkaido. You want to ask him a question.

You: (　　) (　　) (43) (　　) (44) for Hokkaido?

① you　② leave　③ are　④ when　⑤ going to

3. Your name is Masataka, but you like to be called "Masa".

You: I (　　) (45) (46) (　　) (　　) "Masa".

① to　② me　③ call　④ my friends　⑤ want

4. You like to speak English. Through speaking English, you have made a lot of foreign friends.

You: It (　　) (　　) (47) (　　) (48) in English.

① is　② foreign people　③ talking　④ fun　⑤ with

5. You usually get up early in the morning, but this morning, you slept too much.

You: I (　　) (49) (　　) (50) (　　) home early this morning.

① able　② not　③ leave　④ to　⑤ was

6. You went to a park, but it was full of people.

You: (　　) (　　) (51) (　　) (52) in the park.

① many　② people　③ there　④ too　⑤ were

7. Your friend was looking for a book, and you found it on a shelf. It was written about 20 years ago, but many people still like to read it.

You：The (　　) (53) (　　) (54) (　　) very popular.

① still　② on　③ the shelf　④ book　⑤ is

8. You were born in Yokohama, and you still live in Yokohama.

You: I (　　) (55) (　　) (56) (　　) I was born.

① have　② since　③ in　④ Yokohama　⑤ lived

9

A

盲導犬に関する英文を読み，質問に対する最も適切な答えを選択肢から選び，番号で答えなさい。

Do you know about guide dogs? These dogs work for people who cannot see things or have some trouble seeing. These people are 'blind'. Guide dogs always walk with blind people and help them in their daily lives. Blind people can spend their lives safely with guide dogs. Training for guide dogs is difficult and takes a long time.

It takes about eighteen months to train a guide dog. First, the dogs must learn house training from birth. Next, the dogs must have real world guide dog training. For the last stage of training, the guide dogs finally meet their 'partners' and they train together.

Blind people can go anywhere with guide dogs because they understand many different words. For example, "supermarket", "restaurant", "hospital", and "go back home". However, sometimes guide dogs don't listen to their partners. This is because they feel it's dangerous to go to some places. They can listen to many kinds of sounds, and smell and see various things for their partner's safety. The dogs and their partners trust each other and they are best friends.

(57) The guide dogs need training ________.

① for two weeks

② for twelve months

③ for a year and a half

④ for two years

(58) After the real world guide dog training, ________.

① the dogs live in a dangerous place

② the dogs start to learn many words

③ the dogs train with other guide dogs

④ the dogs train with their partners

(59) A guide dog doesn't listen to their partner when ________.

① the dog hears many sounds

② the dog sees many things

③ the dog goes back home

④ the dog thinks it is not safe

(60) What is the best title for this passage?

① How to Train a Guide Dog

② How to Get On a Train

③ How to Live With Dogs Safely

④ How to Go to the Supermarket

B

オリンピックに関する記事を読み，質問に最も適切な答えを選択肢から選び，番号で答えなさい。(61)(62)は表を完成させなさい。

The Olympic Games are an important international sporting event. They are held every four years. The first "modern" Olympics were held in 1896 in Athens, Greece. The Olympic Games were canceled three times because of World War I and World War II. Europe has held the games many times, but only three Asian countries have hosted the games, Japan, South Korea and China. Tokyo hosted them in 1964. In 2020, Tokyo will host the Olympic Games for the second time. Tokyo, Japan and Helsinki, Finland were going to host the games in 1940 for the first time, but the games were canceled because of World War II. The next games in 1944, which the United Kingdom was going to host, did not happen for the same reason.

So far, Japan's most successful Olympics were in 1964 in Tokyo, and in 2004 in Athens. They won sixteen gold medals at both. Winning is good but practicing hard is the most important thing of all. Let's cheer for all the athletes in the summer of 2020.

Country	Host City	Years	(61)
Greece	Athens	1896, 1906, 2004	16
South Korea	Seoul	1988	4
China	Beijing	2008	9
Japan	Tokyo	(62), 2020	16

(61) Choose the best answer for the chart.

① The total number of athletes

② The total number of Japanese gold medals

③ The total number of Japanese supporters

④ The total number of events Japan joined

(62) Choose the best answer for the chart.

① 1936　② 1944　③ 1948　④ 1964

(63) Which is true?

① China was the second country that has hosted the Games in Asia.

② Only one country has canceled the Games.

③ Three Asian countries have hosted the Games.

④ Tokyo has hosted the Games three times.

(64) What is the writer's final message?

① Practicing hard is the most important thing.

② The first Olympic Games were important.

③ Winning is the most important thing in the Olympic Games.

④ The event shows us the importance of gold medals.

B
1 『たけくらべ』 樋口一葉
2 『坊つちゃん』 森鷗外
3 『羅生門』 太宰治
4 『走れメロス』 谷崎潤一郎

解答番号38

問四 次の慣用句の（ ア ）～（ ウ ）に当てはまる語の組み合わせとして適切なものを後の選択肢から一つ選び、番号をマークしなさい。 解答番号39

・青菜に（ ア ） ・手前（ イ ） ・（ ウ ）と鞭《むち》

（ア） （イ） （ウ）
1 砂糖 ― 醤油 ― 飴《あめ》
2 醤油 ― 砂糖 ― 饅頭《まんじゅう》
3 塩 ― 味噌 ― 飴
4 味噌 ― 塩 ― 饅頭

問五 次のことわざの中から、他と意味が異なるものを一つ選び、番号をマークしなさい。 解答番号40

1 猫に小判 2 泣きっ面に蜂
3 豚に真珠 4 馬の耳に念仏

問六 次の文の傍線部と同じ意味の「られる」を含む文として適切なものを一つ選び、番号をマークしなさい。 解答番号41

妹は、難しい問題にもすぐ答えられるようになった。

1 弟の行く末が案じられる。 2 彼女は友人に助けられる。
3 自分で着物を着られる。 4 お客様がまもなく来られる。

問七 次の傍線部の故事成語の使い方として適切なものを一つ選び、番号をマークしなさい。 解答番号42

1 いい写真を撮るために推敲する。
2 何度も推敲して読書感想文を完成させた。
3 ユニフォームの推敲を任される。
4 長年推敲してやっと犯人を捕まえた。

問八 次の文の傍線部がかかる文節として適切なものを一つ選び、番号をマークしなさい。 解答番号43

私は、大空を大きな白いかもめがゆっくりと飛ぶのを見た。

1 かもめが 2 ゆっくりと
3 飛ぶのを 4 見た

4　以前から思い続けて恋文を贈っていた女と結婚したこと。

問七　傍線部⑨「誠の心をいたして受けとりければ」とあるが、これはどのようなことを表しているか。適切なものを次の中から一つ選び、番号をマークしなさい。　解答番号31

1　双六の勝負をしてまで、生侍のした二千度参りの功徳を手に入れようとしたこと。

2　生侍が清水寺への千度参りを、人まねだったとはいえ二回も成し遂げたということ。

3　信仰深く精進して証文なども整えてから二千度参りの権利を手にいれたこと。

4　相手の愚かさにつけいって二千度参りという業績を獲得しようとしたこと。

問八　本文の内容に合致しているものを次の中から一つ選び、番号をマークしなさい。　解答番号32

1　勝ち侍は、賭け事に強く、あらゆるものを双六などの勝負で手に入れてきた。

2　負け侍は、普段から信仰心が篤かったので、清水寺への千度参りを二回もした。

3　勝ち侍は、大変信心深い人だったので、清水寺のご加護を得ることができた。

4　負け侍は、初めから二千度参りという形のないものを賭け物にしようとした。

問九　本文は人から聞いた話などをまとめた「説話」に属する作品だが、同じ種類に属する作品として適切なものを次の中から一つ選び、番号をマークしなさい。　解答番号33

1　古事記　　2　今昔物語集　　3　源氏物語　　4　方丈記

四　次のそれぞれの設問に答えなさい。（解答はすべて解答用紙にマークしなさい）

問一　次の傍線部のカタカナを漢字に改める場合、適切なものをそれぞれ後の選択肢から一つ選び、番号をマークしなさい。

A　父は生前、小説家の○○さんとシンコウがあったようだ。　解答番号34

1　信仰　　2　振興　　3　親交　　4　進行

B　利益をカンゲンする。　解答番号35

1　勘元　　2　還元　　3　換言　　4　完減

問二　次の各文の中から、敬語の使い方として適切でないものを一つ選び、番号をマークしなさい。　解答番号36

1　お酢をかけて召し上がってください。

2　大変ごぶさたをいたしました。

3　そろそろ出かけましょうか。

4　先生がこれから参る予定です。

問三　作者名と作品名との組み合わせとして適切なものをそれぞれ一つ選び、番号をマークしなさい。

A　解答番号37

1　『枕草子』　紫式部

2　『徒然草』　兼好

3　『伊勢物語』　在原業平

4　『平家物語』　鴨長明

選び、番号をマークしなさい。　解答番号23

1　黒色と白色の石を交互に盤上に並べて相手と対戦する陣地取りゲーム

2　対戦者がサイコロを振って出た目の分だけマスを進めてゴールを目指すゲーム

3　上の句の札を読んで下の句の札を取ることを繰り返して取り札の総数を競うゲーム

4　各役割を持った駒を使って相手の大将の駒を取ることを目指す対戦ゲーム

問二　傍線部②「我」・④「おのれ」・⑦「それがし」はそれぞれ誰のことか。適切なものを次の中から一つずつ選び、番号をマークしなさい。　解答番号24　解答番号25　解答番号26

1　清水寺の師の僧　2　負け侍　3　傍らにて聞く人

4　勝ちたる侍　5　妻

問三　傍線部③「謀るなりと痴に思ひて笑ひけるを」とあるが、どのように思って笑ったのか。適切なものを次の中から一つ選び、番号をマークしなさい。　解答番号27

1　勝ち侍を非難し続けるなんて往生際の悪い奴だと思って笑った。

2　負け侍を実に頭の回転が速い賢い男だと感心に思って笑った。

3　負け侍をまったく運のないおちぶれ者だと思って笑った。

4　勝ち侍をだますつもりだなと馬鹿馬鹿しく思って笑った。

問四　傍線部⑤「書きて渡さばこそ、受けとらめ」の現代語訳として適切なものを次の中から一つ選び、番号をマークしなさい。　解答番号28

1　（賭け物の証文を）書いて渡さなければ、受け取りたくない。

2　（賭け物の証文を）書いて渡してくれるならば、受け取ろう。

3　（賭け物の証文を）書いて渡せば、受け取ってもらえる。

4　（賭け物の証文を）書いて渡そうとしたら、受け取らなかった。

問五　傍線部⑥「をかしく思ひて」とあるが、どうして「をかしく思」ったのか。適切なものを次の中から一つ選び、番号をマークしなさい。　解答番号29

1　形のない二千度参りを喜んで受け取ろうとするなんて、なんと愚かな奴だ、と思ったから。

2　賭ける物がまったくないのに双六の勝負に挑むなんて、なんと馬鹿な奴だ、と思ったから。

3　三日も待って本当に二千度参りをもらいにくるなんて、なんと欲深い奴だ、と思ったから。

4　形がないとはいえ二千度参りを賭け物にしようだなんて、なんと失礼な奴だ、と思ったから。

問六　傍線部⑧「思ひかけぬたよりある妻まうけて」とあるが、これはどのようなことを表しているか。適切なものを次の中から一つ選び、番号をマークしなさい。　解答番号30

1　考えられないほど金持ちの縁がある女を妻にしたこと。

2　願掛けをする前から好きだった女と結ばれたこと。

3　大変信頼できる人から紹介された女を妻に迎えたこと。

2　産業の機械化・工業化が進んだ時代
3　経済的な価値の重要性が増した時代
4　交通が盛んになり国際化が進んだ時代

問十二　この文章の内容に合致しているものを、次の中から二つ選び、番号をマークしなさい。　解答番号22

1　身分制の考え方は近代の精神とは相反しているように見えるが、歴史的には身分制は近代国家の成立を準備するものだったと言える。
2　秀吉は自らの権力を強大なものにするために「刀狩り」をおこなったと考えられているが、実は民衆のために近代的な社会を作ろうとしたのである。
3　「刀狩り」は、百姓の持つ武器を没収し幕府に抵抗できないようにするためにおこなわれたわけではなく、実際に百姓の武装解除をしたのでもなかった。
4　秀吉は、百姓たちの〈暴力への権利〉だけを規制したのであって、武士や大名たちの持つその権利を制限しようとは考えていなかった。

三　次の文章を読んで、後の設問に答えなさい。（解答はすべて解答用紙にマークしなさい）

今は昔、人のもとに宮仕へしてある※1生侍《なまざぶらひ》有りけり。する事のなきままに、※2清水《きよみず》へ、人まねして、千度詣《まう》でを二度《ふたたび》したりけり。

其の後、いくばくもなくして、主《しう》のもとに有りける同じ様なる侍と①双六《すごろく》を打ちけるが、多く負けて、渡すべき物なかりけるに、いたく責めければ、思ひわびて、「②我、持ちたる物なし。只今たくはへたる物とては、清水に二千度参りたる事のみなんある。それを渡さん」と言ひければ、傍《かたは》らにて聞く人は、③謀《はか》るなりと痴《をこ》に思ひて笑ひけるを、此の勝ちたる侍、「いとよき事なり。渡さば、得ん」と言ひて、「いな、かくては受けとらじ。三日して、此のよし申して、④おのれ渡すよしの文《ふみ》、⑤書きて渡さばこそ、受けとらめ」と言ひければ、「よき事なり」と契《ちぎ》りて、其の日より※3精進《しやうじん》して三日といひける日、「さは、いざ清水へ」と言ひければ、此の負け侍、「此の痴《し》れ物にあひたる」と⑥をかしく思ひて、悦《よろこ》びて連れて参りにけり。言ふままに文書きて、御前《おんまへ》にて師の僧よびて、事のよし申させて、「二千度参りつる事、⑦それがしに双六に打ちいれつ」と書きて取らせければ、受けとりつつ悦びて、ふし拝みてまかり出でにけり。

其の後、いく程なくして、此の負け侍、思ひかけぬ事にて捕へられて、※4獄《ひとや》に居にけり。取りたる侍は、⑧思ひかけぬたよりある妻まうけて、いとよく徳つきて、※5つかさなど成りて、楽しくてぞありける。「目に見えぬ物なれど、⑨誠の心をいたして受けとりければ、仏、あはれとおぼしめしたりけるなんめり」とぞ人は言ひける。

（『宇治拾遺物語』より）

※1　生侍…若くて官位が低い侍のこと。
※2　清水…京都にある清水寺のこと。観音が本尊としてまつられている。
※3　精進…肉食を避け、身を清めること。
※4　獄…牢屋《ろうや》・牢獄のこと。
※5　つかさ…官職・職務のこと。

問一　傍線部①「双六」の意味として、適切なものを次の中から一つ

　　A　　B
1　放出 ― 収納
2　遺棄 ― 返還
3　却下 ― 譲渡
4　放棄 ― 委譲

問七　傍線部⑥「近代国家の形成の萌芽」とあるが、「萌芽」の意味として適切なものを次の中から一つ選び、番号をマークしなさい。　解答番号17

1　きっかけ・合図　　2　はじまり・きざし
3　予感・予想　　4　なりたち・完成

問八　傍線部⑦「けっして十分なものではありませんでした」とあるが、その根拠として筆者が挙げているものは何か。適切なものを次の中から一つ選び、番号をマークしなさい。　解答番号18

1　百姓のもとには鉄砲や鑓などの武器が残されていたこと・帯刀を禁じられたのは百姓だけだったこと
2　百姓たちの自衛の権利をすべて禁じてはいなかったこと・大名たちには領土の争いを暴力で解決する権利を認めていたこと
3　百姓たちの持つ小型の刀まですべて没収することができなかったこと・法律としてすべての者に暴力を禁じたわけではなかったこと
4　百姓たちの紛争解決のための暴力行使を禁じたに過ぎなかったこと・武士階級には暴力をもちいる権利が認められていたこと

問九　傍線部⑧「〈暴力への権利〉は統治権力のもとへと完全に一元化されたわけではなく」とあるが、「完全に一元化」するとは、具体的にはどうなることか。適切なものを次の中から一つ選び、番号をマークしなさい。　解答番号19

1　暴力を行使しようとする者はすべて統治権力のもとに集められること。
2　統治権力の行使する暴力のみが合法的なものとされる状態になること。
3　暴力が存在しない世界が実現し権力による平和な統治が行われること。
4　暴力に差を設けず、どんなささいな暴力も許されないものになること。

問十　傍線部⑨「これはひじょうに重要な論点です」とあるが、何が重要な論点なのか。適切なものを次の中から一つ選び、番号をマークしなさい。　解答番号20

1　身分制が、近代国家を準備するものだったということ。
2　刀狩りが、近世の身分制を生み出したということ。
3　刀狩りが、〈暴力への権利〉を規制するものだったということ。
4　身分制が、〈暴力への権利〉の有無の区別から始まったということ。

問十一　傍線部⑩「身分制は、近代に対立する古来の遺制」とあるが、ここで言う「近代」とはどのような時代を言うのか。適切なものを次の中から一つ選び、番号をマークしなさい。　解答番号21

1　合理的な考え方が基準となった時代

と。

3　自分の利害しか考えない百姓たちの間に社会正義を理解させること。

4　百姓たちに自分たちは統治される側だとはっきり認識させること。

問三　(1)・(2)の段落はどのようなことを例示したものか。それを説明したものとして適切なものを次の中から一つ選び、番号をマークしなさい。　解答番号13

1　秀吉が、百姓の問題だけでなく、一般に武力で紛争を解決することを嫌っていたこと。

2　秀吉が、「刀狩り」以外にも、それと同じ目的でいくつかの政策を行っていたこと。

3　秀吉が、自分が手にした権力を盾にして、様々な新しい政策を打ち出していたこと。

4　秀吉が、諸国を統一した軍事力を背景に、強大な権力を行使していたこと。

問四　傍線部③「刀とはいわば〈暴力への権利〉の象徴だった」とあるが、どういうことか。適切なものを次の中から一つ選び、番号をマークしなさい。　解答番号14

1　刀は、紛争は暴力によって解決されるべきだという信念を、いつでも実行に移すための具体的な備えであった、ということ。

2　刀は、それを持つ人が暴力を振るうことによって利益を得ていることを、証明するものであった、ということ。

3　刀は、他人が暴力的な行為を行うことを許さないという決意を、目に見える形で示すものであった、ということ。

4　刀は、それを持つ人が暴力を振るうことが認められていることを、目に見える形で示すものであった、ということ。

問五　傍線部④「日常的に携帯しづらい鉄砲や鑓は刀狩りのなかでそれほど熱心には没収されなかった」とあるが、それはなぜか。適切なものを次の中から一つ選び、番号をマークしなさい。　解答番号15

1　秀吉は、百姓たちが武器を携行して「いつでも暴力を行使するぞ」という態度を示すことをこそ禁止したかったのであり、持ち歩けない武器は問題にしなかったのである。

2　秀吉は、百姓たちが表面的に従順な態度を取っていればそれで満足であったのであり、実際に百姓たちが武力を保持しているかどうかまでは考えていなかったのである。

3　秀吉は、百姓たちが日常的に持ち歩いている武器が目についたためこれを禁止したのであり、それ以外にも彼らが武器を持っていることに気がつかなかったのである。

4　秀吉は、百姓たちからすべての武器を奪おうとすれば強い抵抗にあうことはわかっていたので、日常的に携行できない武器であればとりあえずは見逃しておいたのである。

問六　傍線部⑤「〈暴力への権利〉を[A]させて、それを新しい統治権力へと[B]させる」の空欄に当てはまる語の組み合わせとして適切なものを次の中から一つ選び、番号をマークしなさい。　解答番号16

令まで待たなくてはなりませんでした。

とはいえ、このことは逆にいうなら、近世の身分制は社会における〈暴力への権利〉を帯刀権の有無によって規制しようとした結果として生まれたということにほかなりません。

事実、秀吉が刀狩りをするまでは、農民と武士の区別というのはそれほどはっきりしたものではありませんでした。多くの百姓は兵も農もともに兼ねていたのです。

そうしたなか秀吉は、刀狩りをつうじて、〈暴力への権利〉を「もつ身分」と「もたない身分」に人びとを区別し、それによって近世の身分制をつくりだしました。つまり、身分をつうじてであれ〈暴力への権利〉を社会的に規制し、大幅に禁止しようとしたという点で、近世の身分制は近代国家の前提となるものだったのです。

⑨これはひじょうに重要な論点です。

私たちはふつう近世の身分制を近代に対立するものとして考えています。学校の授業でもそのように教わりますね。しかしその見方は一八〇度転換されなくてはなりません。近世の身分制は、⑩近代に対立する古来の遺制などではなく、近代的な〈暴力への権利〉の独占を準備する前提的な制度だったのです。

要するに秀吉の刀狩りは、いろいろと不十分なところはあったとはいえ、近代国家の形成にむかう最初の実効的なステップなのでした。刀狩りには、百姓を統治権力に対して抵抗できなくするという目的とは根本的に異なるロジックが、すなわち人びとが保持していた〈暴力への権利〉を規制しながら、統治権力のもとにそれを統合していくというロジックが働いていたのです。

（萱野稔人『暴力はいけないものだと誰もがいうけれど』河出書房新社）

問一　傍線部①「実際のところはどうもそうではなかったらしいのです」とあるが、実際はどうであったというのか。適切なものを次の中から一つ選び、番号をマークしなさい。　解答番号11

1　秀吉は百姓の武器を没収して権力に抵抗できないようにすることを目論《もくろ》んだが、すべての武器を没収することはできなかった。

2　秀吉は百姓の武器を没収して権力に抵抗できないようにすることを目論んだが、武器を没収しても百姓たちの抵抗力は残った。

3　秀吉は百姓たちの持っていた鉄砲や鎧をそのままにして、もっぱら刀などを没収しただけだったので、百姓の力には実質的な変化はなかった。

4　秀吉は百姓たちが権力に抵抗する力を奪うことを目的にしたわけではないので、鉄砲や鑓まで含めたすべての武器を没収することはしなかった。

問二　傍線部②「百姓たちが周囲とのナワバリ争いや村の治安維持のために暴力を勝手にもちいるという状態を終わらせる」とあるが、秀吉がそのようにしたことの目的は何であったのか。適切なものを次の中から一つ選び、番号をマークしなさい。　解答番号12

1　暴力をもちいることができるのは統治権力者だけという状態にすること。

2　人々の間から私的な喧嘩を無くし平和な社会を実現するこ

意味をもっていました。③刀とはいわば〈暴力への権利〉の象徴だったんですね。

その刀を百姓たちが携帯することを、秀吉は刀狩りをつうじて禁止しようとしたのです。だからこそ、④日常的に携帯しづらい鉄砲や鑓は刀狩りのなかでそれほど熱心には没収されなかったんですね。刀狩りの目的はあくまでも、百姓たちのもとに保持されていた〈暴力への権利〉を制限することにあったのであり、けっして百姓たちから武器そのものを奪うことにはなかったのです。

刀狩りが目指していた方向というのは、したがって、百姓がみずから武装することで保持していた、自力で紛争解決する権利やものごとを決定する権利を、天下統一を果たした統治権力のもとへ吸収することだったといえるでしょう。

藤木氏がさまざまな資料をつうじて実証的に示したように、統治権力に抵抗できないよう百姓を武装解除することが刀狩りの目的だったのではありません。百姓たちに⑤〈暴力への権利〉を　A　させて、それを新しい統治権力へと　B　させることが、その課題だったのです。

〈暴力への権利〉の一元化のうえになりたつ⑥近代国家の形成の萌芽を、ここに読み取ることができるでしょう。

もちろん、近代国家の形成といってもそれはあくまでも萌芽にすぎません。

実際、秀吉は刀狩りをつうじて百姓たちの〈暴力への権利〉を制限しようとしましたが、それは〈暴力への権利〉の独占という観点からみると⑦けっして十分なものではありませんでした。

たとえば百姓たちは刀狩りのあとも脇差を差すことは認められていました。また旅行や火事といった非常の場合は帯刀することも認められていました。自衛のために最低限の武装をする権利は、刀狩り以降も民衆のもとに残されたのです。

刀狩りによって、紛争を解決するために百姓たちがみずから暴力をもちいることは禁止されましたが、自己の身を守るために武装し暴力をもちいる権利は、まだまだ民衆のもとに大幅に残されたわけですね。

それからもう一つ、刀狩りにおいて帯刀権を禁止されたのはあくまでも百姓の身分だけだった、という点にも注意しなくてはなりません。武士たちはひきつづき帯刀することが認められました。

刀狩りが実現しようとしたことは、せいぜい武士の身分と百姓の身分を帯刀権の有無によって区別して、百姓たちの〈暴力への権利〉を違法化するというところまででした。つまり、刀狩りにおいては⑧〈暴力への権利〉は統治権力のもとへと完全に一元化されたわけではなく、「帯刀してもよい身分（＝武士）」と「帯刀してはいけない身分（＝百姓）」とを区別することで社会における〈暴力への権利〉が制限されたに過ぎなかったのです。

たしかに秀吉は大名たちの〈暴力への権利〉についても、境界紛争における彼らの武力行使を禁じることでそれを制限しようとしました。しかし、それでもやはり武士の身分にはそれぞれの領地を治めるための〈暴力への権利〉がそのまま残されたのであり、この点からいうと、〈暴力への権利〉が統治権力のもとへと一元化されるという状態は、まだまだ実現されるというにはほど遠かったのです。それが法制度的に実現されるには、明治政府が一八七六年に布告した帯刀禁止しかし、藤木久志氏の研究（『刀狩り——武器を封印した民衆——』岩波新書）によると、①実際のところはどうもそうではなかったらしいのです。

たとえば、秀吉のだした刀狩令では、あらゆる武器の所持がことごとく禁止されていたのですが、刀狩りの実際の現場では、鉄砲や鑓《やり》といった重要な武器の没収にはほとんど関心がよせられず、もっぱら刀の没収だけが熱心におこなわれました。

ちなみに、当時の百姓たちの村には、いまの私たちが想像するよりはるかに多くの鉄砲が所持されていました。これは現代の私たちが抱いている通念とはまったく逆で、鳥獣を狩猟したり、害獣を駆除したりするために、かなりの量の鉄砲が村にはあったのです。にもかかわらず、それらの鉄砲は刀狩りではあまり熱心に没収されなかったのです。

藤木氏はいまあげた書物のなかで、刀狩りの実態をものがたるとても印象的なエピソードを紹介しています。

刀狩りから五〇年ほど経った一六三七年に、九州の島原でキリスト教徒の民衆を中心とした大規模な百姓一揆がおこりました。いわゆる島原の乱です。この一揆はけっきょく徳川幕府によって鎮圧されたのですが、そのときに押収された百姓たちの武器は、鉄砲三二四挺《ちょう》、刀・脇差《わきざし》一四五〇腰《こし》にのぼりました。すなわち、刀狩りから五〇年経った時点でもなお、これだけの武器が百姓たちの手元にはあったということです。

刀狩りが実際には百姓を武装解除したわけではないということを、このエピソードはよく示していますよね。

では、豊臣秀吉は何のために刀狩りをおこなったのでしょうか。

それは、②百姓たちが周囲とのナワバリ争いや村の治安維持のために暴力を勝手にもちいるという状態を終わらせるためでした。すなわち、百姓たちがみずからの判断で暴力をもちいることを禁止し、彼らのあいだで何か問題があれば、統治権力が彼らにかわってそれを裁定し解決するという状態を確立するために、刀狩りはなされたのです。

(1) 実際、藤木氏が指摘しているように、秀吉は刀狩りと並行して、村同士が紛争解決のためにみずから武力をもちいることを、私的な喧嘩《けんか》として厳しく規制しようとしました。これは村の「喧嘩停止令《けんかちょうじれい》」と呼ばれ、その判例がいくつも残されているそうです。

(2) また、これと同じように秀吉は、大名たちが領土の境界をめぐる紛争をみずから武力によって解決することを「私戦」として退けて、秀吉の統治権力が大名たちの紛争を直接裁定するという新しい紛争解決の方法を示しました。

つまり、刀狩りというのは、百姓や大名たちが保持していた〈暴力への権利〉を制限し、統治権力のもとへとそれを統合するという政策の一環としてなされたのです。秀吉は、百姓や大名たちがみずから暴力をもちいて紛争解決をおこなうことを禁止して、自分の政府だけが暴力をもちいてそれぞれの紛争を処理したり、さまざまな決定をくだすようにしたわけですね。刀狩りもそうした目的のもとでなされたのです。

刀というのは、当時もっとも身近で重要な武器でした。その刀を携帯するということは、すなわち「何か犯罪や紛争があったらみずから暴力をもちいてそれに対処するぞ」ということをまわりに示すというちゃんが正義感の強い人物だったと知ったことで、自分もおじいちゃんのようになりたいと思い、自分がヤマダからどんな仕返しを受けたとしても、いじめを止めなければと思ったから。

2　たくさんの人からおじいちゃんの思い出話を聞き、感情豊かなおじいちゃんの一面を知ったことで、人は見た目以上に様々なことを感じていて、いじめを受けても感情を表に出さなかったスドウも、実は悲しんでいるのだと気づいたから。

3　たくさんの人からおじいちゃんの思い出話を聞き、今まで知らなかったおじいちゃんの一面を知ったことで、目には見えない人の気持ちを思いやれるようになり、いじめられているスドウの悲しさに深く共感できるようになったから。

4　たくさんの人からおじいちゃんの思い出話を聞き、おじいちゃんが自分をとてもかわいがってくれていたのを知ったことで、今度は自分が人に愛情深く接したいと思うようになり、誰からも味方をしてもらえないスドウを助けたいと思ったから。

二　次の文章は、萱野稔人『暴力はいけないことだと誰もがいうけれど』の一節です。これを読んで後の設問に答えなさい。（解答はすべて解答用紙にマークしなさい）

　「国家」とは何か。筆者は、それは「暴力を合法的にもちいることができる唯一の存在」だと言う。ここで言う「暴力」とは、「物理的な実力」のことで、市民にはそういう力の行使は許されていないが、国家だけが、例えば「警察力」というような形で、他人の身体を拘束するなどの「暴力」の行使が許されているのである。国家とは〈暴力への権利〉を独占する存在である。

　では、そのような国家はどのようにして形成されてきたのか。それは理論的には、次のような経緯をたどると考えられる。はじめのうち人びとはそれぞれに〈暴力への権利〉を持っていた。しかし、何らかの理由でその権利を放棄しなければならないような状況が生まれ、その権利が次第に独占されることで、国家が形成されてきた、というわけである。


　では、実際のところはどうだったのでしょうか。中世社会においていまだ各自のもとに保持されていた〈暴力への権利〉はどのようにして国家のもとへと統合されていったのでしょうか。

　日本の場合をみてみましょう。

　日本において〈暴力への権利〉の独占につながる最初の契機となったのは豊臣秀吉による「刀狩り」です。

　豊臣秀吉は一六世紀末に織田信長の後継者として戦国の世を平定し、九州から東北までの地を統一しました。その秀吉によって刀狩りが発令されたのは一五八八年です。

　一般に刀狩りは、百姓（つまり一般の民衆）を幕府に抵抗できない無力な存在にするためになされたものだと考えられています。つまり豊臣秀吉は、戦国大名たちによって割拠されていた諸国を統一し、それによって統合した軍事力を背景に、刀狩りによって民衆からことごとく武器を没収し、彼らを統治権力に抵抗できないようにした、と考えられているわけですね。

問五　[A] に入る語として適切なものを次の中から一つ選び、番号をマークしなさい。　解答番号5

1　ため息　2　哀れみ　3　冗談　4　喜び

問六　傍線部⑤「ヤマダを怒らせたあとに待ち受けているヤッカイなこと」として、適切でないものを次の中から一つ選び、番号をマークしなさい。　解答番号6

1　『風の又三郎』のように転校しなければならなくなること。
2　自分がスドウの代わりにいじめられそうになるということ。
3　ヤマダの中学生の兄貴が仕返しにやってくるということ。
4　ヤマダにはクラスに子分がたくさんいて人間関係がうまくいかなくなること。

問七　傍線部⑥「そんなの、ひきょうな言い訳だよ」とあるが、なぜ「ひきょう」だというのか。適切なものを次の中から一つ選び、番号をマークしなさい。　解答番号7

1　いじめはよくないことだと知っていながら、それをやめさせるためにヤマダに強く言う勇気が出せないでいるから。
2　スドウが悲しんでいることを知っていながら、自分に害が及ばないことを優先して、スドウの気持ちには目をつぶっているから。
3　自分の行為が間違っているとわかっていながら、それを「知ることによってもたらされたことだ」と正当化しようとしているから。
4　ほんの少し勇気を出せばできるはずのことを、『風の又三郎』でなければできないことだとわざと大げさに考えているから。

問八　傍線部⑦「そんなこと」の指し示す内容として適切なものを次の中から一つ選び、番号をマークしなさい。　解答番号8

1　どんなに元気であっても人はいつかは死ぬということ。
2　大切に思っている人が今にも死にそうであるということ。
3　人はどうなったら死んでしまうのかということ。
4　知っている人の死がとてもつらいということ。

問九　傍線部⑧「ほんとうはそんなことしなくても忘れないよ、絶対に」とあるが、ここに用いられている表現上の効果の説明として、適切なものを次の中から一つ選び、番号をマークしなさい。　解答番号9

1　程度を表す言葉をあとから付け加えることで、おじいちゃんが死んでしまった強い悲しみを強調している。
2　程度を表す言葉をあとから付け加えることで、おじいちゃんの思い出を大切に思う気持ちを強調している。
3　文の最後を省略し余韻を残すことで、おじいちゃんへの深い愛情を強く感じられるようにしている。
4　文の最後を省略し余韻を残すことで、おじいちゃんへの感謝の思いを強く感じられるようにしている。

問十　傍線部⑨「ぼくは教室の後ろに向かって歩きだす」とあるが、いじめはいけないことだと知っていながらもそれを止められなかった「ぼく」が、そうできるようになったのはなぜか。適切なものを次の中から一つ選び、番号をマークしなさい。　解答番号10

1　たくさんの人からおじいちゃんの思い出話を聞き、おじいずうっと、いつも、ぼくがいるといいのにな。

「やめてくれよお、痛い痛い痛いって……」

ヤマダにヘッドロックをかけられたスドウが、泣きべそをかきながら声をあげた。ぼくは知っている。スドウの悲しさと悔しさを知っている。そして、自分がなにをしなければいけないかも、ちゃんと。

⑨ぼくは教室の後ろに向かって歩きだす。

がんばれ、とおじいちゃんが言ってくれた。

（重松清『きみの町で』新潮文庫より）

問一　傍線部①「ウンチク」の言葉の意味として適切なものを次の中から一つ選び、番号をマークしなさい。　解答番号1

1　ある分野について蓄えた知識。

2　物事を正しく見きわめる良識。

3　これまで経験したことの記憶。

4　知っていることについての暗唱。

問二　傍線部②「本を読んで新しいことを知るのは、ほんとうに楽しい」のはなぜか。適切なものを次の中から一つ選び、番号をマークしなさい。　解答番号2

1　たくさんの知識を披露して、カワムラさんにアピールできるから。

2　たくさんの知識を披露して、クラスのみんなに自慢できるから。

3　いろんなことを調べると、クラスのみんなが喜んでくれるから。

4　いろんなことを調べると、『きおくノート』が増えていくから。

問三　傍線部③「ちょっと悔しい」とあるが、この時の「ぼく」の気持ちとして適切なものを次の中から一つ選び、番号をマークしなさい。　解答番号3

1　なんでも知っている自分なのに、どうしてカワムラさんの好きな人はわからないんだろう。

2　自分はクラスの誰より物知りなのに、どうしてカワムラさんは振り向いてくれないんだろう。

3　ウンチクならいくらでも話せるのに、どうしてカワムラさんに好きな人を聞く勇気はないんだろう。

4　どうしてカワムラさんは、思わせぶりな態度ばかりで好きな人を教えてはくれないんだろう。

問四　傍線部④「別のネタで騒がしくなった」とはどういうことか。適切なものを次の中から一つ選び、番号をマークしなさい。　解答番号4

1　ヤマダとスドウの白熱したプロレスごっこに、みんなの興奮が最高潮になっている。

2　プロレスごっこでヤマダがスドウに反則技をして、みんながやじを飛ばしている。

3　プロレスごっこの中でスドウがいじめられているのを、みんなが面白がっている。

4　プロレスごっこにあっさり負けてしまいそうなスドウを、みんなが応援している。

マスクをかぶせられて、声をかけても返事をしないし、目も開けない。

おじいちゃんは死んでしまうんだろうか。

知っているひとが亡くなるのは、これが初めてだ。心臓が動かなくなるのが死ぬことなんだというのはわかっているけど、おじいちゃんを見つめていると、心拍数とか、脳波とか、血圧とか、⑦そんなことはぜんぶ忘れてしまった。

もう、おじいちゃんと会えなくなる。

おじいちゃんとセミ捕りをしたり、たき火をしたり、トランプをしたり、一緒におもちをついたり……そんなことがぜんぶ、もうなにもできなくなるんだと思うと、胸が急に熱いものでいっぱいになった。

おじいちゃんがいなくなる。いままでいたのに、いなくなる。いなくなったあとは、もう二度と、会えない。

おばあちゃんはおじいちゃんの手をさすりながら、涙まじりに昔の思い出を話していた。ぼくの知らない、お父さんがまだ子どもの頃の話を、たくさん。

おじいちゃんが泳ぎが得意だったことを初めて知った。お父さんに野球を教えたのがおじいちゃんだったことも、歌がへただったことも、シジミの味噌《みそ》汁が大好物だったことも、ナイターで広島カープが負けると機嫌が悪くなったということも……初めて聞く話ばかりで、その一つひとつが胸にすうっと染《し》み込んでいく。

もっと知りたい。もっともっと、おじいちゃんのことを知りたい。友だちに話して自慢するためじゃなく、「すごいなあ、よく知ってるなあ」と先生をびっくりさせるためでもなく、おじいちゃんとはもう二度と会えないから、おじいちゃんのことを、もっと知りたい。

「おじいちゃんの思い出、忘れるなよ」

お父さんがぼくの肩に手を載せて言った。「みんなが覚えてれば、みんなの思い出の中におじいちゃんはずうっといるんだから」と涙ぐんでつづけた。

「……忘れないってば」

ぼくは言った。家に帰ったら、新しい『きおくノート』をつくろう、そこにおじいちゃんの思い出をたくさん書こう、と決めた。

でも――。

⑧ほんとうはそんなことしなくても忘れないよ、絶対に、と心の中でおじいちゃんに声をかけた。

おじいちゃんのお葬式を終えて、ひさしぶりに登校した。六年二組の教室は、ぼくが学校を休む前となにも変わっていない。カワムラさんはあいかわらず女子で集まっておしゃべりしているし、ヤマダはあいかわらず教室の後ろでスドウをいじめている。

でも――。

ぼくはおじいちゃんとお別れをした。たくさん泣いて、親戚《しんせき》からおじいちゃんの思い出話をたくさん聞いて、たくさん覚えた。ぼくが生まれたという電話を受けたとき、おじいちゃんは受話器を放り投げてバンザイをしてくれたんだと、初めて知った。

ぼくは変わった。自分でもうまく言えないけど、どこかが、なにかが、変わったんだと思う。

カワムラさんをちらりと見た。カワムラさんの六年生の思い出にぼくがたくさん出てくればいいな、と思う。これからの思い出の中にも、ていた。なのに、あいつらはスドウをいじめる。先生はいつも「いじめはひきょう者のすることだ」「いじめるのは人間として恥ずかしいことだ」と言っていて、ヤマダたちもそれをよく知っているはずなのに、いじめをやめない。

スドウもスドウだ。「いじめに遭ったら、一人で悩まずに、すぐに先生や親に相談しなさい」と言われていて、自分でもわかっているはずなのに、先生にはなにも言わない。きっと、お父さんやお母さんにも黙っているのだろう。知っていても、それを実行しないんだったら意味がないじゃないか……。

でも――。

ぼくだって、そうだ。いじめがよくないことは知っている。勇気を持っていじめを止めなければいけないことも知っている。目の前でスドウがいじめられているのも見ているし、スドウがとても悲しんでいることだって、ちゃんと知っている。

だけど、なにもしていない。スドウを取り囲んでプロレスの技をかけるヤマダたちに、他の友だちと一緒に「ひでーっ」「残酷ーっ」と声をかけることはあっても、それは［ A ］交じりの口調で、あいつらは逆にウケてるんだと勘違いして、よけい張り切って、授業が始まるチャイムが鳴るまでやめない。

「そんなことやめろよ！」と、なぜ強く言えないんだろう。ヤマダを怒らせたら、今度は自分がスドウの身代わりになってしまいそうだから――？　よけいなことを言うと自分があぶない、と知っているから――？

ときどき思う。もしもぼくが『風の又三郎』みたいな転校生だったら。ある日突然教室にやってきて、すぐにまた別の学校に転校してしまう、そんな立場だったら。

ヤマダに「やめろよ！」と言うだろう。無視されたら、つかみかかってでもやめさせるだろう。ヤマダには子分がたくさんいるというクラスの人間関係や、ヤマダを怒らせると中学生の兄貴まで仕返しにくるという事情をなにも知らなければ、最初に胸に抱いた勇気や正義感を、そのまま、なんの迷いやためらいもなくぶつけられるだろう。どうせまたすぐに転校してしまうのだから、「いま」の憤《いきどお》りだけでまっすぐ行動できるだろう。

でも、ぼくは、ヤマダのいろいろなことを知っているから。⑤ヤマダを怒らせたあとに待ち受けているヤッカイなことも、想像できるから。

知れば知るほど、臆病になる。先生は「知識を増やすことで、生きる知恵を育てなさい」と言う。いじめに知らん顔をするのも、生きる知恵のひとつなんだろうか。

⑥そんなの、ひきょうな言い訳だよ――ということだって、ぼくは知っているけど。

学校から帰ると、お母さんがこわばった顔で教えてくれた。田舎の病院に入院しているおじいちゃんの具合が急に悪くなったのだという。

翌朝、学校を休んで、飛行機でお父さんのふるさとに向かった。

病室のベッドに横たわったおじいちゃんは、夏休みに会ったときの元気な笑顔が嘘のように、痩《や》せて骨と皮だけになっていた。顔に酸素

【国　語】（五〇分）〈満点：一〇〇点〉

一　次の文章は、重松清「ぼくは知っている」の全文です。これを読んで、後の設問に答えなさい。（解答はすべて解答用紙にマークしなさい）

六年二組の①ウンチク王――が、ぼくのあだ名だ。

いろいろなことをたくさん、ぼくは知っている。図書室の本をかたっぱしから読んで、テレビで気になった言葉があるとすぐに百科事典やインターネットで調べて、覚えたことは忘れないようにノートに書きつける。『きおくノート』と名付けたそのノートは、三年生のときからつけはじめて、もう八冊目になった。暇なときにはそれをぱらぱら読み返して、忘れていた事柄を見つけると「あぶない、あぶない」と記憶にきちんと刻み直す。

おかげで、ぼくはクラスの誰よりも物知りになった。戦国時代の武将の名前や、星座にまつわる神話、画数がたくさんある漢字については、担任の先生よりもくわしい。

たったいまも、豊臣秀吉が天下統一した頃の全国各地の「国」と「大名」の名前を北から順にすべて諳《そら》んじて、昼休みの教室を「おおーっ」とどよめかせたばかりだ。

うれしかった。②本を読んで新しいことを知るのは、ほんとうに楽しい。

でも――。

ぼくは教室の隅をちらりと見る。

女子が数人集まっておしゃべりをしている。その中に、カワムラさんもいる。

ぼくはカワムラさんが好きだ。五年生で初めて同じクラスになってから、ずっと。

カワムラさんはどうなんだろう。ときどき「カワムラさんもオレのこと好きなのかな？」と思って胸がときめくけど、「やっぱりオレのことはなんとも思ってないのかなあ……」と落ち込んでしまうときだって多い。

カワムラさんの気持ちがわかればいいのに。心の中をこっそり覗《のぞ》き込んで、好きな男子が誰なのか知ることができるといいのに。

図書室のどの本にも、カワムラさんの心の中は出ていない。戦国時代のことはなんでも知っているぼくなのに、同じ教室にいるカワムラさんの気持ちはナゾのままだ。

それが③ちょっと悔しい。

ぼくのウンチク披露が終わると、昼休みの教室は、④別のネタで騒がしくなった。教室の後ろで、ヤマダたちがスドウを相手にプロレスごっこを始めたのだ。

六年二組には、とても残念で嫌なことだけど、いじめがある。男子の一部――ヤマダのグループが、スドウをしつこくからかったり教科書に落書きをしたり、無理やりプロレスごっこに付き合わせて泣かせたりする。

いじめはよくない。

そんなの、誰でも知っている。ヤマダたちだって、学級会で「みんな仲良く」というクラス目標が決まったときには、手を挙げて賛成し

2020年度

解　答　と　解　説

《2020年度の配点は解答欄に掲載してあります。》

＜数学解答＞

《学校からの正答の発表はありません。》

1　(1)　2　(2)　$-\sqrt{7}$　(3)　$9x+5$　(4)　$(x-5)(x+2)(x-2)$　(5)　$x=2,\ \frac{1}{3}$

(6)　$a=-1$　(7)　$\frac{1}{4}$　(8)　144度

2　(1)　3　(2)　$\frac{7}{2}$　(3)　AI：ID＝2：1　(4)　120度

3　(1)　D(2, 1)　(2)　$y=\frac{2}{5}x+\frac{12}{5}$　(3)　3秒後　(4)　$\frac{288}{5}$

4　(1)　64個　(2)　225個　(3)　$m=5,\ n=9$　(4)　44100

○推定配点○

各5点×20(1(5)完答)　計100点

＜数学解説＞

基本　**1**　(正負の数，平方根，式の計算，因数分解，二次方程式，連立方程式，確率，空間図形)

(1)　$\frac{1}{2}\times(-2)^3\div(-2^4)+\left\{2-\left(\frac{1}{2}\right)^2\right\}=\frac{1}{2}\times(-8)\div(-16)+2-\frac{1}{4}=\frac{1}{4}+2-\frac{1}{4}=2$

(2)　$\sqrt{175}-\frac{42}{\sqrt{63}}-8\sqrt{14}\div\sqrt{8}=5\sqrt{7}-\frac{42}{3\sqrt{7}}-\frac{8\sqrt{7}}{\sqrt{4}}=5\sqrt{7}-2\sqrt{7}-4\sqrt{7}=-\sqrt{7}$

(3)　$(3x+2)^2-(3x+1)(3x-1)-3x=9x^2+12x+4-(9x^2-1)-3x=9x+5$

(4)　$x^3-5x^2-4x+20=x^2(x-5)-4(x-5)=(x-5)(x^2-4)=(x-5)(x+2)(x-2)$

(5)　$3x^2-7x+2=0$　解の公式を用いて，$x=\frac{-(-7)\pm\sqrt{(-7)^2-4\times3\times2}}{2\times3}=\frac{7\pm5}{6}=2,\ \frac{1}{3}$

(6)　$x+2y=a+7$…①，$-x+3y=a$…②　$x=4y$を①と②にそれぞれ代入して，$6y=a+7$…③，$-y=a$…④　③＋④×6より，$0=7a+7$　$a=-1$

(7)　サイコロの目の出方の総数は6×6＝36(通り)　奇数の目は1，3，5の3通りあるから，題意を満たすのは，3×3＝9(通り)　よって，求める確率は，$\frac{9}{36}=\frac{1}{4}$

(8)　おうぎ形の中心角の大きさを$x°$とすると，おうぎ形の弧の長さについて，$2\pi\times10\times\frac{x}{360}=8\pi$　$x=360\times\frac{2}{5}=144(°)$

2　(平面図形の計量)

基本　(1)　仮定より，∠BAD＝∠CAD　DA//CEより，平行線の同位角は等しいから，∠BAD＝∠AEC　平行線の錯角は等しいから，∠CAD＝∠ACE　よって，∠AEC＝∠ACE　したがって，AE＝AC＝3

重要　(2)　DA//CEだから，平行線と比の定理より，BD：DC＝BA：AE＝7：3　よって，BD＝$\frac{7}{7+3}$BC＝$\frac{7}{10}\times5=\frac{7}{2}$

(3)　Dを通り直線BIと平行な直線と，辺ABのBを超える延長との交点をFとすると，(1)と同様にして，$BF=BD=\frac{7}{2}$　よって，BI//FDだから，$AI:ID=AB:BF=7:\frac{7}{2}=2:1$

基本 (4)　$\angle BAD=\angle CAD=a$，$\angle ABI=\angle DBI=b$とおくと，△ABIの内角の和は180°だから，$a+b+150°=180°$　よって，$a+b=30°$　△ABCの内角の和は180°だから，$2a+2b+\angle BCA=180°$　$\angle BCA=180°-2(a+b)=180°-2\times30°=120°$

3 （図形と関数・グラフの融合問題）

基本 (1)　$y=\frac{1}{4}x^2$に$x=2$を代入して，$y=\frac{1}{4}\times2^2=1$　よって，D(2, 1)

基本 (2)　点Aのx座標は$2+2\times1=4$だから，$y=\frac{1}{4}x^2$に$x=4$を代入して，$y=\frac{1}{4}\times4^2=4$　よって，D(4, 4)　また，B(−6, 0)　直線BDの式を$y=ax+b$とおくと，2点B，Dを通るから，$0=-6a+b$，$4=4a+b$　この連立方程式を解いて，$a=\frac{2}{5}$，$b=\frac{12}{5}$　よって，$y=\frac{2}{5}x+\frac{12}{5}$

重要 (3)　出発してt秒後の座標は，$A(2+2t,\ 0)$，$B(-5-t,\ 0)$　$y=\frac{1}{4}x^2$に$x=2+2t$を代入して，$y=\frac{1}{4}\times(2+2t)^2=(1+t)^2$　よって，$D(2+2t,\ (1+t)^2)$　∠EBA＝45°のとき，△ABDは直角二等辺三角形だから，AD＝AB　$(1+t)^2=2+2t-(-5-t)$　$t^2+2t+1=3t+7$　$t^2-t-6=0$　$(t-3)(t+2)=0$　$t>0$より，$t=3$　よって，3秒後。

重要 (4)　OE//ADより，平行線の同位角が等しく，2組の角がそれぞれ等しいから，△BOE∽△BAD　$\triangle BOE:\triangle BAD=4:25=2^2:5^2$　よって，$OE:AD=BO:BA=2:5$　$\{0-(-5-t)\}:(3t+7)=2:5$　$2(3t+7)=5(5+t)$　$6t+14=25+5t$　$t=11$　このとき，点Aのx座標は$2+2\times11=24$　$y=\frac{1}{4}x^2$に$x=24$を代入して，$y=\frac{1}{4}\times24^2=144$　よって，AD＝144　したがって，$OE=\frac{2}{5}AD=\frac{2}{5}\times144=\frac{288}{5}$

4 （規則性，数の性質）

基本 (1)　3段目には1辺に$1+2+3=6$(個)の石が並ぶ正方形ができ，4段目には1辺に$1+2+3+4=10$(個)の石が並ぶ正方形ができる。よって，追加する石は，$10\times10-6\times6=64$(個)

基本 (2)　5段目には1辺に$1+2+3+4+5=15$(個)の石が並ぶ正方形ができるから，並ぶ石は全部で$15\times15=225$(個)

重要 (3)　$44^2=1936$，$45^2=2025$より，$2020+m=2025$　$m=5$　n段目には1辺に$1+2+\cdots+(n-1)+n=\frac{(1+n)n}{2}$(個)の石が並ぶ正方形ができるから，$\frac{(1+n)n}{2}=45$　$n^2+n-90=0$　$(n+10)(n-9)=0$　nは自然数だから，$n=9$

(4)　$1^3=1$は1段目の石の数，$1^3+2^3=9$は2段目までの石の数，$1^3+2^3+3^3=36$は3段目までの石の数にそれぞれ等しいから，$1^3+2^3+3^3+\cdots+20^3$は20段目までの石の数に等しい。20段目には1辺に$1+2+\cdots+19+20=\frac{(1+20)\times20}{2}=210$(個)の石が並ぶ正方形ができるから，その数は$210^2=44100$

★ワンポイントアドバイス★

出題構成，難易度とも例年と変わりはない。できるところから落ち着いてミスのないように解いていこう。

＜英語解答＞ 《学校からの正答の発表はありません。》

1　(1) ②　(2) ④　(3) ④　(4) ④　(5) ②

2　(6) ①　(7) ③　(8) ①　(9) ③　(10) ④

3　(11) ③　(12) ①　(13) ②　(14) ②　(15) ④

4　(16) ⑧　(17) ⑤　(18) ⑥　(19) ④　(20) ⑨

5　(21) ②　(22) ③　(23) ①　(24) ④　(25) ②

6　(26) ④　(27) ③　(28) ②　(29) ③　(30) ②　(31) ④　(32) ①
(33) ③　(34) ①　(35) ①

7　(36) ③　(37) ⑥　(38) ②　(39) ④　(40) ①

8　1. (41) ③　(42) ⑤　2. (43) ①　(44) ②　3. (45) ④　(46) ①
4. (47) ③　(48) ②　5. (49) ②　(50) ④　6. (51) ④　(52) ②
7. (53) ②　(54) ⑤　8. (55) ⑤　(56) ④

9　(57) ③　(58) ④　(59) ④　(60) ①　(61) ②　(62) ④　(63) ③
(64) ①

○推定配点○

1～4　各1点×20　5～8　各2点×28(8各完答)　9　各3点×8　計100点

＜英語解説＞

1　(リスニング問題)

1) Sally's favorite TV program will start after the 6 o'clock news program. The news program is two hours long.
What time does Sally's favorite program start?
① 6:00PM　② 8:00PM　③ 9:00PM　④ 12:00PM

2) Matt and Johnny are best friends, Johnny is 13 years old. His sister is four years older than him. Matt is one year younger than Jonny's sister.
How old is Matt?
① 13　② 14　③ 15　④ 16

3) This is Susan's favorite subject. In this subject you study about famous people and events from long ago to today.
What is Susan's favorite subject?
① Science　② Calligraphy　③ Math　④ History

4) James and Lisa went to have dinner at an expensive restaurant, James ordered a meatball pasta. Lisa ordered a fried salmon.
What did James order?
① Fried salmon　② Meatball soup　③ A fresh salad　④ A pasta dish

5) I will tell you how to get to the zoo from here. First, go down Main Street and turn right at the hospital. You'll see it across from the hospital.
Where is the zoo?
① Next to the school　② Across from the hospital
③ Right of the hospital　④ Between the school and the hospital

(1) サリーのお気に入りのテレビ番組は6時のニュース番組の後に始まる予定だ。そのニュース番組は2時間の長さだ。
サリーのお気に入りの番組は何時に始まるか。
① 午後6時　② 午後8時　③ 午後9時　④ 午後12時

(2) マットとジョニーは親友だ。ジョニーは13歳だ。彼の姉は彼より4歳年上だ。マットはジョニーの姉より1歳年下だ。
マットは何歳か。
① 13　② 14　③ 15　④ 16

(3) これはスーザンのお気に入りの科目だ。この科目では，大昔から今日までの有名な人々や出来事について勉強する。
スーザンのお気に入りの科目は何か。
① 理科　② 書道　③ 数学　④ 歴史

(4) ジェームズとリサは高価なレストランで食事をとりに行った。ジェームズはミートボールパスタを注文した。リサは鮭のから揚げを注文した。
ジェームズは何を注文したか。
① 鮭のから揚げ　② ミートボール・スープ　③ 新鮮なサラダ　④ パスタ料理

(5) 私はあなたにここから動物園への行き方を教えるつもりだ。まず，主要通りを南へ行き，病院で右に曲がりなさい。あなたには病院の向かいにそれが見えるだろう。
動物園はどこか。
① 学校のとなり　② 病院の向かい　③ 病院の右　④ 学校と病院の間

2 (リスニング問題)

A：Hey Kate, how are you today? You look tired!
B：Hi John. To be honest, I am not very good. I woke up one hour early this morning.
A：When do you usually wake up?
B：I always wake up at 6:00.
A：Wow that is early! Why did you wake up so early?
B：Because I wanted to study for my tests today. I studied hard for my social studies and math tests.
A：That's too bad!
B：Also, I have a test in my science class today too!
A：Oh no! You have a very busy day!
B：Yes, I do. How about you? How are you feeling?
A：I am also not so good.
B：Why is that?
A：I usually come to school by bike, but this morning since it was raining so hard I had to walk all the way here! I am totally wet!
B：It sure is raining a lot today!
A：Could you get to school today without any trouble?
B：Well the trains were late, so it took 10 minutes longer than usual. I was thinking to take the bus...
A：How long does it usually take you to come to school?
B：I usually take a train for 20 minutes and from the station I walk for 10 minutes on foot.
A：It sure took you a very long time to come to school today. Ah, it's still raining so much.

Do you think we will have tennis practice today?

B：I don't think so. I wonder if we will have our tennis match tomorrow too! What's the weather forecast for tomorrow?

A：I think it will rain.

B：Really? I heard it will be sunny.

A：You heard something different to me. Let's wait and see what the weather will be tomorrow morning.

6. When did Kate wake up this morning?

① 5:00AM ② 6:30AM ③ On time ④ 1 hour late

7. How many tests does Kate have today?

① One ② Two ③ Three ④ Four

8. How does John usually come to school?

① He rides a bike. ② He walks to school.

③ He rides a train. ④ He rides a bus.

9. How long did it take Kate to come to school today?

① 25 minutes ② 30 minutes ③ 40 minutes ④ 45 minutes

10. How will the weather be tomorrow?

① It will be rainy. ② It will be sunny.

③ It will be cloudy. ④ They don't know now.

A：やあ，ケイト。今日は元気かい。疲れているように見えるよ。

B：あら，ジョン。正直に言うと，私はあまり良くないの。私は今朝，1時間早く起きたのよ。

A：君はたいていはいつ起きるんだい。

B：私はいつも6時に起きるわ。

A：うわあ，それは早いな。なぜ君はそんなに早く起きたんだい。

B：私は今日の私のテストのために勉強したかったからよ。私は私の社会と数学のテストのために一生懸命に勉強したの。

A：それはお気の毒に。

B：それに，私には今日，理科の授業でもテストがあるの。

A：おお，嫌だ。君にはとても忙しい日だね。

B：そうよ。あなたはどうなの。あなたは気分はどう。

A：僕もそんなに良くないよ。

B：それはなぜなの。

A：僕はたいていは自転車で学校へ来るけれど，今朝はとても激しく雨が降っていたので，ここまでずっと歩かなければならなかったんだ。僕はすっかり濡れているよ。

B：今日は確かにたくさん雨が降っているわね。

A：君は今日，全く問題なく学校に着くことができたかい。

B：そうね，電車が遅れたので，いつもより10分長くかかったわ。私はバスに乗ろうかと思った…。

A：君が学校へ来るのに，たいていはどのくらいかかるんだい。

B：私はたいていは20分間電車に乗って，駅から10分間歩くの。

A：今日は君が学校へ来るのに，確かに長い時間がかかったね。ああ，まだたくさん雨が降っている。今日，僕たちにテニスの練習がある，と君は思うかい。

B：私はそうは思わないわ。私たちには明日のテニスの試合もあるのかしら。明日の天気予報は何。

A：僕は雨だろうと思うよ。

B：本当。私は晴れるだろうと聞いたわ。

A：君は僕とは違うのを聞いたんだ。明日の朝どんな天気になるか待ってみよう。

(6)　ケイトは今朝，いつ起きたか。

①　午前5時　　②　午前6時30分　　③　定刻に　　④　1時間遅く

(7)　ケイトには今日，いくつのテストがあるか。

①　1　　②　2　　③　3　　④　4

(8)　ジョンはたいていはどのように学校へ来るか。

①　彼は自転車に乗る。　　②　彼は学校へ歩く。

③　彼は電車に乗る。　　④　彼はバスに乗る。

(9)　今日，ケイトが学校へ来るのにどれくらいかかったか。

①　25分　　②　30分　　③　40分　　④　45分

(10)　天気は明日，どうなる予定か。

①　雨が降るだろう。　　②　晴れるだろう。

③　曇るだろう。　　④　彼らには今はわからない。

3　(会話文：語句補充)

(全訳)　アキラ　：やあ，メアリー，君の夏休みはどうだった。

メアリー：あら，アキラ。それは素晴らしかったわ。私は私の家族と一緒に京都へ行ったの。

アキラ　：良さそうだね。君はそこで何をしたんだい。

メアリー：私はいくつかの寺を訪れたの。私の(11)お気に入りの場所は清水寺よ。

アキラ　：それは日本で最も有名な寺の(12)1つだよ。君はなぜそれが好きだったんだい。

メアリー：私は写真を撮ることと，寺への通りを歩くことを楽しんだの。私は寺のすてきな写真を撮ったわ。贈り物を買うためのたくさんの(13)店もあった。

アキラ　：それはいいね。君はそこで何かを買ったのかい。

メアリー：私は私の祖父母のために2つの茶碗を買ったの。あなたはどうなの。あなたは夏休みの間に何をしたの。

アキラ　：僕は野球を見たりしたりすることが好きだ，と君は知っているね。だから，僕は僕の友達と野球の試合を見るために横浜スタジアムへ行ったんだ。

メアリー：良いわね。試合はどうだったの。

アキラ　：それは(14)わくわくさせるようだったよ。それから，僕のお気に入りのチームは勝った。

メアリー：すばらしい。あなたの応援のおかげであなたのチームは勝ったのだ，と私は思うわ。

アキラ　：そうだと良いな。ともかく，僕たちは2人とも良い夏休み(15)を過ごしたんだね。僕は次の休みが待ちきれないよ。

(11)　アキラが3番目の発言最終文で「なぜ好きだった」かと聞いているから，「お気に入り」なのだと考えるのが適切。

(12)　〈one of the ＋最上級＋名詞の複数形〉で「最も～なうちの1つ」の意味になる。

(13)　空欄13の直後部に「贈り物を買うための」とあるから，「店」である。

(14)　主語の it はメアリーの5番目の発言最終文にある the game を指している。試合は「わくわくさせるよう」なものだったのである。

(15)　have a good ～ で「楽しい～を過ごす」の意味。had は have の過去形。

基本　4　(語句補充：同音異義語)

(16)　with は同伴を表し「～と一緒に」，所有を表し「～がある」の意味。

(17) be ready for ～ で「～の準備ができている」, be late for ～ で「～に遅れる」の意味。
(18) think about ～ で「～について考える」, 〈How about ～?〉で「～はいかがですか」の意味。
(19) put on で「着る」, go on ～ で「～が続く」の意味。
(20) take care of ～ で「～の世話をする」, what kind of ～ で「どんな～」の意味。

5 **(会話文：語句補充)**

(21) A：最近は寒いよ。
B：うん，今日は特に寒いね。僕たちはコートを着る必要がある。
(22) (電話で)
A：やあ，サトシ。僕は今，君と話しても良いかい。
B：ごめんなさい，僕は今，話せません。後であなたにかけなおしましょうか。
〈Shall I ＋動詞の原形～？〉「～しましょうか」
(23) (写真を見ている)
A：この女性は誰なの。
B：彼女は私のおばよ。彼女は私の母の姉なの。
aunt「おば」は父母の姉妹のことである。
(24) A：それは何だい。
B：それは，今朝，私の友達から私が受け取った贈り物です。
(25) A：私たちは明日，修学旅行へ行く予定ですが，軽食を持ってこないでください。
B：わかりました，持ってきません。

6 **(書き換え：不定詞，比較，間接疑問文，助動詞，文型，語彙，分詞，前置詞，現在完了)**

(26) can を用いた「～することができる」の文から「～の仕方を知っている」への書き換え。〈how to ＋動詞の原形〉「～の仕方」
(27) 〈A＋否定＋ as ＋原級＋ as ＋B〉から〈B＋肯定＋比較級＋ than ＋A〉「BはAより～だ」への書き換え。better は good の比較級。
(28) 「あなたの話」，つまり「あなたが何を言ったのか」，である。間接疑問文では疑問詞以降は平叙文の語順になる。
(29) 「～しなくても良い」の意味で不定詞を用いた don't need to ～ から don't have to ～ への書き換え。
(30) 〈場所などを示す語＋ have[has／had]～〉の文から〈there ＋be動詞～＋場所などを示す前置詞句〉の文への書き換え。be動詞は後ろの名詞に合わせる。ここでは複数形の名詞で現在の時制なので，用いるbe動詞は are である。
(31) 〈比較級＋ than any other ＋名詞の単数形〉「他のどの…よりも～だ」から最上級の文「1番～だ」への書き換え。最上級を使った文では，場所や範囲の場合は in を，複数の物・人の中の場合は of を使う。ここでは of を使う。
(32) 「あなたは今，寝るべきだ」，つまり「あなたが寝る時間だ」，である。〈It is time for ～ to ＋動詞の原形〉で「～が…する時間だ」の意味。
やや難 (33) 関係代名詞 which を用いた文から過去分詞 made を使った文への書き換え。this cake は「作られた」ので，make の過去分詞 made「作られる」を使うのが適切。
(34) 「上手に一する」の意味の一 well から be good at 一ing への書き換え。
(35) 「2回食べた」という過去の文から現在完了の経験用法を用いた「今までに2回食べたことがある」への書き換え。現在完了は〈have[has]＋動詞の過去分詞形〉の形。eaten は eat の過去分詞形。

7 （会話文：語句補充）

（全訳） ジェーンとサヤカはジェーンの友達について話している。

ジェーン：私の親友のルーシーは今年の冬に日本へ来る予定なの。

サヤカ　：わくわくするわね。(36)あなたは彼女と一緒に何をするつもりなの。

ジェーン：彼女は絵を描くことが好きなので，私は彼女をいくつかの美術館へ連れて行くつもりよ。あなたも美術が好きね。(37)私達と一緒に来るのはどう。

サヤカ　：うん，私はとてもあなたたちと一緒に行きたいわ。私にはいくつかのお気に入りの美術館があるの。

ジェーン：それは素晴らしい。ルーシーは日本のアニメーションに関心があるの。

サヤカ　：あら，本当。それでは，ルーシーはその美術館の1つを大好きになるでしょうね。

ジェーン：どれ。(38)そこへの行き方を私たちに教えてくれる。

サヤカ　：いいわよ。ほら，この地図を見て。ここからそんなに遠くないの。

ジェーン：いいわね。そこへ行くのにどのくらいかかるの。

サヤカ　：電車で約30分よ。

ジェーン：わかった。ところで，あなたも絵を描くの。

サヤカ　：(39)私はだいたい週に2回するわ。それはいつも私を落ち着かせるの。

ジェーン：同感よ。(40)私は美術館を訪れるのを楽しみにしているわ。

サヤカ　：私も。そのとき会いましょう。

8 （語句整序：間接疑問文，疑問詞，助動詞，不定詞，文型，動名詞，前置詞，現在完了）

1. (I don't) know what my brother wants the most(.) 「私の兄弟が何が最も欲しいか，私は知らない」 I don't know. と What does my brother want the most. を1つにした間接疑問文にする。疑問詞以降は what my brother wants the most と平叙文の語順になる。

2. When are you going to leave (for Hokkaido?) 「あなたはいつ北海道へ出発する予定ですか」 when は「いつ」と時を尋ねるのに用いる。〈be going to ＋動詞の原形〉で「～する予定だ」の意味。疑問文ではbe動詞を主語の前に出す。

3. (I) want my friends to call me (”Masa”.) 「私は友達に私を『マサ』と呼んでほしい」〈want ＋A＋ to ＋動詞の原形〉で「Aに～してほしい」の意味。〈call ＋A＋B〉「AをBと呼ぶ」

4. (It) is fun talking with foreign people (in English.) 「外国人と英語で話すのは面白い」〈It is ～ —ing.〉で「—するのは～だ」という意味。—ing は動名詞〈動詞＋ —ing〉を用いた表現。talk with ～「～と話す」

5. (I) was not able to leave (home early this morning.) 「私は今朝早く家を出発することができなかった」〈be able to ＋動詞の原形〉で「～することができる」の意味。否定文ではbe動詞の後に not をつける。

6. There were too many people (in the park.) 「公園にはあまりにも多くの人々がいた」 主語が不特定なもので「…が～にある」という意味を表す場合，〈There ＋be動詞＋数量[a／an]＋名詞＋場所を示す前置詞句〉の形にする。〈too ＋形容詞〉「あまりにも～」

重要 7. (The) book on the shelf is still (very popular.) 「本棚の上の本はまだとても人気がある」 on the shelf「本棚の上の」は「本」を修飾しているので book の直後に置く。still のような形容詞・副詞を修飾する副詞は，修飾する言葉の前に置く。

8. (I) have lived in Yokohama since (I was born.) 「私は私が生まれて以来，横浜に住んでいる」〈have[has]＋動詞の過去分詞形〉の形をとる，現在完了の文。「ずっと～している」の意味の継続用法で「～以来」というときは since を用いる。

9 （長文読解・説明文：内容吟味）

（全訳） A 盲導犬について知っているか。これらの犬は，物が見ることができなかったり，視覚に問題があったりする人々のために働く。これらの人々は「目が不自由で」ある。盲導犬はいつも目の不自由な人々と一緒に歩き，彼らの毎日の生活で彼らを手伝う。目が不自由な人々は盲導犬と一緒に彼らの生活を安全に過ごすことができる。盲導犬のための訓練は難しく，長い時間がかかる。

盲導犬を訓練するためには約18ヶ月かかる。最初に，犬は誕生から人家訓練を習得しなければならない。次に，犬は実社会盲導犬訓練を受けなければならない。訓練の最後の段階に，盲導犬はついに彼らの「パートナー」と出会い，彼らは一緒に訓練する。

目が不自由な人々は，彼らがたくさんの様々な言葉を理解することができるので，盲導犬と一緒にどこへでも行くことができる。例えば，「スーパーマーケット」や「レストラン」，「病院」，そして，「家に帰る」。しかしながら，時には盲導犬は彼らのパートナーの言うことを聞かない。これは，彼らがある場所へ行くことが危険だ，と感じるからだ。彼らは彼らのパートナーの安全のためにたくさんの種類の音を聞き，様々な物のにおいをかいだり見たりすることができる。犬と彼らのパートナーはお互いに信頼していて，彼らは親友である。

(57) 「盲導犬は(　　)訓練する必要がある」 ① 「2週間」(×) ② 「12ヶ月間」(×) ③ 「1年半の間」(○) 第2段落第1文参照。「18ヶ月」だから1年半である。 ④ 「2年間」(×)

(58) 「実社会盲導犬訓練の後，(　　)」 ① 「犬は危険な場所に住む」(×) ② 「犬は多くの言葉を学び始める」(×) ③ 「犬は他の盲導犬と一緒に訓練する」(×) ④ 「犬は彼らのパートナーと一緒に訓練する」(○) 第2段落最後から2文目・最終文参照。

(59) 「(　　)とき，盲導犬は彼らのパートナーの言うことを聞かない」 ① 「犬がたくさんの音を聞く」(×) ② 「犬がたくさんの物を見る」(×) ③ 「犬が家に帰る」(×) ④ 「犬がそれは安全ではないと思う」(○) 第3段落第3文・第4文参照。「危険だ，と感じる」ときである。

(60) 「この一節に最も良い表題は何か」 ① 「盲導犬の訓練の仕方」(○) 表題は筆者の最も言いたいことを表し，それは文の始めや終わりの部分に書かれることが多い。ここでは，第1段落第1文にある通り，「盲導犬について」述べているのである。 ② 「電車の乗り方」(×) ③ 「犬との安全な暮らし方」(×) ④ 「スーパーマーケットへの行き方」(×)

B 国際オリンピック大会は重要な国際スポーツの催しである。それらは4年ごとに開催される。最初の「近代」オリンピックは1896年にギリシャのアテネで開催された。国際オリンピック大会は，第1次世界大戦と第2次世界大戦のために3回中止された。ヨーロッパは何回も大会を開催しているが，日本，韓国，中国の3つのアジアの国だけが大会を開催している。東京は1964年にそれらを開催した。2020年に，東京は国際オリンピック大会を2回目に主催する予定だ。日本の東京とフィンランドのヘルシンキは1940年に初めて大会を主催する予定だったが，大会は第2次世界大戦のために中止された。1944年の次の大会は，イギリスが主催する予定だったのだが，同じ理由で行われなかった。

今までのところは，日本の最も好結果のオリンピックは1964年の東京でのと，2004年のアテネでのであった。それらでは両方で16個の金メダルを獲得した。勝つことは良いが，一生懸命に練習することが全ての中で最も重要である。2020年の夏には全ての運動選手を応援しよう。

国	主催都市	年	[61]日本の金メダルの合計数
ギリシャ	アテネ	1896, 1906, 2004	16
韓国	ソウル	1988	4
中国	北京	2008	9
日本	東京	[62]1964, 2020	16

(61) 「図表に最もふさわしい答えを選びなさい」 ①「運動選手の合計数」(×) ②「日本の金メダルの合計数」(○) 最終段落第1文・第2文参照。「1964年の東京で」と「2004年のアテネで」「16個」なのは「金メダル」の合計数である。 ③「日本のファンの合計数」(×) ④「日本が参加した催しの合計数」(×)

(62) 「図表に最もふさわしい答えを選びなさい」 ①「1936」(×) ②「1944」(×) ③「1948」(×) ④「1964」(○) 第1段落第6文参照。「東京は1964年に」オリンピック「を開催した」のである。

(63) 「どれが本当か」 ①「中国はアジアで大会を主催している2番目の国である」(×) 第1段落第5文・図表参照。1964年の日本, 1988年の韓国に次ぐ3番目である。 ②「1つの国だけが大会を中止している」(×) 第1段落第4文・最後から2文目・最終文参照。「3回中止され」, 少なくとも「日本」「フィンランド」「イギリス」では行われなくなったのである。 ③「3つのアジアの国が大会を主催している」(○) 第1段落第4文参照。 ④「東京は3回大会を主催している」(×) 第1段落第6文・第7文参照。「2020年に」「2回目に主催する予定」なのである。

(64) 「筆者の最後の伝えたいことは何か」 ①「一生懸命に練習することが最も重要なことだ」(○) 最終段落最後から2文目参照。 ②「最初の国際オリンピック大会は重要だ」(×) ③「国際オリンピック大会では勝つことが最も重要なことだ」(×) ④「その催しは私たちに金メダルの重要性を示す」(×)

★ワンポイントアドバイス★

長文を読むときは, 国語の読解問題を解く要領で指示語などの指す内容や, 話の展開に注意するように心がけよう。

＜国語解答＞ 《学校からの正答の発表はありません。》

一 問一 1 問二 2 問三 1 問四 2 問五 3 問六 1 問七 2
問八 3 問九 2 問十 3

二 問一 4 問二 1 問三 2 問四 4 問五 1 問六 4 問七 2
問八 4 問九 2 問十 1 問十一 1 問十二 1・3

三 問一 1 問二 ② 2 ④ 2 ⑦ 4 問三 4 問四 2 問五 1
問六 1 問七 3 問八 3 問九 2

四 問一 A 3 B 2 問二 4 問三 A 2 B 1 問四 3 問五 2
問六 3 問七 2 問八 3

○推定配点○

一 問十 5点 他 各3点×9 二 各3点×13 三 問二 各1点×3 他 各2点×8
四 各1点×10 計100点

＜国語解説＞

一 （小説－情景・心情，内容吟味，文脈把握，指示語の問題，脱文・脱語補充，語句の意味，表現技法）

問一　漢字で書くと「蘊蓄」「薀蓄」。直後の文の「いろいろなことをたくさん，ぼくは知っている」から意味を判断することができる。

問二　傍線部②「ほんとうに楽しい」，直前の文「うれしかった」と感じる理由を読み取る。前の「画数がたくさんある漢字については，担任の先生よりもくわしい」や「豊臣秀吉が天下統一した頃の全国各地の『国』と『大名』の名前を……誦んじて，昼休みの教室を『おおーっ』とどよめかせたばかり」という「ぼく」の様子に着目する。

基本　問三　直前の「それ」は，直前の段落の「戦国時代のことはなんでも知っているぼくなのに，同じ教室にいるカワムラさんの気持ちはナゾのままだ」を指し示していることから考える。

問四　「騒がしくなった」のは，直後の文の「ヤマダたちがスドウを相手にプロレスごっこを始めた」ためである。「だけど，なにも」で始まる段落に「スドウを取り囲んでプロレスの技をかけるヤマダたちに，他の友だちと一緒に『ひでーっ』『残酷一っ』と声をかけることはあっても」とあるので，3の「面白がっている」は適切ではない。「やじを飛ばしている」とある2が適切。

問五　直後の段落に「『そんなことやめろよ！』と，なぜ強く言えないんだろう」とある。「A交じりの口調」で，「そんなことやめろよ！」という真剣な強い口調とは対照的な表現となるような語が入る。

問六　「そんなことやめろよ！」で始まる段落「ヤマダを怒らせたら，今度は自分がスドウの身代わりになってしまいそう」や，「ヤマダに『やめろよ！』」で始まる段落「ヤマダには子分がたくさんいるというクラスの人間関係や，ヤマダを怒らせると中学生の兄貴まで仕返しにくるという事情」が「ヤッカイなこと」の具体的な内容にあたる。1は，「ぼく」が「『風の又三郎』のような転校生」だったら「ヤマダに『やめろよ！』と言う」文脈なので，「ヤッカイなこと」として適切でない。

問七　直前の「いじめに知らん顔するのも，生きる知恵のひとつ」という考えを，「ひきょうな言い訳」としている。ここでは，スドウがいじめられていることを知っていながら，「ヤッカイなこと」に巻き込まれるのを恐れてスドウの気持ちを考えないようにすることを言っている。

やや難　問八　直前の「心拍数とか，脳波とか，血圧とか」を指し示している。同じ段落に「心臓が動かなくなるのが死ぬことなんだというのはわかっている」とあるように，「ぼく」は，人はどうなったら死んでしまうのだろうかという仕組みなど「ぜんぶ忘れてしまっ」て，「おじいちゃんと会えなくなる」という思いにだけとらわれている場面である。

問九　傍線部⑧の前に「新しい『きおく』ノートをつくろう，そこにおじいちゃんの思い出をたくさん書こう，と決めた」とあり，その後で「でも——」と続けている。傍線部⑧は，『きおくノート』に書かなくてもおじいちゃんの思い出は「忘れない」ことを述べるもので，後に「絶対に」という言葉を付け加えて，その思いを強調している。

重要　問十　本文の後半に「おじいちゃんの思い出話をたくさん聞いて」「ぼくは変わった」とある。「自分でもうまく言えないけど，どこかが，なにかが，変わったんだと思う」とあり，そのことが，スドウを助けるために「教室の後ろに向かって歩きだす」という「ぼく」の行動につながっている。傍線部⑨の直前「ぼくは知っている。スドウの悲しさと悔しさを知っている。そして，自分がなにをしなければいけないかも，ちゃんと」からは，「ぼく」がスドウの目に見えない気持ちに共感できるようになったことが読み取れる。

二 （論説文―大意・要旨，内容吟味，文脈把握，指示語の問題，脱文・脱語補充，語句の意味）

問一　傍線部①は，刀狩りの実際について述べている。直後の段落に「刀狩りの実際の現場では，鉄砲や槍といった重要な武器の没収にはほとんど関心がよせられず，もっぱら刀の没収だけが熱心におこなわれました」とあり，「その刀を」で始まる段落に「刀狩りの目的はあくまでも，百姓たちのもとに保持されていた〈暴力への権利〉を制限することにあったのであり，けっして百姓たちから武器そのものを奪うことにはなかった」と，刀狩りの「実際」について説明している。

問二　直後の文の冒頭に，説明の意味を表す「すなわち」とあるので，この後の内容に注目する。「百姓たちがみずからの判断で暴力をもちいることを禁止し……統治権力が彼らにかわってそれを裁定し解決するという状態を確立するために」と理由を述べている。

問三　(1)では「刀狩り」と並行して行われた私的な喧嘩を厳しく規制する「喧嘩停止令」について，(2)では秀吉が大名たちの紛争を直接裁定するという政策について述べている。(1)と(2)は，直後の「刀狩りというのは，百姓や大名たちが保持していた〈暴力への権利〉を制限し，統治権力のもとへそれを統合するという政策の一環としてなされた」ことをいうための例示である。

問四　直前の文で「『何か犯罪や紛争があったらみずから暴力をもちいてそれに対処するぞ』ということをまわりに示すという意味」と具体的に説明している。

問五　直後の文「刀狩りの目的はあくまでも，百姓たちのもとに保持されていた〈暴力への権利〉を制限することにあったのであり，けっして百姓たちから武器そのものを奪うことにはなかった」から，鉄砲や槍が熱心に没収されなかった理由を読み取る。「〈暴力への権利〉」について，直前の段落で「『暴力をもちいてそれに対処するぞ』ということをまわりに示すという意味」と述べている。

問六　「百姓たち」や「〈暴力への権利〉」，「統治権力」について述べている部分を探すと，最終段落に「人びとが保持していた〈暴力への権利〉を規制しながら，統治権力のもとにそれを統合していくというロジック」とあるのに気づく。この「制限」に通じる権利を捨てるという意味の語が A に，「統合」に通じる権利を譲るという意味の語が B に当てはまる。

問七　読みは「ほうが」。草木の芽が萌え出るという元の意味から，ここでの意味を推察する。

やや難 問八　前の「〈暴力への権利〉の独占という観点」において，「十分なものでは」ないと言っている。一つ後の段落の「百姓たちがみずから暴力をもちいることは禁止されましたが，自己の身を守るために武装し権力をもちいる権利は……大幅に残された」，「それからもう一つ」で始まる段落の「武士たちはひきつづき帯刀することが認められました」という内容が根拠にあたる。

問九　「一元化」はいくつかに分かれていたものを一つにまとめること。ここでは〈暴力の権利〉を「統治権力」のもとに一つにする，つまり，〈暴力の権利〉を持つのは統治権力のみとされる状態になることを言っている。

問十　「重要な論点」について，直後の段落で「近世の身分制は……近代的な〈暴力の権利〉の独占を準備する前提的な制度だった」と説明している。「前提的」を「準備する」と言い換えている1を選ぶ。

問十一　「身分制」は，身分を固定し行動を制限する不合理な制度である。「身分制は，近代に対立する」というのであるから，「近代」は合理的な考えを基準とする時代だと推察できる。

重要 問十二　「私たちはふつう」で始まる段落の内容に1が合致している。「その刀を」で始まる段落の内容に3が一致している。

三 （古文―主題・表題，情景・心情，内容吟味，文脈把握，指示語の問題，語句の意味，口語訳，文学史）

〈口語訳〉　今は昔，ある人の所に宮仕えをしている若くて官位の低い侍がいた。(若い侍は)する事がないので，清水寺へ，人のまねをして，千度詣でを二度したのだった。

その後，しばらくもしないうちに，主人のもとにいた同じような侍と双六をしたのだが，(若い侍は)多く負けて，渡すべき物がなかったので，(勝った侍が)たいそう責めたので，(負けた若い侍は)思い悩んで，「私は，持っている物がない。ただいま手元にある物としては，清水寺に二千度お参りした事だけだ。それを渡そう」と言ったので，そばで聞いていた人たちは，(勝ち侍を)だますのだなと馬鹿馬鹿しく思って笑ったのだが，この勝ち侍は，「たいそう良いことだ。渡すなら，受け取ろう」と言って，「いや，そのようには受け取るまい。三日して，このことを申して，自分が(二千度参りを)渡すという文を，書いて渡すのならば，受け取ろう」と言ったので，(負け侍は)「承知した」と約束して，(勝ち侍は)その日から精進をして三日という日に，「では，さあ，清水寺へ」と言ったので，この負け侍は，「これは愚かな者にあったなあ」とおかしく思って，喜んで連れて(清水寺へ)参った。(負け侍は)言うままに文章を書いて，目の前に師の僧を呼んで，事の次第を言わせて，「二千度お参りした事を，あなたに双六(のかたに)納める」と書いて取らせたので，(勝ち侍は)受け取り喜んで，伏し拝んで帰って行った。

その後，しばらくして，この負け侍は，思いもかけないことで捕えられて，牢屋に入った。(二千度参りを)受け取った侍は，考えられないほどの金持ちの妻を得て，たいそうよく徳を重ね，官職などを得て，楽しく過ごしていたそうだ。「目に見えない物だけれど，心をこめて受け取ったので，仏も，感心だとお思いになったのだろう」と人は言った。

問一　「双六」は，現在の「双六」とは違う。碁盤の中央に境界を設け，さいころを振って黒または白の石をすべて敵陣に先に入れた方が勝ちとなる。

やや難　問二　②　双六に負けて「持ちたる物なし」と言っているのは「負け侍」。　④　「おのれ渡すよしの文」は，お前が(私に)渡すという内容の文章と考える。　⑦　「二千度参りつる事，それがしに双六に打ち入れつ」という証文の内容なので，「それがし」は「勝った侍」。

問三　「謀る」はだます，「痴なり」は愚かな，という意味。

問四　「こそ」という係助詞を受けて文末が「受け取らめ」と已然形で結ばれている。書いて渡してくれるなら，受け取るという現代語訳となる。

問五　前の「我，持ちたる物なし……清水に二千度参りたる事のみなんある，それを渡さん」という負け侍の申し出を，勝った侍が「よき事なり」と承知したことから理由を読み取る。

問六　「たより」には，頼みにできるもの，生活のよりどころ，縁などの意味がある。

問七　傍線部⑨は，勝ち侍が清水寺の二千度参りの権利を受け取る際に，「其の日より精進して三日と言ひける日に」負け侍に証文を書かせてから受け取ったことを表している。

重要　問八　最終段落に，清水寺の二千度参りの権利を手に入れた勝ち侍が裕福な生活を送るようになったと書かれている。最終文の「目に見えぬ物なれど，誠の心をいたして受け取りければ，仏，あはれとおぼしめしたりけるなんめり」からは，勝ち侍が信心深かったから仏のご加護があったと人が考えていたことが読み取れる。

基本　問九　1は歴史書，3は物語，4は随筆。

四　(漢字の読み書き，熟語，ことわざ・慣用句，文と文節，品詞・用法，敬語・その他，文学史)

基本　問一　A　親密な交際という意味のものを選ぶ。　B　もとにもどすという意味のものを選ぶ。

問二　「先生」の動作に「参る」という謙譲語を用いている4が適切でない。

基本　問三　A　1は清少納言の作品。3・4は作者不明。　B　2は夏目漱石，3は芥川龍之介，4は太宰治の作品。

問四　順に，元気がなくうなだれる，自分で自分のことをほめる，甘い扱いをする一方で厳しくする，という意味になる。

問五　2は立て続けに不運に見舞われること。他は価値のわからない者には無意味だという意味。
問六　「答えられる」の「られる」は可能の意味。1は自発，2は受け身，4は尊敬の意味。
基本　問七　「推敲」は「すいこう」と読み，文章を十分に練り直すこと。
問八　「大空を」「飛ぶのを」とつながる。主語と述語の構造の中に主語と述語の構造がある複文。

★ワンポイントアドバイス★

問題文は長文で，問題数も多い。すばやく解答することを意識したい。見直しの時間は期待できないので，それぞれの選択肢が長めの問題で，選択肢のうち不適当な部分が一箇所でもあるものは外し次を検討するという練習を積み重ねよう。

2019年度

★★★★★★★★★★★★★★★★★★★★★★★★★

入　試　問　題

2019年度

東海大学付属相模高等学校入試問題

【数　学】（50分）〈満点：100点〉

【注意】 1. 分数の形で解答する場合，それ以上約分できない形で答えなさい。

2. 根号を含む形で解答する場合，根号の中に現れる自然数が最小となる形で答えなさい。
また，根号を含む分数の形で解答する場合，分母に根号を含まない形で答えなさい。

1 次の各問いに答えなさい。

(1) $-2^2-\left\{1.5^2-\left(\frac{5}{2}-\frac{3}{4}\right)\right\}\div\left(-\frac{1}{2}\right)^3$ を計算せよ。

(2) $2a^2+a-2ab-b$ を因数分解せよ。

(3) $\left(\sqrt{12}-\frac{3}{\sqrt{3}}+\frac{\sqrt{27}}{6}\right)^2$ を計算せよ。

(4) $a+b=-4$，$a-b=2$ のとき，x と y についての連立方程式 $\begin{cases} ax+y=6 \\ bx-y=-2 \end{cases}$ を解け。

(5) 2次方程式 $2x^2-5x+1=0$ を解け。

(6) $18a$ と 84 の最小公倍数が 1260 となるような a のうち，最小の a を求めよ。

(7) 大小2つのサイコロを投げるとき，出た目の和が8の約数になる確率を求めよ。

(8) 底面の直径が 12cm で，高さが 8cm である円すいの表面積を求めよ。ただし，円周率を π とする。

2 右の図において，放物線①は 関数 $y=ax^2$ $(a<0)$ のグラフである。点Aは放物線①上の点で，その座標が $(-2,\ -1)$ であるとき，次の各問いに答えよ。

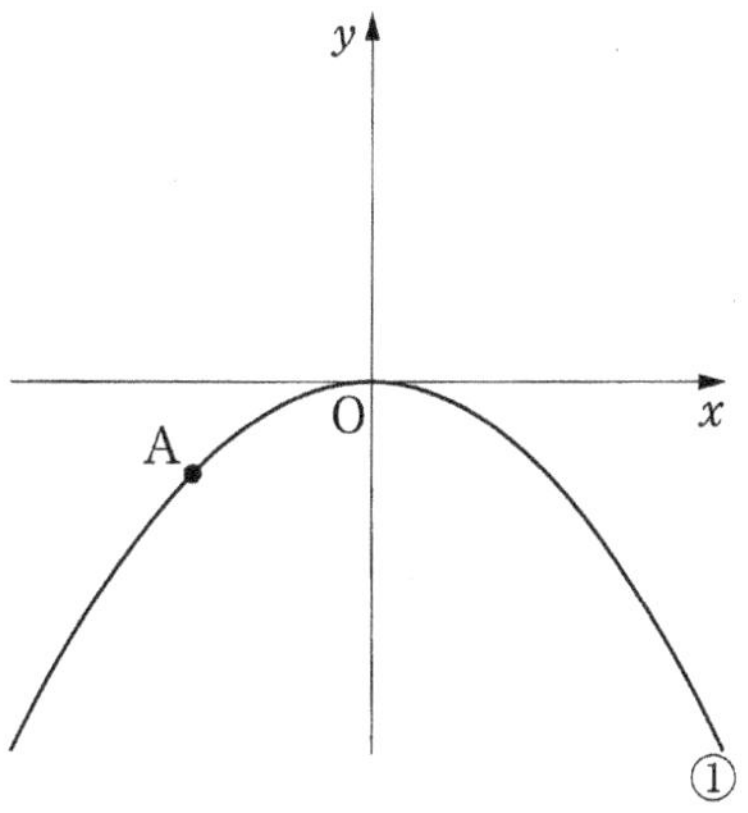

(1) a の値を求めよ。

(2) 点Aを通り，y 切片が3である直線 ℓ の方程式を求めよ。

(3) 直線 ℓ と x 軸との交点をBとし，点Cの座標を $(2,\ 0)$，点Dの座標を $(2,\ -1)$ とするとき，四角形ABCDの面積を求めよ。

(4) 放物線①上の x 座標が $\frac{1}{2}$ である点を通り，直線 ℓ と平行な直線を m とする。また，直線 m と直線 $y=-1$ との交点をE，直線 m と x 軸との交点をFとする。四角形EFCDの面積を S，四角形ABFEの面積を T とするとき，$S:T$ を最も簡単な整数比で表せ。

3 図のように，線分 OX に接する 3 つの円 P，Q，R が，点 L，M で接している。線分 OX と円 P，Q，R との接点をそれぞれ S，T，U とし，点 L，Q，M は線分 PR 上にある。このとき，次の各問いに答えよ。

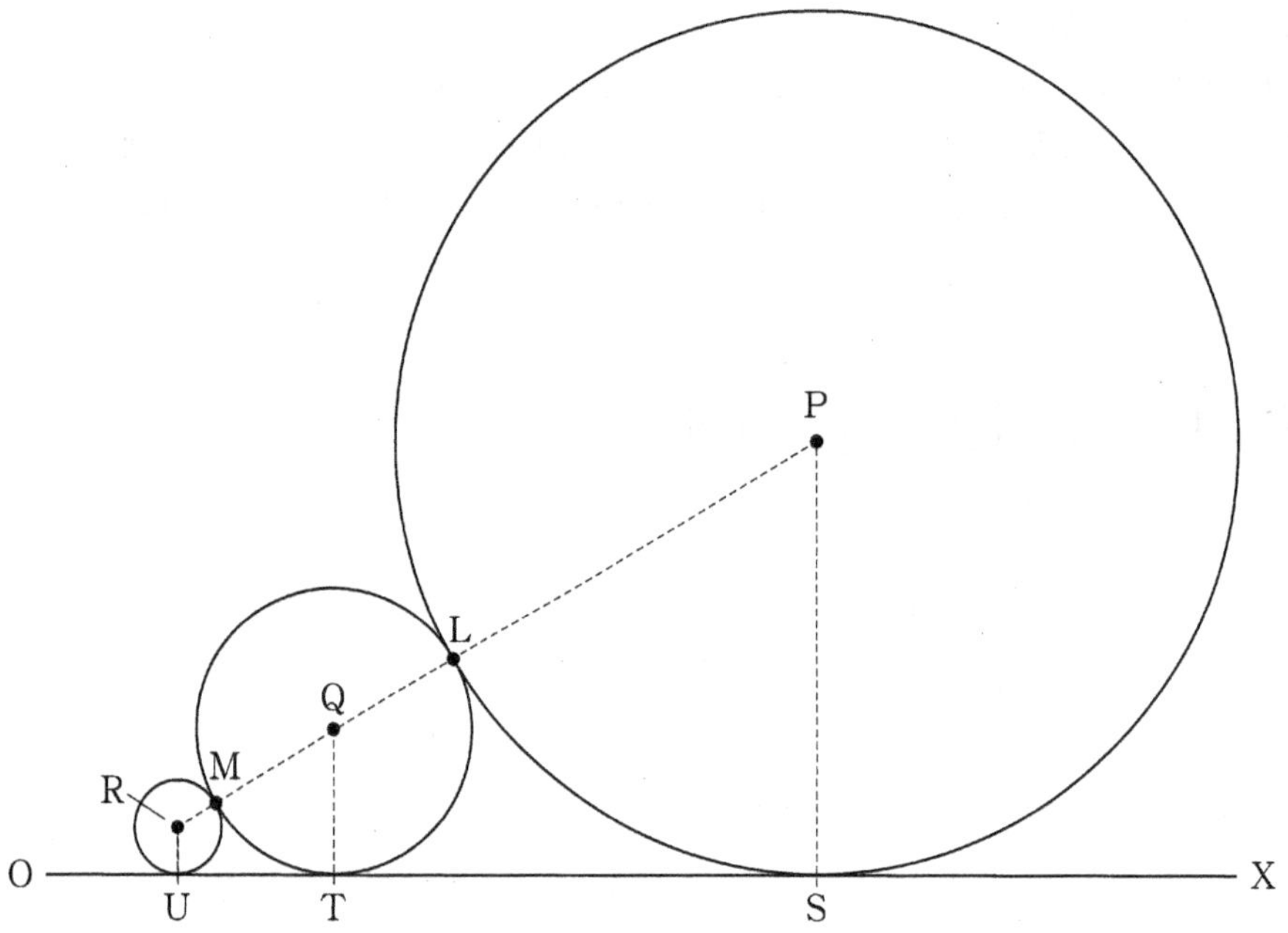

(1) 円 P，Q の半径をそれぞれ 6，2 とし，点 Q から線分 PS へ下ろした垂線と線分 PS との交点を H とするとき，次の①，②，③を求めよ。

① 線分 PQ の長さ

② 線分 QH の長さ

③ △STL の面積

(2) 円 P，R の半径をそれぞれ 21，3 とするとき，円 Q の半径を求めよ。

4 正方形のタイルがたくさんある。タイルはすべて同じ大きさで白と黒の 2 種類がある。図 1 のような規則に従って白と黒のタイルを交互に並べて，それらの枚数を次のページの表 1 にまとめていく。このとき，あとの各問いに答えよ。

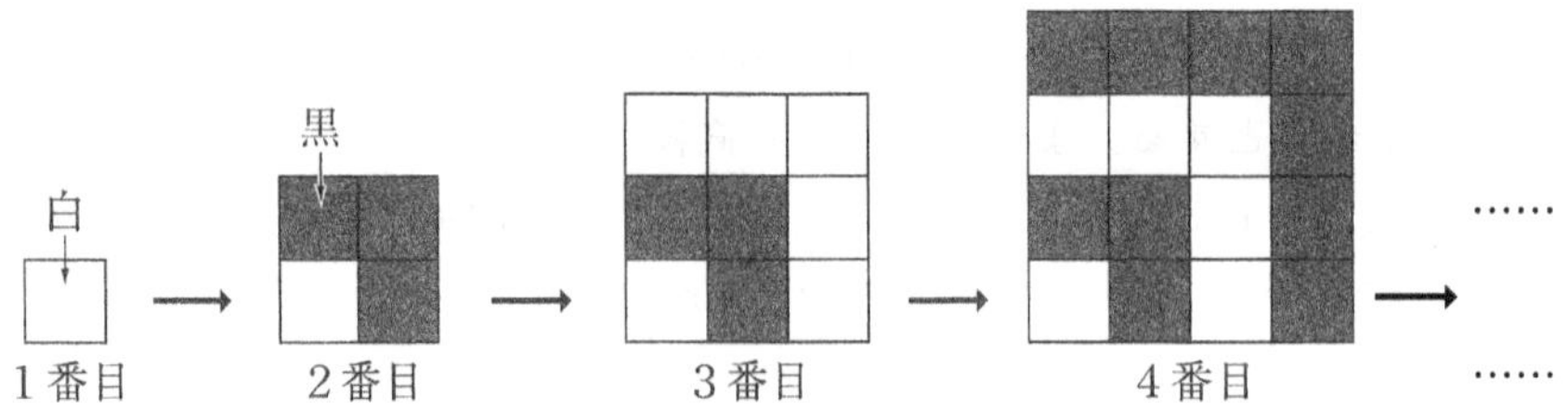

図 1

	1番目	2番目	3番目	4番目	5番目	
白の枚数	1	1	6			
黒の枚数	0	3	3			
合計枚数	1	4	9			

表1

(1) 4番目と5番目について，表をうめよ。

(2) 5番目から6番目を作るとき，何色のタイルを何枚並べればよいか。

(3) 7番目に並ぶ白と黒のタイルのうち，どちらの色のタイルが何枚多いか。

(4) 29番目に並ぶ白と黒のタイルはそれぞれ何枚か。

【英　語】（50分）〈満点：100点〉　※リスニングテストの音声は弊社HPにアクセスの上，音声データをダウンロードしてご利用ください。

1 （リスニング問題）放送の指示に従って，番号で答えなさい。放送は一度だけ流れます。

(1) What's Jane's favorite day of the week?
①Tuesday
②Wednesday
③Friday
④Saturday

(2) How much was the shirt?
①$12
②$15
③$20
④$25

(3) Who has a birthday in summer?
①Jessy
②Tom
③Lisa
④Mark

(4) What is it?
①Volleyball
②Basketball
③Tennis
④Soccer

(5) What is it?
①A shower
②A fridge
③A washing machine
④A dishwasher

2 （リスニング問題）KentaroとMayaの会話を聞き，番号で答えなさい。放送は二度流れます。

(6) Where did Maya go this year?
①France
②Germany
③Spain
④The U.K.

(7) Who did Maya go with on her trip this year?
①Kentaro
②Her classmates
③Her family
④Her friends

(8) What did Maya give Kentaro?

①Chocolate

②Cookies

③Coffee

④Tea

(9) What does Maya think is the most important thing about traveling?

①Traveling teaches her how to use her English.

②Traveling teaches her how to think about the world.

③Traveling teaches her how to eat different foods.

④Traveling teaches her how to make friends.

(10) What is Kentaro's dream?

①To become a reporter and travel to other countries.

②To travel with Maya to other countries.

③To become a doctor and help people in other countries.

④To become a pilot and fly to other countries.

3 次の会話の流れに沿って，空所に入る最も適切なものを選択肢から選び，番号で答えなさい。

Brown先生と中学3年生のKentaが話をしています。

Mr. Brown : Kenta, do you have any hobbies?

Kenta : Yes. My hobby is playing tennis. I practice at a tennis school.

Mr. Brown : How often do you practice tennis?

Kenta : Once or twice a week. I don't have time to practice on (11), so I usually practice on Saturdays or Sundays. How about you, Mr. Brown? What's your hobby?

Mr. Brown : My hobby is cooking. I like to cook Japanese food.

Kenta : Sounds interesting. What dishes do you like to cook?

Mr. Brown : I can cook many (12) of Japanese dishes, but I like to cook *nabe* dishes. It's healthy to cook *nabe* because it has a lot of meat and vegetables.

Kenta : I like to eat *nabe*. I like *sukiyaki* very much.

Mr. Brown : Oh, *sukiyaki*. I cook *sukiyaki* every winter.

Kenta : That's great. How did you learn to cook Japanese dishes?

Mr. Brown : I often watch cooking (13) on TV. Then, I try making it myself. Do you cook, Kenta?

Kenta : Not really. I can cook only curry and rice. I make it when my mother works and is (14).

Mr. Brown : That's all? Japanese students should cook by themselves more.

Kenta : You are right, Mr. Brown. I will try.

Mr. Brown : Good, Kenta. Cooking is lots of (15)! See you later.

Kenta : Yes. See you, Mr. Brown.

(11) ①anytime ②Monday ③weekdays ④weekends
(12) ①cooks ②food ③menu ④kinds
(13) ①books ②pictures ③programs ④subjects
(14) ①busy ②fine ③excited ④nice
(15) ①cheap ②fun ③happy ④terrible

4 次の(16)～(20)までの各組の空所に共通して入る語を，下の選択肢①～⑨の中から選び，番号で答えなさい。

(16) He spoke (　　) English, so he couldn't talk with foreign tourists.
Look at the (　　) cat. It's so cute.

(17) You can see a tall tower on your (　　). It's the Yokohama Landmark Tower.
I (　　) home at six this morning because I had morning practice.

(18) You can come with us (　　) stay at home.
Hurry up, (　　) you will be late for school.

(19) I usually come to school (　　) train.
I know the coffee shop (　　) my office.

(20) How (　　) did he pay for the T-shirt?
He is (　　) taller than his sister.

①by ②for ③a little ④little ⑤much
⑥left ⑦or ⑧small ⑨side

5 空所に入る最も適切な語を選択肢から選び，番号で答えなさい。

(21) A : How often do you go to the library?
B : I go there (　　) a week.
①one ②once ③many ④lot

(22) A : This cake is delicious. Can I have (　　) piece?
B : Yes, here you are.
①other ②more ③another ④most

(23) A : Excuse me, where is the cafe?
B : It is (　　) the bank and the drugstore.
①between ②among ③across ④next

(24) A : I'm so busy today. Could you (　　) me a hand?
B : Sure, what do you want me to do?
①borrow ②help ③put ④give

(25) A : What is your brother's name?
B : He is Timothy, but we (　　) him Tim.
①call ②name ③listen ④say

6 次の2つの文が同じ意味になるように，空所に入る最も適切なものを選択肢から選び，番号で答えなさい。

(26) That restaurant is very famous in this town.
= That restaurant is (　　　) to everyone in this town.
①liked　②known　③kind　④visited

(27) I saw the movie for the second time.
= I have (　　　) the movie twice.
①looked　②taken　③seen　④gone

(28) Akiko became sick a week ago and she is still sick.
= Akiko has (　　　) sick for a week.
①been　②become　③became　④had

(29) My sister can drive a car.
= My sister knows (　　　) to drive a car.
①way　②who　③how　④what

(30) Jane was happy when she heard the news.
= Jane was happy (　　　) hear the news.
①on　②from　③of　④to

(31) Her father was so old that he couldn't climb Mt. Fuji.
= Her father was (　　　) old to climb Mt. Fuji.
①too　②much　③so　④many

(32) My mother likes to cook.
= My mother is fond of (　　　).
①cook　②to cook　③cooking　④cooked

(33) I know the student who is making a speech over there now.
= I know the student (　　　) a speech over there.
①will make　②to make　③making　④makes

(34) Wow! We have never seen such a tall tree in this forest.
= This is the (　　　) tree in this forest.
①shortest　②tallest　③shorter　④taller

(35) Taro studied as hard as possible to pass the test.
= Taro studied as hard as (　　　) to pass the test.
①he does　②he did　③he will　④he could

7 次の会話の流れに沿って，空所に入る最も適切な文をあとの選択肢から選び，番号で答えなさい。

Ali and Hanako are talking about spring vacation.

Ali　: Have you planned for spring vacation yet?
Hanako : No, not yet. (36)
Ali　: I'm going to visit my grandparents.

Hanako : Sounds good. (37)
Ali : They are in Toronto, Canada.
Hanako : Really? My uncle lives there, too. (38)
Ali : For about two weeks. Have you visited Toronto before?
Hanako : Yes. (39)
Ali : Where did you go?
Hanako : Well...I went to many good places. I liked the CN Tower. It's the tallest in Canada.
Ali : How tall is it?
Hanako : It is about 550m.
Ali : Wow! (40) Thank you.
Hanako : You're welcome.

①I want to see it. ②How long will you stay there?
③I have been there three times. ④Where do they live?
⑤You have never been there. ⑥How about you?

8 次のような状況で，あなたなら何と言うでしょうか。①～⑤の語を並べ替えて文を完成させ，(41)～(56)に入る語を選び，番号で答えなさい。文頭に来る語も小文字になっています。

1. You are looking at a picture of Tokyo Skytree. You ask your classmates when it was built.
You : Does anybody ( )( )(41)(42)( )?
①when ②built ③know ④Tokyo Skytree ⑤was

2. You heard that your friend Kenta went to many foreign countries when he was in junior high school. So you will ask him a question.
You : Kenta, how ( ) countries ( )(43)(44)( )?
①you ②to ③many ④been ⑤have

3. You want to go out to a park now, but you can see a big, dark cloud in the sky.
You : It ( )(45)( )(46)( ) soon.
①to ②going ③raining ④is ⑤start

4. You are studying math. You have almost finished, but it is taking a lot of time to do the last difficult question.
You : This question ( )( )(47)(48)( ) the other questions.
①than ②more ③is ④much ⑤difficult

5. You wrote a letter to a friend in the U.S. yesterday, but it wasn't easy because your dictionary was broken.
You : I ( )(49) write ( )(50)( ).
①without ②had ③a letter ④a dictionary ⑤to

6. Your mother often makes *gyoza*. You like to eat it very much.
You : I like ( )(51)(52)( )( ).
①*gyoza* ②mother ③my ④made ⑤by

7. You are listening to a song with your friends. Everyone likes it.

You：This is (　　)(　　)(53)(54)(　　).

①happy　②the song　③everybody　④makes　⑤which

8. Today you are going to eat dinner with your family. You are doing your homework now to finish it by dinner.

You：I want (　　)(　　)(55)(56)(　　) dinner.

①to　②eating　③my homework　④before　⑤finish

9　　A

ブラジルに関する英文を読み，質問に対する最も適切な答えを選択肢から選び，番号で答えなさい。

Brazilian food is like Brazil itself. It's a rich mix of many things from many places. Some dishes are like dishes from Portugal. That is because many people from Portugal moved to Brazil about 300 years ago. However, some dishes come from local people and are not like any dishes in Europe. The flavors are special to Brazil.

Brazilian cooks are lucky. They can get excellent fish from the ocean. They can get good meat from the farms. And they can get all kinds of tropical fruits and vegetables. These fruits and vegetables give Brazilian dishes their special, delicious taste.

Brazil is a large country. Each area has its own history, culture, and traditions, and so each area also has its own way of cooking. If you are in Rio de Janeiro, for example, you should try the *feijoada*. It is a very rich mix of different meats with black beans. Brazilians usually eat it on Saturdays and Sundays. It's not a dish to eat in a hurry.

After your meal, you must try a Brazilian coffee, or *cafezinho*. The Brazilians have a special machine for making coffee, and their coffee is special, too. It's not like American coffee or Italian coffee. It's Brazilian, and it's very good.

(57) Brazilian cooks are lucky because ＿＿＿＿＿.

①they are from Portugal　②they can get many delicious foods
③they have a special machine　④the food is healthy

(58) The history and traditions are ＿＿＿＿＿.

①different in different parts of Brazil　②similar all over Brazil
③different from those in Argentina　④very old

(59) Brazilians usually eat *feijoada* ＿＿＿＿＿.

①at a restaurant　②at the beach
③during the week　④on the weekends

(60) Which is the best title for this passage?

①*Feijoada* and *Cafezinho*: Special Brazilian Foods
②The History of Brazilian Foods
③Brazilian Foods: A Special Mix of Flavors and Cultures
④Brazilian and Portuguese Dishes

B

動物に関する記事を読み，質問に対する最も適切な答えを選択肢から選び，番号で答えなさい。(61)(62)は，表を完成させなさい。

Dolphins are really smart animals and it's quite interesting to learn some facts about them. Scientists say that there are 45 different kinds of dolphins, and five of them are river dolphins. The smallest dolphin is called Maui's dolphin. It is only 1.2 meters long and 40 kg. It is as light as a small human child. The largest dolphin is the killer whale, and it is 9.5 meters long and around 10 tons. Most dolphins are black or gray. Killer whales are black and white. The most well-known dolphin is the bottlenose dolphin. It's easy to see a bottlenose dolphin, and they are usually gray in color. Bottlenose dolphins live up to 40 years, while killer whales can live up to 80 years. Dolphins are mammals, this means that baby dolphins drink milk from their mothers. When they are older, dolphins eat fish and squid. They sleep for about eight hours a day. However, to stay safe dolphins do not let 100% of their brain sleep. They keep 50% of their brain active when they sleep. Also, they can swim up to 260 meters under the sea. Dolphins can stay up to 15 minutes under water, but they cannot breathe in the water.

Name	Maui's Dolphin	Killer Whale	Bottlenose Dolphin
(61)	1.2 m / 40 kg	9.5 m / around 10 t	2 ～ 4 m / around 500 kg
Color	light gray with lines	(62)	gray
Lifespan	20 years	80 years	40 years

(61) ①Length ②Weight ③Size ④Time

(62) ①gray ②black or gray ③black or white ④black and white

(63) Which is true?

①Dolphins live in rivers and oceans.

②Maui's dolphin is the most popular dolphin because it is small.

③Killer whales can't live longer than other kinds of dolphins.

④Dolphins can breathe under water and stay there for 15 minutes.

(64) What do dolphins do to stay safe?

①They eat lots of fish and squid.

②They rest only 50% of their brain while sleeping.

③They swim 260 meters under the sea.

④Their mothers give them milk.

1　あご　2　目　3　口　4　鼻

問五　次のことわざの中から、意味が異なるものを一つ選び、番号をマークしなさい。　解答番号44

1　猿も木から落ちる　2　河童の川流れ
3　ミイラ取りがミイラになる　4　弘法も筆の誤り

問六　次の会話文の空欄に当てはまる四字熟語として適切なものを後の選択肢から一つ選び、番号をマークしなさい。　解答番号45

Aさん「四月からいよいよ高校生になります。入学式の新入生代表に選ばれ、部活動ではレギュラーメンバーになれそうです。これからも勉強と部活動を頑張ります。」
Bさん「それはすごい。君の未来はまさに（　　　）だね。」

1　温故知新　2　不言実行　3　一石二鳥　4　前途洋々

問七　次の文を単語で区切った場合、いくつに分けられるか。後の選択肢から一つ選び、番号をマークしなさい。　解答番号46

休みの日は本を読んで過ごします。

1　八　2　九　3　十　4　十一

問八　「増加」と同じ構成の熟語として適切なものを次の中から一つ選び、番号をマークしなさい。　解答番号47

1　善悪　2　親友　3　不穏　4　巨大

問九　旧暦十月の異名として適切なものを次の中から一つ選び、番号をマークしなさい。　解答番号48

1　長月　2　師走　3　神無月　4　水無月

問四　傍線部④「これ」が指すものとして適切なものを次の中から一つ選び、番号をマークしなさい。　解答番号33

1　近くの水　　2　犬自身
3　くわえている肉　　4　重欲心の輩

問五　傍線部⑤「取らんとす」の現代語訳として適切なものを次の中から一つ選び、番号をマークしなさい。　解答番号34

1　取ろうとする　　2　取らせようとする
3　取らないようにする　　4　取るまいとする

問六　[A]に入る語として適切なものを次の中から一つ選び、番号をマークしなさい。　解答番号35

1　一つ　　2　二つ　　3　三つ　　4　四つ

問七　傍線部⑥「かう」を現代仮名遣いに直したものとして適切なものを次の中から一つ選び、番号をマークしなさい。　解答番号36

1　きょう　　2　けう　　3　こう　　4　きう

問八　この本文の主題として適切なものを次の中から一つ選び、番号をマークしなさい。　解答番号37

1　一度失敗すると、同じ失敗は繰り返さないものだ。
2　欲ばりすぎると、かえって思わぬ損をするものだ。
3　他人が持っているものは、何でも良く見えるものだ。
4　二つの欲望は、同時にはかなえられないものだ。

[四]　次のそれぞれの設問に答えなさい。（解答はすべて解答用紙にマークしなさい）

問一　次の傍線部のカタカナを漢字に改める場合、適切なものを後の選択肢から一つ選び、番号をマークしなさい。

A　比較タイショウする。　解答番号38

1　対称　　2　対象　　3　対照　　4　対症

B　三年間のホショウをつける。　解答番号39

1　保証　　2　保障　　3　補償　　4　補障

問二　次の各文の中から、敬語の使い方として適切なものを一つ選び、番号をマークしなさい。　解答番号40

1　建物の中をご案内いたしますので、受付までお越しください。
2　担当が来ますので、こちらの資料を拝見してお待ちください。
3　料理をたくさん作ったので、遠慮せずにいただいてください。
4　私がお借りになった本を読み終わったので、返却いたします。

問三　作品名と作者名との組み合わせとして適切なものをそれぞれ一つ選び、番号をマークしなさい。

A　解答番号41

1　『人間失格』　芥川龍之介
2　『吾輩は猫である』　森鷗外
3　『伊豆の踊子』　川端康成
4　『山椒魚《さんしょううお》』　夏目漱石

B　解答番号42

1　『源氏物語』　清少納言
2　『方丈記』　鴨長明
3　『土佐日記』　紫式部
4　『おくのほそ道』　小林一茶

問四　次の慣用句の空欄に当てはまる語として適切なものを後の選択肢から一つ選び、番号をマークしなさい。　解答番号43

人を（　　）で使う

2　自分が信念を曲げてあえてしたことが何の効果も生まなかったことに打ちひしがれていたところへ、従僕から興味本位で事の成否を尋ねられ、まるで自分の敗北をはっきり認めろと迫られているように感じたから。

3　シェール夫人らの前に頭を下げるという屈辱的な行為をあえてするつらさに何とか耐えていたのに、周囲からは生意気な娘がその高慢な鼻を折られた小気味よい事件くらいにしか見られていないことを改めて突きつけられたから。

4　シェール夫人たちのような身分の高い人たちには自分たちのような身分の低い者の苦しみなどわからないのだと情けなく思っていたところへ、自分と同じような身分の者からもまったく同情のない言葉を掛けられたから。

問十七　傍線部⑰「大いにほめられていい……自慢しようとは思わなかった」とあるが、それはなぜか。適切なものを次の中から一つ選び、番号をマークしなさい。　解答番号29

1　大変な困難を克服したとは言うものの、その困難の原因はそもそも自分がした軽率な失態にあったことをよくわかっていたから。

2　家族が家を失わなかったことはよかったけれども、彼らは正しい考えを持つための好機を逸したのではないかと疑っていたから。

3　追放の宣告が取り消されたことは家族のためには良かったが、秘書の仕事に戻ってみれば、それはどうでもいいようなことに感じられたから。

4　家族のために良いことをしたとは思うものの、それをするために自分の信念を曲げたことについては、それを恥とする思いがあったから。

三　次の文章を読んで、後の設問に答えなさい。（解答はすべて解答用紙にマークしなさい）

ある犬、肉《ししむら》をくはへて河を渡る。まん中ほどにて①その影水に映りて②大きに見えければ、「わがくはゆる所の肉より大きなる」と③心得て、④これを捨てかれを⑤取らんとす。かるがゆへに、［A］ながら是を失ふ。

そのごとく、重欲心の輩《ともがら》は、他の財《たから》をうらやみ、事にふれて貪《むさぼ》る程に、たちまち天罰を⑥かうむる。わが持つ所の財をも失ふ事ありけり。

（『伊曽保物語』より）

問一　傍線部①「その影水に映りて」とあるが、ここでの「影」と同じ意味で使われているものを次の中から一つ選び、番号をマークしなさい。　解答番号30

1　彼の人生には影がある　　2　障子に人の影がうつる

3　月影がさえる　　4　影ながら応援する

問二　傍線部②「大きに見えければ」の現代語訳として適切なものを次の中から一つ選び、番号をマークしなさい。　解答番号31

1　大きく見えれば　　2　大きく見えると

3　大きく見えたら　　4　大きく見えたので

問三　傍線部③「心得て」とはどういうことか。その説明として適切なものを次の中から一つ選び、番号をマークしなさい。　解答番号32

1　事態を理解したということ。　　2　心をつかんだということ。

3　経験があるということ。　　4　快く引き受けるということ。

2　女中頭という自分よりも身分が高い人から非難めいた冷たい目で見られることで、メイがいつもの自信をすっかり失ってしまっていたことを表現している。

3　メイは日ごろは人に命令する立場であったために、このように身を低くして丁寧な言葉遣いをすることには慣れていなかったということを表現している。

4　自分のしたことが過ちであったとは思っていないメイが、それを認めるような言葉を口にすることに、心理的な抵抗を感じていることを表現している。

問十三　傍線部⑬「金属的な声」とはどのような声か。適切なものを次の中から一つ選び、番号をマークしなさい。　解答番号25

1　周囲のものを突き刺すような鋭い声

2　何の感情も込めずに発する冷たい声

3　強い緊張感をともなっている固い声

4　意識的に上品に振る舞う気取った声

問十四　傍線部⑭「二つの衝動」とは何か。適切なものを次の中から一つ選び、番号をマークしなさい。　解答番号26

1　頭を下げてでも追い出し命令を取り消させたい衝動と、シェール家が権力をかさに着て父母を理不尽に罰することへの怒りの衝動

2　シェール夫人らを言い負かして屈服させたい衝動と、それをやり遂げることのあまりの困難さに逃げ出したくなる衝動

3　自分の家族の陥った困難を何としても救ってやりたいという衝動と、自分のプライドが傷つくことを避けようとする衝動

4　自分のしたことを誤りであったと認めてしまいたい衝動と、自分は少しも間違っていないはずだと言い張りたい衝動

問十五　傍線部⑮「これが爆発したら、……その冷酷な得意顔を失ったはずである」とあるが、これはどのようなことを意味しているか。適切なものを次の中から一つ選び、番号をマークしなさい。　解答番号27

1　もしメイがシェール家の考え方がいかに間違っているかを滔々《とうとう》と述べ立てたら、シェール夫人もヒルダも反論すらできず、ひどく悔しがることになっただろうということ。

2　もしメイが自分の方が正しいのだと主張したら、シェール夫人もヒルダも黙っていることはできなくなり、むきになって反論しないではいられなかっただろうということ。

3　もしメイが家族の苦境を救うためにどれほど自分を犠牲にしているかを知ったら、シェール夫人もヒルダもこれ以上冷酷な仕打ちはできなかったはずだということ。

4　もしメイが自分の誇りを傷つけられたことをどれほどつらく思っているかを口にしたら、シェール夫人もヒルダも驚いてしまって少しは反省しただろうということ。

問十六　傍線部⑯「これが最後の打撃だった」とあるが、それはなぜか。適切なものを次の中から一つ選び、番号をマークしなさい。　解答番号28

1　自分の謝罪によって家族の追放がほんとうに取り消されることになるのかどうか心配で、大きな不安にさいなまれていたのに、従僕から掛けられた言葉は、面白半分の野次馬的な興味からのものにすぎなかったから。

1　メイの振る舞いによって困った問題が起きてしまったが、その解決はもはやメイの手には負えないだろうと考えている。
2　困った事態が起きてしまったが、それは運命とでも言うべきもので、誰かのせいだというような問題ではないと考えている。
3　メイのきつい性格がもたらした困った事態ではあるが、娘をそのように育ててしまった自分にも責任があると考えている。
4　困ったことになったとは思いながら、しかしそれは必ずしもメイが悪かったからだとは言えないと考えている。

問八　傍線部⑧「シェール嬢との□戦」とあるが、これは引用本文の冒頭の、シェール嬢とメイの言い争いのことを指している。□に当てはまる漢字一字を次の中から一つ選び、番号をマークしなさい。　解答番号20

1　弁　2　舌　3　口　4　宣

問九　傍線部⑨「自分の家族の者たちの卑屈な態度」とは具体的にはどのような態度のことか。適切なものを次の中から一つ選び、番号をマークしなさい。　解答番号21

1　家を追い出されてしまうかもしれない事態にひどいショックを受けて取り乱してしまい、何も考えられなくなっている態度
2　どちらが正しく、どちらが間違っているのかも考えずに、とにかく許しを請うて門番小屋にいさせてもらおうとする態度
3　自分たちがこれまでしてきたことの責任は棚に上げて、何もかもメイの責任であるかのようにメイひとりを責める態度
4　どう対処すればこの事態が好転するかを考えようともせず、この先の不幸がもう決まってしまったかのように考える態度

問十　傍線部⑩「横柄な顔」とはどのような顔のことか。適切なものを次の中から一つ選び、番号をマークしなさい。　解答番号22

1　周囲のものを見下すようなえらそうな顔
2　もうどうでもいい、面倒くさいという顔
3　恨みを晴らすことができてすっきりした顔
4　おおらかで細かいことにこだわらない顔

問十一　傍線部⑪「悪意のある微笑」とあるが、このときの召し使いたちの心のうちを説明したものとして適切なものを次の中から一つ選び、番号をマークしなさい。　解答番号23

1　自分たちが受けてきた恩義も忘れてお嬢さまにたてついたことは道徳的に許されないことだと怒りを感じ、憎悪を感じている。
2　これまで仕事もせずに門番小屋に住まわせてもらっていたロケット一家のことを妬ましく思っていたので、いい気味だと感じている。
3　教育を受けたことを鼻にかけてご立派なことを言ってみても、結局はこうして頭を下げることになるのだとばかにしている。
4　召し使いとして仕える中で溜まったうっぷんを晴らすよい機会がきたと考えて、メイをどうやっていたぶってやろうかと考えている。

問十二　傍線部⑫「自分がおかした粗——粗忽の罪のお——おわびがしたいのだといった」とあるが、ここで使われている「——」という記号の効果について述べたものとして適切なものを次の中から一つ選び、番号をマークしなさい。　解答番号24

1　自分の不始末が招いたこの事態を一刻も早く元に戻さなければと焦るメイが、そのためにかえってなかなか言葉が出てこない状態になっていたことを表現している。

さがある。

問二　傍線部②「奇妙な微笑がシェール嬢の真っ赤な唇をゆがませた」とあるが、このときのシェール嬢の気持ちを説明したものとして適切なものを次の中から一つ選び、番号をマークしなさい。　解答番号14

1　そんなことを言ったら大変なことになるとも知らずにいるメイを哀れんでいる。

2　自分の召し使いのようなものだと思っていた相手から言い返されて屈辱を感じている。

3　思いがけない反撃にあって戸惑ってしまい、どうしていいかわからないでいる。

4　メイが自分に挑んできたのだと思い、それなら受けて立とうと闘志を燃やしている。

問三　傍線部③「まア、気がちがったんだよ、この子は！」とあるが、ここに見える母親の考えを説明したものとして適切なものを次の中から一つ選び、番号をマークしなさい。　解答番号15

1　身分の上下は動かせないものであり、それに従って生きることを当然とする考え

2　他人に対して親切にすることがどんな時にでも一番大事なことだとする考え

3　身を低くして謙虚な態度を取ることが人としての最も大切な道徳だとする考え

4　人との争いを嫌い、多少曲がったことでも受け入れて争いを避けるべきだという考え

問四　傍線部④「些細な面倒を振りすてる人のように」とあるが、このときのメイの心情を説明したものとして適切なものを次の中から一つ選び、番号をマークしなさい。　解答番号16

1　シェール嬢の肩をもってメイの非を言い立てる母親に腹を立て、悲しい気持ちになっている。

2　自分が軽い気持ちでしたことで母親を怒らせたことを済まなく感じ、償いたいと思っている。

3　自分のしたことが大問題であるかのように言う母親の態度を、ばかげたことだと感じている。

4　自分の失敗は小さな問題なのだから、それほど気にする必要はないと思いこもうとしている。

問五　傍線部⑤「お前は、あたしたちを家から追い出してくれたんだよ」とあるが、ここで使われている「くれる」と同じ使い方のものを次の中から一つ選び、番号をマークしなさい。　解答番号17

1　残った飯は、その辺の犬どもにくれてやった。

2　先生は、ぼくらをその宴席に招いてくれた。

3　まったく、何ということをしてくれたんだ。

4　こいつは親のかたきだ。どうしてくれようか。

問六　傍線部⑥「気概」の意味として正しいものを次の中から一つ選び、番号をマークしなさい。　解答番号18

1　他人の親切に感謝する気持ち　　2　しみじみと胸にしみる思い

3　困難に負けない強い気性　　4　こだわらない広い気持ち

問七　傍線部⑦「お前にはどうすることもできないんだよ、メイ」とあるが、このときの父親の考えを説明したものとして適切なものを次の中から一つ選び、番号をマークしなさい。　解答番号19

ていることを意味しているのであるが）もう一息というところで、彼女の激情の爆発を抑えていた。⑮これが爆発したら、シェール夫人もヒルダ・シェールも、おそらく愕然《がくぜん》としてその冷酷な得意顔を失ったはずである。沈黙のなかで、メイの血はごうごうと耳もとで音を立てた。彼女はめまいのためによろめいた。

「帰っていいよ」とシェール夫人がいった。

しかし、メイは動けなかった。自分が屈辱を受けたことが無駄になるのではあるまいかという、恐るべき考えがひょいと起こったからである。

「奥方さま――お願いでございます――わたくしの父と母とをお許しいただけませんでございましょうか。あの人たちをよそへお出しにならないでくださいまし。わたくしどもは、みんな心からご恩にきます。もしお広いお気持ちで――」

「もうわかりました」とシェール夫人がハッキリといった。「お前さんは、一ときも早く門番小屋からいなくなる方がいいんだということだけ、いっておきましょう。それから、二度と屋敷の門をくぐらないほうが、お前さんのためだということをね。もうお帰り」

ロケット嬢は引きさがった。そとには従僕が待っていた。彼はニヤリと彼女を見てヒソヒソ声で聞いた。「どうだった？」だが、メイにとっては、⑯これが最後の打撃だった。彼女は相手をすりぬけて駆け出した。廊下で道がわからなくなって、涙を流しながら夢中であちらこちらと走りまわったすえ、一人の女中に案内してもらってやっと広いところへ出た。ところきらわず逃げ出して、彼女はついにもの静かな庭の片隅へはいりこんだ。そこで彼女は木立のなかにかくれ、小鳥と兎だけの見ている前で、心の苦痛のいえるまで泣きつくしたのであった。

彼女は夕方の汽車でロンドンへ帰ったが、自分のやったことを家族の者たちには打ち明けてこなかった。そして、結果が多少不確実なのを、まだ心配していた。一日二日のちに、ベッツィが、追放の宣告が取り消しになり、平和が、蔦《つた》のからんだ門番小屋にふたたび返ってきたという、うれしいたよりを書いてよこした。ロケット嬢は、そのころまでには、ほとんど自尊心を取りもどしていた。そして秘書の仕事にいそがしかったので、やっと一筆、祝いの言葉を走り書きしてやれたにすぎなかった。彼女は、⑰大いにほめられていい仕事をなしとげたような気がしていたのだが、これまでになく、それを自慢しようとは思わなかった。

（『家族だからって、わからないこともある。』くもん出版より）

＊前日、メイが帰って来た直後にも、ヒルダが自転車のベルを鳴らしたのに、一家の誰も気づかずに、ヒルダを怒らせたことがあった。

問一　傍線部①「はね返すように胸をそらせて」とあるが、ここから読み取れるメイの性格はどのようなものか。適切なものを次の中から一つ選び、番号をマークしなさい。　解答番号13

1　一度受けた恥辱《ちじょく》を忘れず、チャンスがあればそれを晴らそうとする誇りを持つ。

2　自分の認めない権威には決して服従せず、堂々とした態度が取れる強さを持つ。

3　周囲の人々よりも自分は優れているという自覚があり、居丈高《いたけだか》な態度を取る。

4　相手がきつい態度で接してくると、思わず反発してしまう気の強それなのに彼らは重く罰せられようとしているのだと申しのべた。

「お助けくだすったら、奥さま、心から感謝いたします――ほんとうに、わたくし、――」

　彼女の言葉はくずれて泣き声に変わりそうであった。その「奥さま」という言葉は実にやっとの思いで彼女の口から出たのだ。その言葉の響きで両の耳をぐわんとなぐられたような気がした。

「女中部屋へ行って待っていらっしゃい」女中頭は考えていたが、やがてそう仰《おお》せられるのだ。「どういうことになるかうかがってみてあげましょう」

　そこでロケット嬢は指図どおりにした。彼女は女中部屋でじろじろ見られながら、そのくせ話はしかけられずに、長い長い間すわっていた。いっそ立ちあがって逃げ出そうかと思ったことも、一度や二度ではなかった。いくたびか彼女のくすぶっている怒りはあやうく燃えあがろうとした。だが彼女は父親の蒼ざめた、苦悩にひしがれた顔を思い出した。そしてすわりつづけていた。

　十一時少し過ぎに、従僕が彼女のそばへ来てそっけなくいった。

「奥方のとこへ行くんだよ。ついておいで」メイは心細さと心配にふるえながら、同時にまた、今にも首をもたげそうな自尊心に燃え立ちながらついていった。途中のことは何も知らず、気がついたときには、彼女は広い部屋の中にいた。そこには、あのふたりの婦人がすわっていたが、しばらくの間はふたりして何かの世間話を平然とつづけていた。やがて、年上の婦人が自分の前に立っている女に気がついたらしい様子だった。

「ロケットの姉娘だね」

　ああ、シェール夫人の⑬金属的な声！　それがどのくらい、その娘の自尊心を傷つけたかを知ることができたなら、さぞかし夫人は満足したことであったろうに！

「はい、奥方さま――」

「どうしてわたくしに会いたいの」

「わたくし、昨晩の失礼を――奥方さまに――ほんとうに心から――おわび申し上げたいのでございます――」

「ほう、なるほどね！」聞き手が、さげすむように口をはさんだ。

「正気にかえって結構でした。だがね、おわびはお嬢さまに申し上げなければ駄目ですよ――娘に聞く気があるかどうかは、知りませんけれどね」

　メイはこれを予想していた。今が彼女の試練のもっとも苦しい瞬間であった。顔を真っ赤にして、彼女は若いほうの女に向かった。

「お嬢さま、昨日申し上げましたことをお許しください――わたくしの不作法を――わたくしの失礼をどうぞお許し願います――」

　もう声がいうことを聞かなかった。のどのつまる音がしはじめた。シェール嬢はちょっとの間、苦しむ顔と姿に目をそそいでいたが、やがて母親にいった――

「あんなこと、わたくしにはなんでもございませんのよ。そう申し上げましたじゃございませんの。もうこの人、部屋から出してやったらいかが？」

　メイ・ロケットは、いったんこうと思い立ったら、かならずそれをやりとげるべき宿命をになっていた。ところが、宿命だけが（それは今の場合、⑭二つの衝動のうちの一つが、かろうじて他の衝動にうち勝っ腰の痛みが急にさしこんできたので、彼は突然言葉をきって、うめいたり、泣きごとをいったり、不平をつぶやいたりした。メイは母親からまた攻撃されないうちに居間へ退いて、ひどくみじめな気持ちで一時間をそこで過ごした。言葉もかけず戸をたたく音だけで夕飯を知らされたけれども、彼女はぜんぜん食欲がなかったし、それにまた、家族の団欒《だんらん》に加わりたくないと思った。間もなくドアがあいて、父がのぞきこんだ。

「くよくよするなよ、お前」彼は小さな声でいった。「あしたの朝、おれがエドウィンさまにお目にかかるからな」

メイは返事をしなかった。彼女はなんとなく自分のしたことを後悔はしながら、同時にまた、⑧シェール嬢との□戦を思い出していい気持ちになっていた。そして、⑨自分の家族の者たちの卑屈な態度を、軽蔑したいような気がしていた。ほんとうに追い出されるなどということは、どうしたってなさそうに思われた。シェール夫人とヒルダとはロケット一家をうんとおどしておいて、あとから⑩横柄な顔で許すつもりにちがいないのだ。自分はどっちにしろ、ぐずぐずせずにロンドンへ帰って、このうえ面倒を引き起こさないことにしよう。とにかく彼女が門番小屋へ来たのはまずかった。ここは彼女のような精神、彼女のような学識を備えた人間の来る場所ではない。

翌朝、彼女は荷造りをした。彼女を町へ運んでくれるはずの列車は十時半に出る。朝飯のあとで、彼女は馬車を頼みに村へ出ていった。母は、ほとんど彼女に口をきかなかったし、ベッツィはいつもうらめしそうに涙を流していた。門番小屋へ帰るとき、彼女は、父親が足もとあぶなく並木路をおりてくるのを見かけたので、そばへ歩みよって、嘆願の結果を聞いてみた。ロケットはエドウィン卿に会いはしたけれども、自分の追放の宣告が、確定的なことを聞いてきたにすぎなかった。従男爵はいうのだ。気の毒には思うが、自分には口が出せない。問題はシェール夫人の手中にある。そして夫人は、自分の娘に加えられた侮辱に対しては、どんな申し開きも言い訳も、ぜったいに聞くことをこばんでいる。

「もう駄目だ。おれたちは出てゆかなければならないんだ。だがくよくよするなよ、お前、くよくよするじゃないぞ」そういって、老園丁は、大きな努力をしてきたために、蒼《あお》ざめ、ふるえていた。

そのとき、恐ろしさがメイ・ロケットをとらえた。彼女には、はじめて自分のしたことがわかったのだ。彼女の心は自責の苦しみのためにおののいた。目は助けを求めるかのごとくに、あらぬ方をながめまわした。ちょっとためらっていたと思うと、彼女は、できるだけの速力で、並木路を屋敷の方へのぼりはじめていた。

奉公人の出入り口へ姿を現して、彼女は女中頭に会わせてもらいたいとたのんだ。むろん、彼女の話は召し使いたち全部に知れわたっていたので、五六人の者がすぐに集まってきて、いくらかずつ⑪悪意のある微笑をたたえて、じろじろ顔を見た。ロケット嬢にとってはそれはつらい瞬間であったが、彼女はよく忍んで、やっと目的の会見までこぎつけた。女中頭は見さげるような、非難するような冷たい態度で、彼女の早口で、とぎれがちな言葉を聞いた。メイは、奥方にお目にかからせてはいただけないであろうかとたのんだ。⑫自分がおかした粗——粗忽《そこつ》の罪のお——おわびがしたいのだといった。あれは家の者たちのまるで知らないことだ。いや、むしろ遺憾に思っていることなのだ。

らもう心配はないでしょう」

ロケット嬢は、④些細《ささい》な面倒を振りすてる人のように、そういった——

——彼女は一大事が起こりかけていることを知らなかったのである。なん分かたってから、ロケットのかみさんは、娘の無礼をかしこまってわびてこようと思って、屋敷の方へのぼっていった。十五分ほど待たされてから女中頭の前へ通されたが、その申し渡しははなはだ容易ならぬものであった。

「ロケットさん、申し上げにくいのですが、門番小屋をあけていただかなきゃなりませんよ。でも、奥方は二か月猶予してくださるということです。お給金は月払いなんだから、ほんとは一か月だけ待ってあげればいいところなんですけどねえ。いくらかのお手当は出るでしょうと思いますが、それはいずれあとからお話があることでしょう。門番小屋は、十月の末までには、新しくはいる人に差し支えのないようにしておいてくださいよ」

気の毒な女は、あやうく倒れるところだった。言い訳をしようにも、嘆願をしようにも声が出なかった——せきあげてくる涙で息がつまってしまったのだ。彼女は、あとさき見ずに部屋の入り口までたどり着き、それから屋敷の出口へでた。

「ぜんたいどうしたっていうのです」メイは居間へ引っこんでいたのだが、悲しそうにわめき立てるみなの声を聞いて、そこからさけんだ。

彼女は台所へ出てきてその出来事を聞いた。

「これでお前は気がすんだことだろうよ！」涙をこぼしながら、おこって母親はどなった。⑤「お前は、あたしたちを家から追い出してくれたんだよ——不足のない住み家を取りあげてくれたんだよ——うぬぼれた、思いあがったお前の心は、これでさぞ満足なことだろうね。たくらんだってこれまでのものさ。とんだお世話さまだったね！　あたしたちは、お前さんよりは身分が低いのさ、そうだとも。お前さんの足で踏みつけられる泥みたいなものだよ！　これでお前のお父っつぁんは、どこだか知れないとこへ行って、このうえなしのみじめな死にざまをすることだろうし、お前の妹は奉公に出なけりゃなるまいし、さ、このあたしは——」

「お聞きなさい、お母さん！」娘はわめいた。目はきらめき、全身の神経はピンと張りつめていた。「シェール一家の人たちが、ただあたしがあの人たちの気をわるくしたというだけのことで、あんたたちを追い出すような卑劣なやつらだったら、向こうのやり方を、こっちでどう思うかってことを、うんといってやって、もう、そんなろくでもない人に使われずにすむのを、ありがたいと思うぐらいの⑥気概があってもいいと思うわ。お父さん、あんたはどう思って？　さア、あたし、ほんとのわけを話してあげるわ」

彼女は母と妹の泣き声と、ときどき飛びだしてくるあきれ声とを聞きながら、その日の午後の出来事を物語った。おりから腰の痛み出していたロケットは、返事をする前に体をしゃんとのばしかけたが、うめき声といっしょに力なくかがみこんだ。

⑦「お前にはどうすることもできないんだよ、メイ」彼はやっといった。「お前の生まれつきなんだからな。気をもむな。おれがエドウィンさまに会ってみよう。たぶんおれのいうことを聞いてくれるだろうよ。面倒を起こすなア女ときまっているんだ。エドウィンさまに会っていただけるようにしなくちゃ——」

言いたいことが通じる。

4　「結構だ」の代わりに「大丈夫だ」を使うことは本来の日本語の表現として正しくない。

二　次の文章は十九世紀のイギリスの作家ギッシングの「門番の娘」（吉田甲子太郎訳）の一部です。これを読んで、後の設問に答えなさい。（解答はすべて解答用紙にマークしなさい）

> ロケット一家は、長年ヘンリ卿《きょう》のお屋敷の門番小屋に暮らしてきた。屋敷の園丁頭を務めていたロケットは、今では健康が衰えて働くことはできなくなっていたが、ヘンリ卿の跡を継いだエドウィン・シェール卿も、ロケット一家をそのままにおいてくれていた。
>
> ロケット家の長女メイは優れた知性を持っていたため、両親は多少心配しながらも、高等教育を受けることを許した。メイは今では、婦権拡張のために働く女性の秘書となって、ロンドンにいる。進歩的な価値観を身につけたメイは、両親やメイの妹（ベッツィ）にとっては理解しにくい異質な存在となっていた。
>
> 二年ぶりに門番小屋に帰って来たメイは、都会で身につけた生活習慣を持ち込んで、さっそく家族をまごつかせる。翌日メイは、近くに住む、身分のある婦人の屋敷を訪ねた。その婦人は「進歩的」なものが好きで、メイの話を喜んで聞いていたが、そこへ、エドウィン卿の娘ヒルダ・シェール嬢が現れる。門番小屋の娘がそんなところにいることが気に入らないシェール嬢は、メイが経済的には豊かではなく、進歩的な若い女性に人気のある自転車を買えないことをあてこすり、メイに恥をかかせる。
>
> メイは怒りにうちふるえて、婦人の屋敷を辞して家に帰った。ちょうどそこへ、シェール嬢が自転車で帰って来て、「門を開けてちょうだい！」と叫んだが、メイはそ知らぬふりをして、自分はそのままわきの小門から入った。

シェール嬢は自転車をおりてはいってきた。そしてメイ（そのときには門番小屋の戸口にいた）に向かって、おこった声できびしくいった。

「あけておくれといったのが聞こえなかったの」

「まさかわたくしにおっしゃったのだとは、思いませんでした」①はね返すように胸をそらせて、ロケット嬢は答えた。「たれかあなたのお召し使いの人でもお見かけになったのだと存じました」

②奇妙な微笑がシェール嬢の真っ赤な唇をゆがませた。それっきり一言もいわずに、彼女は自転車に乗って楡《にれ》の並木路《みち》を走りのぼっていった。

ところが、ロケットのかみさんがこの衝突を見、やりとりの言葉を聞いてしまったのだ。彼女はあわてた。

「なんだって、あんなバカなまねをしたんだい、お前は。いいかい、あたしは自分で駆《か》け出していって、あけようと思ったんだよ。そしたらお前がそこに見えたから、むろん、お前がしてくれると思ったのさ。あたしたちがお嬢さんをおこらせたのは、*二日のうちにこれで二度目だよ。よくも自分の身分が忘れられたもんだね、あんなことをいったりしたりするなんて！③まア、気がちがったんだよ、この子は！」

「あたし、ここでは、しっくりやってゆけそうもありませんわ、お母さん」というのがメイの返事だった。「ここは、あたしのいるべき場所じゃなかったのね。あしたの朝、かえることにしますわ。そうした

しなさい。（作問の都合上、実際の順番とは変えてあります）
（1）は解答番号3・（2）は解答番号4・（3）は解答番号5

問四　本文中の店員と客との対応ア～カを正しい流れになるように並べ替えるとどうなるか。適切なものを次の中から一つ選び、番号をマークしなさい。　解答番号6

1　カ―エ―オ―イ―ウ―ア
2　エ―ア―イ―オ―ウ―カ
3　エ―カ―ア―ウ―イ―オ
4　カ―イ―ウ―エ―オ―ア

問五　傍線部①「この『大丈夫だ』」はどういう意味で「大丈夫だ」と言っているのか。適切なものを次の中から一つ選び、番号をマークしなさい。　解答番号7

1　出されなくても十分足りていますよ。
2　少し破れていますがちゃんと使えますよ。
3　偽札ではありません。ちゃんと本物ですね。
4　お気遣いありがとうございます。当方では千円札はそろっています。

問六　傍線部②「箸が添えられていた」とあるが、なぜコンビニの店員は箸を添えたのか。適切なものを次の中から一つ選び、番号をマークしなさい。　解答番号8

1　親切な店員さんとして評価されたいと思ったから。
2　箸を添えるのはコンビニとして当然のルールだと思ったから。
3　お客さんがあくまでも遠慮したのだろうと思ったから。
4　箸を添えても不都合ではないと言われたと思ったから。

問七　本文中の空欄［Ⅲ］・［Ⅳ］に当てはまる語はそれぞれ何か。次の組み合わせの中から適切なものを一つ選び、番号をマークしなさい。　解答番号9

［Ⅲ］　――　［Ⅳ］
1　さらに　――　なるほど
2　とにかく　――　やはり
3　むしろ　――　もちろん
4　まるで　――　かなり

問八　傍線部③「はい、ナシで大丈夫です」とそのまま答える表現を何というか。適切なものを次の中から一つ選び、番号をマークしなさい。　解答番号10

1　手の平を返す　　2　オウム返し
3　尻馬に乗る　　4　鶴の一声

問九　本文中の空欄［Ⅴ］に入る言葉は何か。適切なものを次の中から一つ選び、番号をマークしなさい。　解答番号11

1　感謝と拒絶　　2　表現と姿勢
3　口調と表情　　4　誠意と努力

問十　本文に書かれている内容と合致しているものはどれか。適切なものを次の中から一つ選び、番号をマークしなさい。　解答番号12

1　普段使い慣れている言葉であっても表現に工夫してみる必要が十分にある。
2　「結構です」ときっぱり断られると人は意外と傷つきやすいものである。
3　普段から意思疎通が図られている家族や親族では曖昧な表現でも

を三枚取り出してレジに並んでいたが、よく見ると、ぴったり支払えるだけの硬貨があった。自分の番になったとき、その小銭と、手にしていた千円札三枚をそのまま渡してしまった。お札を一枚返してくれながら、レジの人が、「この千円は大丈夫です」と言った。

「必要ない」の婉曲《えんきょく》表現としての「大丈夫だ」がここでも使われたわけだ。「このお札は大丈夫だ」と聞くと、「破れているけれど使用可能だ」とか、「偽札ではない」の意味かと思ってしまうが、この場面ではそうではなかった。

①この「大丈夫だ」について話したら、大学生から経験談が寄せられた。親戚の家での食事の際、おばさんが「お代わりは？」と尋ねた。学生が「大丈夫です」と答えると、「それでは意味がよくわからない。要るか要らないかはっきり言いなさい」と注意されたという。別の学生は、コンビニで「お箸はおつけしますか」と聞かれ、「大丈夫です」と答えた。それなのに、②箸が添えられていた。

辞退するときの「大丈夫だ」が、いつでもどこでも誰にでも通用するわけではないということだ。おばさんに、「もう要りません」と言いにくいなら、「もう十分いただきました。ごちそうさまでした」と言えばよい。コンビニの箸に関しては、「いいえ、要りません」とはっきり伝えたほうが Ⅲ 親切だ。

「大丈夫だ」は「妥当だ」の意味でも用いられるが、買い物の際、近ごろ必ずといっていいほど発せられる「ポイントカードはお持ちですか」ではなく「ポイントカードはナシで大丈夫ですか」と聞かれたことがある。「あなたはポイントカードを提示していないが、所有していない、もしくは使用しないと解釈してよろしいか」と問うているわけだ。

私の使用する日本語の表現には、この場面での返答としての③「はい、ナシで大丈夫です」はない。私は店員に、「ポイントカード持ってないんです」と答えた。

では、「お茶でもいかがですか」という親切な申し出を、「結構だ」も「大丈夫だ」も使わずに断ることはできるのか。 Ⅳ できる。たとえば、「ありがとうございます。でもすぐに失礼いたしますので」のような言い方がある。

そして、表現と同じぐらい、いや、おそらくそれ以上に大切なのが、 Ⅴ だ。せっかくの提案を辞退して申し訳ない、心づかいありがとう、という気持ちを声や顔で表すのである。「大丈夫だ」を皆が使っているからと安易に模倣するのではなく、自分で表現を工夫してみることを提案したい。

（野口恵子『失礼な敬語　誤用例から学ぶ、正しい使い方』光文社新書より）

問一　本文中の空欄 Ⅰ に入る言葉は何か。適切なものを次の中から一つ選び、番号をマークしなさい。　解答番号1

1　曖昧に言葉を濁す　2　やんわりとたしなめる
3　きちんと謝罪する　4　きっぱりと拒絶する

問二　本文中の空欄 Ⅱ に入る言葉は何か。適切なものを次の中から一つ選び、番号をマークしなさい。　解答番号2

1　動詞　2　形容動詞　3　副詞　4　形容詞

問三　本文中の1～6の「結構な」「結構です」という表現は（1）「すばらしい」・（2）「妥当だ」・（3）「必要としない」のどれに当たるか。適切なものを次の中からそれぞれ二つずつ選び、番号をマーク

【国　語】（五〇分）〈満点：一〇〇点〉

一　次の文章を読んで、後の設問に答えなさい。（解答はすべて解答用紙にマークしなさい）

人の好意を断るときや辞退するときに、「大丈夫です」が使われている。「お茶でもいかがですか」に対して、「大丈夫です」と答えるのだ。「今、飲んできたので」とか「すぐ帰りますので」とかいった言葉が続くこともある。

教科書的なやりとりなら、「お茶でもいかがですか」「はい、いただきます。ありがとうございます」「いいえ、結構です」なのだが、このような場面で「結構です」を使う人は減ってきている。「いいえ、要りません」などと違って、「いいえ、結構です」は丁寧に断るときの言い方なのだが、［Ⅰ］ときにも使われることから、辞退の表現としての使用が避けられる傾向にある。

［Ⅱ］「結構だ」は、「すばらしい」「妥当だ」「必要としない」など複数の意味を持つため、外国人日本語学習者の中には適切な使い分けができない者もいる。日本人の場合は、よくわからないときや言いにくいときは、ほかの表現に変えたりして、使用を避ける。丁寧に断るときの「結構です」が「大丈夫です」に変わったのもそのためだろう。

「すばらしい」「妥当だ」「必要としない」の意味の「結構だ」の例文をそれぞれ二つずつ挙げておく。

1　「検査はすべて終了しましたので、お帰りになって結構です」
2　「そんなに文句ばっかり言うんなら、もう手伝ってくれなくて結構です」
3　「それは結構な話じゃないか。お受けしなさい」
4　「いいえ、結構です。間に合ってます」
5　「結構なお点前《てまえ》でございます」
6　「通路側の席が空いていなければ、窓側でも結構です」

上品そうな女性がこの三つの「結構だ」を続けざまに使用する様子を想像してみた。

ア　「かしこまりました。あ、申し訳ございません。現在残っておりますのは、BとCだけでございました。失礼いたしました」
イ　「承知いたしました。あ、大変申し訳ございません。Bももうなくなってしまったようで」
ウ　「では、Bで結構ですわ」
エ　「お客様、デザートはいかがでしょうか。本日はA、B、C、D、E、五種類のスイーツをご用意いたしました」
オ　「あら、そうなんですか。じゃあ、デザートはもう結構です」
カ　「まあ、結構ですこと。それでは、Aをいただけますか」

上品そうな女性も、しまいには怒りを込めて拒否している。この、「もう要らない」を意味する「結構だ」のイメージが強いため、やんわり断るときに採用されたのが「大丈夫だ」なのだろう。

あるとき、二千数百円という金額の買い物をした。財布から千円札

2019年度

解　答　と　解　説

《2019年度の配点は解答欄に掲載してあります。》

＜数学解答＞ 《学校からの正答の発表はありません。》

1　(1) 0　(2) $(2a+1)(a-b)$　(3) $\frac{27}{4}$　(4) $x=-1,\ y=5$　(5) $x=\frac{5\pm\sqrt{17}}{4}$

(6) $a=5$　(7) $\frac{1}{4}$　(8) $96\pi\ \mathrm{cm}^2$

2　(1) $a=-\frac{1}{4}$　(2) $y=2x+3$　(3) $\frac{15}{4}$　(4) S：T＝11：13

3　(1) ① 8　② $4\sqrt{3}$　③ $6\sqrt{3}$　(2) $3\sqrt{7}$

4　(1) 解説参照　(2) 黒色を11枚並べる　(3) 白色が7枚多い

(4) 白　435枚，黒　406枚

○推定配点○

各5点×20　計100点

＜数学解説＞

1　(正負の数，因数分解，平方根，連立方程式，二次方程式，数の性質，確率，空間図形)

(1) $-2^2-\left\{1.5^2-\left(\frac{5}{2}-\frac{3}{4}\right)\right\}\div\left(-\frac{1}{2}\right)^3=-4-\left(\frac{9}{4}-\frac{7}{4}\right)\div\left(-\frac{1}{8}\right)=-4-\frac{2}{4}\times(-8)=-4+4=0$

基本　(2) $2a^2+a-2ab-b=a(2a+1)-b(2a+1)=(2a+1)(a-b)$

(3) $\left(\sqrt{12}-\frac{3}{\sqrt{3}}+\frac{\sqrt{27}}{6}\right)^2=\left(2\sqrt{3}-\sqrt{3}+\frac{3\sqrt{3}}{6}\right)^2=\left(\frac{3\sqrt{3}}{2}\right)^2=\frac{27}{4}$

基本　(4) $a+b=-4$…①，$a-b=2$…②　①＋②より，$2a=-2$　$a=-1$　これを①に代入して，$b=-3$　このとき，$-x+y=6$…③，$-3x-y=-2$…④　③＋④より，$-4x=4$　$x=-1$　これを③に代入して，$1+y=6$　$y=5$

基本　(5) $2x^2-5x+1=0$　解の公式を用いて，$x=\frac{-(-5)\pm\sqrt{(-5)^2-4\times2\times1}}{2\times2}=\frac{5\pm\sqrt{17}}{4}$

(6) $18a=2\times3^2\times a$，$84=2^2\times3\times7$の最小公倍数は，$2^2\times3^2\times7\times a$　また，$1260=2^2\times3^2\times5\times7$　よって，$a=5$

(7) サイコロの目の出方の総数は$6\times6=36$(通り)　このうち，題意を満たすのは，(大，小)＝(1，1)，(1，3)，(2，2)，(2，6)，(3，1)，(3，5)，(4，4)，(5，3)，(6，2)の9通りだから，求める確率は，$\frac{9}{36}=\frac{1}{4}$

重要　(8) 母線の長さは，$\sqrt{8^2+\left(\frac{12}{2}\right)^2}=10$　よって，表面積は，$\pi\times10\times6+\pi\times6^2=96\pi\ (\mathrm{cm}^2)$

2　(図形と関数・グラフの融合問題)

基本　(1) A$(-2,\ -1)$は$y=ax^2$上の点だから，$-1=a\times(-2)^2$　$a=-\frac{1}{4}$

基本　(2) 直線ℓの式を$y=bx+3$とおくと，点Aを通るから，$-1=-2b+3$　$2b=4$　$b=2$　よって，$y=2x+3$

(3)　$y=2x+3$に$y=0$を代入して，$x=-\frac{3}{2}$　BC//ADだから，四角形ABCDは台形である。BC$=2-\left(-\frac{3}{2}\right)=\frac{7}{2}$，AD$=2-(-2)=4$　よって，四角形ABCDの面積は，$\frac{1}{2}\times\left(\frac{7}{2}+4\right)\times1=\frac{15}{4}$

(4)　$y=-\frac{1}{4}x^2$に$x=\frac{1}{2}$を代入して，$y=-\frac{1}{4}\times\left(\frac{1}{2}\right)^2=-\frac{1}{16}$　直線mの式を$y=2x+c$とおくと，点$\left(\frac{1}{2},\ -\frac{1}{16}\right)$を通るから，$-\frac{1}{16}=2\times\frac{1}{2}+c$　$c=-\frac{17}{16}$　よって，$y=2x-\frac{17}{16}$　$y=2x-\frac{17}{16}$に$y=-1$を代入して，$-1=2x-\frac{17}{16}$　$x=\frac{1}{32}$　よって，E$\left(\frac{1}{32},\ -1\right)$　$y=2x-\frac{17}{16}$に$y=0$を代入して，$0=2x-\frac{17}{16}$　$x=\frac{17}{32}$　よって，F$\left(\frac{17}{32},\ 0\right)$　S：T＝(FC＋ED)：(BF＋AE)＝$\left\{\left(2-\frac{17}{32}\right)+\left(2-\frac{1}{32}\right)\right\}:\left\{\left(\frac{17}{32}+\frac{3}{2}\right)+\left(\frac{1}{32}+2\right)\right\}=\frac{110}{32}:\frac{130}{32}=11:13$

3　(平面図形の計量)

基本　(1)　①　PQ＝PL＋LQ＝6＋2＝8

重要　②　PH＝PS－HS＝PS－QT＝6－2＝4　よって，QH$=\sqrt{\mathrm{PQ}^2-\mathrm{PH}^2}=\sqrt{8^2-4^2}=4\sqrt{3}$

重要　③　TS＝QH$=4\sqrt{3}$　LからTSにひいた垂線と線分QH，TSとの交点をそれぞれI，Jとすると，LI//PHより，LI：PH＝QL：QP　LI$=\frac{4\times2}{8}=1$　LJ＝LI＋IJ＝1＋2＝3　よって，△STL$=\frac{1}{2}\times4\sqrt{3}\times3=6\sqrt{3}$

(2)　円Qの半径をr，RからQTにひいた垂線をRKとする。△PQH∽△QRKより，PQ：QR＝PH：QK　$(21+r):(r+3)=(21-r):(r-3)$　$(21+r)(r-3)=(r+3)(21-r)$　$21r-63+r^2-3r=21r-r^2+63-3r$　$r^2=63$　$r>0$より，$r=3\sqrt{7}$

4　(規則性，数の性質)

基本　(1)　4番目では黒色のタイルが7枚増え，5番目では白色のタイルが9枚増えるから，下の表のようになる。

	1番目	2番目	3番目	4番目	5番目	6番目	7番目
白の枚数	1	1	6	6	15	15	28
黒の枚数	0	3	3	10	10	21	21
合計枚数	1	4	9	16	25	36	49

基本　(2)　5番目から6番目を作るときは，黒色のタイルを11枚並べる。

基本　(3)　7番目では白色のタイルが13枚増えるから，上の表のようになり，白が黒より，28－21＝7(枚)多い。

(4)　n番目の合計枚数はn^2と表されるから，29番目の合計枚数は$29^2=841$(枚)　また，n番目の白と黒の枚数の差はnと表される。28番目から29番目を作るときは，白色のタイルを並べるから，白が黒より29枚多くなり，その枚数は(841＋29)÷2＝435(枚)　よって，黒の枚数は435－29＝406(枚)

★ワンポイントアドバイス★

本年度の4の規則性はやさしかった。時間配分を考えながら，ミスのないように全問解答をめざしたい。

＜英語解答＞ 《学校からの正答の発表はありません。》

1 (1) ③　(2) ②　(3) ③　(4) ①　(5) ④

2 (6) ④　(7) ③　(8) ④　(9) ②　(10) ①

3 (11) ③　(12) ④　(13) ③　(14) ①　(15) ②

4 (16) ④　(17) ⑥　(18) ⑦　(19) ①　(20) ⑤

5 (21) ②　(22) ③　(23) ①　(24) ④　(25) ①

6 (26) ②　(27) ③　(28) ①　(29) ③　(30) ④　(31) ①　(32) ③
(33) ③　(34) ②　(35) ④

7 (36) ⑥　(37) ④　(38) ②　(39) ③　(40) ①

8 1. (41) ④　(42) ⑤　2. (43) ①　(44) ④
3. (45) ②　(46) ⑤　4. (47) ②　(48) ⑤
5. (49) ⑤　(50) ①　6. (51) ④　(52) ⑤
7. (53) ④　(54) ③　8. (55) ③　(56) ④

9 (57) ②　(58) ①　(59) ④　(60) ③　(61) ③　(62) ④　(63) ①
(64) ②

○推定配点○

1 各1点×5　2 各1点×5　3 各1点×5　4 各1点×5　5 各2点×5
6 各2点×10　7 各2点×5　8 各2点×8　9 各3点×8　計100点

＜英語解説＞

1 (リスニング問題)

1) Hi, I'm Jane. Can you guess my favorite day of the week? It's the day after Thursday and two days before Sunday.
What's Jane's favorite day of the week?
① Tuesday　② Wednesday　③ Friday　④ Saturday

2) John went shopping. He bought a bag for $25, a shirt for $15, and a cap for $20.
How much was the shirt?
① $12　② $15　③ $20　④ $25

3) Jessy, Tom, Lisa, and Mark are all 15 years old. Jessy's birthday is in October, Tom's birthday is in January, Lisa's birthday is in August, and Mark has a birthday in March.
Who has a birthday in summer?
① Jessy　② Tom　③ Lisa　④ Mark

4) This is a sport. There are many players on a team. They try to hit the ball over the net with their hands. They don't use a racket.
What is it?
① Volleyball　② Basketball　③ Tennis　④ Soccer

5) This is something you can find in a kitchen. It has a door and is something that cleans your dishes and cups after you eat.
What is it?
① A shower　② A fridge　③ A washing machine　④ A dishwasher

(1) こんにちは，ジェーンよ。私のお気に入りの曜日を当てることができる。それは木曜日の後の日で，日曜日の2日前よ。
ジェーンのお気に入りの曜日は何か。

① 火曜日　② 水曜日　③ 金曜日　④ 土曜日

(2) ジョンは買い物に行った。彼は25ドルでカバンを，15ドルでシャツを，20ドルで帽子を買った。
シャツはいくらか。

① 12ドル　② 15ドル　③ 20ドル　④ 25ドル

(3) ジェシーとトム，リサ，マークはみんな15歳だ。ジェシーの誕生日は10月，トムの誕生日は1月，リサの誕生日は8月，マークの誕生日は3月だ。
誰が夏の誕生日か。

① ジェシー　② トム　③ リサ　④ マーク

(4) これはスポーツだ。チームにはたくさんの選手がいる。彼らは彼らの手でネットを越えてボールを打とうとする。彼らはラケットを使わない。
それは何か。

① バレーボール　② バスケットボール　③ テニス　④ サッカー

(5) これは台所で見つけることができるものだ。それには扉があり，食べた後に皿や茶碗をきれいにするものだ。
それは何か。

① シャワー　② 冷蔵庫　③ 洗濯機　④ 食器洗い機

2 （リスニング問題）

A：Hi, Maya, how are you?

B：Hey, Kentaro! I'm great. I just got back from a trip.

A：Sounds fun. Do you like traveling?

B：Yeah, I love it. Last year I went to France and Spain with my classmates. It was really fun because I made a lot of new friends.

A：How cool. Where did you go this year?

B：I wanted to go to Germany, but my family didn't want to go there. Instead, we went to the U.K. Here, I brought you a present.

A：Wow! Thanks. What is this? Is it chocolate? Wait, is it coffee?

B：Well, it is something you drink, but it's not coffee. It's tea. In England, people often have tea with cookies.

A：Oh, I see. It's so cool that you can travel a lot. I think traveling teaches you how to eat many different foods from around the world.

B：You're right. Also, traveling teaches me how to use my English and how to make friends. But I think the most important thing is that traveling teaches me how to think about the world.

A：You're very lucky. I want to travel to other countries with you someday.

B：Yeah, that'll be fun. It's my dream to become a pilot. Maybe I can fly the plane we take.

A：Great idea! My mom wants me to become a doctor and help people. I really want to help people, but my dream is to become a reporter. I want to travel the world and tell people's stories.

B：That's awesome! Good luck with your dream.

A：Thanks. You too!

6. Where did Maya go this year?

① France ② Germany ③ Spain ④ The U.K.

7. Who did Maya go with on her trip this year?

① Kentaro ② Her classmates ③ Her family ④ Her friends

8. What did Maya give Kentaro?

① Chocolate ② Cookies ③ Coffee ④ Tea

9. What does Maya think is the most important thing about traveling?

① Traveling teaches her how to use her English.

② Traveling teaches her how to think about the world.

③ Traveling teaches her how to eat different foods from around the world.

④ Traveling teaches her how to make friends.

10. What is Kentaro's dream?

① To become a reporter and travel to other countries.

② To travel with Maya to other countries.

③ To become a doctor and help people in other countries.

④ To become a pilot and fly to other countries.

A：やあ，マヤ，元気かい。

B：あら，ケンタロウ。とても元気よ。私はちょうど旅行から戻ったの。

A：楽しそうだな。君は旅行が好きかい。

B：ええ，大好きよ。去年，私は同級生と一緒にフランスとスペインへ行ったの。私にはたくさん新しい友達ができたので，本当に楽しかったわ。

A：かっこいいなあ。今年はどこへ行ったんだい。

B：私はドイツへ行きたかったけれど，私の家族はそこへ行きたくなかったの。その代わりに，私たちはイギリスへ行ったわ。ほら，私はあなたにプレゼントを買ったのよ。

A：ああ。ありがとう。これは何だい。チョコレートかい。待って，コーヒーかい。

B：ええと，それは飲む物だけれど，コーヒーではないの。それは紅茶よ。イギリスでは，人々はよくクッキーと一緒に紅茶を飲むの。

A：ああ，なるほどね。君はとてもたくさん旅行することができて，とてもかっこいいな。旅行は，世界中からのたくさんの色々な食べ物の食べ方を君に教えると思うよ。

B：そのとおりよ。それに，旅行は私の英語の使い方や友達の作り方を私に教えてくれる。でも，最も大切なことは，世界についての考え方を私に教えてくれることだ，と私は思うわ。

A：君はとても幸運だな。僕はいつか君と一緒に他の国々へ旅行したいな。

B：ええ，それは楽しいだろうな。パイロットになることが私の夢なの。私は私たちを乗せた飛行機を飛ばすことができるかもしれないわ。

A：素晴らしい考えだ。僕の母は僕に医師になって人々を助けてほしいんだ。僕は本当に人々を助けたいけれど，僕の夢は報道記者になることなんだ。世界を旅して，人々の話をしたいんだ。

B：それは素晴らしいわ。あなたの夢に向かって頑張ってね。

A：ありがとう。君もね。

(6) マヤは今年どこへ行ったか。

① フランス ② ドイツ ③ スペイン ④ イギリス

(7)　マヤは今年の彼女の旅行に誰と一緒に行ったか。

①　ケンタロウ　　②　彼女の同級生　　③　彼女の家族　　④　彼女の友達

(8)　マヤはケンタロウに何をあげたか。

①　チョコレート　　②　クッキー　　③　コーヒー　　④　紅茶

(9)　マヤは旅行について何が最も大切なことだと考えるか。

①　旅行は彼女の英語の使い方を彼女に教える。

②　旅行は世界についての考え方を彼女に教える。

③　旅行は世界中からの色々な食べ物の食べ方を彼女に教える。

④　旅行は友達の作り方を彼女に教える。

(10)　ケンタロウの夢は何か。

①　報道記者になって他の国々を旅すること。

②　マヤと一緒に他の国々を旅すること。

③　医師になって他の国々の人々を助けること。

④　パイロットになって他の国々へ飛ぶこと。

3　(会話文：語句補充)

(全訳)　ブラウン先生：ケンタ，あなたには何か趣味がありますか。

ケンタ　　　：はい。僕の趣味はテニスをすることです。テニススクールで練習します。

ブラウン先生：あなたはどのくらいよくテニスの練習をするのですか。

ケンタ　　　：週に1～2回です。僕には(11)平日に練習時間がないので，普通は土曜日か日曜日に練習します。あなたはどうですか，ブラウン先生。あなたの趣味は何ですか。

ブラウン先生：私の趣味は料理をすることです。私は和食を料理することが好きです。

ケンタ　　　：面白そうですね。あなたは何の料理を料理するのが好きですか。

ブラウン先生：私はたくさんの(12)種類の和食を料理することができますが，鍋料理を料理することが好きです。それにはたくさんの肉や野菜があるので，鍋を料理することは健康に良いのです。

ケンタ　　　：僕は鍋を食べるのが好きです。僕はすき焼きが大好きです。

ブラウン先生：ああ，すき焼き。私は冬ごとにすき焼きを料理しますよ。

ケンタ　　　：それは素晴らしい。あなたはどのように和食を料理することを学んだのですか。

ブラウン先生：私はよくテレビで料理(13)番組を見ます。それから，私自身でそれを作ってみるのです。あなたは料理をしますか，ケンタ。

ケンタ　　　：そんなにしません。僕はカレーライスだけを作ることができます。私の母が仕事をして(14)忙しいときに，僕はそれを作ります。

ブラウン先生：それだけですか。日本の生徒はもっと彼ら自身で料理をするべきです。

ケンタ　　　：あなたの言う通りです，ブラウン先生。僕はやってみます。

ブラウン先生：良いですね，ケンタ。料理はとても(15)楽しいですよ。また後で。

ケンタ　　　：はい。それじゃ，ブラウン先生。

(11)　ケンタは2番目の発言で「土曜日か日曜日に練習」すると言っているから，「練習時間がない」のは「平日」だと考えるのが適切。

(12)　many kinds of ～「たくさんの種類の～」

(13)　program「(テレビ・ラジオの)番組」

(14)　「カレーライスだけ」(ケンタは6番目の発言)しか作れないケンタが料理をするのだから，「母が」「忙しい」のだと考えられる。

(15)　lots of ～ は「たくさんの～」の意味。of は前置詞なので後には名詞がくる。fun「楽しみ」

4　**（語句補充：同音異義語語）**

(16)　little は「ほとんど～ない」,「小さな」の意味。

(17)　left は「左の」の意味，leave「出発する」の過去形。

(18)　A or Bで「AかBか」,〈命令文，or ～〉は「…しなさい，さもないと～」という意味。

(19)　by ～ は交通手段を表す言い方,「～のそばの」の意味。

(20)　how much ～ は物の量や値段を尋ねる言い方，比較級の形容詞・副詞を強調する場合には much を使う。

5　**（会話文：語句補充）**

(21)　A：あなたはどのくらい図書館へ行きますか。
B：私は週に1回そこへ行きます。
How often ～? で「何回～ですか」の意味。once「1回」, twice「2回」, ～ times「～回」と回数を答える。

(22)　A：このケーキはおいしいです。もう1切れいただけますか。
B：はい，どうぞ。
「～をもう1つ」の意味になるのは another ～ か one more ～ である。

(23)　A：すみません，このカフェはどこですか。
B：それは銀行と薬局の間にあります。
between ～ and …「～と…の間に」

(24)　A：私は今日とても忙しいです。手伝ってくださいませんか。
B：もちろん。あなたは私に何をしてほしいのですか。
give ～ a hand「～を手伝う」

(25)　A：あなたの兄弟の名前は何ですか。
B：彼はティモシーですが，私たちは彼をティムと呼びます。
〈call ＋A＋B〉「AをBと呼ぶ」

6　**（書き換え：受動態，現在完了，不定詞，分詞，比較）**

(26)　「とても有名だ」，つまり「みんなに知られている」のである。be known to ～ は「～に知られている」 known は know の過去分詞形。

(27)　「2回見た」という文から現在完了の経験用法を用いた「今まで2回見たことがある」への書き換え。現在完了は〈have [has] ＋動詞の過去分詞形〉の形。seen は see の過去分詞形。

重要　(28)　過去の文＋現在の文から現在完了の継続用法「アキコは1週間病気だ」への書き換え。現在完了は〈have [has] ＋動詞の過去分詞形〉の形。been は be の過去分詞形。

(29)　can を用いた「～することができる」の文から「～の仕方を知っている」への書き換え。〈how to ＋動詞の原形〉「～の仕方」

(30)　〈when ＋主語＋A＋B〉「(主語)がAしたときB」から不定詞の副詞的用法を用いた文への書き換え。be happy to ～「～してうれしい」

(31)　〈so ～ that ＋主語＋ can't [couldn't] ＋動詞の原形〉の文から「とても～なので…できない[できなかった]」の意味の〈too ～ to ＋動詞の原形〉への書き換え。

(32)　「～が好きだ」の意味の like ～ から be fond of ～ への書き換え。of は前置詞なので後には名詞か動名詞がくる。ここでは動名詞 cooking が適切。

やや難　(33)　関係代名詞 who を用いた文から現在分詞 making を使った文への書き換え。the student は「(演説)している」ので，make の現在分詞 making を使うのが適切。

(34)　現在完了を用いた〈have [has] ＋ never ＋動詞の過去分詞形＋ such ＋形容詞(原級)〉から〈This is the ＋形容詞(最上級)〉「これは最も～だ」への書き換え。

(35)　as ~ as possible から，as ~ as A can [could]「できるだけ～」への書き換え。could は can の過去形。

7　**(会話文：語句補充)**

(全訳)　アリとハナコが春休みについて話している。

アリ　：あなたはもう春休みの計画を立てたの。

ハナコ：いいえ，まだよ。(36)あなたはどうなの。

アリ　：私は私の祖父母の家を訪問するつもりよ。

ハナコ：良さそうね。(37)彼らはどこに住んでいるの。

アリ　：彼らはカナダのトロントにいるの。

ハナコ：本当に。私のおじもそこに住んでいるの。(38)あなたはどのくらいそこに滞在する予定なの。

アリ　：約2週間よ。あなたは以前，トロントを訪れたことがあるの。

ハナコ：ええ。(39)私はそこへ3回行ったことがあるわ。

アリ　：あなたはどこへ行ったの。

ハナコ：ええと…私はたくさんの良い所へ行ったわ。私はCNタワーが気に入った。それはカナダで最も高いの。

アリ　：どのくらい高いの。

ハナコ：それは約550mよ。

アリ　：うわあ。(40)私はそれを見たいわ。ありがとう。

ハナコ：どういたしまして。

8　**(語句整序：間接疑問文，受動態，現在完了，助動詞，動名詞，比較，分詞，文型，関係代名詞)**

1. (Does anybody) know when Tokyo Skytree was built(?)「東京スカイツリーがいつ建てられたか，誰か知っていますか」「～される」という意味なので〈be動詞＋動詞の過去分詞形〉の形の受動態の文にする。Does anybody know? と When was Tokyo Skytree built? を1つにした間接疑問文にする。疑問詞以降は when Tokyo Skytree was built と平叙文の語順になる。
2. (Kenta, how) many (countries) have you been to(?)「ケンタ，あなたはいくつの国へ行ったことがありますか」〈How many ＋名詞の複数形～？〉で物の数を尋ねる文になる。～の部分には一般的な疑問文が続く。経験を表す「～へ行ったことがある」の意味には現在完了を用いて have [has] been to ~ を使う。現在完了の疑問文は〈Have [Has] ＋主語＋動詞の過去分詞形～？〉の形をとる。
3. (It) is going to start raining (soon.)「間もなく雨が降り始めるでしょう」 天候・明暗・時間・距離などを示す場合に，日本語には訳さない主語として it を使う。be going to ~「～するところだ」は近い未来を示す。to の後には動詞の原形がくる。start —ing「～し始める」
4. (This question) is much more difficult than (the other questions.)「この問題は他の問題よりもずっと難しいです」〈形容詞・副詞の比較級＋ than ~〉で「～よりも…」という比較の文になる。difficult の比較級は more difficult である。比較級の形容詞・副詞を強調する場合は much を使う。
5. (I) had to (write) a letter without a dictionary(.)「私は辞書なしで手紙を書かなくてはなりませんでした」「～しなければならない」の意味の must を使った文を過去の文にするときは

had to ～ とする。without ～「～なしで[～なしに]」

やや難 6. (I like) *gyoza* made by my mother(.)「私は私の母によって作られた餃子が好きです」*gyoza* を修飾する過去分詞 made を使った文。「母によって作られた」なので made by my mother でひとかたまり。過去分詞 made は単独ではなく関連する語句 by my mother を伴っているので *gyoza* の直後に置く。

やや難 7. (This is) the song which makes everybody happy(.)「これはみんなを幸せにする歌です」〈make ＋A＋B〉で「AをBにする」という意味。関係代名詞 which を用いて this is the song と it makes everybody happy をつなげた文を作る。it が which に代わる。

8. (I want) to finish my homework before eating (dinner.)「私は夕飯を食べる前に私の宿題を終わらせたい」〈want to ＋動詞の原形〉で「～したい」の意味。before「～の前に」は前置詞。前置詞の目的語に動詞がくる場合，その動詞は原則として動名詞〈動詞の原形＋ ing〉となる。

9 (長文読解・論説文：内容吟味)

(全訳) A ブラジル料理はブラジルそれ自体に似ている。多くの場所からの多くの物の豊かな寄せ集めだ。ポルトガルからの料理に似ている料理もある。それは，約300年前にポルトガル出身の多くの人々がブラジルに移住したからだ。しかしながら，地元の人々からきていて，ヨーロッパのどんな料理にも似ていない料理もある。その味はブラジルに独特のものである。

ブラジル人の料理人は幸運だ。彼らは海から非常に優れた魚を手に入れることができる。彼らは農場から良い肉を手に入れることができる。そして，彼らはあらゆる種類の熱帯性の果物や野菜を手に入れることができる。これらの果物や野菜はブラジル料理にそれらの特別な美味しい味を与える。

ブラジルは大きな国だ。それぞれの地域にはそれ特有の歴史や文化，伝統があるので，それぞれの地域にそれ特有の料理の方法もある。例えば，もしリオデジャネイロにいれば，フェイジョアーダを試すべきだ。それは，黒いんげん豆付きの色々な肉のとても豊かな寄せ集めである。ブラジル人は普通それを土曜日や日曜日に食べる。それは急いで食べる料理ではないのだ。

食事の後，ブラジルのコーヒー，つまりカフェジーニョを試さなくてはならない。ブラジル人はコーヒーをいれる特別な機械を持っていて，彼らのコーヒーも特別である。それはアメリカのコーヒーやイタリアのコーヒーに似ていない。それはブラジルのであり，それはとてもおいしい。

(57)「ブラジルの料理人は(　　)ので幸運だ」①「彼らはポルトガル出身である」(×) ②「彼らは多くの美味しい食べ物を手に入れることができる」(○) 第2段落参照。 ③「彼らは特別な機械を持っている」(×) ④「その食べ物は健康に良い」(×)

(58)「歴史と伝統は(　　)」①「ブラジルの異なった地域では異なる」(○) 第3段落第1文・第2文参照。 ②「ブラジル中でよく似ている」(×) ③「アルゼンチンのそれらとは異なる」(×) ④「とても古い」(×)

(59)「ブラジル人は普通はフェイジョアーダを(　　)食べる」①「レストランで」(×) ②「浜辺で」(×) ③「平日の間に」(×) ④「週末に」(○) 第3段落第3文～第5文参照。

(60)「この引用部分の最も良い題名はどれか」①「フェイジョアーダとカフェジーニョ，特別なブラジルの食べ物」(×) ②「ブラジルの食べ物の歴史」(×) ③「ブラジルの食べ物，味と文化の特別な寄せ集め」(○) 第1段落第1文・第2文参照。タイトルは筆者の最も言いたいことを表し，筆者の主張は文の始めや終わりの部分に書かれることが多い。ここでは第1段落第1文・第2文の内容である。 ④「ブラジルとポルトガルの料理」(×)

B イルカは本当に賢い動物で，彼らについていくつかの事実を学ぶことはとても面白い。45種類の様々なイルカがいて，それらの5種類がカワイルカだ，と科学者たちは言う。最も小さいイルカはマウイイルカと呼ばれる。それは長さ1.2mで40kgしかない。それは小さな人間の子供と同じくらい軽い。最も大きいイルカはシャチで，それは長さ9.5mで約10tある。ほとんどのイルカは黒か灰色だ。シャチは黒と白である。最も良く知られているイルカはバンドウイルカだ。バンドウイルカを見ることは簡単で，色はふつう灰色だ。バンドウイルカが40年まで生きる一方で，シャチは80年まで生きることができる。イルカは哺乳類で，このことは，赤ちゃんイルカはそれらの母親からの母乳を飲む，ということを意味する。大人になると，イルカは魚やイカを食べる。それらは1日に約8時間眠る。しかしながら，安全でいるために，イルカはそれらの脳の100％を眠らせない。眠るとき，それらは脳の50％を活動的なままにする。また，それらは海中260mまで泳ぐことができる。イルカは水中に15分までいることができるが，水の中で呼吸することはできない。

名前	マウイイルカ	シャチ	バンドウイルカ
(61)大きさ	1.2m／40kg	9.5m／約10t	2～4m／約500kg
色	線のある明るい灰色	(62)黒と白	灰色
寿命	20年	80年	40年

(61) ①「長さ」(×) ②「体重」(×) ③「大きさ」(○) 体長と体重の両方だから，「大きさ」である。 ④「時間」(×)

(62) ①「灰色」(×) ②「黒か灰色」(×) ③「黒か白」(×) ④「黒と白」(○) 第7文参照。

(63)「どれが本当か」 ①「イルカは川と海に住んでいる」(○) 第2文と最後から2文目参照。②「マウイイルカは小さいので最も人気のあるイルカだ」(×) 人気についての記述はない。③「シャチは他の種類のイルカよりも長く生きられない」(×) 第10文参照。バンドウイルカの方が長く生きられないのである。 ④「イルカは水中で息をして，そこに15分間いることができる」(×) 最終文参照。水の中で呼吸することはできないのである。

(64)「イルカは安全でいるために何をするか」 ①「それらはたくさんの魚やイカを食べる」(×) たくさん，という記述はない。 ②「眠っている間にそれらはそれらの脳の50％だけを休ませる」(○) 最後から3～4文目参照。 ③「それらは海中260mを泳ぐことができる」(×) 最後から2文目に書かれているが，「安全でいるため」にしていることではない。 ④「それらの母親はそれらに母乳を与える」(×) 最後から7文目に書かれているが，「安全でいるため」にしていることではない。

★ワンポイントアドバイス★

熟語などに使われる前置詞や動詞の語形変化を伴う単元はしっかりと復習して確実に身につけておくことが大切だ。

＜国語解答＞ 《学校からの正答の発表はありません。》

一 問一 4 問二 2 問三 (1) 3・5 (2) 1・6 (3) 2・4 問四 3
問五 1 問六 4 問七 3 問八 2 問九 3 問十 1

二 問一 2 問二 2 問三 1 問四 3 問五 3 問六 3 問七 1
問八 2 問九 2 問十 1 問十一 3 問十二 1 問十三 1 問十四 3

問十五　3　　問十六　1　　問十七　1

三　問一　2　　問二　4　　問三　1　　問四　3　　問五　1　　問六　2　　問七　3
問八　2

四　問一　A　3　　B　1　　問二　1　　問三　A　3　　B　2　　問四　1　　問五　3
問六　4　　問七　3　　問八　4　　問九　3

○推定配点○

二　問十四～問十七　各3点×4　　他　各2点×44(一の問三は各完答)　　計100点

＜国語解説＞

一　（論説文－大意・要旨，内容吟味，文脈把握，文章構成，脱語補充，語句の意味）

問一　Ⅰは「いいえ，結構です」が，辞退の表現としての使用が避けられる傾向にあるということなので，強い言い方である4が適切。

基本　問二　Ⅱは「結構だ」のことなので2が適切。

重要　問三　1と6は直前のことでも構わないという意味で「妥当だ」，2と4は「必要としない」という意味，3と5は「すばらしい」という意味でそれぞれ表現している。

問四　整理すると，エ＝店員がデザートをすすめる→カ＝客が「結構ですこと」と喜んで選ぶ→ア＝店員が客の頼んだデザートがないことを謝る→ウ＝客が別のデザートで「結構ですわ」と言って注文する→イ＝店員がそのデザートもないことを伝える→オ＝客が「もう結構です」と言ってデザートを断る，という流れになるので，3が適切。

重要　問五　①は，二千数百円の支払いにうっかり三千数百円を渡したときに，レジの人が千円を一枚返しながら言った「大丈夫です」のことで，「必要ない」という意味で使われているので1が適切。「必要ない」ことを説明していない他の選択肢は不適切。

重要　問六　箸をつけるかと聞いたことに対する「大丈夫です」という答えを，コンビニの店員は箸をつけても大丈夫だという意味で理解して②のようにしたので，4が適切。箸をつけても「大丈夫です」と思ったことを説明していない他の選択肢は不適切。

問七　Ⅲははっきり伝えたほうがよりよいという意味で「むしろ」，Ⅳは言うまでもなくという意味で「もちろん」がそれぞれ当てはまるので，3が適切。

問八　③は「(ポイントカードは)ナシで大丈夫ですか」と聞かれたことに対する答え方で，相手が言った言葉をそのまま返事として使っているので2が適切。1は言葉や態度などがそれまでとがらりと変わること，3はよく考えずに人の言動に同調し軽はずみなことをすること，4は多くの人の議論や意見をおさえつける，有力者や権力者の一言。

問九　Ⅴは直後で述べているように「声や顔で表す」ことなので，3が適切。

やや難　問十　最後の段落で，皆が使っている言葉だからと安易に模倣するのではなく，自分で表現を工夫してみることを提案したいと述べているので，1は合致する。「結構だ」のイメージが強いことは述べているが，「人は意外と傷つきやすい」とは述べていないので，2は合致しない。辞退するときの「大丈夫だ」がいつでもどこでも誰にでも通用するわけではないと述べているので，3も合致しない。「結構だ」のイメージが強いため，やんわりと断るときに採用されたのが「大丈夫だ」であることを述べているが，「正しくない」とまでは述べていない4も合致しない。

二　（小説－情景・心情，内容吟味，文脈把握，脱語補充，語句の意味，用法）

基本　問一　①前後で，シェール嬢の命令が自分に対するものだと思わなかったとメイが話していることから，2が適切。1の「誇り」，3の「周囲の人々よりも自分は優れているという自覚」，4の「思わず反発してしまう」は読み取れないのでいずれも不適切。

問二　自分の命令にメイが言い返してきたことでシェール嬢は②のようになっているので，2が適切。1の「哀れんでいる」，3の「どうしていいかわからない」は「奇妙な微笑」からは読み取れないので不適切。②の後何も言わずにその場を去っており，4の「受けて立とう」も読み取れないので不適切。

問三　③前で，シェール嬢に対するメイの態度を「よくも自分の身分が忘れられたもんだね」と母親は言ってメイをしかっているので，1が適切。「身分」について説明していない他の選択肢は不適切。

重要　問四　シェール嬢に言い返したことでメイを母親はしかったが，メイは「些細な面倒」＝たいしたことではないことと思って「振りすてる」＝きっぱりと捨てるように話しているので，3が適切。1の「悲しい」，2の「済まなく感じ，償いたい」，自分のしたことを「失敗」としている4はいずれも読み取れないので不適切。

問五　⑤と3は，相手が自分に不利益なことをしたという意味を表している。1は「与える」という意味，2は相手が好意的なことをしたという意味，4は自分が相手にしようとしている意味。

問六　⑥は困難にくじけない強い意志や意気という意味なので，3が適切。

重要　問七　⑦後で，メイをなぐさめながらも自分がエドウィンさまに直接話をすると父親は話しているので，1が適切。2の「運命とでも言うべきもの」は読み取れないので不適切。メイに「お前の生まれつきなんだからな」と話していることから，3の「育ててしまった自分にも責任がある」，4の「メイが悪かったからだとは言えない」も不適切。

基本　問八　「舌戦(ぜっせん)」は激しく言い争うこと。

問九　⑨前で父親がエドウィンさまに話をして嘆願しようとしていることから，2は適切だが，「事態が好転するかを考えようとせず」とある4は不適切。母親は今後を悲観的に考えていることが描かれているので，1の「何も考えられなくなっている」は不適切。3も描かれていないので不適切。

基本　問十　⑩は，いばって人を見下したようなえらそうな表情のことなので，1が適切。

問十一　冒頭の説明にあるように，メイは高等教育を受け進歩的な価値観を身につけたことで，シェール嬢の命令も聞かずに言い返した。しかしそのようなことをしても，こうして謝りに来ることになるのだと召し使いたちはメイをばかにして⑪のような表情になっているので，3が適切。「微笑」からは1の「憎悪を感じている」は読み取れないので不適切。メイ個人に対する説明ではない2，描かれていない4も不適切。

問十二　メイは自分のしたことがわかり，自責の苦しみで急いで屋敷まで来てやっと女中頭に会って⑫のように話をしているので，1が適切。自責の苦しさから焦ってうまく話せないことを説明していない他の選択肢は不適切。

問十三　⑬は金属をたたいたときのような，キンキンと突き刺さるかん高い声のことなので1が適切。

重要　問十四　⑭の一つは，シェール夫人たちに謝って今まで通り家族が門番小屋に住むことを許してほしいという衝動である。もう一つは⑭後で「自分が受けた屈辱が無駄になるのでは」，さらに最後で「自尊心を取りもどしていた」とあることから，シェール夫人たちに謝らなければならない屈辱から自分のプライドが傷つくことを避けようとする衝動である。ここでは家族を救ってやりたいという衝動が，自分のプライドを守ろうとする衝動にうち勝っている状況なので，3が適切。

やや難　問十五　⑮の「これ」は問十四でも考察したように，家族を救う衝動とプライドを守ろうとする衝動でそのことをシェール夫人たちが知ったら，冷酷な得意顔を失ったはず＝冷酷な仕打ちはできなかったはずだということなので，3が適切。「これ」を具体的に説明していない他の選択肢は不適切。

やや難　問十六　⑯はシェール夫人たちの部屋の外にいた従僕がニヤリと笑ってメイに話しかけてきたことである。シェール夫人たちに謝ったものの，自分が受けた屈辱が無駄になるのではないかと恐れて家族を許してほしいと頼んだが，はっきりした返答をもらえないまま部屋を出た後に，従僕に話しかけられたことを⑯のようにメイは感じたので，1が適切。自分が受けた屈辱が無駄になる＝家族が追放されてしまう不安を説明していない他の選択肢は不適切。

重要　問十七　⑰の仕事とはシェール夫人たちに謝って家族の追放を取り消してもらったことだが，そもそもの原因は自分にあることがわかっていたため「自慢しようとは思わなかった」ので，1が適切。2の家族が「正しい考えを持つ好機を逸したのではないか」，3の「どうでもいいようなこと」は読み取れないので不適切。⑰では「自尊心をとりもどしていた」ので，4の「恥とする思いがあった」も不適切。

三　**（古文－主題，文脈把握，脱語補充，仮名遣い，口語訳）**

〈口語訳〉　ある犬が，肉をくわえて河を渡っていた。(河の)真ん中ほどでその(肉をくわえている自分の)影が水面に映って大きく見えたので，「おれがくわえている肉より大きい」と思いこんで，(くわえている肉である)これを捨てて(水面に映っている肉である)それを取ろうとした。軽率な考えのために，(結局)二つとも失ってしまった。

このように，欲深い人間は，他人の財産をうらやんで，何かにつけて欲しがるので，たちまち天罰を受ける。自分が持っていた財産すらも失ってしまうことがあるのだ。

問一　①は河の水面に映った「影」なので，2と同じ意味。1は暗い雰囲気を持っているということ，3は月の光のこと，4は表立たないよう，ひそかにという意味。

重要　問二　②の「けれ」は過去の助動詞，「ば」は原因・理由の接続助詞なので4が適切。

問三　「心得て」は物事の事情や意味を理解してという意味なので，1が適切。

問四　④は「くわえている肉」を捨てて，という意味なので3が適切。

重要　問五　⑤の「ん(む)」は意志の助動詞なので，1が適切。

問六　Aは「二つ」とも失った，ということ。

基本　問七　歴史的仮名遣いの「ア段＋う」は「オ段＋う」になるので3が適切。

やや難　問八　最後で犬の話を踏まえて，欲深い人間は他人の財産も欲しがって天罰を受け，自分が持っていた財産すらも失ってしまうことがあると述べているので，2が適切。

四　**（漢字の書き取り，熟語，ことわざ・慣用句，文と文節，敬語・その他，文学史）**

重要　問一　Aは比べることなので，照らし合わせるという意味の3が適切。1は対応してつりあっていること，2は行動などの目標となるもの，4は症状に合わせて対処すること。Bは確かに大丈夫であることを請け合い，責任を引き受けるという意味の1が適切。2は権利などを保護して守ること，3は与えた損害をつぐなうこと，4の熟語はない。

重要　問二　1は適切。2は謙譲語の「拝見して」ではなく尊敬語の「ご覧になって」が正しい。3は謙譲語の「いただいて」ではなく尊敬語の「めしあがって」が正しい。4は尊敬語の「お借りになった」ではなく謙譲語の「お借りした」が正しい。

問三　Aは3が適切。他の作者は，1は太宰治，2は夏目漱石，4は井伏鱒二。Bは2が適切。他の作者は，1は紫式部，3は紀貫之，4は松尾芭蕉。

基本　問四　「人をあごで使う」は，高慢な態度で思いのままに人を使うこと。

問五　1，2，4はいずれもその道の達人も時には失敗することのたとえ。3はミイラを取りに行った者が，目的を果たせずに自分がミイラになってしまうことで，説得しようとして出かけた者が，かえって先方の言いなりになって説得されてしまうことのたとえ。

問六　空欄には，これからの人生が明るく開けて希望に満ちあふれているという意味の4が適切。1は前に学んだことや昔の事柄をもう一度調べるなどして，新たな知識などを見出して自分のものとすること，2は目標などを口に出さずに実行に移すこと，3は一つの行為から二つの利益を得ること。

やや難 問七　休み(名詞)／の(助詞)／日(名詞)／は(助詞)／本(名詞)／を(助詞)／読ん(動詞)／で(助詞)／過ごし(動詞)／ます(助動詞)で十の単語に分けられる。

問八　「増加」と4は同じような意味の漢字を重ねた構成。1は反対の意味の漢字を重ねた構成，2は上の字が下の字を修飾する構成，3は否定の接頭語「不」がついた構成。

問九　十月の異名は「神無月(かんなづき，かみなしづき)」。表す月と読み方はそれぞれ，1は九月で「ながつき」，2は十二月で「しわす」，4は六月で「みなづき」。

★ワンポイントアドバイス★

古文では，基本的な文法の知識が内容理解の助けになる。口語文法が基礎になるので，現代語の文法もしっかり積み上げておこう。

解答用紙集

○月×日 △曜日　天気（合格日和）

◆ご利用のみなさまへ
＊解答用紙の公表を行っていない学校につきましては、弊社の責任において、解答用紙を制作いたしました。
＊編集上の理由により一部縮小掲載した解答用紙がございます。
＊編集上の理由により一部実物と異なる形式の解答用紙がございます。

人間の最も偉大な力とは、その一番の弱点を克服したところから生まれてくるものである。 ――カール・ヒルティ――

東京学参株式会社

東海大学付属相模高等学校　2024年度

◇数学◇

※ 141％に拡大していただくと，解答欄は実物大になります。

1

(1)	(2)	(3)	(4)

(5)	(6)	(7)	(8)
	$x=$		$x=$　　, $y=$

(9)	(10)		
	第 1 四分位数	第 2 四分位数	第 3 四分位数
cm^2	点	点	点

2

(1)	(2)	(3)	(4)
B(　　,　　)			

3

(1)	(2)	(3)	(4)

4

(1)	(2)	(3)	(4)	
			1 番目の数	2 番目の数
	個			

東海大学付属相模高等学校　2024年度

◇英語◇

※ 114%に拡大していただくと，解答欄は実物大になります。

問題番号		解答欄 1	2	3	4
1	(1)	①	②	③	④
	(2)	①	②	③	④
	(3)	①	②	③	④
	(4)	①	②	③	④
	(5)	①	②	③	④
2	(6)	①	②	③	④
	(7)	①	②	③	④
	(8)	①	②	③	④
	(9)	①	②	③	④
	(10)	①	②	③	④

問題番号		解答欄 1	2	3	4	5	6
3	(11)	①	②	③	④	⑤	⑥
	(12)	①	②	③	④	⑤	⑥
	(13)	①	②	③	④	⑤	⑥
	(14)	①	②	③	④	⑤	⑥
	(15)	①	②	③	④	⑤	⑥

問題番号		解答欄 1	2	3	4
4	(16)	①	②	③	④
	(17)	①	②	③	④
	(18)	①	②	③	④
	(19)	①	②	③	④
	(20)	①	②	③	④

問題番号		解答欄 1	2	3	4
5	(21)	①	②	③	④
	(22)	①	②	③	④
	(23)	①	②	③	④
	(24)	①	②	③	④
	(25)	①	②	③	④

問題番号			解答欄 1	2	3	4	5
6	1	(26)	①	②	③	④	⑤
		(27)	①	②	③	④	⑤
	2	(28)	①	②	③	④	⑤
		(29)	①	②	③	④	⑤
	3	(30)	①	②	③	④	⑤
		(31)	①	②	③	④	⑤
	4	(32)	①	②	③	④	⑤
		(33)	①	②	③	④	⑤
	5	(34)	①	②	③	④	⑤
		(35)	①	②	③	④	⑤

問題番号			解答欄 1	2	3	4
7	A	(36)	①	②	③	④
		(37)	①	②	③	④
		(38)	①	②	③	④
		(39)	①	②	③	④
	B	(40)	①	②	③	④
		(41)	①	②	③	④
		(42)	①	②	③	④
		(43)	①	②	③	④

問題番号			解答欄 1	2	3	4	5	6	7	8
8	A	(44)	①	②	③	④				
		(45)	①	②	③	④				
		(46)	①	②	③	④				
	B	(47)	①	②	③	④	⑤	⑥	⑦	⑧
		(48)	①	②	③	④	⑤	⑥	⑦	⑧
		(49)	①	②	③	④	⑤	⑥	⑦	⑧
		(50)	①	②	③	④	⑤	⑥	⑦	⑧

問題番号		解答欄 1	2	3	4
9	(51)	①	②	③	④
	(52)	①	②	③	④
	(53)	①	②	③	④
	(54)	①	②	③	④
	(55)	①	②	③	④

[注意事項]

1. 解答はすべてこの解答用紙に記入しなさい。
2. 氏名・フリガナ・受験番号を記入し，さらにその下の受験番号マーク欄にマークしなさい。
3. 解答用紙はコンピュータにかけるので，次の注意を守りなさい。
   (1) 折り曲げたり，汚したりしてはいけません。
   (2) 記入には HB の鉛筆を使用しなさい。
   (3) 訂正はプラスチック消しゴムで完全に消しなさい。
   (4) ◯の枠をはみ出さないようにぬりつぶしなさい。

良いマーク ●　悪いマーク　うすい

東海大学付属相模高等学校　2024年度

◇国語◇

※ 105％に拡大していただくと，解答欄は実物大になります。

解答欄			
一	1	問一	① ② ③ ④
	2	問二	① ② ③ ④
	3	問三	① ② ③ ④
	4	問四	① ② ③ ④
	5	問五 Ⅰ	① ② ③ ④
	6	問五 Ⅱ	① ② ③ ④
	7	問六	① ② ③ ④
	8	問七	① ② ③ ④
	9	問八	① ② ③ ④
	10	問九	① ② ③ ④
	11	問十	① ② ③ ④
	12	問十一	① ② ③ ④
	13	問十二	① ② ③ ④
	14	問十三	① ② ③ ④
	15	問十四	① ② ③ ④
	16	問十五	① ② ③ ④
	17	問十六	① ② ③ ④
	18	問十七	① ② ③ ④

解答欄			
二	19	問一 Ⅰ	① ② ③ ④
	20	問一 Ⅱ	① ② ③ ④
	21	問二	① ② ③ ④
	22	問三	① ② ③ ④
	23	問四 A	① ② ③ ④
	24	問四 B	① ② ③ ④
	25	問五	① ② ③ ④
	26	問六	① ② ③ ④
	27	問七	① ② ③ ④
	28	問八	① ② ③ ④
	29	問九	① ② ③ ④
	30	問十	① ② ③ ④
	31	問十一	① ② ③ ④
	32	問十二	① ② ③ ④
	33	問十三	① ② ③ ④
	34	問十四	① ② ③ ④

解答欄			
三	35	問一	① ② ③ ④
	36	問二	① ② ③ ④
	37	問三	① ② ③ ④
	38	問四	① ② ③ ④
	39	問五	① ② ③ ④
	40	問六	① ② ③ ④
	41	問七	① ② ③ ④

解答欄			
四	42	問一 A	① ② ③ ④
	43	問一 B	① ② ③ ④
	44	問二	① ② ③ ④
	45	問三	① ② ③ ④
	46	問四	① ② ③ ④
	47	問五	① ② ③ ④
	48	問六	① ② ③ ④
	49	問七	① ② ③ ④

［注意事項］

1. 解答はすべてこの解答用紙に記入しなさい。
2. 氏名・フリガナ・受験番号を記入し，さらにその下の受験番号マーク欄にマークしなさい。
3. 解答用紙はコンピュータにかけるので，次の注意を守りなさい。
   (1) 折り曲げたり，汚したりしてはいけません。
   (2) 記入には HB の鉛筆を使用しなさい。
   (3) 訂正はプラスチック消しゴムで完全に消しなさい。
   (4) ⬭の枠をはみ出さないようにぬりつぶしなさい。

良いマーク ●　悪いマーク　うすい

東海大学付属相模高等学校　2023年度

◇数学◇

※ 141％に拡大していただくと，解答欄は実物大になります。

1

(1)	(2)	(3)	(4)
			$a=$

(5)	(6)	(7)	(8)
$x=$	個		m

2

(1)	(2)	(3)	(4)
A(,)			D(,)

3

(1)	(2)	(3)	(4)

4

(1)	(2)	(3)	(4)
		$S_{10}=$	上から　行目 左から　列目

東海大学付属相模高等学校　2023年度

◇英語◇

※ 114%に拡大していただくと，解答欄は実物大になります。

問題番号		解答欄			
		1	2	3	4
1	(1)	①	②	③	④
	(2)	①	②	③	④
	(3)	①	②	③	④
	(4)	①	②	③	④
	(5)	①	②	③	④
2	(6)	①	②	③	④
	(7)	①	②	③	④
	(8)	①	②	③	④
	(9)	①	②	③	④
	(10)	①	②	③	④

問題番号		解答欄					
		1	2	3	4	5	6
3	(11)	①	②	③	④	⑤	⑥
	(12)	①	②	③	④	⑤	⑥
	(13)	①	②	③	④	⑤	⑥
	(14)	①	②	③	④	⑤	⑥
	(15)	①	②	③	④	⑤	⑥

問題番号		解答欄			
		1	2	3	4
4	(16)	①	②	③	④
	(17)	①	②	③	④
	(18)	①	②	③	④
	(19)	①	②	③	④
	(20)	①	②	③	④

問題番号		解答欄			
		1	2	3	4
5	(21)	①	②	③	④
	(22)	①	②	③	④
	(23)	①	②	③	④
	(24)	①	②	③	④
	(25)	①	②	③	④

問題番号			解答欄				
			1	2	3	4	5
6	1	(26)	①	②	③	④	⑤
		(27)	①	②	③	④	⑤
	2	(28)	①	②	③	④	⑤
		(29)	①	②	③	④	⑤
	3	(30)	①	②	③	④	⑤
		(31)	①	②	③	④	⑤
	4	(32)	①	②	③	④	⑤
		(33)	①	②	③	④	⑤
	5	(34)	①	②	③	④	⑤
		(35)	①	②	③	④	⑤

問題番号			解答欄			
			1	2	3	4
7	A	(36)	①	②	③	④
		(37)	①	②	③	④
		(38)	①	②	③	④
		(39)	①	②	③	④
	B	(40)	①	②	③	④
		(41)	①	②	③	④
		(42)	①	②	③	④
		(43)	①	②	③	④

問題番号			解答欄							
			1	2	3	4	5	6	7	8
8	A	(44)	①	②	③	④				
		(45)	①	②	③	④				
		(46)	①	②	③	④				
	B	(47)	①	②	③	④	⑤	⑥	⑦	⑧
		(48)	①	②	③	④	⑤	⑥	⑦	⑧
		(49)	①	②	③	④	⑤	⑥	⑦	⑧
		(50)	①	②	③	④	⑤	⑥	⑦	⑧

問題番号		解答欄			
		1	2	3	4
9	(51)	①	②	③	④
	(52)	①	②	③	④
	(53)	①	②	③	④
	(54)	①	②	③	④
	(55)	①	②	③	④

[注意事項]

1. 解答はすべてこの解答用紙に記入しなさい。
2. 氏名・フリガナ・受験番号を記入し，さらにその下の受験番号マーク欄にマークしなさい。
3. 解答用紙はコンピュータにかけるので，次の注意を守りなさい。
   (1) 折り曲げたり，汚したりしてはいけません。
   (2) 記入には HB の鉛筆を使用しなさい。
   (3) 訂正はプラスチック消しゴムで完全に消しなさい。
   (4) ( ) の枠をはみ出さないようにぬりつぶしなさい。

良いマーク ●　悪いマーク ⊙ ✓ ⊘ ✓ ● うすい

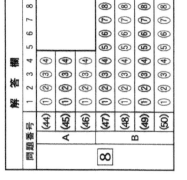

東海大学付属相模高等学校　2023年度

◇国語◇

※ 105％に拡大していただくと，解答欄は実物大になります。

		解答欄				
一	1	問一	①	②	③	④
	2	問二	①	②	③	④
	3	問三	①	②	③	④
	4	問四	①	②	③	④
	5	問五	①	②	③	④
	6	問六	①	②	③	④
	7	問七	①	②	③	④
	8	問八	①	②	③	④
	9	問九	①	②	③	④
	10	問十	①	②	③	④
	11	問十一	①	②	③	④
	12	問十二	①	②	③	④
	13	問十三	①	②	③	④
	14	問十四	①	②	③	④
	15	問十五	①	②	③	④
	16	問十六	①	②	③	④
	17	問十七	①	②	③	④
	18	問十八	①	②	③	④

		解答欄				
二	19	問一	①	②	③	④
	20	問二	①	②	③	④
	21	問三	①	②	③	④
	22	問四	①	②	③	④
	23	問五	①	②	③	④
	24	問六	①	②	③	④
	25	問七	①	②	③	④
	26	問八	①	②	③	④
	27	問九	①	②	③	④

		解答欄				
三	28	問一	①	②	③	④
	29	問二	①	②	③	④
	30	問三	①	②	③	④
	31	問四	①	②	③	④
	32	問五	①	②	③	④
	33	問六	①	②	③	④
	34	問七	①	②	③	④
	35	問八	①	②	③	④

		解答欄					
四	36	問一	A	①	②	③	④
	37		B	①	②	③	④
	38	問二		①	②	③	④
	39	問三		①	②	③	④
	40	問四		①	②	③	④
	41	問五		①	②	③	④
	42	問六		①	②	③	④
	43	問七		①	②	③	④

［注意事項］
1. 解答はすべてこの解答用紙に記入しなさい。
2. 氏名・フリガナ・受験番号を記入し，さらにその下の受験番号マーク欄にマークしなさい。
3. 解答用紙はコンピュータにかけるので，次の注意を守りなさい。
 (1) 折り曲げたり，汚したりしてはいけません。
 (2) 記入には HB の鉛筆を使用しなさい。
 (3) 訂正はプラスチック消しゴムで完全に消しなさい。
 (4) ⬯の枠をはみ出さないようにぬりつぶしなさい。

良いマーク ●　悪いマーク　うすい

東海大学付属相模高等学校　2022年度

◇数学◇

※ 141％に拡大していただくと，解答欄は実物大になります。

1

(1)	(2)	(3)	(4)
			$x =$

(5)	(6)	(7)	(8)
度		cm^2	

2

(1)	(2)	(3)	(4)

3

(1)		(2)	(3)	(4)
∠ABC　度	∠DO′K　度			

4

(1)	(2)	(3)	(4)
個	面	個	$n =$

東海大学付属相模高等学校　2022年度

◇英語◇

※ 114％に拡大していただくと，解答欄は実物大になります。

問題番号		解答欄 1	2	3	4
1	(1)	①	②	③	④
	(2)	①	②	③	④
	(3)	①	②	③	④
	(4)	①	②	③	④
	(5)	①	②	③	④
2	(6)	①	②	③	④
	(7)	①	②	③	④
	(8)	①	②	③	④
	(9)	①	②	③	④
	(10)	①	②	③	④

問題番号		解答欄 1	2	3	4	5	6
3	(11)	①	②	③	④	⑤	⑥
	(12)	①	②	③	④	⑤	⑥
	(13)	①	②	③	④	⑤	⑥
	(14)	①	②	③	④	⑤	⑥
	(15)	①	②	③	④	⑤	⑥

問題番号		解答欄 1	2	3	4
4	(16)	①	②	③	④
	(17)	①	②	③	④
	(18)	①	②	③	④
	(19)	①	②	③	④
	(20)	①	②	③	④

問題番号		解答欄 1	2	3	4
5	(21)	①	②	③	④
	(22)	①	②	③	④
	(23)	①	②	③	④
	(24)	①	②	③	④
	(25)	①	②	③	④

問題番号			解答欄 1	2	3	4	5
6	1	(26)	①	②	③	④	⑤
		(27)	①	②	③	④	⑤
	2	(28)	①	②	③	④	⑤
		(29)	①	②	③	④	⑤
	3	(30)	①	②	③	④	⑤
		(31)	①	②	③	④	⑤
	4	(32)	①	②	③	④	⑤
		(33)	①	②	③	④	⑤
	5	(34)	①	②	③	④	⑤
		(35)	①	②	③	④	⑤

問題番号			解答欄 1	2	3	4
7	A	(36)	①	②	③	④
		(37)	①	②	③	④
		(38)	①	②	③	④
		(39)	①	②	③	④
	B	(40)	①	②	③	④
		(41)	①	②	③	④
		(42)	①	②	③	④
		(43)	①	②	③	④

問題番号			解答欄 1	2	3	4	5	6	7	8
8	A	(44)	①	②	③	④				
		(45)	①	②	③	④				
		(46)	①	②	③	④				
	B	(47)	①	②	③	④	⑤	⑥	⑦	⑧
		(48)	①	②	③	④	⑤	⑥	⑦	⑧
		(49)	①	②	③	④	⑤	⑥	⑦	⑧
		(50)	①	②	③	④	⑤	⑥	⑦	⑧

問題番号		解答欄 1	2	3	4
9	(51)	①	②	③	④
	(52)	①	②	③	④
	(53)	①	②	③	④
	(54)	①	②	③	④
	(55)	①	②	③	④

［注意事項］
1. 解答はすべてこの解答用紙に記入しなさい。
2. 氏名・フリガナ・受験番号を記入し，さらにその下の受験番号マーク欄にマークしなさい。
3. 解答用紙はコンピュータにかけるので，次の注意を守りなさい。
 (1) 折り曲げたり，汚したりしてはいけません。
 (2) 記入には HB の鉛筆を使用しなさい。
 (3) 訂正はプラスチック消しゴムで完全に消しなさい。
 (4) ◯の枠をはみ出さないようにぬりつぶしなさい。

良いマーク　悪いマーク　うすい

東海大学付属相模高等学校　2022年度

◇国語◇

※ 105％に拡大していただくと，解答欄は実物大になります。

		解答欄				
一	1	問一	①	②	③	④
	2	問二	①	②	③	④
	3	問三	①	②	③	④
	4	問四	①	②	③	④
	5	問五	①	②	③	④
	6	問六	①	②	③	④
	7	問七	①	②	③	④
	8	問八	①	②	③	④
	9	問九	①	②	③	④
	10	問十	①	②	③	④
	11	問十一	①	②	③	④
	12	問十二	①	②	③	④
	13	問十三	①	②	③	④
	14	問十四	①	②	③	④
	15	問十五	①	②	③	④

		解答欄				
一	16	問十六	①	②	③	④
	17	問十七	①	②	③	④
	18	問十八	①	②	③	④
	19	問十九	①	②	③	④
	20	問二十	①	②	③	④
	21	問二十一	①	②	③	④
	22	問二十二	①	②	③	④

		解答欄					
二	23	問一	①	②	③	④	
	24	問二	①	②	③	④	
	25	問三	①	②	③	④	
	26	問四	①	②	③	④	
	27	問五	①	②	③	④	
	28	問六	①	②	③	④	
	29	問七	①	②	③	④	
	30	問八	①	②	③	④	
	31	問九	①	②	③	④	
	32	問十	①	②	③	④	
	33	問十一	①	②	③	④	⑤

		解答欄				
三	34	問一	①	②	③	④
	35	問二	①	②	③	④
	36	問三	①	②	③	④
	37	問四	①	②	③	④
	38	問五	①	②	③	④
	39	問六	①	②	③	④
	40	問七	①	②	③	④
	41	問八	①	②	③	④

		解答欄					
四	42	問一	A	①	②	③	④
	43		B	①	②	③	④
	44	問二		①	②	③	④
	45	問三		①	②	③	④
	46	問四		①	②	③	④

［注意事項］

1. 解答はすべてこの解答用紙に記入しなさい。
2. 氏名・フリガナ・受験番号を記入し，さらにその下の受験番号マーク欄にマークしなさい。
3. 解答用紙はコンピュータにかけるので，次の注意を守りなさい。
   - (1) 折り曲げたり，汚したりしてはいけません。
   - (2) 記入にはHBの鉛筆を使用しなさい。
   - (3) 訂正はプラスチック消しゴムで完全に消しなさい。
   - (4) ◯の枠をはみ出さないようにぬりつぶしなさい。

良いマーク ●　悪いマーク ○ (うすい)

東海大学付属相模高等学校　2021年度

◇数学◇

※141％に拡大していただくと，解答欄は実物大になります。

1

(1)	(2)	(3)	(4)
			$x =$

(5)	(6)	(7)	(8)
$n =$	$a =$ 度		

2

(1)	(2)	(3)	(4)

3

(1)	(2)	(3)	(4)
	AQ : QC = :	AQ : QO = :	

4

(1)	(2)	(3)	(4)

東海大学付属相模高等学校　2021年度

◇英語◇

※108％に拡大していただくと，解答欄は実物大になります。

問題番号		解答欄 1	2	3	4
1	(1)	①	②	③	④
	(2)	①	②	③	④
	(3)	①	②	③	④
	(4)	①	②	③	④
	(5)	①	②	③	④
2	(6)	①	②	③	④
	(7)	①	②	③	④
	(8)	①	②	③	④
	(9)	①	②	③	④
	(10)	①	②	③	④

問題番号		解答欄 1	2	3	4	5	6
3	(11)	①	②	③	④	⑤	⑥
	(12)	①	②	③	④	⑤	⑥
	(13)	①	②	③	④	⑤	⑥
	(14)	①	②	③	④	⑤	⑥
	(15)	①	②	③	④	⑤	⑥

問題番号		解答欄 1	2	3	4
4	(16)	①	②	③	④
	(17)	①	②	③	④
	(18)	①	②	③	④
	(19)	①	②	③	④
	(20)	①	②	③	④

問題番号		解答欄 1	2	3	4
5	(21)	①	②	③	④
	(22)	①	②	③	④
	(23)	①	②	③	④
	(24)	①	②	③	④
	(25)	①	②	③	④

問題番号			解答欄 1	2	3	4	5
6	1	(26)	①	②	③	④	⑤
		(27)	①	②	③	④	⑤
	2	(28)	①	②	③	④	⑤
		(29)	①	②	③	④	⑤
	3	(30)	①	②	③	④	⑤
		(31)	①	②	③	④	⑤
	4	(32)	①	②	③	④	⑤
		(33)	①	②	③	④	⑤
	5	(34)	①	②	③	④	⑤
		(35)	①	②	③	④	⑤

問題番号			解答欄 1	2	3	4
7	A	(36)	①	②	③	④
		(37)	①	②	③	④
		(38)	①	②	③	④
	B	(39)	①	②	③	④
		(40)	①	②	③	④
	C	(41)	①	②	③	④
		(42)	①	②	③	④
		(43)	①	②	③	④

問題番号			解答欄 1	2	3	4	5	6	7	8
8	A	(44)	①	②	③	④				
		(45)	①	②	③	④				
		(46)	①	②	③	④				
	B	(47)	①	②	③	④	⑤	⑥	⑦	⑧
		(48)	①	②	③	④	⑤	⑥	⑦	⑧
		(49)	①	②	③	④	⑤	⑥	⑦	⑧
		(50)	①	②	③	④	⑤	⑥	⑦	⑧

問題番号		解答欄 1	2	3	4
9	(51)	①	②	③	④
	(52)	①	②	③	④
	(53)	①	②	③	④
	(54)	①	②	③	④
	(55)	①	②	③	④

[注意事項]

1. 解答はすべてこの解答用紙に記入しなさい。
2. 氏名・フリガナ・受験番号を記入し，さらにその下の受験番号マーク欄にマークしなさい。
3. 解答用紙はコンピュータにかけるので，次の注意を守りなさい。
   (1) 折り曲げたり，汚したりしてはいけません。
   (2) 記入には HB の鉛筆を使用しなさい。
   (3) 訂正はプラスチック消しゴムで完全に消しなさい。
   (4) ◯の枠をはみ出さないようにぬりつぶしなさい。

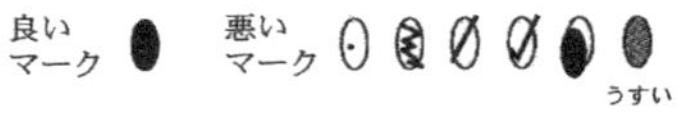

東海大学付属相模高等学校　2021年度

◇国語◇

※116％に拡大していただくと，解答欄は実物大になります。

		解答欄	
一	1	問一	① ② ③ ④
	2	問二	① ② ③ ④
	3	問三	① ② ③ ④
	4	問四	① ② ③ ④
	5	問五	① ② ③ ④
	6	問六	① ② ③ ④
	7	問七	① ② ③ ④
	8	問八	① ② ③ ④
	9	問九	① ② ③ ④
	10	問十	① ② ③ ④
	11	問十一	① ② ③ ④
	12	問十二	① ② ③ ④ ⑤
	13	問十三	① ② ③ ④
	14	問十四	① ② ③ ④
	15	問十五	① ② ③ ④
	16	問十六 ⑧	① ② ③ ④
	17	問十六 ⑮	① ② ③ ④
	18	問十七	① ② ③ ④

		解答欄	
二	19	問一 X	① ② ③ ④
	20	問一 Y	① ② ③ ④
	21	問二 A	① ② ③ ④
	22	問二 B	① ② ③ ④
	23	問三	① ② ③ ④
	24	問四	① ② ③ ④
	25	問五	① ② ③ ④
	26	問六	① ② ③ ④
	27	問七	① ② ③ ④
	28	問八	① ② ③ ④
	29	問九	① ② ③ ④
	30	問十	① ② ③ ④ ⑤

		解答欄	
三	31	問一	① ② ③ ④
	32	問二	① ② ③ ④
	33	問三	① ② ③ ④
	34	問四	① ② ③ ④
	35	問五	① ② ③ ④
	36	問六	① ② ③ ④
	37	問七	① ② ③ ④
	38	問八	① ② ③ ④

		解答欄	
四	39	問一 A	① ② ③ ④
	40	問一 B	① ② ③ ④
	41	問二	① ② ③ ④
	42	問三 A	① ② ③ ④
	43	問三 B	① ② ③ ④
	44	問四 A	① ② ③ ④
	45	問四 B	① ② ③ ④
	46	問五	① ② ③ ④
	47	問六	① ② ③ ④
	48	問七	① ② ③ ④

[注意事項]

1. 解答はすべてこの解答用紙に記入しなさい。
2. 氏名・フリガナ・受験番号を記入し，さらにその下の受験番号マーク欄にマークしなさい。
3. 解答用紙はコンピュータにかけるので，次の注意を守りなさい。
   (1) 折り曲げたり，汚したりしてはいけません。
   (2) 記入には HB の鉛筆を使用しなさい。
   (3) 訂正はプラスチック消しゴムで完全に消しなさい。
   (4) ( )の枠をはみ出さないようにぬりつぶしなさい。

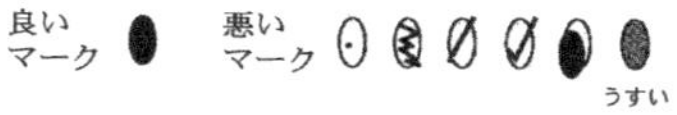

東海大学付属相模高等学校　2020年度

◇数学◇

※ 143％に拡大していただくと，解答欄は実物大になります。

1

(1)	(2)	(3)	(4)

(5)	(6)	(7)	(8)
$x =$	$a =$		度

2

(1)	(2)	(3)	(4)
		AI : ID = 　　:	度

3

(1)	(2)	(3)	(4)
D (　　, 　　)		秒後	

4

(1)	(2)	(3)	(4)
個	個	$m =$ 　　, $n =$	

東海大学付属相模高等学校　2020年度　◇英語◇

※ 144％に拡大していただくと，解答欄は実物大になります。

［注意事項］
1. 解答はすべてこの解答用紙に記入しなさい。
2. 氏名・フリガナ・受験番号を記入し，さらにその下の受験番号マーク欄にマークしなさい。
3. 解答用紙はコンピュータにかけるので，次の注意を守りなさい。
 (1) 折り曲げたり，汚したりしてはいけません。
 (2) 記入にはHBの鉛筆を使用しなさい。
 (3) 訂正はプラスチック消しゴムで完全に消しなさい。
 (4) ◯の枠をはみ出さないようにぬりつぶしなさい。

良いマーク ●　悪いマーク ⊙ ⊘ ∅ ✓ ◐ うすい

問題番号		1	2	3	4
1	(1)	①	②	③	④
	(2)	①	②	③	④
	(3)	①	②	③	④
	(4)	①	②	③	④
	(5)	①	②	③	④
2	(6)	①	②	③	④
	(7)	①	②	③	④
	(8)	①	②	③	④
	(9)	①	②	③	④
	(10)	①	②	③	④

問題番号		1	2	3	4
3	(11)	①	②	③	④
	(12)	①	②	③	④
	(13)	①	②	③	④
	(14)	①	②	③	④
	(15)	①	②	③	④

問題番号		1	2	3	4	5	6	7	8	9
4	(16)	①	②	③	④	⑤	⑥	⑦	⑧	⑨
	(17)	①	②	③	④	⑤	⑥	⑦	⑧	⑨
	(18)	①	②	③	④	⑤	⑥	⑦	⑧	⑨
	(19)	①	②	③	④	⑤	⑥	⑦	⑧	⑨
	(20)	①	②	③	④	⑤	⑥	⑦	⑧	⑨

問題番号		1	2	3	4
5	(21)	①	②	③	④
	(22)	①	②	③	④
	(23)	①	②	③	④
	(24)	①	②	③	④
	(25)	①	②	③	④

問題番号		1	2	3	4
6	(26)	①	②	③	④
	(27)	①	②	③	④
	(28)	①	②	③	④
	(29)	①	②	③	④
	(30)	①	②	③	④
	(31)	①	②	③	④
	(32)	①	②	③	④
	(33)	①	②	③	④
	(34)	①	②	③	④
	(35)	①	②	③	④

問題番号		1	2	3	4	5	6
7	(36)	①	②	③	④	⑤	⑥
	(37)	①	②	③	④	⑤	⑥
	(38)	①	②	③	④	⑤	⑥
	(39)	①	②	③	④	⑤	⑥
	(40)	①	②	③	④	⑤	⑥

問題番号			1	2	3	4	5
8	1	(41)	①	②	③	④	⑤
		(42)	①	②	③	④	⑤
	2	(43)	①	②	③	④	⑤
		(44)	①	②	③	④	⑤
	3	(45)	①	②	③	④	⑤
		(46)	①	②	③	④	⑤
	4	(47)	①	②	③	④	⑤
		(48)	①	②	③	④	⑤
	5	(49)	①	②	③	④	⑤
		(50)	①	②	③	④	⑤
	6	(51)	①	②	③	④	⑤
		(52)	①	②	③	④	⑤
	7	(53)	①	②	③	④	⑤
		(54)	①	②	③	④	⑤
	8	(55)	①	②	③	④	⑤
		(56)	①	②	③	④	⑤

問題番号			1	2	3	4
9	A	(57)	①	②	③	④
		(58)	①	②	③	④
		(59)	①	②	③	④
		(60)	①	②	③	④
	B	(61)	①	②	③	④
		(62)	①	②	③	④
		(63)	①	②	③	④
		(64)	①	②	③	④

東海大学付属相模高等学校　2020年度

◇国語◇

※ 104％に拡大していただくと，解答欄は実物大になります。

［注意事項］

1. 解答はすべてこの解答用紙に記入しなさい。
2. 氏名・フリガナ・受験番号を記入し、さらにその下の受験番号マーク欄にマークしなさい。
3. 解答用紙はコンピュータにかけるので、次の注意を守りなさい。
   (1) 折り曲げたり、汚したりしてはいけません。
   (2) 記入には HB の鉛筆を使用しなさい。
   (3) 訂正はプラスチック消しゴムで完全に消しなさい。
   (4) ◯の枠をはみ出さないようにぬりつぶしなさい。

良いマーク ●　悪いマーク ⊙ ⊘ ⊘ ⊘ ● ●（うすい）

		解答欄					
一	1	問一	①	②	③	④	
	2	問二	①	②	③	④	
	3	問三	①	②	③	④	
	4	問四	①	②	③	④	
	5	問五	①	②	③	④	
	6	問六	①	②	③	④	
	7	問七	①	②	③	④	
	8	問八	①	②	③	④	
	9	問九	①	②	③	④	
	10	問十	①	②	③	④	

		解答欄				
二	11	問一	①	②	③	④
	12	問二	①	②	③	④
	13	問三	①	②	③	④
	14	問四	①	②	③	④
	15	問五	①	②	③	④
	16	問六	①	②	③	④
	17	問七	①	②	③	④
	18	問八	①	②	③	④
	19	問九	①	②	③	④
	20	問十	①	②	③	④
	21	問十一	①	②	③	④
	22	問十二	①	②	③	④

		解答欄						
三	23	問一		①	②	③	④	
	24	問二	②	①	②	③	④	⑤
	25		④	①	②	③	④	⑤
	26		⑦	①	②	③	④	⑤
	27	問三		①	②	③	④	
	28	問四		①	②	③	④	
	29	問五		①	②	③	④	
	30	問六		①	②	③	④	
	31	問七		①	②	③	④	
	32	問八		①	②	③	④	
	33	問九		①	②	③	④	

		解答欄					
四	34	問一	A	①	②	③	④
	35		B	①	②	③	④
	36	問二		①	②	③	④
	37	問三	A	①	②	③	④
	38		B	①	②	③	④
	39	問四		①	②	③	④
	40	問五		①	②	③	④
	41	問六		①	②	③	④
	42	問七		①	②	③	④
	43	問八		①	②	③	④

東海大学付属相模高等学校　2019年度

◇数学◇

※この解答用紙は143％に拡大していただくと，実物大になります。

1

(1)	(2)	(3)	(4)
			$x=$　　, $y=$

(5)	(6)	(7)	(8)
$x=$	$a=$		cm^2

2

(1)	(2)	(3)	(4)
$a=$			$S:T=$　　:

3

(1)			(2)
①	②	③	

4

<table>
<tr><th colspan="3">(1)</th><th>(2)</th><th>(3)</th><th>(4)</th></tr>
<tr><td></td><td>4番目</td><td>5番目</td><td rowspan="2">色を　　枚並べる</td><td rowspan="2">色が　　枚多い</td><td>白　　枚</td></tr>
<tr><td>白の枚数</td><td></td><td></td><td>黒　　枚</td></tr>
<tr><td>黒の枚数</td><td></td><td></td></tr>
<tr><td>合計枚数</td><td></td><td></td></tr>
</table>

東海大学付属相模高等学校　2019年度

◇英語◇

※この解答用紙は139%に拡大していただくと，実物大になります。

問題番号		解答欄 1	2	3	4
1	(1)	①	②	③	④
	(2)	①	②	③	④
	(3)	①	②	③	④
	(4)	①	②	③	④
	(5)	①	②	③	④
2	(6)	①	②	③	④
	(7)	①	②	③	④
	(8)	①	②	③	④
	(9)	①	②	③	④
	(10)	①	②	③	④

問題番号		解答欄 1	2	3	4
3	(11)	①	②	③	④
	(12)	①	②	③	④
	(13)	①	②	③	④
	(14)	①	②	③	④
	(15)	①	②	③	④

問題番号		解答欄 1	2	3	4	5	6	7	8	9
4	(16)	①	②	③	④	⑤	⑥	⑦	⑧	⑨
	(17)	①	②	③	④	⑤	⑥	⑦	⑧	⑨
	(18)	①	②	③	④	⑤	⑥	⑦	⑧	⑨
	(19)	①	②	③	④	⑤	⑥	⑦	⑧	⑨
	(20)	①	②	③	④	⑤	⑥	⑦	⑧	⑨

問題番号		解答欄 1	2	3	4
5	(21)	①	②	③	④
	(22)	①	②	③	④
	(23)	①	②	③	④
	(24)	①	②	③	④
	(25)	①	②	③	④

問題番号		解答欄 1	2	3	4
6	(26)	①	②	③	④
	(27)	①	②	③	④
	(28)	①	②	③	④
	(29)	①	②	③	④
	(30)	①	②	③	④
	(31)	①	②	③	④
	(32)	①	②	③	④
	(33)	①	②	③	④
	(34)	①	②	③	④
	(35)	①	②	③	④

問題番号		解答欄 1	2	3	4	5	6
7	(36)	①	②	③	④	⑤	⑥
	(37)	①	②	③	④	⑤	⑥
	(38)	①	②	③	④	⑤	⑥
	(39)	①	②	③	④	⑤	⑥
	(40)	①	②	③	④	⑤	⑥

問題番号			解答欄 1	2	3	4	5
8	1	(41)	①	②	③	④	⑤
		(42)	①	②	③	④	⑤
	2	(43)	①	②	③	④	⑤
		(44)	①	②	③	④	⑤
	3	(45)	①	②	③	④	⑤
		(46)	①	②	③	④	⑤
	4	(47)	①	②	③	④	⑤
		(48)	①	②	③	④	⑤
	5	(49)	①	②	③	④	⑤
		(50)	①	②	③	④	⑤
	6	(51)	①	②	③	④	⑤
		(52)	①	②	③	④	⑤
	7	(53)	①	②	③	④	⑤
		(54)	①	②	③	④	⑤
	8	(55)	①	②	③	④	⑤
		(56)	①	②	③	④	⑤

問題番号			解答欄 1	2	3	4
9	A	(57)	①	②	③	④
		(58)	①	②	③	④
		(59)	①	②	③	④
		(60)	①	②	③	④
	B	(61)	①	②	③	④
		(62)	①	②	③	④
		(63)	①	②	③	④
		(64)	①	②	③	④

[注意事項]

1. 解答はすべてこの解答用紙に記入しなさい。
2. 氏名・フリガナ・受験番号を記入し，さらにその下の受験番号マーク欄にマークしなさい。
3. 解答用紙はコンピュータにかけるので，次の注意を守りなさい。
   (1) 折り曲げたり，汚したりしてはいけません。
   (2) 記入にはHBの鉛筆を使用しなさい。
   (3) 訂正はプラスチック消しゴムで完全に消しなさい。
   (4) ◯の枠をはみ出さないようにぬりつぶしなさい。

良いマーク 　悪いマーク 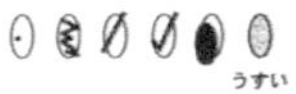

東海大学付属相模高等学校　2019年度

◇国語◇

※この解答用紙は109%に拡大していただくと，実物大になります。

解答欄				
一	1	問一		① ② ③ ④
	2	問二		① ② ③ ④
	3	問三	(1)	① ② ③ ④ ⑤ ⑥
	4		(2)	① ② ③ ④ ⑤ ⑥
	5		(3)	① ② ③ ④ ⑤ ⑥
	6	問四		① ② ③ ④
	7	問五		① ② ③ ④
	8	問六		① ② ③ ④
	9	問七		① ② ③ ④
	10	問八		① ② ③ ④
	11	問九		① ② ③ ④
	12	問十		① ② ③ ④

解答欄			
二	13	問一	① ② ③ ④
	14	問二	① ② ③ ④
	15	問三	① ② ③ ④
	16	問四	① ② ③ ④
	17	問五	① ② ③ ④
	18	問六	① ② ③ ④
	19	問七	① ② ③ ④
	20	問八	① ② ③ ④
	21	問九	① ② ③ ④
	22	問十	① ② ③ ④
	23	問十一	① ② ③ ④
	24	問十二	① ② ③ ④
	25	問十三	① ② ③ ④
	26	問十四	① ② ③ ④
	27	問十五	① ② ③ ④
	28	問十六	① ② ③ ④
	29	問十七	① ② ③ ④

解答欄			
三	30	問一	① ② ③ ④
	31	問二	① ② ③ ④
	32	問三	① ② ③ ④
	33	問四	① ② ③ ④
	34	問五	① ② ③ ④
	35	問六	① ② ③ ④
	36	問七	① ② ③ ④
	37	問八	① ② ③ ④

解答欄				
四	38	問一	A	① ② ③ ④
	39		B	① ② ③ ④
	40	問二		① ② ③ ④
	41	問三	A	① ② ③ ④
	42		B	① ② ③ ④
	43	問四		① ② ③ ④
	44	問五		① ② ③ ④
	45	問六		① ② ③ ④
	46	問七		① ② ③ ④
	47	問八		① ② ③ ④
	48	問九		① ② ③ ④

[注意事項]

1. 解答はすべてこの解答用紙に記入しなさい。
2. 氏名・フリガナ・受験番号を記入し，さらにその下の受験番号マーク欄にマークしなさい。
3. 解答用紙はコンピュータにかけるので，次の注意を守りなさい。
   (1) 折り曲げたり，汚したりしてはいけません。
   (2) 記入にはHBの鉛筆を使用しなさい。
   (3) 訂正はプラスチック消しゴムで完全に消しなさい。
   (4) ◯の枠をはみ出さないようにぬりつぶしなさい。

良いマーク　悪いマーク　うすい

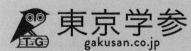

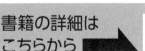

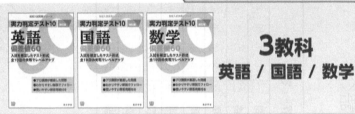

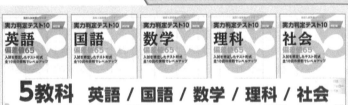

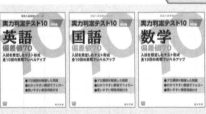

～公立高校志望の皆様に愛されるロングセラーシリーズ～

公立高校入試シリーズ

・全国の都道府県公立高校入試問題から良問を厳選
※実力錬成編には独自問題も！
・見やすい紙面、わかりやすい解説

数学

合格のために必要な点数をゲット

目標得点別・公立入試の数学 基礎編

- 効率的に対策できる！　30・50・70点の目標得点別の章立て
- web解説には豊富な例題167問！
- 実力確認用の総まとめテストつき

定価：1,210 円（本体 1,100 円 + 税 10%）／ ISBN：978-4-8141-2558-6

応用問題の頻出パターンをつかんで80点の壁を破る！

実戦問題演習・公立入試の数学 実力錬成編

- 応用問題の頻出パターンを網羅
- 難問にはweb解説で追加解説を掲載
- 実力確認用の総まとめテストつき

定価：1,540 円（本体 1,400 円 + 税 10%）／ ISBN：978-4-8141-2560-9

英語

「なんとなく」ではなく確実に長文読解・英作文が解ける

実戦問題演習・公立入試の英語 基礎編

- 解き方がわかる！　問題内にヒント入り
- ステップアップ式で確かな実力がつく

定価：1,100 円（本体 1,000 円 + 税 10%）／ ISBN：978-4-8141-2123-6

公立難関・上位校合格のためのゆるがぬ実戦力を身につける

実戦問題演習・公立入試の英語 実力錬成編

- 総合読解・英作文問題へのアプローチ手法がつかめる
- 文法、構文、表現を一つひとつ詳しく解説

定価：1,320 円（本体 1,200 円 + 税 10%）／ ISBN：978-4-8141-2169-4

理科

短期間で弱点補強・総仕上げ

実戦問題演習・公立入試の理科

- 解き方のコツがつかめる！　豊富なヒント入り
- 基礎～思考・表現を問う問題まで
  重要項目を網羅

定価：1,045 円（本体 950 円 + 税 10%）
ISBN：978-4-8141-0454-3

社会

弱点補強・総合力で社会が武器になる

実戦問題演習・公立入試の社会

- 基礎から学び弱点を克服！　豊富なヒント入り
- 分野別総合・分野複合の融合など
  あらゆる問題形式を網羅
  ※時事用語集を弊社HPで無料配信

定価：1,045 円（本体 950 円 + 税 10%）
ISBN：978-4-8141-0455-0

国語

最後まで解ききれる力をつける

形式別演習・公立入試の国語

- 解き方がわかる！　問題内にヒント入り
- 基礎～標準レベルの問題で
  確かな基礎力を築く
- 実力確認用の総合テストつき

定価：1,045 円（本体 950 円 + 税 10%）
ISBN：978-4-8141-0453-6

〈ダウンロードコンテンツについて〉

本問題集のダウンロードコンテンツ、弊社ホームページで配信しております。現在ご利用いただけるのは「2025年度受験用」に対応したもので、**2025年3月末日**までダウンロード可能です。弊社ホームページにアクセスの上、ご利用ください。
※配信期間が終了いたしますと、ご利用いただけませんのでご了承ください。

高校別入試過去問題シリーズ

東海大学付属相模高等学校　2025年度

ISBN978-4-8141-2963-8

[発行所] 東京学参株式会社
〒153-0043　東京都目黒区東山2-6-4

書籍の内容についてのお問い合わせは右のQRコードから ⇒

※書籍の内容についてのお電話でのお問い合わせ、本書の内容を超えたご質問には対応できませんのでご了承ください。

2024年6月20日　初版